Markus Sehlmeyer
Antike Migration

Enzyklopädie der griechisch-römischen Antike

―

Herausgegeben von Uwe Walter
in Verbindung mit Frank Bernstein, Tanja Itgenshorst und
Michael Sommer

Band 14

Markus Sehlmeyer

Antike Migration

—

ISBN 978-3-11-072136-2
e-ISBN (PDF) 978-3-11-072145-4
e-ISBN (EPUB) 978-3-11-072152-2

Library of Congress Control Number: 2025936019

Bibliografische Information der Deutschen Nationalbibliothek
Die Deutsche Nationalbibliothek verzeichnet diese Publikation in der Deutschen Nationalbibliografie;
detaillierte bibliografische Daten sind im Internet über http://dnb.dnb.de abrufbar.

© 2025 Walter de Gruyter GmbH, Berlin/Boston, Genthiner Straße 13, 10785 Berlin
Satz: bsix information exchange GmbH, Braunschweig

www.degruyterbrill.com
Fragen zur allgemeinen Produktsicherheit:
productsafety@degruyterbrill.com

Zu diesem Band

Dieses Buch zählt zu den Bänden der „Enzyklopädie der griechisch-römischen Antike", die sich mit beiden Welten befassen. Der enge zeitliche Rahmen von Antike, der Zeit Homers bis zu Justinian, musste um die Herkunft der „Griechen" und die Völkerwanderungszeit bis ins 7. Jh. erweitert werden, um ein umfassenderes Verständnis von Migration zu ermöglichen. Ebenso waren andere Kulturen des Altertums zu berücksichtigen, deren Angehörige in die antiken Reiche migriert sind.

Terminologische Strenge ist unerlässlich, da Migrationsformen in der Gegenwart manchmal allzu unreflektiert bezeichnet werden. Wer von Remigration spricht, sollte damit nicht verschleiern, dass er Deportation meint. Die Auseinandersetzung mit antiker Migration in ihrer Theorie, Typologie und Chronologie machte es erforderlich, auch Themen zu behandeln, die der spezialisierten althistorischen Forschung als elementar gelten. Umgekehrt ist denkbar, dass die Migrationsforschung den einen oder anderen Aspekt hier dargelegter Inhalte als hinlänglich bekannt erachtet.

Das Thema innerhalb der EGRA-Reihe zu behandeln, geht auf die Anregung des Herausgebers Uwe Walter zurück. Er hat die Arbeit in jeder erdenklichen Weise gefördert, vor allem durch wertvolle methodische Ratschläge aus Migrations- und Allgemeingeschichte. Dem EGRA-Beraterkreis verdanke ich ebenfalls wichtige Hinweise. In der Anfangsphase sah Konstantin Krieter die entstehenden Texte durch und bereicherte diese mit breiter Kenntnis aus der Geschichtswissenschaft. Uwe Walter las auch die Fahnen mit und bewahrte mich vor manchem Fehler. Insofern bin ich ihm großen Dank schuldig. Ich möchte zudem Kolleginnen, Kollegen und Studierenden meiner Wirkungsstätten Osnabrück, Rostock und Bielefeld Dank sagen, die Aufzählung würde aber die Gefahr bergen, jemanden zu übersehen. Die Herstellung lag in den erfahrenen Händen des De Gruyter-Verlages. Etwaige verbleibende Unzulänglichkeiten gehen selbstverständlich zu Lasten des Verfassers.

Im Literaturverzeichnis werden insbesondere jene Werke aufgeführt, die in der vorliegenden Untersuchung häufig zitiert werden. Eckige Klammern verweisen im Allgemeinen auf mit Kurztiteln zitierte Literatur, die im Literaturverzeichnis anhand der anfangs genannten Kategorie zu finden ist. Bei Literaturhinweisen, wo Kapitel und Kategorie des Literaturverzeichnisses sich entsprechen, fällt der Hinweis auf die Kategorie weg. Zahlen in runden Klammern verweisen hingegen auf Unterkapitel. Lexika und Standardwerke werden nach dem Abkürzungsverzeichnis (S. 260) zitiert. Dem Charakter der Buchreihe entsprechend werden nur besonders markante antike Quellen und diese vor allem im Forschungsteil zitiert. Deren Abkürzungen richten sich nach Lexika, die ebendort genannt sind.

Das Buch ist im Rahmen weiterer Studien zur Migrationsgeschichte entstanden, weshalb die Fachliteratur in einer Datenbank dokumentiert wurde. Die entsprechenden Datenstrukturen wurden von Konstantin Krieter in Rostock angelegt (2021). Aus der mittlerweile 3 000 Titel umfassenden Datenbank konnte hier nur eine Auswahl zitiert werden, so dass eine Nichterwähnung nicht als Unkenntnis oder Missachtung zu interpretieren ist. Da hier auch allgemeiner Migrationsforschungen einbezogen wurden, ist die Anzahl der Neuerscheinungen immens. Nach dem Jahr 2023 erschienene Literatur konnte nicht mehr berücksichtigt werden.

Aus Gründen der besseren Lesbarkeit verwende ich überwiegend die männliche Form in der Bezeichnung von Personen. Die Bezeichnungen sind geschlechtsneutral zu verstehen. Wenn die Überlieferungslage es erlaubt, spezifische Aussagen über Migrantinnen zu treffen, werde ich dieses hervorheben. Da Migration sich im Raum vollzieht, werden zwangsläufig auch Orte und Gegenden genannt, deren Bekanntheit schwer einzuschätzen ist, so dass manche Erläuterung vielleicht überflüssig erscheint, aber aufgrund des multidisziplinären Leserkreises einen gewissen Sinn ergibt.

Markus Sehlmeyer　　　　　　　　　　　　　　　　Februar 2025

Inhaltsverzeichnis

Zu diesem Band —— V

I	**Enzyklopädischer Überblick** —— **1**	
1	Voraussetzungen und Modelle antiker Migration —— 1	
	1.1	Voraussetzungen —— 1
	1.2	Historische Modellbildung: Von Lazius zur Chicago-Schule —— 5
	1.3	Aktuelle Modelle: Räume, Regime, Kulturen —— 6
	1.4	Forschungsansätze aus den Naturwissenschaften —— 8
	1.5	Antike historische Materialien und heuristische Herausforderungen —— 9
2	Typologie antiker Migrationen —— 14	
	2.1	Ökologisch bedingte Migrationen: Nomadismus und Reaktion auf Katastrophen —— 15
	2.2	Gewaltinduzierte Migration: Vertreibung, Deportation und Flucht —— 19
	2.3	Freie Migrationen: Individuelles Streben nach Höherem —— 26
	2.4	Massenmigration: kollektive Maßnahmen —— 31
3	Antike Migrationsgeschichte —— 37	
	3.1	Wanderungen der frühen Griechen? —— 37
	3.2	Die archaische Zeit – eine Epoche der Massenmigrationen? —— 42
	3.3	Vertreibung, Flucht und Kolonisation in klassischer Zeit —— 50
	3.4	Kolonisation und Deportation in römischer Republik und Hellenismus —— 58
	3.5	Kaiserzeit: ein Migrationsregime? —— 75
	3.6	Spätantike: Germanische und asiatische Migrationen in das Römische Reich —— 86
4	Assimilation und andere postmigrantische Perspektiven —— 94	

II		**Grundprobleme und Tendenzen der Forschung —— 99**
1		Voraussetzungen und Modelle antiker Migration —— 99
	1.1	Voraussetzungen —— **101**
	1.2	Historische Modellbildung: Von Lazius zur Chicago-Schule —— **106**
	1.3	Aktuelle Modelle: Räume, Regime, Kulturen —— **109**
	1.4	Forschungsansätze aus den Naturwissenschaften —— **111**
	1.5	Antike historische Materialien und heuristische Herausforderungen —— **113**
2		Typologie antiker Migrationen —— **118**
	2.1	Ökologisch bedingte Migrationen: Nomadismus und Reaktion auf Katastrophen —— **118**
	2.2	Gewaltinduzierte Migration: Vertreibung, Deportation und Flucht —— **122**
	2.3	Freie Migration: individuelles Streben nach einem besseren Leben —— **130**
	2.4	Massenmigration: kollektive Maßnahmen —— **135**
3		Antike Migrationsgeschichte —— **139**
	3.1	Wanderungen der frühen Griechen? —— **140**
	3.2	Die archaische Zeit – eine Epoche der Massenmigrationen? —— **145**
	3.3	Vertreibung, Flucht und Kolonisation in klassischer Zeit —— **156**
	3.4	Kolonisation und Deportation in der römischen Republik und im Hellenismus —— **165**
	3.5	Die römische Kaiserzeit: ein Migrationsregime? —— **182**
	3.6	Migrationen in das spätrömische Reich: Germanen und Asiaten —— **197**
4		Assimilation und postmigrantische Welt —— **209**
III		**Literatur —— 215**
1		Voraussetzungen und Modelle antiker Migration —— **215**
	1.1	Voraussetzungen und Vergleichsfälle: Altertum, Antike, Vormoderne —— **215**

1.1.1	Handbücher, Synthesen und Sammelbände zur Antike allgemein —— **215**	
1.1.2	Antike regional —— **216**	
1.1.3	Lexika und Enzyklopädien —— **216**	
1.1.4	Altertum jenseits von Griechenland und Rom —— **217**	
1.1.5	Sammelbände zur Migration (Schwerpunkt Antike) —— **217**	
1.1.6	Vormoderne Migration allgemein —— **218**	
1.2	Historische Modellbildung von Lazius bis zur Chicago-School —— **219**	
1.3	Aktuelle Modelle —— **219**	
1.3.1	Regimeforschung und Kulturen der Migration —— **220**	
1.3.2	Raum, Kartographie, Atlanten, Visualisierung —— **220**	
1.3.3	Anthropologie und „Big History" —— **221**	
1.3.4	Historische Migrationsforschung —— **222**	
1.3.5	Soziologie und Politologie —— **222**	
1.4	Forschungsansätze aus den Naturwissenschaften —— **223**	
1.5	Antike historische Materialien und heuristische Herausforderungen —— **225**	
2	Typologie antiker Migrationen —— **227**	
2.1	Ökologisch bedingte Migrationen: Nomadismus und Reaktion auf Katastrophen —— **227**	
2.2	Gewaltinduzierte Migration: Vertreibung, Deportation und Flucht —— **229**	
2.3	Freie Migration: individuelles Streben nach Höherem —— **231**	
2.4	Massenmigration: kollektive Maßnahmen —— **232**	
3	Antike Migrationsgeschichte —— **233**	
3.1	Einwanderungen der frühen Griechen? —— **233**	
3.2	Die archaische Zeit – eine Epoche der Massenmigrationen? —— **235**	
3.3	Vertreibung, Flucht und Kolonisation in klassischer Zeit —— **239**	

	3.4	Kolonisation und Deportation in der römischen Republik und im Hellenismus —— **241**
	3.5	Migrationsregime der Kaiserzeit —— **247**
	3.6	Germanische und asiatische Migrationen in das späte Römische Reich —— **251**
4		Zwischen Assimilation und postmigrantischen Perspektiven —— **257**

Anhang —— 260
Bibliographische Abkürzungen —— **260**
Abbildungen —— **261**

Sachregister —— 262

Register der Ethnien und politischen Formationen —— 268

Ortsregister (Naturräume und Siedlungen) —— 271

I Enzyklopädischer Überblick

1 Voraussetzungen und Modelle antiker Migration

Mobilität stellt eine anthropologische Konstante dar: Seit es Menschen gibt, also seit gut zwei Millionen Jahren, sind diese mobil – es gehört zu ihrem Leben, unterwegs zu sein oder sein zu können. Eine historisch spezifische Form von Mobilität stellt Migration dar. Diese bezeichnet eine auf Dauer oder zumindest längere Zeit angelegte Änderung des Wohnsitzes, setzt also voraus, dass es einen Ausgangs- und einen Ankunftsort gibt. Seien es wirtschaftliche oder politische Gründe, lokale oder globale Migrationen – ein erheblicher Teil der heutigen Weltbevölkerung, mehrere hundert Millionen Menschen, sind auf der Flucht oder migrieren aus eigenem Antrieb. Dass es kulturelle Unterschiede zwischen Migranten und Aufnehmenden gibt, ist heute der Regelfall, aber nicht in jeder Migrationsform gegeben. Aus der Neuzeit bekannte und wissenschaftlich gut untersuchte Teilphänomene sind etwa Aus- und Einwanderung, Flucht und Vertreibung, Arbeitsmigration und viele andere. Erinnerungen an die Heimat, Ungewissheit oder Erwartungen und Hoffnungen in die Veränderung sind Teil des Prozesses. Für die Antike ist der Forschungsstand disparater. Zunächst ist zu klären, ob eine aus der Untersuchung neuzeitlicher Spielarten gewonnene Typologie auch für diese Epoche der Vormoderne taugt.

1.1 Voraussetzungen

Der Politologe GÜNTER MERTINS definiert Migration im eingangs angedeuteten Sinn als „diejenigen Formen der räumlichen Mobilität [...], die mit einer endgültigen oder längerfristigen Wohnsitzverlagerung einhergehen". Die zeitgenössische Situation pointiert JOCHEN OLTMER stärker, indem er sagt: „Migration verweist auf jene Muster regionaler Mobilität, die weitreichende Konsequenzen für die Lebensverläufe der Wandernden haben und aus denen sozialer Wandel resultiert." Über viele Migrationen der Antike sind konkrete Aussagen zu deren Ursachen möglich, da größere Bevölkerungsverschiebungen zumeist von kriegerischen Handlungen begleitet wurden, die gut

Definitionen

bezeugt sind. Die Ursachen von Flucht und Vertreibung waren in der Antike eher von Interesse als die Folgen (Kap. 4).

Abgrenzung von Mobilität

Migration gehört also zum größeren Feld der Mobilität, das auch Reisen, Kommunikation und Handel einschließt. Grenzbereiche sind Arbeitsmigration und Zwangsarbeit, wenn die auswärtige Berufstätigkeit einen längeren Zeitraum umfasst (wie bei Metöken) bzw. Zwangsarbeit Folge von Deportation oder Exilierung ist.

Typologie

Diese Darstellung legt eine Typologie antiker Migrationen zugrunde (Kap. 2), die in chronologischer Übersicht (Kap. 3) illustriert werden. Einige besonders markante Beispiele werden hervorgehoben, die hinlänglich ausführlich überliefert sind, so dass sie als Migrationserzählungen dienen können. Antike wird verstanden als die Zeit, in der aussagekräftige Quellen antiker Autoren vorliegen, also die Zeit seit Homer und auf die Römer bezogen die Zeit seit der mittleren Republik. Hier sind zwei Erweiterungen nötig: Die Reflexionen antiker Menschen über ihre Einwanderung in den Ägäisraum bzw. Italien sind trotz des oftmals mythischen Charakters als Diskurse ihrer Entstehungszeit zu würdigen. Archäologische Befunde dienen hierbei der Kritik der Schriftquellen, weil die Ansichten antiker Menschen über Migration aus verschiedenen Gründen in der Regel nur wenig plausibel sind. Über die Bedeutung oft frühneuzeitlichen Vergleichsmaterials s. u. 1.5.

Einschränkung 1: Quellenlage

Einschränkung 2: Vielzahl an Kulturen

Die zweite Einschränkung besteht darin, dass die antike Welt von der archaischen Zeit bis in die Spätantike an der Peripherie nur punktuell betrachtet werden kann. In über 1500 Jahren antiker Geschichte gab es hunderte Gruppen, die in die immer stärker von Griechen und später Römern durchdrungene Mittelmeerwelt migrierten. Teilweise nomadisierende Völker wie die Skythen oder die zur Invasion neigenden Kelten sind Beispiele für den griechischen Teil der Antike. Das Migrationsregime der Römer (s. u. 3.5) kann ebenfalls nur exemplarisch erläutert werden; dabei unterlegene Kelten, Ligurer oder einzelne Germanenstämme zu betrachten liegt nahe. Im Osten des Imperium Romanum werden der Donau- und Schwarzmeerraum sowie das Zweistromland eine Rolle spielen. Für die Spätantike sind Migrationen von Germanen und Asiaten nach Mittel- und Südeuropa geradezu konstitutiv, diese haben das Imperium Romanum im Westen beerbt, im Osten (zumindest indirekt) transformiert.

Politische Ausgangslage

Wenn wir von der Migration „der" Griechen und Römer im Mittelmeerraum reden, dann verbergen sich dahinter ganz verschiedene politische Gruppen: Griechen lebten seit archaischer Zeit vor allem in Poleis, die Ethne (Stammesgebiete) verloren an Bedeutung, um in föderalen Gebilden und Monarchien wiederzuerstehen. Emigration war für Athener und Spartaner zunächst untypisch, andere Poleis spielten eine größere Rolle (s. u. 3.2). Die Römer agierten in der Republik zunächst nur als einer von mehreren Staaten in Italien; ihr Hegemonialstreben mündete später in ein regelrechtes Migrationsregime. Der methodische Ansatz des Regimes bietet den Vorteil, dass Aushandlungen und Diskurse im Mittelpunkt stehen; wenn auch das Migrationsgeschehen im Einzelfall nicht immer umfangreich durch Quellen bezeugt ist, zeigt die Gesamtheit der Quellen doch bestimmte sich wiederholende Züge, deren Relevanz durch historische Vergleiche (und anthropologische Annahmen) gezeigt werden kann. Zum historischen Vergleich als Methode s. u. 1.5 am Ende.

Die postmigrantische Situation in den Germanen- und anderen Nachfolgereichen des Imperium Romanum kann hier nicht im Detail dargestellt werden, da diese Reiche zu unterschiedlich und die Folgen von Migration überhaupt zu komplex waren. Recht gut erforschte Beispiele sind etwa Markomannen, Visigoten oder Franken. Migration wird hier als der Prozess des ‚Wanderns' begriffen und kann in ihren sozialen Folgen nicht vollumfänglich behandelt werden. Insofern ist dieses Buch eher dem sozialgeographischen Migrationsbegriff Mertins' verpflichtet als dem sozialhistorischen Oltmers. Generell sind methodische Ansätze und Modelle vieler Disziplinen außerhalb der Altertumswissenschaften für die historische Migrationsforschung in der Althistorie wichtig. Wandel in der Spätantike

Die Migrationsforschung hat spätestens seit den 1960er Jahren erheblich zugenommen. Die Soziologie hat im 20. Jahrhundert verschiedene Modelle und Typologien erstellt (s. u. 1.2, 1.3). Manche Ansätze wie die push-and-pull Theorie haben großen Anklang gefunden, bereiten aber nicht nur bei Anwendung auf die Antike Probleme. Interdisziplinärer Charakter: Soziologie und Politikwissenschaft

In der klassischen Politikwissenschaft lagen zunächst staatliche Maßnahmen im Zentrum des Interesses. Angesichts der weniger weit entwickelten Staatlichkeit in der Antike insgesamt ist der Vergleich mit moderner Migrationspolitik für die Forschung hier nur bedingt von Nutzen. Interessanter ist die Empire-Forschung, die aus gründlichen Untersuchungen zu (früh-)modernen Weltreichen wie dem Britischen schöpft. Politologie

Geographie — In der Sozialgeographie spielen sowohl Bevölkerung als auch Stadtgesellschaften eine große Rolle. Migration endet häufig in Städten, führt auch zur Neugründung von Städten. Kein Städter ist aufs Land gezogen, um einer nomadischen Lebensweise nachzugehen, wenn er nicht dazu gezwungen wurde oder aus religiösen Gründen die Abgeschiedenheit suchte. Für die Antike ebenfalls wichtig: die Feindseligkeiten wie das Zusammenwirken von sesshaften und (halb-)nomadischen Formationen.

Kartographie — Auch wenn wir die wenigsten antiken Migrationen von Ort zu Ort nachvollziehen können, sind Karten ein wichtiges Hilfsmittel. Die Vielfalt an Provinzen und Regionen überhaupt, die in diesem EGRA-Band zur Sprache kommen, erfordern häufig den Verweis auf externe Karten, denn hier können nur wenige Karten beigesteuert werden (s. Abbildungsverzeichnis S. 261). Karten unterliegen generell ästhetischen Ansprüchen ihrer Entstehungszeit, sind aber gleichwohl auch als wissenschaftliche Produkte zu verstehen. Sie drohen zur Authentizitätsfiktion zu werden, wenn sie nicht auf kritischer Vorarbeit beruhen. Bisweilen noch bekannt ist die Szene im Film „Die Feuerzangenbowle" (D 1944), wo die Schüler die sog. Völkerwanderung an einer Wandkarte erläutern müssen. Die Goten ziehen von Schweden über Danzig nach Russland, Ost- und Westgoten werden herbeigeredet. Das ist typisch für das Schulwissen der Jahrhundertwende, das ein Umherwandern monolithischer Germanenstämme annahm.

Anthropologie — Da Anthropologie (ebenso wie Philosophie) alle Seiten des menschlichen Daseins tangiert, hat sie auch zu Migration etwas zu sagen. Allerdings dominieren hier Beiträge zum Menschen der Gegenwart.

Gender — Antike Frauen waren von den Migrationen ebenso wie Männer betroffen, treten aber in den Quellen viel seltener in Erscheinung. Eine spezifische *femina migrans* wie in der Neuzeit ist kaum auszumachen. Im Gegenteil ist etwa bei der Gründung griechischer Apoikien zu beobachten, dass die Neuankömmlinge überwiegend Männer waren; deren Verbindungen mit einheimischen Frauen bildeten in diesem Fall ein wichtiges strukturierendes Moment.

Mobilität — Mobilität von Waren, Formen und sogar Wissen muss nicht Migration von Menschen bedeuten. Insofern sind archäologische Einzelfunde nur dann als Zeichen von Migration zu sehen, wenn sie von anderen Befunden und ggf. glaubhaften schriftlichen Quellen gestützt werden.

1.2 Historische Modellbildung: Von Lazius zur Chicago-Schule

Rudimentäre Modellbildung ist im 16. Jh. im Rahmen der Legitimierung der Territorialstaaten erfolgt, z. B. in Schweden, Polen und im Habsburgerreich. Wolfgang Lazius betrieb Vorstudien zu seiner „österreichischen" Geschichte, die in seiner Schrift *De gentium aliquot migrationibus* (1555–1557) zu finden sind. Vereinfacht gesagt wurde die Existenz des spanisch-habsburgischen Reiches aus biblischen und vor allem römerzeitlichen Wanderungen erklärt, die als Massenmigration „teutonischer" Völker angesehen wurden. So entstand der Begriff der *gentium migratio* oder Völkerwanderung.

Das 16. Jahrhundert

Eine breitere Modellbildung erfolgte erst seit der Zeit Ernst Georg Ravensteins (1834–1913), der als Kartograph deutscher Herkunft Karriere im War Office machte (1854–1872) und Mitglied mehrerer gelehrter Gesellschaften wie der Royal Geographical Society war. 1885 und 1889 publizierte er die berühmt gewordenen Aufsätze mit seinen „Laws of migration", in denen er Bedingungen der Binnenmigration untersuchte und zwischen Push- und Pull-Faktoren der Migration unterschied.

Ravenstein (1834–1913)

Im Verlauf des frühen 20 Jhs. entwickelte sich eine Migrationsforschung, die häufig soziologischer Natur war; aber es gab auch historische Ansätze. In der deutschen Fachliteratur ist der Begriff ‚Migration' überhaupt erst seit 1932 belegt, zuvor sprach man vom ‚Wandern' (wie in Völker*wanderung*, das zuerst 1778 gebraucht wurde). Die meisten Studien, die noch heute den Charakter von Schlüsselwerken haben, widmeten sich der Moderne, beispielsweise die 1892 begründete Chicago-School der Soziologie dem Thema der Assimilation transatlantischer Immigranten. Einen Rückschritt bedeutete die nationalsozialistische Auftragsforschung, die die Expansion nach Osteuropa durch die Behauptung unrechtmäßiger slawischer oder jüdischer Migrationen legitimieren sollte.

Entwicklung 1. Hälfte 20. Jh.

Ein für die Geschichtswissenschaft besonders nützlicher Ansatz ist die Migrationstypologie von William Petersen. Die Gliederung des Kapitels 2 des vorliegenden Bandes folgt Petersen, der seine Unterscheidung von vier Grundtypen der Migration eben auch mit Beispielen aus der Geschichte belegt, wodurch er sich etwa von den Vertretern der Chicago-School unterscheidet. Die zugrunde gelegte Matrix ist in der Vorbemerkung zu 2.1 (s. u. S. 14) zu finden. In der Nachkriegszeit wurde zudem der kulturelle Pluralismus in Einwanderungsgesellschaften verstärkt thematisiert.

Entwicklung 2. Hälfte 20. Jh.

1.3 Aktuelle Modelle: Räume, Regime, Kulturen

Räume

Die Migration in einer Epoche bezieht sich auf bestimmte geographisch definierte Systeme, z. B. in der Frühmoderne auf das transatlantische, das des Sklavenhandels sowie den innereuropäischen Raum, den russisch-sibirischen und den am indischen Ozean.

Das mittelmeerische System

In der Antike wandeln sich die Räume der Migration. Das vorchristliche Millennium ist bestimmt von den Emporia- und Apoikie-Gründungen der Phönizier und Griechen von Gibraltar bis zum Schwarzen Meer; die Römer eroberten binnen zweier Jahrhunderte diesen Mittelmeerraum, der also das zentrale Migrationssystem darstellte. Im Hellenismus vergrößerte sich dieser Raum nach Osten, in den Nahen Osten; die Römer selbst expandierten Richtung Norden.

Erweiterungen im ersten Millennium

In der Spätantike migrierten sog. Germanen in das nördlich erweiterte mittelmeerische Migrationssystem, das nun aber auch mit dem eurasischen System v. a. der Steppenvölker zusammenstieß, die jeweils aus kleineren Stämmen bestanden und tribal organisiert waren. In der Tat ist das erste Millennium von Migrationen in ganz Eurasien bestimmt, wobei der Druck von Steppenvölkern häufig zu einer Ost-West-Migration (z. B. der Alanen, Hunnen, Slawen, Awaren und Ungarn) führte.

Regionale Räume

Spätantike Migrationen tangierten auch den von Dirk Hoerder fokussierten Ostalpen- und Donauraum; (überwiegend germanische) Identifikationsgruppen seien nördlich der Donau an den Rhein, den sie 406 n. Chr. überschritten, oder südlich durch Norditalien gezogen. Das 5. Jh. sei von der Transformation des weströmischen Herrschaftsbereichs im Großraum Gallien gekennzeichnet. Im 6. Jh. seien Slawen in den östlichen, byzantinischen Raum hinzugekommen. Wenn wir einmal davon ausgehen, dass Hoerder in dem untersuchten Gebiet zwischen Lech und Theiss einen *regionalen* Migrationsraum sieht, dann wären Südgallien, Italien oder die südliche Nordsee ebenfalls als solche anzusprechen. Die frühmittelalterliche Welt hat dann deutlicher erkennbare Migrationsräume, die über den (erweiterten) Mittelmeerraum hinausgehen.

Migrations- und Deportationsregime

In der Antike waren Massenmigrationen von zehntausenden Köpfen seltener als in der Moderne bzw. auf einzelne Epochen beschränkt. Für Apoikiegründungen mag es Vorschriften für Zuzug und Rückkehr gegeben haben, sie sind nur selten und meist inschriftlich bezeugt; später hören wir kaum von Einwanderungsgesetzen oder ähnlichen Regeln. Dieses Migrationsregime war also nicht normativ, man verfuhr je nach Situation, Aushandlungen mit den jeweils Beteiligten (Migranten, Anwohnern etc.) fanden nach Bedarf statt. Heutzutage sind viele Staaten daran interessiert, Immigranten gezielt und in beschränkter Zahl aufzunehmen und andere zur Emigration zu veranlassen. Doch auch hierbei ist nicht immer gesetzliche Fixierung gegeben. Ein Migrations- bzw. Deportationsregime, an dem Staaten bzw. Verbünde (wie die EU), Migranten und NGOs beteiligt sein können, ist häufig. Rechtliche Fixierung, in der EU durch die Vereinbarungen von Dublin oder Schengen repräsentiert, erweist sich auf Länderebene als schwierig, Improvisation überwiegt, so scheint es jedenfalls. Wenn auch Regimeforschungen für die Antike erst am Anfang stehen, scheint dieser Ansatz nützlich für die Behandlung von Reichsbildungen zu sein, berührt sich also mit der Empireforschung.

In der neueren anthropologischen Migrationsforschung wird mit *Kultur* der Migration der kulturelle Antrieb zur Migration in den jeweiligen Nationalitäten beschrieben. Auf die Antike bezogen geht es also nicht nur um die Push-Faktoren, sondern den Habitus der Menschen und den Stellenwert der Migration im kulturellen Umfeld. Im archaischen Griechenland ist ein Pioniergeist anzutreffen, der über 200 Jahre lang Migration zwecks Gründung von Apoikien zu einem generellen kulturellen Muster gemacht hat und mit anderen Formen von Migration wie dem Söldnerdienst eng verbunden war. Ebenso war im Hellenismus Mobilität allgegenwärtig. Rom hat sich hingegen erst allmählich die Mittelmeerwelt erschlossen.

<small>Kulturen der Migration</small>

Migration berührt sowohl die Heimat- als auch die Zielgesellschaft. Weggang bedeutet Verlust eines Bürgers oder einer Bürgerin. In den Zielgesellschaften hingegen waren Fremde ein üblicher, wenn nicht sogar gern gesehener Bestandteil der antiken Stadtgesellschaften – deren Abgabenleistung und Wohlverhalten vorausgesetzt (s. u. 4). Innere Deportation im Sinne von Abschiebung unerwünschter Migranten gab es gelegentlich.

<small>Gesellschaft</small>

Man würde gemeinhin wohl annehmen, dass Immigranten sich an den neuen Wohnort anzupassen gedenken, aber die Gegenwart belehrt eines anderen. Verschiedene Modelle der Integration und nicht-Integration sind zu berücksichtigen, Übergangsformen denkbar. Die in der älteren Forschung stark fokussierte Immigration von weißen Protestanten nach Nordamerika im 19. Jh. erweckte den Anschein, dass Assimilation bei jeder Migration intendiert sei.

<small>Assimilationsformen</small>

Aber größere ethnisch und religiös differente Migrantenströme zeigten, dass Assimilation sich über mehrere Generationen erstrecken konnte und mitunter Akkulturation nicht einmal im Mittelpunkt stand. Ghettoisierung war möglich bzw. wurde im 20. Jh. immer markanter. Damit ist keine erzwungene Ansiedlung in bestimmten Stadtteilen gemeint, sondern durchaus auch die selbstbestimmte Wahl von Aufenthaltsorten von Migranten voriger Generationen. Ein *melting pot* bzw. *middle ground* erforderte besondere Bedingungen und darf nicht als selbstverständlich angesehen werden (s. u. 4).

1.4 Forschungsansätze aus den Naturwissenschaften

DNA-Analyse

Zwei Methoden sind hier besonders relevant: Die DNA- und die Strontiumisotopen-Analyse. Erstere ist nützlich zur Identifikation von Krankheiten, deren Verbreitungsgebiet eine Mobilität belegt, die diverse Formen der Migration, z. B. Flucht vor einer Seuche, hervorbringen kann. Ausgangsmaterial sind die Überreste der Verstorbenen in ihren Gräbern. Die Strontiumisotopen-Analyse ist hingegen wichtig, um Fremde in einer Siedlung nachzuweisen oder die Entwicklung von Krankheitserregern. Auch hier werden die Knochen analysiert. Die Strontiumisotopen-Verteilung ist bei Personen, die in ihrer Jugend länger zusammen in einer Siedlung gelebt haben, aufgrund der gleichen Nahrungszusammensetzung ähnlich. Gespeichert wird das lokale Isotopenverhältnis in den in früher Jugend wachsenden Backenzähnen. Wenn Erwachsene migrieren, ändert sich das Isotopenverhältnis nicht mehr. Beide Methoden haben ihre Grenzen: Die Untersuchung der „ancient DNA" (aDNA) führt aufgrund des fragmentarischen Zustandes des vorliegenden Zellmaterials nicht immer zu eindeutigen Ergebnissen. DNA-Ketten z. B. des Pesterregers Yersinia Pestis können sich im Laufe der Zeit zudem wandeln. Die Verteilung der Strontiumisotope kann sich an verschiedenen Orten unter Umständen ähneln.

Strontiumisotopen-Analyse

Beispiel Lechtal in der Bronzezeit

Beide Probleme können dazu führen, dass aus geringen Ergebnissen weitreichende Schlüsse gezogen werden. Naturwissenschaftliche Untersuchungen von Gräbern im Lechtal aus der Zeit 2800–1500 v. Chr. zeigten, dass 17 von 28 erwachsenen Frauen auf diesen Friedhöfen nicht im Lechtal oder im Alpenvorland aufgewachsen sind (aufgrund divergierender Strontium-Befunde). Aber auch drei von 27 Männern stammten aus der Fremde. Dies ist sicher ein Zeichen von Migration und Einheirat fremder Frauen, die in manchen Fällen – so die populäre Fassung des Forschungsbeitrages – aus der Großregion Halle/Leipzig, also der Aunjetitzer Kultur stammten.

Nun eine Koinzidenz mit dem Beginn der Metallverarbeitung im Lechtal herzustellen, ist verführerisch, aber nicht zwingend. Gewiss war die Metallverarbeitung im heutigen Sachsen-Anhalt damals fortgeschrittener als am Lech (Scheibe von Nebra!), aber es waren nicht unbedingt Handwerkerinnen, die diese Innovation an den Lech brachten. Man könnte sich diesen Technologieaustausch auch als Folge des Handels vorstellen. Der Bedarf an Seide in Byzanz etwa führte dazu, dass man Informationen über die Seidenherstellung beschaffte, und nicht dazu, dass man nach China migrierte. Technologie und Migration

Klimatische Unterschiede zwischen hoher Kaiserzeit und Spätantike sind durch die Untersuchung von Eisbohrkernen und vor allem Sedimenten bestätigt worden. Vereinfacht gesagt können die in Sedimenten vorhandenen Pollen Aufschlüsse über die Vegetation geben, ohne dass man aber klimatische Veränderungen als ausreichenden Push-Faktor von Migration ansehen sollte. Klimaforschung

1.5 Antike historische Materialien und heuristische Herausforderungen

Moderne Migrationen sind durch Selbstzeugnisse und literarische Verarbeitungen in vielen Fällen so gut bezeugt, dass wir auch heute noch ein plastisches Bild von ihnen haben. Daniel Defoes „A Brief History of the Poor Palatine Refugees" (1709) ist ebenso eindrücklich wie Fjodor Dostojewskis „Notizen aus dem Haus der Toten" (Записки из Мёртвого дома, 1861/62; BEER [2.2: Das Totenhaus]) oder die vielen Werke über Deportation im 20. Jh. Stärker literarisch ausgeformte Romane wie Grimmelshausens „Der Abentheuerliche Simplicissimus Teutsch" (1668/69) sind als historische Quellen hingegen nur bedingt verwertbar, auch wenn Flucht und Vertreibung im Zeitalter des Dreißigjährigen Krieges darin gespiegelt sind.

Antike Werke über Migration gibt es kaum. Am ehesten noch sind Beschreibungen des Exils vorhanden, die wir von Cicero oder Seneca haben. Seneca äußert sich allgemeiner über Umfang und Motive von Migration in der Antike: Migrationserzählungen?

Aus Senecas Trostschrift

(1) Du (sc. Senecas Mutter Helvia) wirst sehen, dass Stämme und ganze Völker sich eine neue Heimat suchten. (...). (3) Durch weglose, durch unbekannte Gegenden zogen Menschen ganz unbekümmert. Ihre Kinder und Frauen und hochbetagten Eltern schleppten sie mit. Die einen Völker hatten auf langer Irrfahrt schwer zu leiden und suchten sich ihren Wohnsitz nicht nach reiflicher Überlegung aus, sondern nahmen in ihrer Erschöpfung den ersten besten; andere verschafften sich mit den Waffen Gastrecht in fremdem Land (...).
(4) Sie hatten auch nicht alle denselben Grund, eine Heimstatt aufzugeben und zu suchen: Die einen stieß Zerstörung ihrer Städte, wenn sie den Schwertern der Feinde entronnen waren, in die Fremde, ihres Eigentums beraubt, andere vertrieb innerer Zwist, wieder andere ließ allzu großer Bevölkerungsüberschuss fortziehen, um den Druck zu mildern, andere zwangen eine Seuche oder häufige Erdbeben oder irgendwelche unerträglichen Mängel eines kargen Bodens zur Flucht; manche verführte auch die Kunde von einer fruchtbaren, über die Maßen gepriesenen Küste. Die einen riefen diese, die anderen jene Gründe aus ihrer Heimat fort; das jedenfalls ist klar, dass nichts an eben dem Ort blieb, an dem es entstand. Ununterbrochen zieht die Menschheit hin und her. (Sen. dial. 12,7 übers. G. Fink, verändert)

Seneca über Migration

Seneca thematisiert in seiner „Trostschrift an die Mutter Helvia" nicht nur sein eigenes Exil, sondern auch das Schicksal anderer Migranten. Er beginnt mit dem Hinweis auf die große Zahl antiker Migrationen (§§ 1–2). Dann geht es um die Praxis der Migration, um mangelhafte Vorbereitung, aber auch die Ambivalenz von Emigration und Invasion (§ 3). Es wird die Mitnahme von Kindern, Frauen und Eltern behauptet. Als Gründe für Migration (§ 4) werden Vernichtung der Heimatstadt, Bürgerkrieg, Überbevölkerung und ungünstige ökologische Bedingungen genannt. Auch wenn Seneca hier nicht die Trennschärfe soziologischer Typologie aufweist, so hat er mit Krieg und ökologischen Umständen wie Seuchen oder Naturkatastrophen einige wichtige Ursachen benannt. Überbevölkerung ist freilich nur sehr selten der Grund für Migration gewesen, auch wenn antike Autoren das glaubten. Es war eher das ungünstige Erbrecht, das zweit- oder drittgeborene Söhne an Migration denken ließ. Das Motiv der Abenteuerlust, dass gerade die Griechen antrieb, wird von Seneca nicht erwähnt. Er versucht vielmehr eine Analogie von Exil und anderen Migrationsformen (§§ 5–6) herzustellen, was nicht recht überzeugt. An den Römern wird ihre Kolonisationstätigkeit gelobt (§§ 6–7). Auch die Migrationsgeschichte Korsikas (§§ 8–10), wohin Seneca ins Exil gegangen war, ist recht oberflächlich dargestellt; die griechischen Siedler kamen nicht aus Phokis, sondern aus Phokaia; Siedler aus Spanien sind auf Korsika sonst nicht bekannt, die Analogie zur Bekleidung der Kantabrer wirkt gesucht.

Die Aussagen Senecas zur Emigration haben einen gewissen Wert, indem sie auch andernorts bekannte Topoi der antiken Ethnologie kumulieren, doch die Verallgemeinbarkeit fehlt. Seneca hat keine Migrationsforschung betrieben, er beließ den mythischen Wanderungen ihren Wert. Es ging ihm darum, der Mutter sein Exil als halbwegs angenehm, jedenfalls nicht als unerträglich darzustellen. Der Hadrian-zeitliche Rhetor Favorin hat das offenbar in seiner Schrift „Peri phyges" nachgeahmt, wobei die Historizität seines Exils auf Chios schwer zu bestätigen ist. Ebenso problematisch sind Ovids poetische Exilbriefe, wenn es auch übertrieben sein dürfte, sein Exil am Schwarzen Meer als Fiktion hinzustellen. *Eine Migrationstheorie?*

Wenn wir literarische Verarbeitungen hinzunehmen, dann sind die Epen oft auch Zeugnisse der Vertreibung und Irrfahrten – man denke an Homers „Odyssee" (um 700 v. Chr.) oder Vergils „Aeneis" (29–19 v. Chr.). Die Gedichte des Archilochos (um 650 v. Chr.), dessen Vater eine parische Apoikie auf Thasos mitgegründet hatte, werden gelegentlich als Quellen für Migration gesehen, da Archilochos die Apoikie verteidigte und des Öfteren von Piraterie berichtet; aber es besteht wie häufig bei Lyrik das Problem der Authentizität und des fragmentarischen Erhaltungszustands der Gedichte. *Epik und Lyrik*

Die gängigen Quellen zur politischen Geschichte der Antike von Herodot über Thukydides und Polybios zu Diodor und Tacitus sind natürlich in vielen Punkten aussagekräftig für Migrationsphänomene, die aber zumeist nur als Begleiterscheinungen von (Bürger-)kriegen auftauchen. Hans DELBRÜCK (1848–1929), ein Klassiker der Militärgeschichte, hat den friedlichen Charakter der helvetischen Migration hervorgehoben: *Krieg und Migration*

> Die Helvetier fassten nach Cäsar den Beschluss, mit Weib und Kind und allem Besitztum auszuwandern, um sich der Herrschaft von ganz Gallien zu bemächtigen (I, 30, 3); ihr eigenes Land war ihnen zu klein. Wir sehen ab von den verfehlten Angaben, die Cäsar hierbei über die Größe des helvetischen Gebietes macht, aber wir fragen, wie sich das Motiv, das Cäsar den Auswandernden unterlegt, mit dem Modus der Ausführung vereinigt. Wenn die Helvetier sich die übrigen Gallier unterwerfen wollten, so war dazu nicht nötig, dass sie mit Weib, Kind, Herden und Hausgerät auszogen; im Gegenteil, das musste ihre kriegerische Aktion sehr beeinträchtigen. [3.4: Geschichte der Kriegskunst 1, 495]

Wir werden auf Caesars Auseinandersetzungen mit den Helvetiern noch des Öfteren zurückkommen, da es sich um eine der detailliertesten antiken Behandlungen von Massenmigration (2.4) und Deportation (2.2) handelt. Als Delbrück schrieb, war die Rede von Migration noch unüblich, man sprach von (Aus)wanderung oder Auszug.

Kriegsleiden   Militärisch ausgetragene Konflikte führen recht schnell zur Involvierung von Nichtkombattanten. Flucht vor dem Krieg oder Vertreibung durch Soldaten sind bis heute Realität. Migration zählt somit zu den Kriegsleiden. Diese sind zwar kein zentrales Thema antiker Historiographie, aber kommen doch vor. Schreiben über den Krieg ist somit potentiell auch Schreiben über Migration.

Migration und Invasion?   Die Dichotomie von Migration und Invasion ist immer wieder beobachtet worden. Schon die Kulischers schrieben in der 1930er Jahren über „Kriegs- *und* Wanderzüge". Alexander (1890–1942) und Eugen(e) Kulischer (1881–1956) stammten aus dem damals russischen Kiew. Der jüngere Bruder wurde Opfer des Holocaust, der ältere floh in die USA und war zunächst für das Office of Strategic Services tätig. Er prägte den Begriff „Displaced Person" (DP). Die Debatte, ob die Völkerwanderungszeit nicht eher ein Zeitalter der Invasion gewesen sei, hält an (s. u. 3.6).

Plausibilität antiker Migrantenzahlen   Durch Vergleich mit frühneuzeitlichen Verhältnissen, also der Zeit vor der Technisierung der Migration (Eisenbahn, Schiff), lässt sich schnell zeigen, dass die Zahl der Migranten im Falle einer Massenmigration in der Antike gern überhöht dargestellt wurde. Das kann verschiedene Gründe haben. Caesar hat die Bedrohung durch die Helvetier übertrieben, um daraus rigide Maßnahmen zu rechtfertigen, die seine politische Position verbesserten. In anderen Fällen handelt es sich um Fake-News, die einmal aufgebracht weiter überliefert wurden.

Archäologie und Migration   Grabungswissenschaften versprechen vermeintlich objektive Ergebnisse. Befunde in Gräbern oder Siedlungen können im Idealfall die Anwesenheit von Gruppen verschiedener Herkunft bezeugen. Aber wann ist die Überlieferung dicht genug, dass man Zuwanderung bestätigen kann? Eher ist das Verlassen einer Siedlung zu zeigen, wie im Falle der Siedlungen der Helvetier in der Schweiz, die aber entgegen Caesars Behauptung nicht nachweislich gebrannt haben. Archäologische Methodenreflexion, gerade auch aus dem Gebiet der Frühgeschichte oder World Archaeology, hat die Problematik allzu schneller Kombination von Einzelbefunden mit literarischen Quellen für Migration gezeigt.

Eine Zusammenfassung des derzeitigen Forschungsstandes über antike Migrationen auf dem Gebiet des heutigen Polen profitierte von naturwissenschaftlichen Analysen. Sie konnten die bereits länger vermutete Aufgabe des südlichen Ostseestreifens in der frühen Spätantike bestätigen. Pollenanalysen zeigen die erhebliche Reduzierung des Anteils der Getreidepollen im Migrationszeitalter (c. 400–600 n. Chr.), woraus geschlossen wird, dass große Teile der Bevölkerung zwischen Oder- und Weichselmündung teilweise schon im 3. und frühen 4. Jh. ihre Siedlungen verlassen hätten. Eine Neubesiedlung sei erst im Frühmittelalter (nach 600 n. Chr.) erfolgt. In einzelnen kleineren Siedlungen sei aber Ackerbau in geringem Umfang weiterbetrieben worden. Zu schlussfolgern ist, dass Angehörige der Wielbark- und nördlichen Przeworsk-Kultur ihre Siedlungen vor 300 n. Chr. verlassen haben und auch andere Gebiete des heutigen Polens wie etwa Masuren im Migrationszeitalter verlassen wurden.

Nutzen von naturwissenschaftlichen Befunden

Epigraphik und Papyrologie scheinen für Fragen der Binnenmigration wichtiger zu sein als Numismatik; Münzen sind vor allem Belege für Mobilität; jedenfalls sind Münzen mit migratorischen Motiven nicht bekannt, wenn man nicht die Darstellungen im Krieg besiegter Feinde als solche ansehen will.

Grundwissenschaften

Man unterscheidet drei Formen bzw. Funktionen:
1. „den analytischen Vergleich, mit dessen Hilfe Erklärungen für ein historisches Phänomen durch die vergleichende Analyse unterschiedlicher Fälle entwickelt werden"
2. „den kontrastiven, aufklärenden Vergleich"
3. „den verstehenden und gleichzeitig distanzierenden Vergleich" [1.5: Kaelble, Historischer Vergleich, 4 f.]

Historischer Vergleich

Für das Thema Migration hilft der synchrone Vergleich mit anderen Kulturen des Altertums nur ein Stück weiter; der diachrone Vergleich ergibt mehr, denn spätere Kulturen haben Migrationen oft besser dokumentiert, zeigen die Praxis und die Probleme. In vielen Fällen werden (vor)moderne Probleme der Realisierung von Migration sich auch bereits in der Antike gezeigt haben. Auch der Umfang von Migration (Migrantenzahlen) und die Geschwindigkeit von Migrantenzügen lassen sich mit Vergleichen u. U. besser abschätzen.

2 Typologie antiker Migrationen

Über eine Typologie antiker Migrationen besteht ebenso wenig Konsens wie über die moderner Migrationsformen, doch sind dieselben Kategorien anwendbar. Ob es Genozid im modernen Sinn in der Antike gab, wird weiter unten im Rahmen der gewaltsamen Migrationen (s. u. 2.2) diskutiert. Bei antiken Migrationen wird hier vorausgesetzt, dass sie ein Ziel hatten, jedenfalls irgendwann zum Stillstand kamen. Grenzfälle gehören zur Mobilität im weitesten Sinn.

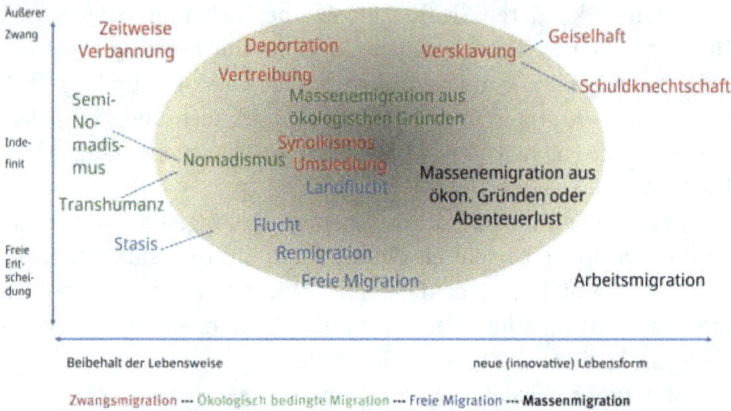

Abb. 1: Matrix der Migrationsformen (innerer Kreis) in Anlehnung an die Typologie Petersens [2.0: A General Typology], aber erweitert um Mobilitätsformen (außerhalb des Kreises). © Markus Sehlmeyer

Petersen hat je zwei Grundformen der Migration, die tendenziell eher durch äußere Einflüsse oder Gewalt motiviert sind, differenziert, die ökologisch bedingte (*primitive migration*, 2.1) und die Zwangsmigration (2.2). Freiere Motive werden abgegrenzt (2.3, 2.4) – hier im Schaubild auf der y-Achse angetragen. In allen Grundformen der Migration unterscheidet Petersen den Grad an Beibehaltung der Lebensweise: Von genauem Beibehalt über gewisse Änderungen zur völligen Änderung der Lebensweise (x-Achse). Aus dem Schaubild lässt sich leicht ablesen, dass gerade zwischen den Typen „ökologisch motiviert", „zwangsbedingt" und „frei" Überschneidungen existieren. Besondere terminologische Herausforderungen entstehen dadurch, dass die Begriffe in Antike und Moderne ganz verschieden verstanden werden können: Die antike Strafe der *deporta-*

tio hat mit Deportation im modernen Sinn nichts zu tun und würde heute eher als Exilierung oder besser Verbannung bezeichnet; zudem kann es Begriffsverengungen geben. Deportation wurde im 20. Jh. immer mehr mit einer Tötungsabsicht verbunden, was in den antiken Formen der Zwangsumsiedlung und Vertreibung nicht nachweisbar ist.

2.1 Ökologisch bedingte Migrationen: Nomadismus und Reaktion auf Katastrophen

Der erste Typ umfasst Migrationen, die aufgrund ökologischer Grundbedingungen unvermeidbar werden, klimatischer Bedingungen etwa, aber auch Naturkatastrophen (engl. *primitive migrations*). Zum ersten Bereich gehört Nomadismus, der häufig zyklischer Natur ist, d.h. die Migranten sind in unregelmäßigem Abstand – zum Beispiel, wenn Nahrung oder Trinkwasser für das Vieh zur Neige gehen – mobil und kommen erst nach Jahren an den Ursprungsort zurück.   `Typ`

Antiker Nomadismus war verbreitet in den Steppen Zentraleurasiens, des Nahen Ostens und Nordafrikas (zum Hüten von Kleinvieh auf Fernweiden/Transhumanz, vgl. das Ende dieses Abschnittes). Die antiken Menschen hielten dies bisweilen für die ursprüngliche Lebensform, d.h. sie leiteten ihre Zivilisation aus einer Frühphase ab, in der Viehzucht eine besondere Rolle spielte und über den Ackerbau dominierte. Weil nomadisches Leben ein Teil der antiken Vorstellung von Kulturentwicklung ist, sind die Quellen oft von einer solchen schematischen Sicht bestimmt, die mit der Realität wenig zu tun hat. Die Skythen hat Herodot ausführlich behandelt, aber neuere archäologische Forschungen haben sein 4. Buch nur bedingt bestätigt. Grabfunde stehen in Einklang mit Herodots Darstellung der Begräbnisrituale, aber Ausgrabungen skythischer Wohnsitze zeigen doch, dass man vielerorts allenfalls von Seminomadismus sprechen sollte, also Mobilität und nicht (zyklischer) Migration. Wo Jäger- und Kriegertum hoch im Kurs standen wie etwa bei den Kelten, waren es junge Männer, die zeitweise nomadisch oder migrantisch lebten.   `Nomadismus`   `Kulturentwicklung`

Skythen waren reitende Steppenkrieger, die sich von ihren Herden ernährten. Zunächst lebten sie mit ihren Familien in Wagen, die sie dorthin mitnahmen, wo sie ihre Tiere weideten. Nach Land-   `Skythen als Beispiel` nahme nördlich der Krim scheint aber auch Landwirtschaft betrieben worden zu sein, so dass manche Skythen zeitweise einen festen Wohnort hatten, an den sie zurückkehrten. Aus Nomadismus wurde Mobilität. Herodots Unterscheidung der Skythen in verschiedene Gruppen, z. B. ackerbautreibender Skythen (4,17.19) mag etwas schematisch sein, aber Getreideanbau ist am Rande der Waldsteppe auch archäobotanisch nachweisbar. Herodots Nachforschungen in Olbia mussten, wie er selbst sagt, eher vage bleiben, denn die Regionen der *Skythai aroteres* nördlich von Olbia und der *Skythai georgoi* nordöstlich wurden von ihm nicht in Augenschein genommen und es ist kaum zu erahnen, was der Unterschied in der Lebensweise dieser beiden Gruppen sein mag. Zudem werden noch Alizonen und Kallhippiden genannt. Für die Frage der Migrationen ist dies aber auch unerheblich; hier sind jedenfalls nomadisierende Gruppen zu einer überwiegend stationären Lebensweise übergegangen, somit fand der Nomadismus dieser Skythen ein Ende und wurde zur Migration.

Herodot

Herodot selbst mag Zeuge des skythischen Getreideexportes gewesen sein. Die traditionelle Vieh- und Milchwirtschaft der Skythen ging in ihrer Bedeutung zurück, der Getreideanbau nahm rasant zu. Naturwissenschaftliche Untersuchungen in der Ukraine bestätigen, dass ein größerer Teil der Bewohner der besagten Regionen nördlich und nordöstlich Olbias wenig mobil war und überwiegend von Hirse, Weizen oder Gerste lebte.

Innovation Getreideanbau

Ökologische Ursachen für Migration können auch unerwartete Klimaänderungen, Überflutungen oder gar Vulkanausbrüche sein. Verlandung der Mäandermündung führte zur Umsiedlung der Priener; besser bezeugt ist die Umsiedlung von Myus infolge von Verlandung und Versumpfung, die zur einer Mückenplage (und mglw. Malaria) führte, so dass Myus und Priene verlegt wurden.

Verlandung

Der Ausbruch des Vulkans auf Thera (Santorin), der im letzten Viertel des 17. Jhs. v. Chr. stattfand und die Insel größtenteils zerstörte, resultierte in Tsunamis, die bis an die türkische Ostküste reichten. Es ist anzunehmen, dass die Überlebenden Thera fluchtartig verließen, ohne dass es eine Planung gegeben hätte. Mangels Quellen zur Flucht der Bevölkerung müsste man hier Vermutungen aus dem Vergleich mit Ausbrüchen wie dem des Krakatau (1883) ziehen. 34 000 Tote waren v. a. Folge der Tsunamis, die über 100 Dörfer an der indonesischen Küste zerstörten. Menschen, die nahe

Vulkanausbrüche

dem Vulkan gelebt hatten, mussten als erste fortgehen. Die Fischer konnten nach einiger Zeit ihre Arbeit wieder aufnehmen.

Wenn wir den Ascheregen und mögliche Tsunamis miteinbeziehen, dann ist wahrscheinlich, dass die Leute aus Thera ihnen bekannte Orte ansteuerten, die vom Vulkanausbruch nicht in Mitleidenschaft gezogen worden waren und Flüchtlinge aufnehmen konnten. Hier kommen in mykenischer Zeit v. a. Phylakopi auf Melos and Agia Irini auf Kea infrage, wenn wir postulieren, dass die Theraier ihre alte Lebensweise aufrechterhalten wollten. Andere Flüchtlinge, die flexibler waren, mögen auch in Richtung Kreta geflohen sein, wobei dessen Nordküste ebenfalls durch Tsunamis betroffen gewesen sein könnte. Mutmaßliche Fluchtorte der Theraier

Im Vergleich zum Nomadismus ist hervorzuheben, dass migratorische Folgen von Naturkatastrophen eine größere Bandbreite hatten, d. h. je nach geographischer Situation, aber auch zivilisatorischer Entwicklung, mehr oder weniger stark Migration bedingten. Als der Vesuv 79 n. Chr. ausbrach und Pompeji zerstörte, gab es bereits staatliche Unterstützung der Opfer durch Kaiser Titus. Wenn wir schätzen, dass 10 % der rund 20 000 Einwohner Pompejis getötet wurden – andere betroffene Orte wie Herculaneum außer Acht lassend –, dann haben rund 18 000 überlebt, die sehr schnell verstanden haben dürften, dass die Rückkehr in die von Asche bedeckte Stadt nicht mehr möglich war. Und auch wenn es sich hier in manchen Fällen um die ‚Zweitwohnungen' vermögender Römer handelte, so blieben viele Menschen übrig, die definitiv ihren einzigen Wohnsitz verloren hatten. Pompeji

PETERSEN betont zu Recht, dass bei ökologisch bedingten Migrationen die Tendenz vorherrschte, den althergebrachten Lebensstil wiederherzustellen, im Falle von Nomaden adäquaten Ersatz zu beschaffen, wenn das Weideland abgegrast war, oder nach einer Naturkatastrophe sich in der Nähe wieder anzusiedeln. Es gibt aber auch eine innovative Form, die zur Änderung der Lebensweise führt. Wenn das Land die Bewohner nicht mehr ernährt, kommt es bekanntermaßen zur Landflucht – ein häufiges Phänomen moderner Geschichte etwa infolge einer großen Hungersnot wie in Irland 1845–1849. Wer in die Stadt zieht, wird ein anderes Leben führen als auf dem Land. Solche Landflucht kann aber durchaus auch andere Motive haben und zur Massenmigration (s. u. 2.4) werden. „Konservative" und „Innovative" Varianten

Schwieriger als in Irland ist die Situation in der mittleren römischen Republik einzuschätzen, als eine große Zahl an Latinern bzw. Landflucht in Italien

Bundesgenossen nach Rom migriert ist. Gesandte der betroffenen Städte beschweren sich in den Jahren 206, 187, 177 und 173 v. Chr. in Rom, weil die Emigrierten nun fehlten, wenn ein militärisches Aufgebot zu stellen war. Im Jahre 206 mag man die Landflucht noch mit den Umständen des Hannibalkrieges erklären, aber die folgenden drei Fälle, die zur Ausweisung von Latinern aus Rom führten, waren offenbar stärker durch ökonomische Ursachen bedingt.

<small>1177 v. Chr.</small>

In manchen Fällen sind Migrationen erst auf den zweiten Blick als klimabedingt zu erklären. Das Ende der mykenischen Welt, das auch als „Kollaps" der späten Bronzezeit figuriert, wurde häufig auf Invasionen sog. Seevölker zurückgeführt. Inzwischen überwiegt aber die Ansicht, dass die Umbrüche multikausal bedingt waren. Der Verdacht von Klimaänderungen im 13. Jh. v. Chr. wird schon länger erhoben, nun aber haben Hinweise auf Hungersnöte in altorientalischen Quellen in Verbindung mit Pollenanalysen gezeigt, dass schon vor den Seevölkerattacken, die 1177 v. Chr. ihren Höhepunkt fanden, klimatische Änderungen auch zu Migration führten. Wir haben hier – ähnlich wie in der Spätantike – mit dem schwierigen Phänomen zu tun, dass sich Invasionen von außen mit Migrationen aus internen Beweggründen paaren konnten. Ein trockeneres Klima erklärt das Verlassen von Steppen, die zu Wüsten wurden, oder auch das Verlassen von Gebieten, in denen die Niederschläge stark zurückgingen. Hier könnte man das Beispiel der Libyer nennen, die in Folge des Klimawandels im 13. Jh. v. Chr. zum Nil migrierten, wobei viele in die Städte des Deltas eingesickert sind, dort aber den Status von Fremden behielten; zuvor hatte es bereits Handelskontakte gegeben. US-amerikanische Forschungen haben auch für die römische Kaiserzeit der Klimageschichte große Bedeutung beigemessen (s. o. 1.4).

<small>Naturweidewirtschaft</small>

Pastoralismus ist eine dem Nomadismus nahestehende Form der Mobilität; man könnte von Arbeitsmigration sprechen, denn die Hirten, die Viehherden zwischen Sommer- und Winterweiden begleiten, taten bzw. tun dieses nicht, um ihren Wohnsitz zu verlagern. Braudel hat Pastoralismus in vielen Mittelmeerländern der frühen Neuzeit gefunden. Er weist darauf hin, dass es sich um eine Form der Arbeitsmobilität handelt, die andere Voraussetzungen als Nomadismus hat. Beim Nomadismus werden größere Areale von geringem Bewuchs durchstreift; bei der Transhumanz ist die Mobilität hingegen v. a. jahreszeitlich bedingt und betrifft auch nur kleinere Räume – Ebene und Hochland in den meisten Fällen; das

Hochland wird aufgesucht, wenn Hitze und Trockenheit das Gras nicht mehr wachsen lassen, so dass die Hirten mit ihren Herden höher gelegene Weiden aufsuchen müssen.

2.2 Gewaltinduzierte Migration: Vertreibung, Deportation und Flucht

Zu gewaltinduzierten Migrationstypen (*forced migrations*) zählen Vertreibung, Deportation und Flucht. Eine Übergangsform (zur Massenmigration) ist die Umsiedlung, bei der die Mehrzahl der umzusiedelnden Personen zustimmt (*impelled migration*). Auslöser von gewaltsamen Migrationen sind Staaten oder andere Verbände, in der Gegenwart auch Organisationen, die nach Herrschaft streben, wie der sog. Islamische Staat (IS oder besser Daesch). PETERSEN unterscheidet „konservative" Formen der Zwangsmigrationen, bei denen die Betroffenen von Deportation und Flucht im Prinzip wieder ihrer bisherigen Tätigkeit nachgehen, und „innovative" Arten, bei denen der Initiator den Migranten neue Betätigungen auferlegt – Zwangsarbeit, die bis zur Versklavung und zum Genozid führen kann.

forced migrations

Forschungen zur modernen Deportation zielen zumeist auf Zwangsarbeit oder Genozid ab, die im 20. Jh. durch den Totalitarismus stark in den Vordergrund gerückt sind; Verschleppung oder Menschenraub sind hier synonym zu Deportation. In der Vormoderne scheinen aber durchaus Formen dominiert zu haben, in denen die Vertriebenen ihrem Schicksal überlassen wurden, so dass sie wenigstens ihre persönliche Freiheit (mit Ausnahme der Wahl des Aufenthaltsortes) behielten. Hingegen wird in der Gegenwart Deportation auch auf die Abweisung als unberechtigt angesehener Migranten bzw. Asylanten bezogen („Rückführung").

Zwangsarbeit und Genozid

Gestern wie heute sind äußere wie innere Kriege der bestimmende Anlass für Migrationen. Staaten ordnen ihr Herrschaftsgebiet neu oder vertreiben unerwünschte Personen. Bürgerkriege oder ihnen vorausgehende schwere innere Auseinandersetzungen können zur Vertreibung politischer Gegner führen; auch an religiöse Motive ist zu denken. Im Extremfall kann das Verbot unerwünschter Religionen zu Ausweisung und Bildung bzw. Verfestigung einer Diaspora führen.

Kriege als Anlass

Im Nahen Osten war Deportation oft mit Zwangsarbeit verbunden, die Assyrer, Neubabylonier, Achämeniden und Sassaniden ge-

Motive

ben Beispiele. Quellenbedingt ist das Schicksal der Deportierten im Altertum selten zu spezifizieren, weshalb die Motive der Deportierer in den Vordergrund gestellt wurden. Prominentestes Beispiel ist vermutlich das sog. babylonische Exil eines Teiles der Judäer (598/587–539 v. Chr.), bei dem es sich de facto um eine Deportation ohne Gewissheit auf Rückkehr gehandelt hat. Nebukadnezar hatte die aufständischen Juden nach Babylon verschleppt, die dann teilweise unter achämenidischer Herrschaft nach Judäa zurückkehrten. Vom Ort der Deportation gibt es Keilschrifttafeln (s. u. II 3.4 S. 175).

Kriegsbedingte Deportationen

Politische und religiöse Differenzen zwischen Deportierern und Deportierten sind zu beobachten, aber Deportation kann durchaus auch in den Kontext der Expansion gehören, wie man noch heute leicht am Donezk-Gebiet sehen kann: Die russische Regierung versucht Ukrainer von dort zu vertreiben und organisiert deren Abtransport nach Westen, Kinder werden nach Russland verschleppt, die Ukrainer selbst siedeln durch russisches Militär bedrohte Nichtkombattanten um (2023). In der vormodernen Geschichte haben wir aber selten so genaue Berichte über das Schicksal der Deportierten, während Motive der Deportierer im Allgemeinen in der Geschichtsschreibung der Sieger zu finden sind.

Humanere Formen

In der Antike gab es mitunter die Konstellation, dass zu deportierende Personen an anderem Ort spezifische Funktionen erfüllen konnten. Häufig kamen sie in Gebiete, deren Bevölkerung durch lange Kriege zurückgegangen war, so die apuanischen Ligurer (nach 180 v. Chr.) in das entvölkerte Samnium, das um 300 v. Chr. in langen Kriegen mit Rom gelegen hatte. Bei der Gründung neuer Hauptorte im Zuge eines sog. Synoikismos („Zusammensiedlung") erscheint nicht selten die Frage berechtigt, ob die Umsiedlung der umliegenden Bevölkerung nicht eher Deportation war – sowohl in der griechischen Geschichte (Megalopolis) als auch in der römischen (Nikomedia unter Diokletian). Man fühlt sich teilweise an frühneuzeitliche Peuplierungen erinnert. Damit bezeichnet man die Besiedlung eines nicht oder nur dünn besiedelten Gebietes, die auf obrigkeitlichen Beschluss erfolgt und als Binnenkolonisation einzustufen ist.

Quantität

Da Deportationen mitunter der Rückführung unerwünschter Migranten dienten, für die Caesar (3.5) Beispiele liefert, ist auf die ideologische Überhöhung der Zahlen hinzuweisen. Falls von hunderttausenden Migranten die Rede ist, muss sich die Migration über

Jahre erstreckt haben. Realistischer ist auch bei Deportationen die Annahme von tausenden oder zehntausenden Deportierten.

Deportation wird nun häufig als Reaktion auf solche Migrationen gesehen, die das aufnehmende Land als illegal einstuft. Eine der aktuell diskutierten Fragen ist es, ob Armut als ein hinreichender Grund angesehen werden kann, der Flüchtlinge zur Flucht geradezu zwingt. Jedenfalls wird in der aktuellen Migrationsforschung sehr viel häufiger von *deportation* im Sinne von Abschiebung gesprochen als von der Vertreibung von Völkern – die es ja nach wie vor gibt, man denke an die Rohingya in Myanmar, die schon mehrfach mit Waffengewalt nach Bangladesch vertrieben worden sind.

Terminologie

Die Integration der Perspektiven von Deportierern *und* Deportierten wird jüngst häufiger im Ansatz der Regime-Theorie verbunden. Diese entstammt der Politikwissenschaft, genauer gesagt der Erforschung der internationalen Beziehungen. Regime sind dort definiert als Regeln und Praktiken auf einem Feld internationaler Beziehungen, die im Laufe von Jahrzehnten gewachsen und zu institutionalisierten Routinen geworden sind. Hier sind verschiedene Interessengruppen beteiligt – Staaten, Displaced Persons, NGOs usw. Somit würde das Migrationsregime dann die Verfahren der Aushandlung bezeichnen, die eben nicht sämtlich auf Völkerrecht beruhen, sondern sich ergeben haben und mithin leichter modifizierbar sind. Dieser theoretische Ansatz passt recht gut auf die Migrationsverhältnisse vieler Staaten. Insbesondere wird vom *deportation regime* der USA und der EU-Staaten gesprochen, die sehr viele Migranten wieder abschieben.

Politikwissenschaft und Regimetheorie

Bei der Betrachtung vormoderner Verhältnisse ist der Begriff des Migrations- oder Deportationsregimes bislang eher selten genutzt worden. Gleichwohl spricht manches dafür, denn gerade in der Antike war Deportation nur in den seltensten Fällen Gegenstand von Gesetzgebung; vielmehr wurde improvisiert, wobei den Deportierten mutmaßlich eine größere Beteiligung zukam, als die Quellen zugeben. Dies liegt schlichtweg an den logistischen Herausforderungen gerade der Deportation größerer Personengruppen. Gut dokumentierte Beispiele sind im historischen Teil zu finden (s. S. 71, 76f., 184).

Regime in der Vormoderne

Wird mit Waffengewalt Zwang ausgeübt, eine Stadt oder eine Region zu verlassen, handelt es sich um Vertreibung. Das Ziel wird aber nicht vorgegeben. Von Vertreibungen hören wir seltener als von Deportationen, weil der Erfolg dadurch unwägbar war, dass

Vertreibung ähnelt der Deportation

der Verbleib der Vertriebenen nicht kontrolliert wurde und Rückkehr somit denkbar war (vgl. als Beispiel Capua am Ende des Hannibalkrieges, S. 72). Die Römer hatten beispielsweise seit etwa 200 v. Chr. versucht, die Ligurer am Landweg nach Spanien in die Berge zu vertreiben, das gelang aber nur bedingt; immer wieder wurden römische Heereszüge überfallen, so dass letztendlich ein Teil der Ligurer (die apuanischen) 180 v. Chr. nach Kampanien deportiert wurde.

Flucht

Personen, die zur Flucht gezwungen sind, handeln aufgrund politischer oder anderer Rahmenumstände, die das Leben der Betroffenen gefährden würden, wenn sie blieben. Somit sind die Betroffenen in einer Situation der Unterdrückung, weil sie an politischen Entscheidungen nicht mehr teilhaben können oder sogar, weil sie verurteilt oder inhaftiert zu werden drohen.

Die Untergliederung der Flüchtlinge ist je nach historischen Rahmenumständen recht unterschiedlich; in den Entwicklungsländern lässt sich nach Meinung von Zolberg u. a. eine Dreiteilung vornehmen: Aktivisten (Opposition), Abweichler von der Staatsdoktrin (z. B. auch religiös) und Opfer der Gesamtsituation in einem Staat. Auf antike Verhältnisse übertragen, können wir folgende Arten von Flucht unterscheiden:
1. Politische Flucht aufgrund bürgerkriegsähnlicher Verhältnisse.
2. Selbstexilierung und Schutzsuche, um einer schweren Strafe zu entgehen.
3. Flucht der Nichtkombattanten vor dem siegreichen Feind.

Eine Flucht aus Nahrungsmangel ist m. E. eher im Bereich der ökologisch motivierten Flucht einzuordnen. Schwierig wird es, wenn vorhandene Ressourcen der Bevölkerung vorenthalten werden (durch Misswirtschaft, Korruption etc.). Einige Details zu den drei Gruppen:

1. Politische Flucht

Soziale Konflikte führten mitunter dazu, dass die unterlegene Partei die Polis verlassen musste; Zwangsmigration oder jedenfalls erzwungene Mobilität konnten die Folge einer solchen Stasis sein. Auch wenn nach diesen bürgerkriegsähnlichen Zuständen mit Gewaltausbrüchen der Konsens wiederhergestellt worden war, blieben mitunter Spannungen bestehen und Unterlegene wurde interniert/deportiert bzw. flohen. Je nach Situation konnte es durchaus sein, dass die Flucht von kurzer Dauer, Rückkehr bald möglich war. Angehörige der Oberschicht rangen um ihren Status, Gewaltbereitschaft war vorhanden, außenpolitische Folgen möglich, d. h. die Unterstützung der Konfliktparteien durch äußere Mächte. Der unterlegenen Richtung drohten Tod und Vertreibung.

Staseis, also innerstädtische Konflikte und Spaltungen über die außenpolitische Orientierung – für oder gegen Makedonien – ballten sich in der zweiten Hälfte des 4. Jahrhunderts in vielen griechischen Städten. Jedenfalls gab es im Jahre 324 v. Chr. rund 20 000 Verbannte, denen Alexander III. nun die Rückkehr in ihre Heimatgemeinden gestattete. Sie durften nicht weiter verfolgt werden. Aufgrund von Schwerverbrechen Verbannte waren ausdrücklich ausgeschlossen. Diese nur auf den ersten Blick menschenfreundliche Maßnahme generierte vielerorts neuen Streit, da Vermögensrestitutionen anstanden und die Gerichte reichlich beschäftigt waren. Aufstände (*seditiones*) konnten zur Flucht der Unterlegenen führen, die in der späten Republik und der Triumviratszeit gut belegt ist (3.4). Die Rückzüge der Plebs im frühen Rom sind hingegen von fragwürdiger Historizität. In der Kaiserzeit ist zumindest das zeitweilige Exil von Angehörigen der Elite untersucht.

... im Hellenismus

... in Rom

Eine in Griechenland alte, emotional wie religiös überhöhte Praxis war die Schutzsuche bei einem Götterbild oder am häuslichen Herd einer hochgestellten Person in strikt ritualisierter Form, die sog. Hikesie. Sie wurde in der Hoffnung geübt, dort aus religiöser Scheu vor Verfolgung sicher zu sein. Hikesie ist im Epos und in der Tragödie häufig, kam aber auch in der Realität vor: Der in Rom erschienene Herodes wird in einer Quelle als *hiketes* bezeichnet (zur Flucht vor Parthern und Antigonos, vgl. S. 24 f.); noch in der Zeit des Kaisers Tiberius beriefen sich manche griechische Städte darauf, Hilfesuchende, die die entsprechenden Rituale im Tempel durchführten, aufnehmen zu dürfen. Wenn die Regierung eines Staates oder die Verantwortlichen eines Heiligtums über die Aufnahme eines Flüchtlings zu entscheiden hatten, spricht man von Asylum oder Asylia, wofür völkerrechtliche Beziehungen Voraussetzung sein konnten, aber nicht mussten. In der Kaiserzeit begründete die Flucht zu einer Kaiserstatue das Asyl, später auch der Aufenthalt in einer Kirche. Die Ursachen, als Hiketet aufzutreten oder Asyl zu beantragen, wie wir sagen würden, sind vielfältig – oft handelt es sich um Furcht vor einem ungerechten Gerichtsurteil oder Flucht vor einem bereits verkündeten Todesurteil. Meist sind es individuelle Fälle, bei denen baldige Rückkehr nicht erwartet wurde. In der römischen Republik standen zunächst etliche Staaten auf italischem

2. Selbstexilierung

Asylum oder Asylia

Boden als Exil zur Verfügung. Später waren die Wege der Exilanten weiter (s. 3.5 für Beispiele aus der Kaiserzeit). Gar nicht selten waren in der politisch zerklüfteten Landschaft der hellenistischen Zeit hochgestellte Persönlichkeiten, die anderenorts als geschätzte Experten Aufnahme fanden; prominent ist hier etwa Hannibal zu nennen, der nach seiner Vertreibung aus Karthago (195 v. Chr.) am Seleukidenhof eine neue Wirkungsstätte fand.

3. Flucht nach Niederlage

‚Phyge' kann durchaus auch die Flucht vor einem Feind bezeichnen. Gerade im Zusammenhang mit Kriegshandlungen wie Invasionen oder Feldschlachten gab es Flucht von Nichtkombattanten vor Übergriffen, die in Raub, Vergewaltigung und Verschleppung ausarten konnten. Die rechtzeitige Flucht konnte, auch wenn sie durch Feinde animiert war, einen gewissen Spielraum bewahren. Es ist anzunehmen, dass die Praxis der Flucht vor oder nach Kriegen eine ähnliche Breite aufwies wie bei den Formen (1) und (2).

Ziel von Flüchtlingen

Ziel von Flüchtlingen ist generell, eine neue Wohnstätte zu finden, wo sie zeitweise oder sogar längerfristig im Exil leben können – zunächst mit dem Status von Fremden. Der Erwerb eines fremden Bürgerrechtes als Zielsetzung war in der Antike eher selten. Die Lebensumstände der Flüchtlinge sind je nach finanzieller Situation und Gelegenheit zur Vorbereitung der Flucht besser oder schlechter: Ein Herodes, der sich im eigenen Schiff mit Gefolge nach Rom aufmacht, ist nicht mit Personen zu vergleichen, die durch eine überraschende Invasion zur Flucht gezwungen sind und nur noch das besitzen, was sie am Leibe tragen. In der Tat ist der Rückzug des Herodes aus Judäa angesichts der parthischen Invasion 40 v. Chr. das wohl am ausführlichsten bezeugte Fluchtereignis, weshalb es hier als Beispiel dient. Zunächst wurden Frauen und andere Nichtkombattanten nach Masada verbracht, wo ein Teil der Söldner des Herodes zu deren Schutz verblieb. Ob man hierin schon eine Flucht sehen will, ist Ansichtssache. Dieser Rückzug war offenbar gut vorbereitet.

Lebensumstände der Flüchtlinge

Praxis der Flucht

Die Motive bzw. Zielorte des Herodes sind bereits in der Schilderung durch Josephus widersprüchlich. Allgemeinere Aussagen in seiner Darstellung erscheinen an dieser Stelle interessanter, so der beklagenswerte Anblick der Flüchtlinge, Probleme der Versorgung und Logistik, am Anfang offenbar auch Ungewissheit, wohin es überhaupt gehen solle, ferner Sorge um Verwandte. Diese Phänomene, Leiden des Krieges schlechthin, sind aus der Antike eher selten überliefert. Insofern wird man überlegen dürfen, inwiefern spätere Zwangsmigrationen, die den Betroffenen noch gewisse Spielräume ließen, Analogieschlüsse erlauben. Den Flüchtlingen aus der Pfalz hat Daniel Defoe ein literarisches Denkmal gesetzt. Gut untersucht sind Fluchtbewegungen nach dem 1. und 2. Weltkrieg, die aufgrund von Ressourcenknappheit durchaus mit vormodernen Verhältnissen vergleichbar sein können und sowohl durch Selbstzeugnisse als auch photographisch dokumentiert sind. Solche prekären Migrationsverhältnisse können freilich in Antike und Moderne verschiedene Gesichter gehabt haben. ‚Boat people' aus der Antike sind kaum bekannt, in der Moderne ein globales Phänomen.

Versklavung ging im Allgemeinen mit der Verbringung in die Fremde einher, aber im Gegensatz zur Deportation eines Stammes oder einer anders konstituierten Gruppe verteilten sich die Sklaven von Sklavenmärkten aus über die ganze griechische und römische Welt. In den Anfängen des Altertums scheinen Sklaven vor allem Kriegsgefangene und deren Familien gewesen zu sein. Bald kam die Versklavung von Menschen aus der Peripherie der antiken Staatenwelt hinzu; bestimmte Regionen wie die Krim wurden durch florierenden Sklavenhandel bekannt. Das Christentum konnte das Phänomen der Versklavung nur bedingt hemmen, es setzte sich im Mittelalter u. U. in anderen Formen der Unfreiheit fort.

Versklavung

Kriegsgefangene

Die Zwangsmigration der Sklaven folgte m. E. der Logik, dass in die Ferne verschleppte Menschen weniger Möglichkeiten und Anreize zur Flucht in ihre Heimat hatten. Im Gegensatz zu den Verschleppungen der Moderne lassen sich Routen des Sklavenhandels in der Antike nur bedingt ausmachen. Kriegsbedingte Versklavung legte den Verkauf in nächstgelegenen größeren Häfen nahe. Die Kaufsklaverei hingegen war eher langfristig angelegt und Märkte wie Delos oder Rom gewannen an größerer Bedeutung.

Zwangsmigration der Sklaven

Sonderformen der Unfreiheit waren in der Antike Schuldknechtschaft und Geiselhaft. Erstere wurde in Athen bereits unter Solon abgeschafft (um 590/560 v. Chr.), in Rom wohl erst 326 v. Chr. (Verbot des *nexum*). Es handelt sich um Übergangsformen zur Mobilität, denn in beiden Formen war die Schuld auf dem Grundbesitz des Gläubigers abzuarbeiten – der meist in der Nähe des Landes des Schuldners war. Die Geiselhaft ist eine Form von Deportation, die den Betroffenen aber die Freizügigkeit nimmt. Eine Haft im Sinne eines Gefängnisaufenthalts ist nicht gemeint; zumeist waren die Geiseln Angehörige der Oberschicht und politisch Verantwortliche wie z. B. Polybius, der einer von rund 1 000 Angehörigen des Achai-

Unfreiheit

ischen Bundes war, die von den Römern ab 146 v. Chr. nach Italien verschleppt wurden, um die Griechen willfährig zu machen.

2.3 Freie Migrationen: Individuelles Streben nach Höherem

Definition Freie Migrationen sind dadurch gekennzeichnet, dass sie nicht aufgrund ökologischer oder politischer Zwänge erfolgen. Einzelne oder recht kleine Gruppen von Menschen suchen Veränderung. Es geht ihnen darum, etwas zu entdecken oder sich neue Freiräume zu verschaffen. Somit ist weder Nomadismus, Arbeitsmigration oder Expansionsstreben gemeint – was bei einzelnen Personen wohl auch schwer denkbar wäre. Die Migranten sind selbstbestimmt, sie entscheiden frei.

Griechischer Entdeckergeist Wenn wir die Antike in den Blick nehmen, dann wird vor allem den frühen Griechen und den Phöniziern ein solcher Entdeckergeist zugeschrieben. Im alten Italien sind kaum ähnliche Bestrebungen aufzufinden; es mag Etrusker gegeben haben, die so dachten. Die Römer blieben lange Zeit in Latium, die Herkunft von trojanischen Migranten schrieben sie sich erst spät zu.

Pioniere Um das Phänomen näher bestimmen zu können, sind solche Epochen zu benennen, in denen Migration frei durch einzelne Vorreiter bestimmt war. Diese freie Migration konnte schnell zur Massenmigration werden, wenn die ‚Pioniere' Orte gefunden haben, die sich zur Ansiedlung eigneten. Waren diese Orte bereits besiedelt, wurden die Immigranten zunächst als Fremde (wenn nicht Feinde) angesehen. Sobald die neuen Siedler dominierten, wurden sie zu Bürgern neuer Städte.

See-Erkundung Die Geographie des Ägäisraumes legte zunächst nahe, dass sich diese Pioniere entlang den Küsten des ionischen Meeres, in Thrakien und im Norden und Süden Anatoliens auf den Weg machten, also in Richtung des Schwarzen Meeres bzw. der Levante. Dieses war in der archaischen Zeit der Fall, als Ansiedlung nur noch außerhalb Griechenlands möglich war, während Umzug in eine andere Polis zwar denkbar blieb, aber die Freiheit der Migranten dadurch beschränkte, dass sie am Zielort Fremde, Metöken blieben, die kein volles Bürgerrecht hatten. Für Flüchtlinge war das eine akzeptable Situation, da Rückkehr in die Heimat angestrebt wurde, aber nicht für die abenteuerlustigen, vermutlich oft jüngeren Personen, die nach einer Alternative suchten. Sie konnten auf die geographischen Kenntnisse früher Seefahrer zurückgreifen oder mit diesen fahren, bis sie an die Ränder der den Griechen bekannten Welt kamen. Dann waren sie auf sich gestellt.

Es fällt schwer, diese frühen Pioniere beim Namen zu nennen. Immerhin können manche Episoden der homerischen „Odyssee" typologisch als Schilderungen von Entdeckungsunternehmen eingestuft werden. Als die Gefährten die Insel der Kyklopen betreten, bemerken sie sofort Vorzüge wie gute Äcker, eine Süßwasserquelle und eine als Hafen geeignete Bucht. Der Durchschnittsgrieche war Bauer, seltener Großgrundbesitzer, eher aktiver Landwirt, der Getreideanbau betrieb. Wer ein Handwerk ausübte oder Gelegenheitsarbeiten, dürfte rudimentäre Kenntnisse darüber gehabt haben, was minimal zum Überleben nötig war.

Odyssee als Urtyp

Der Pionier ist nicht immer mit dem Oikisten gleichzusetzen, denn die größeren, lang geplanten Emigrationen mit mehreren Schiffen gehörten meist bereits zur Massenmigration. Der oder die Pioniere, die sich zunächst in die Ferne aufmachten, waren wohl weniger gut organisiert.

Oikisten als Nachfolger der Pioniere

Mitunter ist von ‚Protokolonisation' die Rede, was bedeuten soll, dass vor der eigentlichen ‚Kolonisation' der archaischen Zeit es einzelne Personen gegeben haben muss, die sich auf den Weg begaben und ggf. Routen und Ziele erkundeten. Die „reisenden Helden" (R. LANE FOX) sind aber schwer als Personen zu fassen. Händler könnten diese Pioniere mitgenommen haben. Wir werden noch sehen, dass Pithekoussai wohl kaum die erste Apoikie gewesen sein dürfte – über 1 200 km von Griechenland entfernt.

Protokolonisation

In archaischer Zeit haben Griechen den Schwarzmeerraum erschlossen, wie aus Aviens Schrift „Ora maritima" abzuleiten ist. Pseudo-Skylax zeigt Kenntnisse der nördlichen Adria. Diese Periplus genannt Literatur war zunächst nur ein nüchterner Bericht über Küstenverläufe und Häfen. In klassischer Zeit, die prinzipiell besser bezeugt ist, gibt es für diese kleinen privaten Initiativen kaum Beispiele, lediglich Pytheas ist besser bezeugt, da er selbst über seine ca. 340–310 unternommene Fahrt nach Norden berichtete. Die Motive bleiben zwar unklar, aber es wäre denkbar, dass die Mission des Pytheas zur Intensivierung der Handelskontakte oder gar Ansiedlungen geführt hätte. Alexander III. und die hellenistischen Könige gaben dann häufiger Entdeckungsfahrten in Auftrag.

Quellen

Viel besser sind wir in der Frühen Neuzeit über solche freien Migrationen informiert. Schon bald nach der „Entdeckung" und der

Frühe Neuzeit

Kolonisierung Amerikas begannen auch Privatleute und kaufmännische Vereinigungen, die Perspektive einer Ansiedlung auf dem neuen Kontinent zu prüfen. Zuerst waren es Spanier und Portugiesen, dann Engländer und andere Europäer (zu Jamestown [1607] s. u. 3.2). Aus der Pfalz brachen bereits im späten 17. Jh. einzelne Migranten auf – Josua Harrsch (1669–1719) gilt als Wegbereiter. In Schweden beispielsweise setzte dieser Prozess aber viel später ein, erst ca. 1840–1860.

Emporion: Definition

In der älteren Forschung wurde häufig angenommen, dass die Begründung eines Emporion Vorstufe für größere Migrationen mit etwaiger Kolonie- bzw. Apoikiegründung (s. u. 2.4) gewesen sei. Die Griechen verwandten das Wort *emporion* (Handelshafen von gr. *emporos*, Händler) in archaischer Zeit recht selten; es empfiehlt sich im Kontext der Migration, mit Emporion als Fachbegriff nur in der Fremde gelegene Häfen zu bezeichnen, die üblicherweise von Händlern verschiedener Ethnien angelaufen werden konnten und indigene Bevölkerungsteile aufwiesen. Wenn die Gründung eines Emporions in diesem Sinne unter maßgeblicher Beteiligung von Griechen geschah, sind einzelne freie Migrationen anzunehmen, denn der Hafen konnte in Phasen geringen Schiffsverkehrs nicht unbeaufsichtigt bleiben. Einzelne Griechen dürften dort ‚überwintert' haben – um etwaige Restbestände an Waren zu verwalten; das Emporion bestand gewiss aus Wohn- und Lagerhäusern, Tempel mögen im Laufe der Zeit dazugekommen sein. Dieser Emporion-Begriff lässt sich auch auf Ansiedlungen von Phöniziern im westlichen Mittelmeerraum (das frühe Karthago) und am Atlantik (Cadiz, Huelva, Lixus) anwenden. Die kultische Aktivität der Karthager, wie im etruskischen Pyrgi, lässt es möglich erscheinen, dass auch dort ein freier Handel wie in einem Emporion betrieben wurde, doch wird Pyrgi neben Alsium meist als Hafen von Caere (Cerveteri) genannt.

Gründung

Phönizische Emporia

Optionen

Emporia konnten lange Zeit existieren. Manche wurden aufgegeben, wenn die veränderte politische Lage zu einer prekären Situation führte, wenn also bspw. Ethnien der Umgebung den Handelsplatz nicht mehr duldeten. Umgekehrt konnte, was aber selten war, ein Emporion zu einer griechisch dominierten Siedlung mit Polis-Charakter, einer Apoikie, werden, oder wie im Falle Karthagos Eigenständigkeit erlangen, nachdem die phönizischen Städte von den Assyrern unterworfen worden waren.

Pithekoussai

Die Ansiedlung im Norden der Insel Pithekoussai (Ischia) vor der kampanischen Küste, oft als älteste griechische Apoikie angesehen, entspricht eher einem Emporion nach obiger Definition. Phönizier dürften dort ebenfalls Handel getrieben haben, auch Produktion ist belegt. Einzelne Menschen müssen also dorthin migriert sein. Die Griechen siedelten aber später auf das Festland um und gründeten dort die Apoikie Kyme. Am Orte der heutigen Stadt Sinop, das etwa in der Mitte der Südküste des Schwarzen Meeres gelegen ist, gab es eine Station der Griechen, in der auch Handel mit den Einheimischen getrieben wurde; die Siedlung, die wir (möglicherweise anachronistisch) Sinope nennen wollen, war also ein von den Einheimischen geduldetes Emporion. Im 7. Jahrhundert dürften gleich mehrere solche Stützpunkte in Richtung Ostküste des Schwarzen Meeres gegründet worden sein, aber nur Sinope erfuhr stärkeren Zuzug freier Siedler und wurde dann zur Polis und mithin zur Apoikie, die selbst Emporia wie Kytoros mitbegründet haben soll. Sinope

Auf Initiative nichtgriechischer Herrscher wurden die internationalen Handelsplätze Al-Mina an der nördlichen (syrischen) Levanteküste und Naukratis im westlichen Nildelta gegründet. Als spätere Beispiele solcher Ports of Trade nennt der Nationalökonom Karl POLANYI das frühmittelalterliche Haithabu und Whydah, ein Zentrum des transatlantischen Sklavenhandels. Al-Minas Gründung gehört in die späten *Dark Ages* (9. Jh. v. Chr.) und ist mutmaßlich von Urartu oder Assyrien ausgegangen. Im 8. Jh. v. Chr. kam viel euböische Keramik dorthin – mindestens ein Zeichen für enge Handelskontakte, vermutlich auch einer Präsenz euböischer Händler. *Ports of Trade*

In der jüngeren Forschung wird die (Massen-)Migration der Helvetier in der Zeit Caesars immer mehr als Einzelfall dargestellt. Nunmehr wird betont, dass kleinere Gruppen teilweise nach Süden und Osten migrierten – also ohne Planung des betreffenden Stammes. Männer haben zunächst überwogen; keltische Händler verblieben in Italien, Söldner ließen sich nach dem Dienstende am Mittelmeer nieder. Das Überwiegen friedlicher Kontakte zu Etruskern und Norditalikern im 6./5. Jh. v. Chr. lässt sich daraus ablesen, dass Grabfunde schnell eine Mischung aus nicht allein typisch keltischen Stücken, sondern auch einheimischen aufwiesen. Die indigene Bevölkerung verblieb. Statt mit Massenmigration ist also eher mit dem Einsickern einzelner Kelten(gruppen) zu rechnen, was freie Migration darstellt. Mit den Invasionen frühhellenistischer Zeit änderte sich die Situation, von freier Migration ist dann nicht mehr zu sprechen. Frühe Kelten

Jüdische Diaspora? Die Entstehung der jüdischen Diaspora hatte sicherlich mit Flucht vor Invasoren in Palästina zu tun, aber es gab durchaus auch Juden, die sich freiwillig in die Fremde aufmachten. Insofern handelt es sich hierbei um freie Migration, die aber nicht den Umfang einer Massenmigration annahm, die von einer übergeordneten Institution angeregt worden wäre. Manche Juden waren als Söldner tätig und kehrten nicht nach Palästina zurück; jüdische Händler zogen mit ihren Familien an Orte, wo sie Handel treiben konnten. Es bildeten sich allmählich Gemeinden in der Fremde, die sich zumeist in größeren Städten, oft Poleis wie Alexandria am Nil, befanden (zu den Politeumata s. u. 3.4, S. 69). Die Ausbreitung der Migranten ist im Einzelnen nur schwer chronologisch nachzuvollziehen. Zudem wurden nach dem Makkabäeraufstand und nach dem jüdischen Krieg viele Juden als Sklaven verkauft, doch auch diese erlangten in vielen Fällen die Freiheit zurück – sei es, dass sie freigekauft wurden, sei es, dass sie von ihrem Besitzer freigelassen wurden. In der frühen Kaiserzeit gab es zeitweise Vertreibungen von Juden aus Rom, aber in der Spätantike finden wir wieder viele Zeugnisse jüdischer Präsenz, v. a. in den Katakomben.

Arbeitsmigration Dieser Abschnitt der Typologie ist im Vergleich zu den anderen relativ kurz und auf die griechische Geschichte fokussiert. Im chronologischen Teil werden aber viele individuelle Migrationen behandelt, die deutlich machen, dass freie Migrationen während der gesamten Antike geläufig waren. Häufig handelt es sich um Arbeitsmigration – bei der bekanntlich der Ausgangspunkt Arbeitsmobilität ist. In vielen Fällen muss davon ausgegangen werden, dass fremde Handwerker und Söldner am Orte ihrer letzten Tätigkeit verblieben. Vor allem die großen Zentren Athen, Alexandria oder Rom zogen Fremde an. Landflucht kann damit kombiniert sein, aber es gibt auch den umgekehrten Fall der Stadtflucht, z. B. aus Steuergründen oder religiösen Motiven (Einsiedelei).

Einzelfälle Prominente Beispiele für Migranten sind Hesiods Vater oder Archilochos von Paros (Dichter und Söldner, vgl. S. 48). Auf das klassische Athen ist im Schlusskapitel zu Folgen der Migration (s. u. 4) zurückzukommen. Im Hellenismus war Migration zeitweise ein Massenphänomen, aber es gibt durchaus auch individuelle Fälle wie Sophytos oder Tanupis (vgl. S. 63). Die Römer schränkten freie Migration durch die Limites teilweise ein, aber einzelne Händler oder Handwerker konnten ebenso migrieren wie andernorts Verfolgte oder Benachteiligte (vgl. S. 81). Die verbesserte Infrastruktur förderte Handel und Mobilität (vgl. S. 35). In der Spätantike wird durch anhaltende Massenmigrationen verdeckt, dass es durchaus individuelle Migrationen gab, beispielsweise von christlichen Asketinnen und Asketen oder Angehörigen von heterodoxen Richtungen des Christentums (vgl. S. 92).

2.4 Massenmigration: kollektive Maßnahmen

Sobald Erfahrungen bzw. gesicherte Kenntnisse über ein bewohnbares Gebiet bestehen, kann es zu einer Massenmigration kommen. Nur in sehr seltenen Fällen beginnt sie ohne genauere Kenntnis des Ziels. Die sog. Völkerwanderungen der Spätantike mögen in ihren Anfängen schlichtweg mit dem Ziel, nach Süden zu gehen, begonnen worden sein. Aber die antiken ‚Völker' müssen erst einmal entstanden sein. Die Rede von ‚Griechen' setzt minimal voraus, dass die Sprache Griechisch existierte – von anderen kulturellen Markern abgesehen (s. u. 3.1). {Voraussetzungen}

Unbestreitbar ist die Zugehörigkeit des Griechischen zur indoeuropäischen Sprachfamilie. Zumeist wird das Ursprungsgebiet dieser Sprachen im Osten Anatoliens oder in den südwestlichen Steppen Eurasiens angenommen. Egal, welche Theorie zur Differenzierung der etwa zehn Sprachgruppen man annimmt, das Griechische hat sich entweder bei einer Migration nach Westen herausgebildet, d. h. während der Ethnogenese, oder Migranten aus dem Kernland des Indoeuropäischen haben es erst im Ägäisraum ausgebildet. Die genaue zeitliche Einordnung dieser Möglichkeiten fällt schwer, jedenfalls haben Mykener und Minoer ein frühes Griechisch gebraucht, wie aus den Linear B -Täfelchen ersichtlich ist. Migration steht somit am Anfang antiker Geschichte. {Indoeuropäische Sprachen}

Von der freien Migration unterscheidet sich die Massenmigration dadurch, dass nicht einzelne oder kleine Gruppen migrieren, sondern größere Verbände, die kollektiv handeln oder institutionell zur Migration angeregt werden. Wir befinden uns bei den Proto-Griechen noch in der Zeit der Vorstaatlichkeit, aber unter Umständen können *big men* eine solche Migration, vielleicht im 3. Jt. v. Chr., angeregt oder angeführt haben. Die sog. dorische und ionische Migration, die in der späten Bronzezeit angesetzt wurden, sind hingegen Konstrukte wohl der spätarchaischen Zeit (s. u. 3.1). {Kollektive Migration}

Typologie   Zeiten unbezweifelbar belegbarer Massenmigration sind die archaische und hellenistische Zeit Griechenlands und auch die des römischen Weltreiches, die immer wieder zu Koloniegründungen führte – wobei der Begriff „Kolonie" für die griechischen Verhältnisse noch zu problematisieren ist. Bei den Motiven von Massenmigration ist zunächst zwischen Invasionsabsicht und anderen Zielen zu unterscheiden. Für den ersten Typ kann ein Teil der keltischen Migrationen beispielhaft sein – vor allem die Migration nach Osten, die zu einer Ansiedlung in Galatien (Zentralanatolien) führte. Mit Etruskern und Griechen bestanden schon ältere Handelskontakte. Der zweite Typ ist von Griechen seit archaischer Zeit genutzt worden – man zog dorthin, wo Platz war, denn Kampfhandlungen zur Aufrechterhaltung einer Siedlung gab es nur selten. Hierher gehört auch die Migration der Helvetier nach Westen, die mit den Santonen verabredet war.

Typ 1: Siedlungszentren   Der erste, invasive Typ von Massenmigration führte zur Bildung von Siedlungszentren, die ein größeres Territorium erschließen oder kontrollieren sollten. Für die Kelten ist Galatien ein Beispiel. Siedlungen in der Nähe von Pessinus und Ankyra erhielten den Charakter von Kolonien und die Analogie zum frühneuzeitlichen Kolonialismus bestünde in gewissem Rahmen zu Recht. Ein besser bezeugtes Beispiel gaben die Römer in Italien und sie prägten dafür den Begriff *colonia* (von lat. *colere*, bebauen). De facto waren diese römischen Kolonien in der Zeit der Republik zunächst Orte zur Absicherung der Expansion in Italien (s. u. 3.4).

Typ 2: Apoikia   Der zweite Siedlungstyp aufgrund von Massenmigration sollte aber nicht als Kolonie bezeichnet werden; der griechische Begriff *apoikia*, Apoikie ist hier treffender und wird auch in den zeitnahen Quellen (Thuk. 6,4 etc.) verwendet. Er bedeutet so viel wie Siedlung in der Fremde, also weg (*apo*) vom Hause (*oikos, oikia*). Die Abgrenzung ist in manchen Fällen schwierig. Die Apoikien Korinths scheinen auch der Sicherung des Seeweges nach Italien gedient zu haben, kommen somit römischen Kolonien, die an Aufmarschstraßen lagen, nahe oder auch manchen athenischen Gründungen der klassischen Zeit. Zum Helvetierkrieg, mit dem Caesar die massenhafte Migration dieser Kelten nach Gallien verhindern wollte, s. u. 3.5.

Anzahl der Apoikien   Massenmigration der Antike war viel diffuser als die gängigen späteren Beispiele wie die transatlantische Migration in der Neuzeit. Die letzte Zählung ergab 279 Apoikien in archaischer Zeit – zumeist an der Küste des Mittelmeeres; für die hellenistische Zeit gibt es ebenfalls hunderte neu gegründete Siedlungen v. a. im ehemaligen Alexanderreich, aber auch auf römische Initiative hin. Diese Siedlungen werden im Zusammenhang in den jeweilgen Epochenkapiteln behandelt.

Eine in manchen Zügen typische Ansiedlung von vielen Siedlern finden wir in der frühen archaischen Zeit in Megara (Hyblaia). Der durchgeplante Grundriss dieser Apoikie wurde lange Zeit auf staatliche Initiative zurückgeführt, also auf die Polis Megara (Nisaia) südwestlich von Attika. Aber diese *collective action* kann durchaus auf gemeinsames Handeln der Siedler zurückgehen. Diese Emigranten haben sich in Chalkis versammelt, die Herkunft des Oikisten Lamis aus Chalkis muss ebenso wenig eine Initiative dieser Polis bedeuten – wer sich beteiligen wollte, dürfte gern gesehen gewesen sein. Details der Suche nach einem Siedlungsplatz, die wir bei Thukydides und in der Strategemata-Literatur finden, können nicht mehr geprüft werden – angeblich nutzte der Oikist von Leontinoi, ein gewisser Theokles, die Migranten dazu, Sikeler aus Leontinoi zu vertreiben, wies die Migranten aber später aus. Richtig ist, dass die für die Ansiedlung vorgesehene Gegend in Südostsizilien schon länger besiedelt war; die von den Griechen später Thapsos genannte Siedlung war von Indigenen bewohnt, die bereits zuvor in Kontakt mit phönizischen oder griechischen Händlern gestanden haben. Der Sikelerkönig Hyblōn soll der griechischen Stadtgründung bei der sikelischen Siedlung Hybla zugestimmt haben. Megara Hyblaia wurde sie erst später genannt – der Name ist also keine Garantie für die Historizität. Die Frühphase der Stadt, die nach antiker Tradition im Zeitfenster 729–726 v. Chr. gegründet wurde, ist durch Landparzellen ähnlicher Größe gekennzeichnet.

Die schnelle Ausdehnung der Stadtfläche, die in archaischer Zeit auf 60 ha wuchs, deutet auf Nachzug weiterer Migranten hin, deren Herkunft nicht genau bestimmbar ist. Polis-Institutionen dürften sich rasch herausgebildet haben. Die Größe der Chora, d. h. des Landbesitzes einer Polis, lässt sich nur schätzen; zur Zeit der größten Ausdehnung mag sie über 100 km² betragen haben. Sie lag zwischen Syrakus und Katane (Augusta), aber es bleibt offen, in welcher Tiefe das Hinterland einbezogen wurde. Die Rolle der Metropolis ist vielfach überhöht worden. Die ältere Forschung postulierte eine enge, über den Kult hinausgehende Bindung der Apoikie an den Ursprungsort. Die Apoikien entwickelten sich in kurzer Zeit zu vollwertigen Poleis; sie erschlossen gering besiedelte Gebiete und führten auf unterschiedliche Weise zur Interaktion mit Indigenen. Diese Bezeichnung wird mitunter kritisiert – gemeint ist jedenfalls die Vorbevölkerung, die je nach Region unter Umständen bereits ethnisch gemischt war.

,Sekundärkolonien' Überdies gab es auf Sizilien (Megara Hyblaia) und in Südfrankreich (Massalia) Fälle, in denen Apoikien weitere Siedlungen gründeten, die früher als Sekundärkolonien bezeichnet wurden, aber

Massalia besser als abhängige Apoikien zu bezeichnen sind. Massalia gewann mit seinen zahlreichen Stützpunkten zeitweise die Kontrolle über den Norden des Golfes von Lyon. Hier entstand ein regelrechtes Netzwerk, in das auch Etrusker und Iberer eingebunden waren; die mutmaßlich von Massaliern gegründeten Siedlungen von Agde bis Emporion in Katalonien bildeten ein kleineres Netzwerk, eine Mikroregion innerhalb der mediterranen Welt, die Ost und West verknüpfte. Man mag diese Sekundärsiedlungen mit einer gewissen Berechtigung als Kolonien bezeichnen, wenn man davon ausgeht, dass Massalia die Kontrolle über diese behielt – was wohl bis ins 4. Jh. v. Chr. der Fall war. Wir haben dann eine Massenmigration vor uns, die eher staatlich gesteuert als kollektiv war.

Kleruchien Kleruchien sind m. E. ähnlich einzuschätzen. So bezeichnet man bspw. Siedlungen der Athener, die auch zum Schutz imperialer Interessen dienten, also v. a. in die Zeit des ersten Seebundes (477–404 v. Chr.) gehörten. Auch die hellenistischen Reiche unter Einschluss der mittleren Republik initiierten eine Massenmigration, die nicht durch die Möglichkeit an sich gekennzeichnet war, sondern auch geopolitische Ziele hatte, um es vorsichtig zu formulieren. Kleruchen oder Militärsiedler spielten gerade im Ptolemäer- und Seleukidenreich eine wichtige Rolle bei der Aufrechterhaltung der Herrschaft. Auf spezifische Formen wird in der Behandlung der Epochen antiker Migration, hier insbesondere in Kap. 3.4. zurückzukommen sein.

Kyrene Und auch bei der Massenmigration gibt es Einzelfälle, in denen Nähe zu anderen Typen besteht. Manche Fälle der archaischen Zeit weisen Kennzeichen dafür auf, dass die an und für sich freiwillige Beteiligung an der Gründung einer Polis erzwungenermaßen erfolgte. Hier wäre die Gründung der Apoikie Kyrene durch Theraier um 630 v. Chr. zu nennen, die besonders breit bezeugt ist, allerdings nicht so sehr verallgemeinerungsfähig ist wie Megara Hyblaia. Eine Tradition weist auf ökologisch bedingte Migration hin, die zweite eher auf Zwangsmigration. Sehr typisch ist die Verehrung des Oikisten (Battos), der in einem Heroon verehrt wurde, das mutmaßlich am Rande der Agora Kyrenes archäologisch greifbar ist.

Massenmigration führte zum Ausbau von Siedlungen, die entweder durch freie oder aber durch eine kollektiv verantwortete Migration initiiert wurden. Die beteiligten Formationen (Poleis, hellenistische Reiche oder Rom) konnten den Fokus auf Verteidigung oder Peuplierung (s. o. S. 20) lenken. Diese recht unterschiedlichen Motive werden in den entsprechenden Epochendarstellungen behandelt. Peuplierung liegt ebenfalls eher im Interesse von Staaten und von Einzelpersonen. Das Phänomen ist im Habsburgerreich, im Russischen Reich und in Brandenburg-Preußen gut untersucht; es ist als Sicherung eroberter Gebiete, aber auch Wiederbevölkerung verheerter Regionen wie bspw. nach dem Dreißigjährigen Krieg (1618–1648) erklärlich. Auch wenn der Antike die entsprechenden merkantilistischen Theorien fehlten, ist Massenmigration zwecks „Landesausbau" denkbar. Welches andere Motiv sollten die Seleukiden mit den unzähligen Militärsiedlungen gehabt haben? Es sollte nicht nur verteidigt werden, auch Infrastruktur und Ernährung waren zu bedenken. Dem römischen Kaiser – insbesondere Augustus – sind wohl ähnliche Motive zu unterstellen. (S. 82, 193).

Schließlich kann auch Arbeitsmigration in bedingtem Rahmen als Massenmigration verstanden werden. Sie musste nicht zu einer endgültigen Wohnsitzverlagerung führen, aber die Arbeitskräfte lebten ähnlich wie Migranten, sie mussten sich häufig neu einfinden, blieben zunächst Fremde. Netzwerke wie das der Gastarbeiter im Nachkriegsdeutschland mögen in der Antike nur schwer nachweisbar sein, aber zumindest waren potentielle Arbeitgeber und Regionen mit Bedarf an fremden Arbeitern bekannt. Globale Aspekte kommen zum Tragen – Fremde am Perserhof sind gut erforscht. Überhaupt übten Höfe eine große Anziehungskraft für Künstler und Dichter aus.

Mit der Bildung von Weltreichen kam größere Mobilität von Soldaten hinzu, die mit Arbeitsmigration wohl zu euphemistisch eingeschätzt ist. Bei einer Dienstzeit von über 20 Jahren waren (makedonische oder römische) Soldaten einen Großteil ihres Lebens mobil gewesen. Wenn wir die römische Legion als Beispiel wählen, dann sind gerade in der frühen Kaiserzeit häufige Standortwechsel bezeugt. Militärdiplome sind hier eine wichtige Quelle (s. u. 3.5). Die Veteranenkolonien, die tatsächlich *coloniae* hießen, sind zunächst

> Massenmigration als Peuplierung?
>
> Frühneuzeitliche Peuplierung
>
> Arbeitsmigration
>
> Mobilität von Soldaten
>
> Veteranenkolonien

in der Republik in Italien zu finden, entstehen im Verlauf der Kaiserzeit aber auch in vielen v. a. westlichen Provinzen (s. u. 3.5).

Keine ‚Völkerwanderung' — Die hohe Bedeutung der Migration in der Spätantike ist geläufig, aber mit ‚Völkerwanderung' falsch beschrieben. Weder wanderten homogene „Völker", noch gab es ein einheitliches Konzept – was der Begriff ja suggeriert. Ein Phänomen der Massenmigration war jedoch offensichtlich gegeben (s. u. 3.6).

Emigration oder Immigration? — Soziologische Forschungen beklagen häufig die Diskrepanz zwischen dem Europa der Auswanderer (gemeint ist v. a. das 19. Jh.) und dem der Flüchtlinge. Hier sei gerade nach dem 2. Weltkrieg eine „Festung Europa" entstanden – der Begriff wird häufiger seit Beginn der 1990er Jahre mit der EU-Politik verbunden (Schengen-Raum) und unter Umständen pejorativ als Forderung populistischer Kreise verstanden. Übermäßige Immigration wird vielfach als Problem gesehen, die Forderung nach Einwanderungsgesetzen wird laut.

Anderes Verständnis von Grenze — In der Antike hätte man dieses Problem aus vielerlei Gründen nicht verstanden. „Grenze" wurde anders definiert: nicht als Abgrenzung des Bürgerstaates von anderen Staaten. Kein griechischer Staat welcher Form auch immer hätte Migranten per se abgewiesen, ‚illegale' Migrationen waren im zivilen Bereich kein Thema – ganz im Gegensatz zur römischen Außenpolitik, wo seit der späten Republik Migrationen von Stämmen im Allgemeinen unerwünscht waren. In der Kaiserzeit waren zumindest freie Migrationen einzelner Personen kein Problem.

Ökonomie — Ökonomische Verhältnisse spielen in der heutigen Migrationsforschung eine große Rolle und wurden immer wieder auch als Motiv für Migrationswellen der Antike angesehen, beispielsweise in der sog. Großen Kolonisation der archaischen Zeit (s. u. 3.2) und der sog. Völkerwanderung (3.6). Im ersten Fall unterstellte man den Griechen die Absicht ökonomischer Expansion, also das Streben nach größerem Handelsvolumen. In der Spätantike unterstellte man den ‚Germanen' die Absicht, am Reichtum der Mittelmeerwelt teilzuhaben. Solche monokausalen Erklärungsmodelle führen ins Leere. Antike Migration war in vielen Fällen multikausal, insofern ist auch das push-and-pull Modell Lees, das auf Ravenstein zurückgeht, kein großer Fortschritt gegenüber Petersen, was unsere Fragestellung angeht.

3 Antike Migrationsgeschichte

In den folgenden sechs chronologischen Kapiteln werden die Typen von Migration in ihrer Zeit vorgestellt. Die vorarchaische Zeit muss mangels Quellen eher theoretisch behandelt werden und aus der Kritik späterer Meistererzählungen erfolgen (s. u. 3.1). Während es in den folgenden Epochen archaischer bzw. klassischer Zeit historische Informationen zu freier Migration (s. o. 2.3) und Massenmigration (s. o. 2.4) gibt, sind Zeugnisse zu ökologisch bedingter Migration (s. o. 2.1) eher von Zufällen bestimmt: Naturkatastrophen (Vulkanausbrüche etwa) kamen selten vor, während Phänomene wie Nomadismus und Transhumanz in vielen Epochen in ähnlicher Form auftraten und die Wiederholung des Themas wenig weiterführen würde. Gewaltinduzierte Migrationen (s. o. 2.2) erlebten ebenso Konjunkturen; Deportationen fanden beispielsweise in der griechischen Geschichte hauptsächlich in der klassischen Phase statt (wenn die Quellenlage nicht täuscht), Flucht und Vertreibung gab es aber von Anfang an. Bei den Römern (3.4–6) scheint Deportation eng mit der Expansion verknüpft zu sein, so dass unter manchen Kaisern (s. u. 3.5) gar keine Beispiele zu finden sind. Die Migrationsgeschichten dienen auch dazu, die Bandbreite unseres historischen Materials (s. o. 1.5) exemplarisch aufzuzeigen, da Vollständigkeit in einem Zeitraum von über 1500 Jahren nicht möglich ist. Insofern wäre eine sklavische Beachtung der Reihenfolge aus Kapitel 2 in den folgenden Epochenkapiteln nicht sinnvoll; anhand der Randglossen lässt sich angesichts der relativen Kürze der Kapitel schnell ein Überblick gewinnen.

3.1 Wanderungen der frühen Griechen?

Die Frage, woher die Griechen stammen, führt schnell in eine Aporie. Da die Griechen eine indoeuropäische Sprache sprachen, ist deren Rückführung auf die Ausbreitung ebendieser Sprachfamilie naheliegend. Wenn hier von frühen Griechen gesprochen wird, sind damit ‚Griechischsprecher' gemeint, ohne deren hellenische Identität zu präjudizieren. Die ältere und romantisierende Rede von ‚Wanderungen' suggeriert zudem eine Sicherheit in der Diagnose

<small>Griechischsprecher statt frühe Griechen</small>

Indoeuropäisch

Protogriechisch?

Dialekte spät bezeugt

dieser Formen von Mobilität (und Migration), die in den Befunden keine Grundlage hat (zur Forschungsgeschichte s. o. 1.2).

Untersuchungen sprachlicher Befunde und anzunehmender Entwicklungen führten in der älteren Forschung auf einen Entstehungszeitraum einer ursprünglichen indoeuropäischen Sprache etwa 7000–5000 v. Chr. in den südwestlichen Steppen Eurasiens bzw. im östlichen Anatolien. Die neueste These einer hybriden Ausbreitung dieser (rekonstruierten) Sprache nimmt etwa 6100±1400 v. Chr. an. Dieses weite Zeitfenster wurde aus einer Datenbank mit Beispielen aus 161 Sprachen errechnet. Es mögen Jahrzehnte oder Jahrhunderte gewesen sein, während derer sich diese Änderungen in der indoeuropäischen Sprache einschliffen.

Die Arbeit eines großen internationalen Forscherteams, die in näherer Zukunft zur Diskussion stehen wird, führt die Thesen der Herkunft des Indoeuropäischen aus Ostanatolien mit der aus den südwesteurasischen Steppen zusammen. Von den zehn bis zwölf angenommenen Sprachgruppen des Indoeuropäischen interessiert uns hier das Griechische, das demnach über die Zwischenstufe des Armeno-Griechischen in der späten Steinzeit entstand, über einen Zeitraum von hunderten Jahren. Die Herkunft eines Protogriechischen aus dem Norden oder über die Ägäis ist zu diskutieren, aber hier zeigt sich das Problem: In welchem Zeitraum und vor allem wo die Migranten aus dem Osten das Armeno-Griechische derartig änderten, dass man von einer neuen Sprache, einem Protogriechischen, sprechen kann, entzieht sich vermutlich den linguistischen und naturwissenschaftlichen Forschungsmethoden. Es ist jedenfalls sehr wahrscheinlich, dass sich die verschiedenen indoeuropäischen Sprachen über mehrere Ost-West bzw. West-Ost-Routen verbreiteten.

Die Problematik verschärft sich noch dadurch, dass die Dialekte des Altgriechischen erst spät bezeugt sind, im Verlauf der archaischen Zeit (ca. 800–500 v. Chr.). Linear B-Texte aus dem 14.–12. Jh. v. Chr. sind nur durch Kenntnis des seit Homer gebrauchten Griechisch deutbar, das mykenische Griechisch hat somit auch in gewissem Ausmaß Konstruktcharakter. Bei der Ableitung von konkreten Migrationsrouten aus den späteren sprachlichen Verhältnissen ist somit große Vorsicht geboten. Die Meistererzählungen, die für die historischen Griechen maßgeblich waren, bilden keine Option mehr.

Migrationen lassen sich nicht nur an der Mobilität der Griechischsprecher zeigen, sondern auch an der materiellen Kultur, sofern denn eine solche eindeutig Griechischsprechern zuzuordnen ist. Das ist bei der mykenischen Kultur, die durch Linear B-Täfelchen (ca. 1420–1180 v. Chr.) mit einem frühen Griechisch gekennzeichnet ist, der Fall. Schwieriger ist es, Linear A-Texte, die in der minoischen Welt vorkommen (ca. 1625–1450 v. Chr.), als Griechisch zu erweisen, da die Schrift bislang nicht entziffert ist. Die minoische Kultur ist insgesamt etwas älter als die mykenische und geriet nach einer Katastrophe (um 1420 v. Chr.) unter deren Einfluss. Zu den Problemen, die die Verknüpfung multilokaler materieller Überreste mit Migrationen bringt, vgl. oben 1.5.

Sprache und materielle Kultur

In Zentral- und Südgriechenland gab es von etwa 2000 v. Chr. bis zum Ende der Paläste (um 1200 v. Chr.) die nach dem peloponnesischen Ort Mykene benannte Zivilisation. Es ist nicht zu entscheiden, ob sprachliche Kontinuität bestand oder ob (erneute) Einwanderung die mittelbronzezeitliche Kultur prägte. In unserem Zusammenhang ist die Frage wichtiger, welche Rolle Migration für die Mykener – um diesen vereinfachenden Ausdruck zu verwenden – spielte. In der älteren Forschung war die Mobilität der mykenischen Seefahrer herausgestellt worden. Es mag richtig sein, dass sie über die Ägäis hinaus nach Zypern oder Süditalien fuhren; dortige mykenische Funde zeugen von intensivem Handel. Belegbar ist auch ein Übergreifen auf Kreta.

Mykener

Das Ende der Palastkultur wird bisweilen immer noch mit Angriffen sog. Seevölker in Verbindung gebracht. Diese mobilen Angreifer, die an Zahl und Organisation die üblichen Seeräuber offenbar in den Schatten stellten, sind aus Kämpfen mit den Ägyptern unter Ramses III. (Regierungszeit ca. 1186–1155 v. Chr.) gut bezeugt. Der migratorische Charakter ihrer Invasionen ist nicht mehr bestimmbar; sie waren mobile Krieger.

Seevölker

In etwa zeitgleich mit den Mykenern bestand die frühgriechische Kultur der Minoer, die sich auf die Südägäis und v. a. Kreta konzentrierte. Auf Kreta herrschte eine Palastkultur vor, die viele Handelskontakte pflegte, was aber nicht nachweislich zu Migrationen führte. Mykener und Minoer zählen mit anderen, hier nicht genannten Kulturen des östlichen Mittelmeerraumes, zu den Protagonisten ägäischer Handelsnetzwerke in der Bronzezeit. Es gibt Ähnlichkeiten in den archäologischen Befunden, die einen näheren Zusammenhang deutlich machen. Später schrieben die Griechen

Minoer

dem sagenhaften König Minos eine „Seeherrschaft" (Thalassokratie) mit weitreichender Mobilität zu, doch das ist so gut wie sicher aus der Seeherrschaft Athens im 5. Jh. v. Chr. herausgesponnen.

Dorer und Ioner

Der Vereinfachung halber werden hier die zwei Dialektgruppen vorgestellt, deren Herkunft in klassischer Zeit zum historischen Argument wurde. Gerade die persische Invasion und der athenisch-spartanische Konflikt bieten mehrfach Beispiele, dass kriegführende Parteien sich auf mutmaßliche Verwandtschaft beriefen, um militärische Hilfe zu erlangen.

Ioner: Meistererzählung

Vielleicht schon im Ionischen Aufstand (500–494 v. Chr.) konnten die Dialektgruppen als Stämme verstanden werden, also als Abstammungsgemeinschaften. Aristagoras von Milet, der sich gegen die persische Fremdherrschaft erhoben hatte, bat sowohl Sparta als auch Athen um Hilfe (Hdt. 5,49–51 u. 97). Athen gehörte wie die Milesier zum Ethnos der Ioner. In Sparta argumentierte er mit der Blutsverwandtschaft der Hellenen insgesamt, denn die Spartaner gehörten zu den Dorern. Aristagoras ging in Athen aber noch einen Schritt weiter, er berief sich darauf, dass Milet eine Gründung Athens sei – eine konstruierte ionische Kolonisation wurde erstmals historisch als Argument gebraucht.

Dorer: Meistererzählung

Der dorische Dialekt des Griechischen war von der Peloponnes über die Südägäis bis nach Rhodos und Lykien verbreitet. Besonders prominent war Sparta, die stärkste Landmacht im 6. Jh. v. Chr. Recht spekulativ ist die Annahme der Herkunft der peloponnesischen Dorer aus der Landschaft Doris in Mittelgriechenland. Weitergesponnen legte diese Meistererzählung die Herkunft der Peloponnesier und Spartaner aus einem undefinierbaren Norden nahe – jedenfalls in der Sicht mancher Griechen seit dem 5. Jh. v. Chr. und – aus anderem Grund – völkisch ausgerichteter Forscher und Propagandisten im 20. Jh., die den Griechen „nordisches" Blut andichteten. Bereits in der Antike war die Erzählung von der Rückkehr der Herakliden, der Söhne des Herakles, auf die Peloponnes bekannt, die angeblich zunächst gescheitert sei.

Dorer: Kritik

Wie es zur Einwanderung von Protogriechen in den südlichen griechisch-ägäischen Raum kam, ist nicht mehr zu sagen. Zu erinnern ist an die Modelle der Verbreitung von Dialekten, die eben nicht unbedingt linear erfolgt sein muss, von Ost nach West oder von West nach Ost. Wellenförmige Ausbreitung in konzentrischen Kreisen ist ebenso denkbar. Die Existenz der Mykenischen wie Minoischen Kultur in diesem wohl deutlich späteren Dialektgebiet kompliziert die Situation nur noch. Sprachen müssen nicht unbedingt mit Kulturen identisch sein, wie Herodot (8,144,3) meinte.

Zur Zeit des persisch-griechischen Konfliktes im frühen 5. Jh. v. Chr. war die Erzählung, dass mittelgriechische „Ioner" (v. a. Athen) nach der Zerstörung Trojas Städte an der westkleinasiatischen Küste gegründet hätten, bereits fixiert. Hier kann es sich nicht um (mündliche) Überlieferung handeln, sondern wir haben ein Konstrukt vor uns, eine Gründungs*sage*. Ioner

Das oben angeführte Beispiel aus der Zeit des Ionischen Aufstandes macht deutlich, dass sich der gemeinsame Dialekt der Ioner politisch für athenische Propagandazwecke instrumentalisieren ließ. Archäologische Funde können Mythen nicht bestätigen; es ist umgekehrt allein von jenen auszugehen, ohne dass man die Prämisse einer Kolonisation (durch Athen u. a.) annähme. Ioner: Kritik

Auf dem Gebiet von Ephesos (heth. *Apaša*) wurde schon in der Zeit hethitischer Dominanz, im 14. Jh. v. Chr., gesiedelt; mykenische Funde gab es auch, mit Handelsstützpunkten oder -verbindungen ist zu rechnen. In den *Dark Ages* (12.–9. Jh.) nehmen die attischen Funde zu, die oft als Präsenz von Athenern gedeutet wurden. Aber es ist nicht auszuschließen, dass andere Griechischsprecher oder Anatolier diese Waren importiert haben. Ephesos

Milet (heth. Millawanda) war ein bedeutender mykenischer Stützpunkt; laut der griechischen Tradition wurde die Stadt von Neileos, Sohn des mythischen Königs Kodros aus Athen, neugegründet, was aber eher ein Zeugnis späteren Geschichtsbewusstseins ist als historisches Faktum. Der archäologische Befund zeigt karische Präsenz, aber auch Funde aus Mittelgriechenland. Frühgriechischer Einfluss ist stärker als in Ephesos, doch ist der Charakter mykenischer Siedlung nicht völlig sicher zu bestimmen, manches spräche m. E. für ein Emporion (s. dazu oben 2.3). Zuwanderung nach Troja um das Jahr 1000, also mitten in den *Dark Ages*, wurde lange Zeit angenommen, aber die Veränderungen in der Keramik lassen sich auch durch gesamtägäische Einflüsse erklären. Milet

Was bleibt von frühgriechischer Migration? Da die Entwicklung vom Indoeuropäischen zum Griechischen nicht genau einzuordnen ist, sollte von Griechen auch erst dann gesprochen werden, als sich diese ihrer Identität bewusst zu werden begannen. Wann das der Fall war, ist wiederum Gegenstand einer bereits lang andauernden Kontroverse. Vielfach werden diese Identitätsvorstellungen mit der Zeit Homers in Verbindung gebracht, die nun mehrheitlich als früh- Frühgriechische Migration?

archaisch angesehen wird; die Lyriker Mimnermos und Tyrtaios reden im späteren 7. Jh. v. Chr. vom ‚wir', wobei sie deutlich entfernte Zeiten meinen.

Mobilitätsformen   Neben der damals schon lang zurückliegenden Einwanderung selbst sind verschiedene Binnenmigrationen und Formen von Mobilität im antiken Griechenland zu finden. Auch diese sind in historischer Zeit leichter beobachtbar als in der Zeit, die allein durch archäologische Befunde beleuchtet wird. Was früher als vermeintlich ionische und dorische „Migration" eingestuft wurde, waren vielmehr Kultur- und Handelskontakte, die aber nicht so zielgerichtet waren wie die Apoikiegründungen der archaischen Zeit. Man könnte von Proto-Kolonisation oder besser Proto-Apoikisation sprechen; an vielen Stellen des Mittelmeeres, die Apoikien aufweisen, sind vorige Kontakte der Griechischsprecher mit Indigenen unbestreitbar. Man gründete kein Emporion oder keine Apoikie auf Ischia, wenn man nicht vorher Kontakte zu Süditalien hatte. Möglicherweise fuhren Griechischsprecher auch bis in die Adria hinauf.

Somit mögen in den vormals als ionische/dorische Wanderung (11./10. Jh.) eingeschätzten Migrationen einzelne Wege der Diffusion entstanden sein, vielleicht eher im 10./9. Jh., an die sich dann zwanglos die Apoikiegründungen der frühen archaischen Zeit anschlossen. Emporia gab es auch schon vor Beginn der archaischen Zeit – Al Mina im Norden Syriens etwa bereits Ende des 9. Jhs.

3.2 Die archaische Zeit – eine Epoche der Massenmigrationen?

Von Mobilität zu Migration   In der als „Dark Ages" nur unvollkommen bezeichneten Epoche zwischen dem Ende der Paläste und dem Beginn einer erneut intensiveren kulturellen Entwicklung zu einer gemeinsamen Zivilisation, die sich selbst als hellenisch bezeichnen wird (der archaischen Zeit), gab es, wie eben skizziert, viele Anzeichen von Mobilität und auch erste Ansiedlungen oder besser Stützpunkte der sich nun herausbildenden Griechen. Der Charakter der Stützpunkte mag Emporia (s. o. 2.3) ähnlich gewesen sein oder kleineren saisonalen Siedlungen auf dem Gebiet anderer Ethnien. Diese zumeist auf Handel abzielende Reisetätigkeit wurde im 8. Jh. v. Chr. auf eine Weise intensiviert, dass sie neue Qualität bekam. Es waren weniger einzelne Poleis, die sich gerade erst formierten, sondern häufiger Gemeinschaften von Griechischsprechern (u. U. verschiedener Herkunft), die sich in die Fremde aufmachten, um dort zu bleiben – wobei die Initiative durch Einzelpersonen nicht auszuschließen ist. Zunächst mag es sich um Einzelmigration oder eher um kleine Gruppen gehandelt haben (s. o. 2.3), aber bald kam es durch den Nachzug weiterer Griechen zu Massenmigration (s. o. 2.4), wobei aber die Frauen anscheinend in der Minderzahl waren, denn es bestand ja Konkurrenz zu indigenen Frauen. Die Emigration ganzer Oikoi, also Familien, ist nicht bezeugt. Es liegt in Anbetracht der prekären Subsistenzwirtschaft griechischer Kleinbauern nahe, die Emigration von nicht-erbberechtigten jungen Männern anzunehmen, die sich ansonsten als Gesinde verdingt hätten.

Frauen und Familien?

Damit es überhaupt zu einer Apoikiegründung kommen konnte, waren bestimmte Ressourcen nötig. Zunächst sind es Menschen, die bereit waren, auf ihre Ansässigkeit zu verzichten. Ein potentielles Ziel muss ebenso bekannt gewesen sein – es war also zumindest ein Experte nötig, der Regionen benennen konnte, die für die Gründung einer neuen Siedlung geeignet erschienen. Die Besiedelung von Jamestown begann 1606/7 mit drei Schiffen und insgesamt 144 Männern. Erst 1619 kamen Frauen hinzu. Hier haben wir es aber mit dem Sonderfall zu tun, dass Kämpfe mit den *native Americans* absehbar waren.

Humane Ressourcen

Es waren natürlich auch finanzielle und technische Ressourcen nötig. Ein hochseetüchtiges Schiff geeigneter Größe war zu bauen oder zu leihen, wohl am ehesten ein Handelsschiff mit Rudern, das größere Zuladung als die Kriegsschiffe erlaubte. Mannschaft dürfte leicht im Kreise der Fernhändler zu finden gewesen sein. Es erscheint mir mit DELP wenig wahrscheinlich, dass die zur See fahrenden Händler selbst die Initiatoren der Fahrten waren – in homerischer Zeit galt der Handel als wenig angesehen, jedenfalls setzen sich die Basileis und Aristokraten deutlich von den Händlern ab. Eher dürften die oben genannten Experten aus der obersten Gesellschaftsschicht gekommen sein. Aus den homerischen Epen wird die Erfahrung der Aristokraten in der Schifffahrt deutlich, auch wenn diese sich zunächst auf benachbarte Regionen beschränkte. Manche mögen sich auf Fernfahrten begeben haben – weniger aus kommerziellen Erwägungen, sondern um Seeräuberei zu betreiben oder Kontakte zu anderen Adelshäusern im Ägäisraum zu halten.

Technische Ressourcen

Illustrativ ist die Erzählung des Odysseus (Hom. Od. 14,199–313), der nach seiner Ankunft auf Ithaka gegenüber dem Hirten Eumaios zunächst Anonymität wahren will und sich als kretischer Aristokrat

Mobilität bei Homer

ausgibt. Auch wenn es sich um eine fiktive Erzählung handelt, ist sie auf Plausibilität beim Publikum hin angelegt, kann also einen hohen Quellenwert beanspruchen. Der Fremde stellt sich als Sohn der Nebenfrau des Kreters Kastor vor; er habe nach dem Tod des Vaters zunächst sein Glück im Krieg gesucht – vermutlich als Söldner (216–221) Er sei dadurch zu einem gewissen Wohlstand gekommen, doch habe es ihn nicht lange bei der Familie gehalten: Er machte sich wieder auf, zur See Krieg zu führen, also zu plündern, neun Mal (222–239); dann sei er zur Beteiligung am trojanischen Krieg genötigt worden (240–243). Nach seiner Rückkehr habe es ihn erneut verlockt, in See zu stechen, diesmal gegen die ägyptische Küste, wo er aber in Gefangenschaft geriet, als er und seine Gefährten von einem regionalen Befehlshaber aufgegriffen wurden (245–284). Nach seiner Begnadigung habe er sieben Jahre in Ägypten verbracht und sei dann von einem Phönizier mitgenommen worden, der ihn aber offenbar in die Sklaverei verkaufen wollte (285–313). Ein Sturm habe ihn nach Thesprotien in NW-Epirus verschlagen, wo rein zufällig auch Odysseus angetrieben worden sei, der aber gerade das Orakel von Dodona besuche (314–333).

Griechen als mobile Menschen

Die fiktive Figur, die am Ende typologisch an die Irrfahrt des echten Odysseus erinnert, war ein mobilerer Mensch als Odysseus selbst; trotz mehrfacher Möglichkeit, sich saturiert auf seinen heimischen Oikos zurückzuziehen (nach neun Jahren Troja und sieben Jahren Ägypten), trieb ihn Unternehmungsgeist immer wieder aufs Meer, zunächst offenbar als Söldner, dann mit anderen zusammen auf Beutezug, insgesamt zehn Mal. Arbeitsmigration und freie Migration kommen zusammen – der fiktive Kreter hätte ja in Ägypten verbleiben können, wo er es zu Wohlstand gebracht hatte (285 f.). Hier, in der frühen archaischen Zeit, sind Söldnertum, Beutemachen (v. a. auch Sklaven), eigenständige Kriegführung und Übersiedlung als Optionen eng miteinander verschränkt; der als Fremder vorgestellte Odysseus hat den Habitus des mobilen Menschen, der fast zum Migranten geworden wäre.

Kenntnisse der Ferne

Auch die panhellenischen Spiele, die im 7. Jh. größere Bedeutung erlangten, trugen zum Erwerb von Kenntnissen bei, die für die Wahl eines Zielgebietes von Migration, also relativ dünn besiedelter Ländereien nützlich waren. Der Einzugsbereich hellenischer Heiligtümer wurde in archaischer Zeit größer, somit trafen die Adligen

Oikisten

dort auch Personen, die aus weiter entfernten Regionen stammten. Aufgrund ihrer Mobilität dürften Aristokraten am ehesten Anführer einer Expedition gewesen sein, die auf die Gründung einer neuen Siedlung, einer Apoikia abzielte. Man wird nicht in jedem Fall voraussetzen dürfen, dass eine Polis sich schon so weit entwickelt hatte, um als Institution die Apoikiegründung zu betreiben. Neuere Forschungen neigen sogar zu der Ansicht, dass umgekehrt die Gründung fernliegender Apoikien die Polisentwicklung beschleunigte, da sich dort ein ganz neuer Regelungs- und Ordnungsaufwand ergab. Dem Anführer kam dann die Rolle eines Oikisten und Ktistes („Gründers") zu, der die Geschicke der Apoikie am Anfang lenkte und unter Umständen postum göttlich verehrt wurde, also Heroenkult erhielt, wie es etwa in Kyrene der Fall war.

Diese eher theoretischen, jedoch durch authentische Zeugnisse wenigstens punktuell plausibilisierbaren Erwägungen sollen nun mit den griechischen Auffassungen der Gründung kontrastiert werden. Da wir uns im 7. Jh. in einer Phase spärlicher Schriftlichkeit befinden, die sich auf Epen und Lyrik beschränkte, haben dort gelegentlich fassbare Gründungsgeschichten (Ktiseis) in vielen Details den Charakter mythischer *Origines*, also Ursprungs*sagen*. Die angegebenen Motive der Migrationen, Hunger oder Überbevölkerung, sind wenig wahrscheinlich, zumal die Bevölkerungsdichte durch das Ende der Paläste im 12. Jh. zunächst eher zurückgegangen war und nur allmählich wieder zunahm. Auch ökonomische Motive sind zwar denkbar, aber nicht allein überzeugend, denn Handel gab es auch in den *Dark Ages*. Manche der Gründungsgeschichten deuten politische oder soziale Motive an, etwa die Flucht vor Tyrannen oder vor den Folgen von Gewalttaten und inneren Konflikten (*staseis*).

Motive

Thukydides hat sich in dem Zusammenhang mit den sizilischen Apoikien befasst; die Reihenfolge der Gründungen hat eine gewisse Plausibilität: Naxos (734 v. Chr.), Syrakus (733), Leontinoi, Katane, Trotilos, Thapsos und Megara Hyblaia. Die absoluten Daten passen annäherungsweise zur mittelgriechischen Keramik, die bereits im früheren 8. Jh. dort anzutreffen ist. Die Details über die Gründer bleiben hypothetisch, sie dürften erst auf den Historiker Antiochos von Syrakus zurückgehen, der sich im 5. Jh. v. Chr. nur auf zeitnahe regionale Quellen stützen konnte, also bereits mehrere Generationen von den Ereignissen entfernt war und somit auf vielfach rekonstruierte Daten rekurrieren musste. Somit ist die Herkunft der Gründer aus Chalkis, Korinth und Megara nicht überprüfbar, aber auch nicht unwahrscheinlich; Thukydides hatte die Vorstellung von

Beispiel Sizilien

Ansiedlern überwiegend gemeinsamer Herkunft, wobei er den Indigenen nur am Rande Bedeutung beimisst. Oikistennamen wie Euarchos, „Gut-Herrscher", Oikist von Megara Hyblaia (s. o. 2.3), klingen ein wenig konstruiert, sind aber auch nicht völlig auszuschließen.

Anzahl der Apoikien — Die absolute Zahl an Apoikien aufgrund heimischer griechischer Initiative wird im „Inventory of Archaic and Classical Poleis" [IACP] mit mindestens 201 angegeben. Die Zahl sekundärer Gründungen beläuft sich auf mindestens 88. Bei anderen später als Poleis bezeichneten Siedlungen ist die Gründungsart nicht belegt oder fremde Städte hellenisierten sich selbst, so dass sie spätestens im 4. Jh. v. Chr. als Poleis angesprochen wurden (v. a. in Karien, vgl. S. 59 f.). Somit stellen griechisch dominierte Neugründungen einen erheblichen Anteil der 1029 lokalisierbaren Poleis dar. Sie stammen überwiegend aus archaischer Zeit, wobei gewisse Vorläufer nicht auszuschließen und einige Fälle in klassischer Zeit belegt sind. Ein paar Beispiele sollen im Folgenden die Bandbreite zeigen, mit der wir unter dem Stichwort „Apoikie" zu rechnen haben.

Kyrene in Nordafrika — Zur Zeit Herodots hatte sich ein Narrativ durchgesetzt, das die Gründung Kyrenes im libysch-ägyptischen Grenzraum in einer theraischen (4,150–153) und einer kyrenaischen Version anbot (4,154–156) und mit der endgültigen Ansiedlung (4,157–158) endete. Die vielen Details sind eher als Pseudogenauigkeit, also Authentizitätsfiktion anzusehen: (Sieben Jahre) Dürre als Ursache der friedlichen Emigration, Missverständnisse bei der Befragung des Orakels von Delphi, Schwierigkeiten bei der Findung eines geeigneten Ortes an der nordafrikanischen Küste. Von Unterschieden in den Details wird hier abgesehen, jedenfalls gibt es zwei wichtige Quellen, die dieses Narrativ infrage stellen: den hellenistischen Lokalhistoriker Menekles von Barka (FGrHist 270 F6) und eine Inschrift, die als Siedlereid gedeutet wurde. Es muss wohl nicht betont werden, dass Thera, das heutige Santorini, trockene Sommer kennt, aber sieben Jahre Dürre hat selbst der Klimawandel nicht hervorgebracht. Insofern ist als Ursache der Emigration durchaus ein politischer Konflikt denkbar, eine Stasis, wie Menekles sagt.

Pithekoussai auf Ischia — Chalkis auf Euböa soll die erste Apoikia überhaupt gegründet haben, Pithekoussai auf Ischia. Bei Licht besehen handelt es sich eher um ein Emporion. Es wurde schon angemerkt, dass es völlig unwahrscheinlich ist, dass bereits für die erste Apoikie ein unbekannter Seeweg von etwa 1200 km vom korinthischen Golf bzw. 1900 km von Euböa an der Küste entlang in Kauf genommen wurde

(s. o. 2.3). Auf dem Weg durch die Straße von Messina und entlang der tyrrhenischen Küste wurden im Laufe der Zeit wohl über ein Dutzend Apoikien und mehr als 20 sekundäre gegründet. Auf dieser Westroute waren Personen aus Euböa intensiv involviert. Ökonomische Motive mögen teilweise eine Rolle gespielt haben, doch die neuen Siedlungen werden zu oft und obsolet als „Kolonien" angesehen, was auch eine koloniale Perspektive früherer Gelehrtengenerationen zeigt (s. II 2.4, S. 136).

Korinth bzw. Korinther gründeten fast ein Dutzend Apoikien; in klassischer Zeit versuchten sie mit militärischen Mitteln das Autonomiestreben der bedeutenderen dieser Apoikien (Korkyra) zu verhindern. Diese Strategie mag auch schon in archaischer Zeit bestanden haben, wobei die Motive sich gewandelt haben könnten. Im 8. Jh. mag der Erwerb von Metallen entlang der Handelsroute, insbesondere in Akarnanien, eine größere Rolle gespielt haben, später auch der Export von Keramik. Im Zeitalter der Hegemonien war Korinth die führende Seemacht im Peloponnesischen Bund, der Rückschluss auf die Verhältnisse der archaischen Zeit birgt Risiken; die tragende Rolle der Tyrannen ist anzunehmen. Korinths Apoikien

Ein weiter von Griechenland entfernter Raum ist die Küste um Massalia herum, das von Phokaia gegründet wurde. Die Apoikie war so erfolgreich, dass sie mehrere sekundäre Stützpunkte anlegte und in klassischer Zeit eine Art Vorherrschaft über den Golf von Lyon errang. Dieses durch Schiffswracks belegte Netzwerk war für karthagische und etruskische Händler interessant, Konnektivität war durch die Mobilität von Händlern und Zivilisten gegeben. Massalia (Marseille)

Apoikiegründungen am Schwarzen Meer erfolgten zumeist von der anatolischen Westküste aus, häufig auf Initiative von Personen aus Milet. In der Zeit von der Mitte des 7. Jhs. bis ins 5. Jh. wurden Apoikien auf der östlichen Krim und an der Küste der Tamanhalbinsel gegründet; die Geschichte dieser Apoikien an der Straße von Kertsch, dem modernen Namen der Apoikie Pantikapaion, ist in klassischer Zeit besser bezeugt, als sich die in der Nähe liegenden Siedlungen zu einem kleinen Territorium zusammenschlossen, dem Bosporanischen Reich. Getreide v. a. von der Krim und Sklaven waren wichtiges Handelsgut; die Versklavten stammten aus thrakischem und skythischem Gebiet in der Peripherie griechischer Apoikien, aber sie wurden auch und v. a. von griechischen Händlern verschleppt, eine Zwangsmigration in klassischem Sinn. Schwarzmeerraum

Persönliche Fälle — Wenige persönliche Fälle von Migration sind bekannt und zur Verallgemeinerung kaum geeignet. Hesiods Vater kam über See nach Böotien. Das ist freie Migration. Der Dichter Archilochos scheint Paros aufgrund von Armut in Richtung Thasos verlassen zu haben, aber der vielfach fragmentarische Zustand des Werkes lässt manches im Dunkel. Er soll als Söldner für die Thasier tätig gewesen sein; sein Vater war wohl der Oikist gewesen; der Sohn kämpfte nun gegen Thrakier. Man könnte die Bezeichnung als Arbeitsmigration erwägen, die zunächst von Künstlern und eben Söldnern geübt wurde, aber dafür gibt es in klassischer und hellenistischer Zeit bessere Beispiele.

Forced migration — In Einzelfällen wurde Migration erzwungen. Der korinthische Tyrann Kypselos (657–627 v. Chr. nach Tradition) soll politische Gegner zur Gründung von Leukas und Anachorion abgeschoben haben. Wenn das stimmen sollte, haben wir es mit einem Grenzphänomen zu tun, das zwischen individueller Migration und Deportation liegt, denn es müsste ein großer Zufall sein, dass die Verbannten in ihrer Zusammensetzung die nötige berufliche Breite für eine solche Apoikiegründung mitbrachten. Freiwillige werden dabei gewesen sein.

Flucht vor Tyrannen — Die Adelsfamilie der Alkmeoniden zog sich nach der dritten Erhebung des Peisistratus (546 v. Chr.) aus der Stadt Athen zurück, was man als Folge einer Stasis ansehen sollte. Das betraf v. a. Megakles, den Enkel des Megakles und Vater des Reformers Kleisthenes. Auch der ältere Miltiades ging ins Exil; da er aus Thrakien das Angebot erhalten hatte, dort eine eigene Tyrannis zu etablieren (mit der Aufgabe der Landesverteidigung), nahm er dieses Angebot gern an und zog mit etlichen anderen Athenern auf die thrakische Chersonnes (Gallipoli). Der Anteil der Unterstützung durch Peisistratos ist umstritten, ebenso, inwiefern es sich um Apoikiegründungen handelt oder Übernahme vorhandener (ionischer) Siedlungen.

Dorieus — Der Spartaner Dorieus floh nicht vor einem Tyrannen, sondern seinem ungeliebten Stiefbruder Kleomenes I., einem der beiden Archageten (Könige) Spartas. Er entschied sich dazu, eine Apoikie zu gründen, obwohl am Ende des 6. Jhs. kaum noch gute Möglichkeiten dafür bestanden. Den ersten Versuch unternahm er in Nordafrika in der Nähe des späteren Leptis Magna: Kinyps (IACP 1027) wurde ca. 514 v. Chr. gegründet, aber schon bald von Karthagern und einheimischen Nomaden (Makai) beseitigt. Deshalb versuchte Dorieus ca. 510 v. Chr. erneut, mit anderen Adligen und ihren bewaffneten Gefolgschaften eine Apoikie zu gründen, diesmal auf Sizilien. Er nahm sich Zeit für die Anreise. Nach der einen Tradition bei Herodot (5,39–48, dort 44 f.) ließ er sich auf der Hinfahrt in den Konflikt Kroton-Sybaris (am Golf von Tarent) hineinziehen und stand den Krotoniaten militärisch bei. Er hat nicht verabsäumt, südlich von Sybaris einen Tempel zu gründen, so die krotoniatische Tradition bei Herodot. Als er am Eryx im Nordwestsizilien angekommen war, gründete er Herakleia (IACP 21). Dorieus fiel, als Karthager und Segestaner die Siedlung angriffen. Als Adliger im selbstgewählten Exil hätte er noch die Alternative gehabt, bei einem Gastfreund unterzukommen und dort seine Zeit zu verbringen. Er suchte aber das Abenteuer.

Festeren Grund haben die Berichte zur persischen Expansion nach Kleinasien in spätarchaischer Zeit. Gleich mehrere Wellen ostgriechischer Flüchtlinge sind bei Herodot bezeugt, eine erste unmittelbar nach Harpagos' Invasion (546 v. Chr.) ins Lyderreich, dem die an der Küste lebenden Griechen bislang unterstanden hatten. Beispielsweise floh ein Teil der Phokaier nach Alalia und Milesier gingen in Apoikien. *Flucht vor den Persern*

Migrationserfahrungen haben neben dem eben genannten Archilochus hinaus noch andere archaische Lyriker thematisiert, aber auch hier stellt sich die Frage, inwiefern eine erzwungene Abwanderung oder ein selbst gewähltes Exil beschrieben wird. Zu nennen sind: Semonides, der von Samos nach Amorgos ging; Alkaios, der gleich mehrfach ins Exil ging bzw. gehen musste; Theognis von Megara; schließlich Tyrtaios. Der Philosoph Xenophanes von Kolophon, der sich in Versen äußerte, gehört ebenfalls hierher. Die Überlieferung zu Alkaios von Mytilene (auf Lesbos) ist am besten: das erste Exil folgte auf den Putsch gegen Myrsilos, an dem Alkaios federführend beteiligt war; dann nach der Erhebung des Pittakos. Es mag sein, dass Alkaios' Gegnerschaft zu den beiden Tyrannen in Anbetracht der Größe der Insel Lesbos (1614 km^2) dazu geführt hat, dass er aus Mytilene in eine *andere* Polis auf dem Eiland floh. Historisch gesicherte Details zu den wohl insgesamt drei Fluchten gibt es nicht, aber er lässt sich in einem Gedicht ganz allgemein über das Schicksal des Exilanten aus, der fern von Agora und Boule (130B, 3 u. 5) wie vom Wolf verwundet (10) die Zeit totschlägt und den Lesbierinnen bei Ritualen im zentralen Heiligtum zuschaut (13–20), in dem er offenbar Asyl gefunden hat. *Dichter im Exil?* *Alkaios*

Durch die häufig nur schmale Quellenbasis und die in dieser Beziehung wenig aussagekräftigen archäologischen Befunde ist der *Gesamtcharakter*

Gesamtcharakter der archaischen Migrationen nur schwer festzumachen. Mobilität und freie Migrationen standen gewiss am Anfang; der Übergang zu Massenmigrationen im vollen Wortsinn ist dann gegeben, wenn einzelne Poleis die Initiative zur Apoikiegründung ergriffen – was die Existenz von Gremien voraussetzt, die kollektive Entscheidungen fällen konnten. Zusammengenommen mit Neugründungen an älteren Stützpunkten entstanden im Verlauf von etwa 200 Jahren rund 300 Apoikien, so dass zumal angesichts des Nachzuges weiterer Siedler von einem Massenphänomen geredet werden kann. Sklaverei führte durchweg zu Zwangsmigration – und auch hier ist mit Hunderttausenden Menschen zu rechnen. Andere Formen von Mobilität, die aus klassischer Zeit freilich besser bezeugt sind, kamen hinzu: Flucht, Umsiedlung, auch Arbeitsmigration. Ein solcher Umfang an Migrationen ist wohl erst wieder im Hellenismus – unter anderen Vorzeichen – anzunehmen.

3.3 Vertreibung, Flucht und Kolonisation in klassischer Zeit

Eine günstigere Quellenlage erlaubt für die klassische Zeit detailliertere Aussagen zur Migration in voller typologischer Breite. Beispielsweise sind nun Aussagen zur *primitive migration* (s. o. 2.1) möglich. Gewaltbedingte Migration ist auch im Inneren häufiger bezeugt (Stasis). Zudem gibt es individuelle Migrationsgeschichten, die durch autobiographische Äußerungen ergänzt werden wie bei Thukydides.

Naturkatastrophen

Spartanische Opfer

Ein Erdbeben verwüstete Sparta im Jahre 464/3 v. Chr. und kostete Tausende Opfer. Die hohe Zahl, laut Diodor 20 000, ist typisch für urbane Situationen: Als die nahe beieinander stehenden Häuser zusammenstürzten, wurden viele Einwohner von den Trümmern begraben. Diodor betont die lange Dauer des Bebens und den Fall der Mauern, der – so kann man sich denken – auch Flüchtende erfasste. Wer durch Zufall außerhalb des Hauses bzw. des Stadtkerns war, hatte größere Chancen zu überleben; der Zeitpunkt spielt auch eine Rolle – bei Nacht sind die Überlebenschancen viel geringer (wie man am folgenden Beispiel Helike sieht). Ob insbesondere Frauen und Kinder betroffen waren, ist schwer abzuschätzen; die Männer mögen teilweise in Kriegsvorbereitungen gewesen sein, da sich ein Aufstand in Messenien bereits andeutete und dann in den 3. Messenischen Krieg mündete. In Analogie zur (frühen) Neuzeit ist anzunehmen, dass die Zahl der Verletzten und Geflüchteten die der Toten erheblich übertraf.

Die Bevölkerung von Helike wurde im Jahre 373 v. Chr. Opfer eines schweren Erdbebens. Die küstennahe Stadt am Golf von Korinth (nordöstlich des heutigen Rizomylos) scheint dadurch abgesunken und danach zum größten Teil überspült worden zu sein (und nicht ins Meer abgerutscht, wie früher vermutet). 2 000 Helfer aus der Nähe fanden keine menschlichen Überreste mehr bzw. waren nicht imstande, die Leichname zu bergen. Man mag hier die Solidarität der anderen Achaier als Ursache für die rasche Rettungsaktion vermuten, doch Erd- und Seebeben hatten die Region von Helike offenbar nahezu dem Erdboden gleich gemacht. Die Neuverteilung der Chora liegt unmittelbar nahe, wenige Überlebende gründeten später mit anderen Achäern Helike neu, aber weiter nördlich, wie erste Grabungen andeuten (im heutigen Valimitika). Helike

In der Mitte des 4. Jhs. scheinen ökologische Umstände zur Verlegung der Polis Priene geführt zu haben; es wird vermutet, dass Schwemmland des Mäander die Stadt immer mehr von ihrem Hafen abschnitt. Die neue Stadt wurde genau durchgeplant und aufgrund knapper Grundstücksfläche sind Typenhäuser eingeführt worden, womit das hippodamische System der (orthogonalen) Siedlungsstreifen noch verfeinert wurde. Die mutmaßlich auf Polis-Entschluss durchgeführte Umsiedlung ist als besonders demokratisch gedeutet worden, weil nun auch für die Vermögenden nur begrenzter Bauplatz zur Verfügung stand. Priene

Mit den Skythen rückte zur Zeit der Apoikisation des nördlichen Schwarzmeerraumes im 7./6. Jh. v. Chr. eine große, nomadisch lebende Völkerschaft von Reiterkriegern in den griechischen Erfahrungsraum und wurde von Herodot detailreich beschrieben (s. o. 2.1). Da die Skythen für mehrere Jahrhunderte in der Region verblieben, ist eher von Seminomadismus zu sprechen, denn sie gründeten feste Siedlungen und begruben ihre Könige dort. Ihr Winterviehtrieb scheint zu Konflikten mit den Griechen an der Straße von Kertsch geführt zu haben (Hdt. 4,28); die Wagen der Skythen setzen auf die Kubanhalbinsel über, wo sie Sinder, also die iranischsprachige Urbevölkerung, und Griechen bedrängten. Im Verlauf des 5. Jhs. ist die Ummauerung mancher der griechischen Apoikien bezeugt, die im Zusammenhang mit skythischer Aggression stehen mag. Nomadismus

Viehtrieb in Zentralgriechenland

Transhumanz spielte im Ägäisraum regional eine Rolle, aber nicht in Attika oder auf kleineren Inseln wie den Kykladen, sondern in Zentralgriechenland, wo großflächiges Weideland in den Bergen lag. In NW-Griechenland und Makedonien war die Situation insofern noch günstiger, dass Viehtrieb nicht durch politische Umstände behindert wurde; hier ist mit längerem Aufenthalt der Hirten zu rechnen, mit weiträumiger Transhumanz, also zyklischer Migration.

Forced Migration

Messenien hatte lange unter spartanischer Herrschaft gestanden. Erst die erneute Befestigung Ithomes durch Epaminondas (369 v. Chr.), Messene genannt, führte zu einer Art von Repatriierung. Eine Repatriierung im engeren Sinn kann es jedoch kaum gewesen sein, wenn Bevölkerung, die 287 Jahre (laut Pausanias) oder zumindest an die 100 Jahre (seit dem Erdbeben) in der Fremde gelebt hatte, in eine neu gegründete Stadt kam, die von ehemaligen Heloten und Thebanern dominiert wurde.

Vorgeschichte in archaischer Zeit

Als Messenien unter spartanische Herrschaft kam, flohen Angehörige der Oberschicht außer Landes. Wer nicht floh, wurde versklavt, wobei aber kein Weiterverkauf vorgesehen war. Die nun als Heloten bezeichneten Messenier mussten auf Anweisung des spartanischen Gemeinwesens auf Landgütern einzelner Spartiaten arbeiten und die Hälfte ihrer Erträge abgeben. Da Unfreiheit absehbar war, setzten sich diejenigen, die die Möglichkeiten hatten, am Ende des 1. Messenischen Krieges (ca. 700/690–680/670 v. Chr. nach Meier [3.2: Aristokraten und Damoden]) in andere Teile der Peloponnes ab.

Aufstand

Die versklavten Messenier erhoben sich ca. 640/30 v. Chr. gegen die Spartaner und es kam zu einem 2. Messenischen Krieg, der bis zum Ende des 7. Jhs. v. Chr. andauerte. Viele Messenier flohen nach Tegea (IACP 297), das ihnen zur „zweiten Heimat" wurde. Später verbot Sparta den Tegeaten die Aufnahme von Messeniern. Andere Messenier flohen via Kyllene (IACP 254) nach Rhegion (68) und v. a. Zankle (51), wo sie die Stadt unter der Bezeichnung „Messene" (Messina) neu gründeten. Angehörige der messenischen Oberschicht nutzten ihre Proxeniebeziehungen. Eine wesentliche Bestimmung der Bündnisse Spartas mit seinen Nachbarn auf der Peloponnes seit Mitte des 6. Jhs. war das Verbot, flüchtige Heloten aufzunehmen.

Megalopolis

Die Gründung von Megalopolis (ab 368 v. Chr.) beruhte auf den Möglichkeiten, die sich aus der Schwächung Spartas nach Leuktra ergaben. Eine moderne Stadt entstand aus 40 Dörfern der nördlichen Peloponnes. Manche Arkader weigerten sich allerdings, umzuziehen, so dass Zwangsmaßnahmen nachhelfen mussten.

Besonders gut bezeugt sind die Evakuierungen von Griechen im 5. Jh. – zunächst zum Schutz vor den Persern, dann im innergriechischen Konflikt Athens und Spartas. Auch wenn es sich hier eher um ein Beispiel für Mobilität handelt, denn die Athener kehrten nach dem Sieg in der Seeschlacht zurück, so sind die Details, v. a. das sog. Themistokles-Dekret, interessant wegen der logistischen Details. Den Männern kam die Verantwortung für die Reise der Frauen und Kinder zum Hafen bei Phaleron und die Organisation eines Schiffes nach Troizen zu. Wertgegenstände wurden vergraben, anderes wurde nach Salamis zur Kriegsflotte gebracht. Der über 60 km lange Weg zu Wasser machte vermutlich einen Zwischenstopp auf Ägina notwendig, bspw. um Wasser aufzunehmen (der Landweg betrüge über 160 km). Offenbar wurden die Ankömmlinge in Troizen gut aufgenommen; der mehrmonatige Vorlauf hatte offenbar gewisse Vorbereitungen ermöglicht. Insgesamt hatte die Evakuierung durch die längere Vorbereitungszeit weniger den Charakter einer Flucht, sondern eher einer Umsiedlung, wobei aber ein monatelanger Aufenthalt in Troizen abzusehen war.

Evakuierung Athens

Innere Konflikte, die bis zum regelrechten Bürgerkrieg reichen konnten (Korkyra, 427 v. Chr.; Milet, 406 v. Chr.; Argos, 370 v. Chr.), produzierten zahlreiche Migranten, da die Unterlegenen meist ihre Polis verließen oder zwangsenteignet und vertrieben wurden. Auch Tyrannen verbannten Widersacher, die sich nicht einbinden ließen. Die Intention des *ethnic cleansing* (GARLAND) scheint freilich die Ausnahme gewesen zu sein. Für diese Folgen war es einerlei, ob die Stasis aus Adelsrivalitäten resultierte oder ob verfassungs- bzw. außenpolitische Motive maßgeblich waren. Auch nach dem Sieg einer ‚Partei' blieb die Lage oft instabil, da sich die vertriebenen Verlierer nach Möglichkeit auswärtige Hilfe für einen erneuten Umsturz suchten. Selbst wenn eine ‚Versöhnung' gelang, oft ebenfalls durch Eingriff von außen, blieben grundlegende Probleme zumal hinsichtlich von Eigentumsfragen ungelöst, wie sich nicht zuletzt bei Alexanders Verbanntendekret (s. o. S. 23) zeigte. Im 5. und 4. Jh. gab es an die 300 Staseis, die erhebliche Bevölkerungsverschiebungen und -verluste mit sich brachten. In Syrakus lassen sich in 300 Jahren 19 Verfassungsumbrüche zählen.

Stasis und Migration

Über die Stasis hinaus konnte es andere politische Gründe geben, die zur Exilierung einzelner Personen oder Gruppen führten.

Ostrakismos

Wohl auch zur Vermeidung einer Stasis und zur Entscheidung für eine politische Richtung hat Athen den Ostrakismos praktiziert, die zehnjährige Exilierung einer Person, die aufgrund einer Mehrheitsentscheidung mit beschrifteten Scherben (Ostraka) herbeigeführt wurde. Die Einführung bereits unter Kleisthenes ist unwahrscheinlich, da das Verfahren zum ersten Mal im Jahre 488/87 praktiziert wurde. Es handelt sich nicht im engeren Sinne um Migration, da die meisten der Verbannten zurückkehrten, manche schon vor Ablauf der zehn Jahre.

Beispiel Thukydides — Das Exil konnte auch aufgrund eines Gerichtsurteiles angeordnet werden, unter Umständen sogar auf Lebenszeit. Ein prominentes Beispiel ist Thukydides, der nach seinem militärischen Versagen als Stratege bei Amphipolis für 20 Jahre verbannt wurde (Thuk. 5,26,5). 404 durfte er zurückkehren. Es mag sein, dass er das Exil auf väterlichen Besitzungen in Thrakien verbrachte; jedenfalls nutzte er die Zeit zur Weiterarbeit an seinem zeitgeschichtlichen Werk über den Peloponnesischen Krieg. Es ist anzunehmen, dass er aufgrund seiner guten finanziellen Situation und auswärtiger Gastfreundschaften nicht die Leiden durchzustehen hatte, die viele Exilanten trafen.

Deportation — Die Griechen könnten Deportation als persisches Herrschaftsmittel übernommen haben. Mindestens dreizehn Fälle von achämenidischer Deportation (zumeist äußerer Gegner ins Reichsinnere) sind bekannt. Die Eretrier wurden 490 v. Chr. nach Susa und von dort nach Arderikka in Kissia deportiert. Die Zerstörung von Städten führte des Öfteren zu Vertreibung oder Deportation der Bewohner, was mitunter als Urbizid bezeichnet wird. *Klassische Zeit* — Deportationen auf Sizilien und im Kontext des athenischen-spartanischen Dualismus sind mehrfach bezeugt. In beiden Fällen gab es aber durchaus auch die ältere Variante, nach Eroberung einer Stadt die Bevölkerung insgesamt zu versklaven und in aller Herren Länder zu verkaufen.

Versklavung — Größere Gruppen von Kriegsgefangenen wurden versklavt, das Leid der einzelnen finden wir in epischen Texten wie denen Homers, aber auch in der griechischen Tragödie. Man mag einwenden, dass die großen Tragiker die Versklavung nach dem Trojanischen Krieg darstellen wollen, aber das Gesagte weicht wenig vom realen Schicksal der zwecks Verkauf Deportierten ab.

Sklavinnen in der Tragödie — Die Tragiker sind eher am Leid der Sklavinnen interessiert. In Euripides' „Hekabe" werden die niedrigen Tätigkeiten der vornehmen Frauen hervorgehoben: Mahlen von Mehl, Fegen der Räume,

Weberei, erzwungener Sex mit Sklaven (Eur. Hek. 357–366 u. 375–378). Während die „Fallhöhe" ihrer adligen, gar königlichen Protagonistinnen die Quellengattung Tragödie bestimmt, sind Angaben über die Versklavung einfacher Frauen und ggf. auch Männer, die nicht getötet worden waren, schwieriger. Viele Kriege der klassischen griechischen Poleis führten zu Versklavung, besonders eindrücklich ist der Melierdialog, der die imperialistischen Ambitionen der Athener 416 v. Chr. zeigt – die Melier wurden getötet, deren Frauen und Kinder versklavt (Thuk. 5,116,4). Die überlebenden Athener der Sizilienexpedition (415–413 v. Chr.) mussten in Steinbrüchen schuften. *Einfache Sklavinnen*

Freie Migrationen gab es auch in klassischer Zeit, die Motive mögen denen der archaischen Zeit ähnlich geblieben sein, politische oder wirtschaftliche. Neue Ziele mussten jedoch nicht mehr im gleichen Maße erkundet werden, die zahlreichen archaischen Apoikien scheinen den Bedarf gedeckt zu haben. Insofern gab es wenige Möglichkeiten, wirklich Neues zu entdecken, die Ränder der griechischen Welt wurden jetzt von Autoren wie Hekataios oder Herodot beschrieben. Pytheas von Massalia immerhin unternahm eine Entdeckungsreise in den Nordwesten Europas. *Freie Migrationen*

Manche Reise konnte zum Abenteuer werden und Migration zur Folge haben, also einen recht langen oder sogar endgültigen Wohnsitzwechsel. Es ist für uns nicht leicht zu sagen, inwiefern Intellektuelle, Künstler oder Oppositionelle ihre Migration noch als Wagnis sahen. Bestimmte Handelswege wurden inzwischen regelmäßig befahren. Das Beispiel des Aristoteles, gebürtig aus Stageira auf der thrakischen Chalkidike, mag nicht ganz untypisch sein: Nach dem Studium in Athen lehrte er an der Akademie bis zu Platons Tod (357–347 v. Chr.). Es folgten Wanderjahre in Kleinasien und am Königshof in Pella (347–335 v. Chr.). Schließlich gründete er eine eigene Philosophenschule am Lykeion in Athen (335). Aristoteles war in seinen Migrationsentscheidungen mehr oder minder frei, profitierte natürlich vom Vermögen seines Vaters. Doch als in Athen nach Alexanders Tod 323 v. Chr. die antimakedonische Stimmung wuchs, entzog sich der Philosoph einer möglichen Bedrohung durch Flucht nach Chalkis auf der Insel Euboia, wo er von seiner Mutter ein Haus geerbt hatte und wo er 322 v. Chr. auch starb. Inwiefern auch Künstler oder Söldner sich endgültig an einem Ort ihrer (ehemaligen) Tätigkeit niederließen, ist schwer zu quantifizieren. *Migration als Wagnis?*

Massenmigrationen Massenmigrationen liefen in ähnlicher Art und Weise wie in archaischer Zeit ab, nun aber häufiger auf staatliche Initiative. Neu hinzu kam der Siedlungstyp ‚Kleruchie', der nicht immer leicht von einer Apoikie zu trennen ist. Bei ersterer tritt der Aspekt der strategischen Sicherung und überhaupt des staatlichen Interesses stärker in den Vordergrund. Im Gegensatz zu Apoikisten behielten die Siedler ihr athenisches Bürgerrecht; die Verpflichtung zur Verteidigung der Kleruchie war eingeschlossen. Offenbar bestand aber auch die Möglichkeit einer Rückkehr nach Athen – diese Besonderheit verweist auf ein Phänomen, das in der Geschichte von Migrationen generell nicht unterschätzt werden sollte: die zeitweise oder dauerhafte, bisweilen sogar mehrfache Rückkehr an den ursprünglichen Siedlungsort. Um mit den älteren Gründungen, deren rechtlicher Status oft nicht genau zu bestimmen ist und wohl auch Veränderungen unterlag, zu beginnen: Sigeion (IACP 791), in der Troas bei Ilion (Troja) an den Dardanellen um 600 v. Chr. gegründet, wurde auch von Äolern, namentlich der Polis Mytilene auf Lesbos, beansprucht. Dass der athenische Oikist Phrynon von aristokratischem Habitus war, passt noch in das übliche Schema der archaischen Zeit. Dass der Tyrann Peisistratos seinen Sohn Hegesistratos dort rund 50 Jahre später einsetzte, zeigt die politische Bedeutung, die das Herrscherhaus Sigeion beimaß. Die strategisch günstige Lage der Siedlung für die Kontrolle der Dardanellen ist auffällig. Die Stadt blieb in der Zeit des attisch-delischen Seebundes bedeutend, war aber zu einer eigenständigen Polis geworden und zahlte Tribute in die Seebundskasse.

Sigeion

Kleruchien als Kolonien Athen initiierte im 5. Jh. noch weitere acht Apoikien, bei denen überwiegend auch Siedler anderer, verbündeter Poleis beteiligt waren. Bevorzugt wurde nun aber das Modell der Kleruchie: Beginnend mit Salamis (ca. 510–507/6 v. Chr. gegründet) schuf Athen im Verlauf des 5. Jhs. an die 27 Siedlungen, deren Bewohner jedenfalls pro forma athenische Bürger blieben, obwohl die Niedersetzungen auf Lemnos und Imbros Tribute im späteren Seebund (477–404 v. Chr.) zahlten. Insofern könnte man sie in die Nähe von Kolonien rücken, denn sie sind Mittel einer imperialen Politik der Athener, die in den Peloponnesischen Krieg führte: Kleruchien dienten der Herrschaftsfestigung bzw. -ausdehnung und wurden als Territorium Athens gesehen. Es überrascht nicht, dass viele zu Brennpunkten des Peloponnesischen Krieges wurden und ihre Bürger nach Athens

Niederlage in einigen Fällen zwangsweise nach Athen zurückkehren mussten.

Im 4. Jh. v. Chr. gab es weniger athenische Siedlungen und es überwogen die Kleruchien (sieben an der Zahl); nur an der Adria gab es im späten 4. Jh. eine Apoikie, deren Name am Anfang der Inschrift aus Athen (R&O 100) verloren ist; durch diese sind wir über die Planung der Seeanreise gut informiert. Miltiades aus Lakiadai erhält Schiffe verschiedener Typen. Als Ziel der Apoikie wird genannt, dass ein exklusiver Hafen zur Getreideversorgung (Zeile 220 f.) errichtet werde, der aber von anderen Griechen mitgenutzt werden könne; die Bedrohung durch Tyrrhener (Etrusker) wird suggeriert.   *Hafenbau*

In Korinth war die Hegemonie über ältere Apoikien ebenfalls ein Thema. Am prominentesten ist der Streit um Korkyra, der einer der Anlässe für den Peloponnesischen Krieg war. Die ursprünglich korinthisch dominierte Apoikie gewann schnell Autonomie und baute eine Seemacht auf; zusammen mit der Mutterstadt gründete sie Epidamnos (IACP 79). Aber Korinth schien die älteren Apoikien wieder stärker kontrollieren zu wollen, was im Falle von Epidamnos zum Problem wurde, denn Korkyra war inzwischen mit Athen verbündet.   *Korinths Apoikien*

Manche ältere Apoikien gründeten nun in klassischer Zeit selbst Siedlungen, die oft den Charakter von abhängigen Orten hatten. Hier könnten Massalia oder auch Pantikapaion genannt werden. Massalia (IACP 3) gründete Agathe und Olbia in klassischer Zeit, im Hellenismus Tauroeis und Nikai (IACP S. 159–161 – keine Poleis). Ein Handelsnetzwerk abhängiger Siedlungen entstand, die vielleicht den Emporia ähnelten, da Händler vieler Nationen dort verkehrten. Größere Autonomie hatte die ältere Polis Emporion (IACP 2), an deren Gründung Massalia und/oder die Phokäer wohl beteiligt waren. Im Verlaufe der klassischen Zeit nahm Massalia ein Territorium von 70 (IACP) bis 100 km² [3.4: PRIVITERA, „Poleis Massalias"] ein, was keine ungewöhnliche Größe darstellt. Pantikapaion (IACP 705) entwickelte sich in klassischer Zeit zum Zentrum einer kleinen Reichsbildung, die ältere griechische Poleis einbezog; es entstand ein Bosporus bezeichnetes Territorium beidseits der Straße von Kertsch.   *Abhängige Orte*

Das Phänomen der Verlegung von Poleis oder deren Zusammenführung (Synoikismos) soll hier am Beispiel Sizilien erläutert werden, wobei zu berücksichtigen ist, dass vor allem politische Mo-   *Verlegung von Poleis auf Sizilien* tive die Umsiedlungen in die Nähe von Deportationen rückten. Verlegungen von Städten aus geographischen Gründen (Dürre, drohende Überflutung oder Malaria) sind bereits besprochen (s. o. 2.1). *Metoikēsis*, wohl eine besondere Art von Umsiedlung, wollen wir hier ebenfalls außer Betracht lassen.

Umsiedlungspolitik?

Verlegungen von Polis-Bevölkerungen sind etwa unter dem Tyrannen Gelon, dem Sieger über die Karthager bei Himera 480 v. Chr., bezeugt, der Teile der Bevölkerung Gelas ins 140 km entfernte Syrakus brachte. Seine Umsiedlungspolitik ist aber insofern untypisch, da der imperiale Charakter überwog. Er eroberte Städte, siedelte die Bevölkerung um, zerstörte die Stadt – wie im Falle von Kamarina (IACP 28). Falls es sich um Bevölkerung handelte, die er bereits zuvor beherrscht hatte, mag man euphemistisch vom Umsiedlung sprechen, aber die meisten Maßnahmen sind eher als Deportationen zu klassifizieren, zumal er die ärmeren Bevölkerungsteile von Megara versklavte. Dionysius I. von Syrakus (405–367 v. Chr.) stand unter ähnlichem außenpolitischem Druck wie Gelon und ergriff ähnlich rigide Umsiedlungsmaßnahmen.

Timoleon

Dass die Verhältnisse Siziliens nicht verallgemeinerbar sind, ist offensichtlich. Die um 340 v. Chr. erfolgte Neubesiedlung von Syrakus und Südostsiziliens ist schwer durchschaubar. Eine Kolonisation mit größerer Einflussnahme von Korinth wird nur noch selten angenommen, mir scheint eher eine Mischung der Siedler vorzuliegen, die (politische) Flüchtlinge, aber auch Freiwillige aller Art unter Einschluss von Familien umfasste, wohl einige Zehntausende. Statt Kolonisation ist eher von einem Migrationsregime auszugehen, in dem Timoleon den wichtigsten Akteur darstellte. Die Initiierung der Neubesiedelung durch diplomatische Maßnahmen ist gut denkbar, freilich ist Plutarch in seinen vielen Details problematisch. Bereits Thukydides war die Sonderstellung Siziliens aufgefallen, seine Vermischung der Bevölkerung durch viele Umsiedlungen, die Gegnern den Angriff leichtmachte, wie es der Historiker dem Alkibiades in den Mund legte.

3.4 Kolonisation und Deportation in römischer Republik und Hellenismus

Anfänge Roms: Mythen der Migration

Roms mythische Anfänge bestehen überwiegend aus Migrationserzählungen, die aber meist mehr über ihre republikanische Entstehungszeit als über das früheisenzeitliche Italien verraten – genannt seien die Irrfahrten des Aeneas, das Asyl des Romulus oder der Raub der Sabinerinnen (als Synoikismos verstanden). Deshalb wird die römische Republik in ihrer besser bezeugten Phase, also ab der 2. Hälfte des 4. Jhs. v. Chr. betrachtet. Sie ist synchron mit dem Ende des klassischen Griechenlands, dem Protohellenismus und dem Hellenismus im engeren Sinn.

Aber Rom und die hellenistischen Reiche existierten nicht nur zur gleichen Zeit, Rom war auch Teil der hellenistischen Welt und dominierte diese spätestens seit der Zeit von Sulla und Pompeius auch politisch. Die bereits länger bestehende mittelmeerische Oikoumene, die auf Handel und Kulturkontakte, somit (auch) Mobilität, gegründet war, erfährt durch die Römer einen neuen Schub an Migrationen. Globalisierung führte zudem seit Alexander III. deutlich über den Mittelmeerraum hinaus, zunächst in den Nahen Osten, dann durch die römische Expansion nach Westeuropa; spätestens in der römischen Kaiserzeit lebte die Seidenstraße wieder auf, Handelskontakte ins transsaharische Afrika entstanden. *Hellenismus und Rom*

Wenn bereits in der Mitte des 4. Jhs. v. Chr. Phänomene zu beobachten sind, die für den (etwas späteren) Hellenismus wichtig waren, kann man von Protohellenismus sprechen. Man zählt dazu den Trend zur Monarchie, aber auch städtische und territoriale Neuformierungen, die mit Migrationen einhergingen. Die Maßnahmen Timoleons in Syrakus um das Jahr 340 v. Chr. gehören nur bedingt hierher; er baute sich keinen Palast und wollte kein Monarch sein, legte aber den Grundstein für eine territoriale Neugliederung Ostsiziliens und insbesondere die Peuplierung von Syrakus. Bereits etwas früher finden wir mit Maussolos von Karien (reg. 377–353) ein Beispiel, das besser passt. Dieser persische Satrap agierte mit einem großen Maß an Eigenständigkeit und dehnte das Territorium der Satrapie Karien ungefragt an die ägäische Küste aus, wo er eine neue Hauptstadt durch Synoikismos gründete und innovative Bautypen wie das Maussoleion schuf. Protohellenistische Staatswesen waren im Allgemeinen so groß, dass sie einen Regierungssitz benötigten. Neben kleinasiatischen Satrapien wie Karien zählten größere Poleis in der Peripherie dazu, also etwa Syrakus, Rhodos oder Pantikapaion, das Zentrum eines Bosporus genannten Territoriums an der Straße von Kertsch. Diese neuen städtischen Zentren zogen Bevölkerung an, was aber einen gewissen Zwang nicht ausschließt. *Protohellenismus*

Urbanisierung

Karien als Territorium   Da Halikarnassos als Hauptstadt eines monarchischen Kleinreiches konzipiert wurde, kann es hier als ein Beispiel für Migrationsprozesse dienen, die später auch innerhalb der drei hellenistischen Großreiche eine Rolle spielten (insbesondere in den vier Hauptstädten des Seleukidenreiches). Maussolos verlegte seinen Regierungssitz um 370 v. Chr. von Mylasa im Landesinneren nach Halikarnassos. Die Stadt war ursprünglich eine (kleine) Apoikie dorischen Dialekts gewesen, stand dann von ca. 560–479 und 400–334 unter persischer Kontrolle. In dieser zweiten Phase war Maussolos der zuständige Satrap, der seinen Sitz vom bergigen Hinterland an die Küste verlegte – gut 50 km entfernt – und die griechische Polis Halikarnassos mit sechs weiteren Siedlungen offenbar legischen Ursprungs vereinigte. Dieser Synoikismos war Voraussetzung für die Errichtung eines Herrschersitzes mit Palast und Grabmal (Maussoleion). Das Territorium auf der Bodrum-Halbinsel umfasste rund 200 km². Die mit sieben km Länge großzügig bemessene Stadtmauer macht schon deutlich, dass die Stadt Zuzug benötigte. Sie ist ebenfalls Zeichen, dass Maussolus sich vom neuen Seebund Athens bedroht fühlte. Als weiteres Motiv für den Synoikismos kann eine politische Modernisierung angenommen werden, jedenfalls für die kommunalen Fragen; Rats- und Volksversammlung sind für die Folgezeit epigraphisch belegt.

Alexander als Koloniegründer?   Alexander III. von Makedonien wurde im Nachhinein als großer Städtegründer dargestellt, von bis zu 70 Apoikien ist die Rede, deren Charakter allerdings eher Kolonien im modernen Sinn entsprach, denn diese gehörten zum makedonischen Reich und dienten der Herrschaftssicherung im Nahen Osten. Wie im Falle von Halikarnassos kamen Einheimische und Makedonen dort zusammen, Zonen intensiven kulturellen Kontakts entstanden, möglicherweise sogar *Middle Grounds* (S. 94 f.). Kritisch betrachtet sind nur wenig mehr als die neun von den Alexanderhistorikern genannten Städte, die alle Alexandreia oder Nikaia hießen, sicher auf Initiative Alexanders zurückzuführen, denn viele vermeintliche Alexandergründungen stammen erst von den frühen Seleukiden (sechs bis neun).

Aufstand der Siedler   Manche der Städte verloren nach dem Tode Alexanders 323 v. Chr. im Zuge des Aufstandes der Siedler an Bevölkerung, weil diese offenbar zurück nach Griechenland aufbrachen. Da griechische Verbündete ebenso wie Söldner gezwungen worden waren, in den erst 329–324 v. Chr. gegründeten Städten zu verbleiben, kann man die Sehnsucht nach der Heimat verstehen. Perdikkas ergriff Gegenmaßnahmen: Der als Satrap Mediens vorgesehene Peithon wurde gegen diese Aufständischen geschickt und sollte sie, nach Eingliederung iranischer Truppen, töten. Nach dem Zusammentreffen zögerte er, aber seine Soldaten metzelten die Gegner nieder und plünderten deren Lager. Somit gingen die regulären Truppen der Makedonen Ende 323 v. Chr. vor wie im Krieg mit ‚Barbaren'.

Kann das alles so stimmen? Woher kamen überhaupt diese Aufständischen? In Baktrien im engeren Sinn gab es nur eine gesicherte Gründung, Alexandria Eschate bei Chodschent (Tadschikistan). Es müssen Siedler aus anderen Orten dabei gewesen sein; Siedlungen wie Ai-Khanoum sind schwer zu datieren, wurden vielleicht erst unter den Seleukiden gegründet. Aber es gab natürlich etliche Garnisonen. Diodor spricht ja auch von den oberen Satrapien insgesamt (18,7,1), so dass der Großraum Afghanistan gemeint ist, der von drei weiteren definitiven Gründungen Alexanders gerahmt war: Alexandria in Aria (heute Herat in NW-Afghanistan), Bukephala (bei Taxila) und Rambakia (westlich des Indus-Deltas im heutigen Pakistan). Es hatte sich als verhängnisvoll erwiesen, dass Griechen zum Verbleib gezwungen werden mussten. Sie hatten nur wenige Jahre in dem teils unwirtlichen Regionen gelebt, auch wenn eine Infrastruktur im Entstehen begriffen war. Nun dürfte die Zahl der Bewohner dieser Orte erheblich zurückgegangen sein – wenn wirklich alle Aufständischen getötet wurden.

Kritik

Die Gründung von neuen Poleis nahm im Hellenismus wieder ähnlich großen Umfang wie in der archaischen Zeit an, möglicherweise sogar noch größeren. Diese Apoikien oder besser Katoikien waren aber enger an die Monarchen gebunden. Im gesamten Hellenismus gab es über 500 Neugründungen; der Anteil der Poleis, der Städte mit einer griechisch dominierten Selbstverwaltung, dürfte groß gewesen sein. Es handelt sich also um ein Phänomen der Massenmigration, denn in der Zeit des Hellenismus gab es immer wieder neue Siedlungen, die zum Nachzug von Siedlern animierten.

Apoikien oder Katoikien

Zunächst wurde eine größere Zahl an Kolonien von Antigonos Monophthalmos, Seleukos I./II. und Ptolemaios II. bis in die 270er Jahre gegründet, um ihre neu entstandenen Reiche zu konsolidieren. Später traten auch Herrscher über Reiche mittlerer Größe wie die Attaliden (von Pergamon) als Koloniegründer hervor. Das Seleukidenreich hatte die größte Fläche unter den Nachfolgereichen des Alexanderreiches, auch wenn sich schnell territoriale Verluste ein-

Katoikien der Diadochenzeit

stellten, somit bot es großes Potential für die Ansiedlungen (ggf. von Veteranen).

Motive — Als Motiv der Städtegründung (oder des Ausbaus älterer Städte) ist zunächst die Herrschaftssicherung anzuführen: Als Fremdherrscher waren die Könige makedonischer Herkunft darauf angewiesen, dass neben dem eigentlichen Verwaltungsapparat und dem aktiven Militär noch weitere griechisch-stämmige Personen zuzogen; einheimische Siedler waren ja ohnehin vorhanden, sei es als Vorbevölkerung, sei es durch die unmittelbaren Pull-Effekte der Siedlungen. Neben diesem politischen bzw. militärischen Motiven werden ökonomische Absichten vermutet, die Förderung von Handelsrouten oder die Umverteilung von Arbeitskräften. Isokrates hob in seinen Reden an Philipp neben der Berufung des Makedonenherrschers zur Eroberung des Perserreiches auch die Existenz von Migrationswilligen hervor, die ansonsten ein kümmerliches Dasein fristen würden und sei es als Bettler, sei es als potentielle Unruhestifter im Ägäisraum keine Heimat fänden. Hierbei ist sicher auch an ehemals Verbannte zu denken, denen Alexander III. dann (324 v. Chr.) ihre Bürgerrechte zurückgab.

Migrationspolitik? — Wir haben es im späten 4. und 3. Jh. v. Chr. augenscheinlich mit Massenmigration zu tun, aber das Bild ist diffus, weil es kaum Quellen gibt, die eine Gründung näher beschreiben. Sicher ist das ägyptische Alexandria etwas besser bezeugt, und auch die seleukidischen Hauptstadtprojekte sind öfters in den Quellen erwähnt worden, doch sie lassen sich kaum verallgemeinern. Unstrittig erscheint ein größeres Maß an Planung im Vergleich zu den archaischen Apoikiegründungen, da die Initiative nun staatlich war, die Gründung also von den Herrscherhäusern ausging.

Mangel an quantitativen Angaben — Wir hören im Verlauf des Hellenismus selten von Aufständen von Kolonisten, wie sie Perdikkas nach dem Tode Alexanders III., Ende 323 v. Chr., erlebt hatte. Der Anteil von Makedonen, Verbündeten und Indigenen mag durchaus unterschiedlich gewesen sein, jedenfalls löste die erfolgreiche Neugründung Zuzug von der Ägäis wie auch aus der näheren Umgebung aus. Für indigene Eliten war es auch deshalb attraktiv, in einer hellenistischen Polis zu leben, weil diese als Metropolen der Machthaber mehr Prestige verströmten; zudem mochte der griechische Lebensstil manchem nachahmenswert erscheinen.

Paroikoi — Die Herrscher über Makedonien, die Antigoniden, gründeten anfänglich neue Siedlungen, aber sie legten auch Garnisonen in mittelgriechische Städte, die zu ihrem Reich gehörten. Die Paroikoi von Rhamnous in Attika hatten etwas größere Freiheiten, aber man muss sich klarmachen, dass sie als ehemalige Söldner oft so gut wie mittellos waren und kaum Alternativen zum Umzug hatten. Die Situation veränderte sich im Laufe des 3. Jhs. Mehr Bürger beteiligten sich an der Verteidigung von Rhamnous, das häufig von Seeseite bedroht wurde. 268/67 v. Chr. wurden Rhamnousier entführt und für 120 Drachmen pro Person freigekauft. 248/47 war die Situation entspannter, attische Bevölkerung und Söldner kooperierten besser.

Überhaupt ist bei Migration in große Territorien von erheblichen Unterschieden in den einzelnen Regionen auszugehen. MAIRS hat sich mit den Siedlungen im Bereich der oberen Satrapien des Seleukidenreiches befasst, namentlich Merv, Kandahar, Begram, Samarkand und dem oben bereits vorgestellten Ai Khanoum. Diese Siedlungen wurden nicht einfach gegründet, sondern sie haben ihre Wurzeln in vorherigen Siedlungsorten, die übernommen wurden. Auch die Gründungsphase war eher improvisiert. Und eines ist sicher: Der militärische Charakter wurde beibehalten. Nach dem Ende des seleukidischen Einflusses blieb die Mobilität im griechisch-baktrisch-indischen Raum groß. Wir kennen die Geschichte des Sophytos, der aus Nordwestindien stammte und durch Kaufmannstätigkeit ein Vermögen erwarb. Seine Grabinschrift ist im afghanischen Kandahar zu finden. Auch die mehrsprachigen Inschriften des Königs Ashoka in Südafghanistan belegen eine hohe Mobilität.

Regionale Unterschiede

Im Ptolemäerreich gab es zunächst nur drei Poleis im strengen Sinn: neben Alexandria noch das schon ältere Naukratis [s. o. S. 29] und Ptolemais Hermiou in der Landschaft Thebais. Am Roten Meer wurden Häfen und Garnisonen gegründet, die offenbar dem Elefantentransport dienten. Unter Ptolemaios VI. und VII. sind Städtegründungen des Strategen Boethos sehr gut bezeugt: Philometoris, Kleopatra und Euergetis.

Apoikien der Ptolemäer

Die Gastwirtin Tanupis gibt ein illustratives Beispiel für eine Migrantin im Ptolemäerreich unter Ptolemaios VIII. ab. Zur Zeit des Strategen Boethos wurde ihr im Jahre 132 v. Chr. ein Stathmos (im Sinne von Grundstück) in der neuen Polis Euergetis zugewiesen, die im Nomos Kynopolites oder Lykopolites gelegen haben mag. Somit muss sie sich um Aufnahme in die neue Siedlung bemüht haben, wobei der Herkunftsort offen bleibt; Binnenmigration ist also in Betracht zu ziehen. Ptolemaios VIII. hat in seiner zweiten Amtszeit Ex-

Die Gastwirtin Tanupis

pansion nach Süden betrieben und hier war insbesondere der Stratege Boethos zuständig, der im Papyrus als Ktistes von Euergetis apostrophiert wird.

Gaststätte oder Quartier?

Der Bedarf an Gaststätten in einer solchen militärisch dominierten Siedlung leuchtet unmittelbar ein (Tanupis wird als *kapēlis*, Schankwirtin, bezeichnet); die angegebene Größe des Grundstücks von 20x10 Ellen, was 10,5x5,25 m entspricht, lässt daran denken, dass neben dem privaten Quartier der Wirtin auch ein Ausschank betrieben wurde; angesichts der Lage an der „viereckigen Agora" überrascht das wenig. Die Nachbargrundstücke bzw. Straßen werden genannt. Nicht völlig auszuschließen ist, dass diese Wirtschaft auch einzelnen Soldaten als Quartier diente, denn Stathmos kann auch „Quartier" bedeuten.

Migrationen der Kelten

Auch in Westeuropa gab es zu dieser Zeit Migrationen. Die keltische Hallstattkultur (bis ca. 450 v. Chr.) hatte den erweiterten Alpenraum umfasst, von Vix (Mont Lassois im Dép. Côte-d'Or) bis nach Pannonien, vom Glauberg in Hessen bis nach Slowenien. Die folgende Latène-Kultur (ca. 450–50 v. Chr.) reichte vom Golf von Biskaya bis nach Galatien, von Britannien bis nach Spanien und Norditalien. Archäologische und literarische Quellen bezeugen Migrationen, die durch Invasion in Gebiete benachbarter Völker wie der Iberer, Italiker, Daker oder weiter entfernt der Phryger vorbereitet wurden. Da sich die Kelten aus vielen kleinen Stämmen zusammensetzen und die Invasionen phasenweise erfolgten, ist eine zentrale Steuerung wenig wahrscheinlich, aber es mag Zusammenschlüsse von Stämmen gegeben haben, die dann nach der Eroberung die Besiedelung ermöglichten. Insofern befinden wir uns hier im Übergang von der freien Migration (s. o. 2.3) zur Massenmigration (s. o. 2.4). Im etruskischen Marzabotto in der Poebene ist friedliches Zusammenleben von Kelten und Italikern anzunehmen, das eher an freie Migrationen denken lässt als an eine einzige Massenmigration; jedenfalls hat es zur Zeit des frühen Hellenismus eine hohe Mobilität im Alpenraum gegeben, wie aDNA-Befunde nahelegen. Die Vorgeschichte der Schlacht an der Allia (390/387 v. Chr.) zwischen den Kelten des Brennus und den Römern ist weniger als keltische Invasion und Masseneinwanderung zu verstehen, als die Quellen glauben machen wollen. Sie ist besser als der Durchzug von Söldnern zu interpretieren, die sich dem Tyrannen Dionysios von Syrakus andienen wollten.

Kelten in Rom

Die Ursachen der folgenden römischen Kolonisationstätigkeit mögen – wie im Falle der griechischen Apoikisationen – vielfältig gewesen sein. Die Verhältnisse des 5. und 4. Jhs. v. Chr. sind wegen der anachronistischen Quellen nicht recht deutlich. Angeblich gab es sechzehn frühe Kolonien, die sich fundamental von den sog. griechischen Kolonien (Apoikien) unterschieden, denn sie dienten primär der Expansion und Herrschaftssicherung – ähnlich wie die meisten der hellenistischen Katoikien. Zu den ersten besser bezeugten Kolonien zählt Ostia, das als Fernhafen Roms an der Tibermündung um das Jahr 350 v.Chr. gegründet wurde. Wie neuere Forschungen nahelegen, waren der Status und die Bewohnerschaft von Kolonien in der frühen und mittleren Republik überdies wesentlich fluider, als man das lange angenommen hat, und auch in der Rechtsbeziehung sowie in den militärischen Verpflichtungen gegenüber Rom scheint größere Flexibilität geherrscht zu haben. Entscheidungen über die Anlage einer Kolonie sowie ihr Standort und Status waren zunächst wohl Ergebnisse kurzfristiger Einflüsse verschiedener Art, seien dies strategische Erfordernisse oder auch die politische Agenda von senatorischen Gruppierungen oder Einzelpersonen gewesen, und vielfach eben nicht Resultat einer konsistenten Sicherungs- bzw. Expansionsstrategie.

Römische Kolonisation

Nach dem Ende des Latinerkrieges 338 v. Chr. wurden Bürgerkolonien und latinische Kolonien unterschieden. Zur Gründung einer Kolonie war ein Gesetz nötig, das ein besonderes Beamtenkollegium, die *triumviri coloniae deducendae*, mit der Gründung beauftragte. Nach Ausmessung von Land und Stadtgebiet wurde die Stadt rituell niedergesetzt. Somit waren neben Landvermessern auch religiöse Spezialisten nötig.

Bürgerkolonien und latinische Kolonien

Als Beispiel kann die römische Kolonisationstätigkeit im *ager Gallicus* dienen, die durch Polybius und Livius sowie Grabungsergebnisse gut bezeugt ist. C. Flaminius setzte als Volkstribun 232 v. Chr. gegen Widerstand im Senat durch, das Areal an der Adria an interessierte römische Bürger zwecks Besiedlung zu vergeben. Möglich wurde diese weiträumige Kolonisation durch den Sieg über die Senonen (und Etrusker) im Jahre 295 und ein verstärktes Interesse an der Erschließung des Landweges zum Po. Größere Migrationen scheinen aber erst durch Flaminius initiiert worden zu sein, dessen lex Flaminia 232 v. Chr. die persönliche (*viritim*) Zuteilung von Land an Veteranen vorsah. Der Umfang der nun einsetzenden Migrationen ist kaum abschätzbar, die Ansiedlung in einem nur punktuell

Ager Gallicus

Die lex Flaminia 232 v. Chr.

wirklich beherrschten Gebiet erscheint doch recht gewagt, denn von der Gründung von Bürgerkolonien hören wir nichts. Das ehemalige Siedlungsgebiet der Senonen um Sena Gallica herum, in dem neben Pikentern und Kelten auch Etrusker lebten, umfasst mehr als 1 000 km² (und könnte nach den Kriegshandlungen nur dünn besiedelt gewesen sein).

Probleme der Migration von Latinern

Kolonien konnten durchaus auch in Latium selbst liegen wie etwa Fregellae gut 100 km südöstlich von Rom, das mehrfach durch Krieg vernichtet und neugegründet wurde. Im Jahre 177 v. Chr. gab es einen großen Zuzug von Samniten und Paelignern, die römische Bundesgenossen waren. Die Quelle nennt 4 000 Familien; etliche Bundesgenossen beschweren sich in Rom, weil sie durch die Emigration ihrer Mitbürger nicht mehr in der Lage waren, ihre Kontingente auszuheben (Liv. 41,8,8). Bereits zuvor waren Latiner aus Rom in ihre Heimatgemeinden zurückgeschickt worden (39,3,4–6) – um deren Wehrkraft zu erhalten bzw. Rom zu entlasten. Binnenmigration im römischen Bundesgenossensystem scheint also auch Probleme hervorgerufen zu haben. Da wir kaum Details kennen, ist schwer zu entscheiden, ob diese Ausweisung positiv als Repatriierung zu werten ist oder als erzwungene Deportation. Für die Zukunft wurde jedenfalls untersagt, dass ganze Familien in Städte mit römischem Bürgerrecht migrierten, ohne ein wehrpflichtiges Familienmitglied in ihrer latinischen Heimatgemeinde zu hinterlassen, was gelegentlich als *lex civitatis per stirpem adipiscendae* bezeichnet wird.

Migrationspolitik?

Die rechtlichen Folgen sind in den Gesetzen Elster Nr. 170 u. 171 festgehalten. Da die Römer nur auf (wiederholte) Beschwerden verschiedener Verbündeter reagierten, ist kaum von einer konsistenten Migrationspolitik zu sprechen. Es sind zu wenige Details überliefert; es muss damit gerechnet werden, dass die römischen Maßnahmen eher improvisierte, regimehafte Gestalt hatten. (Zum Begriff „Migrationsregime" nach Sciortino s. oben S. 6 f., 110)

Die Lukrativität Fregellaes 177 v. Chr.

Wenn wir annehmen, dass Fregellae das tatsächliche Ziel der genannten Paeligner und Samniten war, dann lag es an den ökonomischen Rahmenbedingungen. Dazu zählen als Verkehrsadern die Via Latina und die beiden Flüsse Liris und Trerus (Sacco) sowie die insgesamt gute Versorgungslage. Mitunter wird vermutet, dass die Lage am Rande des Apennins für die Kleintierhaltung, v. a. Schafe, geeignet war, so dass die Wolle von den Zuwanderern weiterverarbeitet werden konnte; solche Binnenmigration war häufig durch Arbeitsmöglichkeiten motiviert.

Über das Verhältnis zwischen der ursprünglichen Bevölkerung – Latinern im politischen Sinn – und den aus dem Süden stammenden Paelignern und Samniten kann nur hypothetisch gesprochen werden. Es mag in beiden Gruppen Kräfte gegeben haben, die sich mehr Freiheiten im Bundesgenossensystem wünschten. Jedenfalls erhob sich ein Großteil der Bevölkerung Fregellaes im Jahre 125. Die Römer belagerten die Stadt mit über 6 000 Soldaten, schlugen den Aufstand mit Waffengewalt nieder und hoben die Kolonie auf. Archäologische Funde belegen den Umfang des römischen Lagers, menschliche Überreste scheinen in dieser Konfliktlandschaft aber noch nicht gefunden worden zu sein. Die Wortwahl (*diruere* in der Livius-Tradition) macht deutlich, dass die Stadt zerstört wurde und die Überlebenden zu gehen hatten. Loyale Kolonisten wurden in die neue Bürgerkolonie Fabrateria in der Nähe gebracht, das Schicksal der anderen ist ungewiss.

<aside>Aufstand Fregellaes 125 v. Chr.</aside>

In der Folgezeit dienten *coloniae* vor allem der Ansiedlung von Besitzlosen und von Veteranen. Die Ansiedlungsprogramme der Gracchen und ihrer Mitstreiter liefen nur sehr langsam an, doch die Umwandlung von Staatsland (*ager publicus*) in private Bauernparzellen ging auch nach der politischen Katastrophe der Initiatoren weiter. Nach dem Bundesgenossenkrieg (91–89 v. Chr.) erübrigte sich die Einrichtung von Kolonien, da ganz Italien (südlich des Po) Bürgergebiet wurde; *coloniae* in den Provinzen blieben die Ausnahme (z. B. hatte Rubrius 123 v. Chr. eine Koloniegründung bei Karthago vorgeschlagen: Elster Nr. 29).

<aside>Späte Republik</aside>

Die römische Kolonisation erfolgte im Zuge von Bündnispolitik in Italien und Expansion darüber hinaus. Mit der Herrschaftskrise des 2. Jhs. wurde unangemessene Gewaltausübung gegenüber Unterworfenen und sogar Bürgern offenkundig; man hat diese mit der Unfähigkeit des Stadtstaates Rom in Verbindung gebracht, ein Weltreich zu regieren. Doch auch in den hellenistischen Staaten hatte es bereits Fälle gegeben, in denen Zivilisten ohne Not in Kriege involviert und Migrationen gewaltsam durchgeführt wurden. Über solche Deportationen und Remigrationen soll wenigstens kurz ein Überblick gegeben werden, auch wenn die Forschungslage desolat ist – vielleicht mit Ausnahme der Massenversklavungen.

<aside>Deportation im Hellenismus</aside>

Nur wenige Deportationen im 4. und frühen 3. Jh. v. Chr.

Philipp II. kannte durchaus das Mittel der Vertreibung von besiegten Gegnern, aber nicht die geplante Deportation an einen anderen Ort. Alexander III. verkaufte die angeblich 30 000 überlebenden Thebaner in die Sklaverei (336/335 v. Chr.). Deportationen im engeren Sinn finden wir kaum, man könnte die Umsiedlung von Landbevölkerung ins mittelmeerische Alexandria (westlich des Nildeltas) so einstufen (331–330 v. Chr.). In der Zeit der Diadochen wurden Griechen nach Olynth und Kardia deportiert. Die Antigoniden und Seleukiden verwandten das Mittel der Deportation nur sparsam. Im 3. Jh. scheinen auch römische Magistraten bereits mit dem Mittel der Deportation in Mittel- und Unteritalien experimentiert zu haben (269/264/262 v. Chr.; Details s. u. S. 70).

Vertreibung

Im Zuge der Ausweitung des römischen Reiches nach Griechenland gab es häufige Wechsel der Bündnispartner bzw. auch Rache an Poleis, die für illoyal gehalten wurden. Elateia in Phokis war von den Makedonen unter Philipp V. eingenommen worden. Die Römer eroberten die Stadt im Jahr 198 v. Chr. und verjagten die makedonische Besatzung, wenige Jahre später drangen die Aitoler ein (194 v. Chr.). Wer von beiden die Elateier vertrieb, ist nicht zu sagen, die neuere Forschung neigt zur Annahme der Vertreibung durch die Aitoler. In unmittelbarer Umgebung fanden die Elateier kriegsbedingt keinen Unterschlupf, aber sie wurden vom (über 200 km Landweg entfernten) Stymphalos in Achaia aufgenommen, weil es nach alter Tradition eine genealogische Verbindung gab: Der Heros Stymphalos war ein Sohn des Elatos. Die Elateier erhielten Land in Achaia,

Repatriierung

das sie bebauten. Interessant sind Details zu ihrer Rückkehr: Sie nahmen (nach ein paar Jahren) das angebaute Getreide mit und siedelten sich wieder in Elateia an. Nun verbesserte man die Befestigung, indem man den Stadtteil mit der Akropolis durch eine zusätzliche Binnenmauer schützte, was in der Dankinschrift als Diateichisma bezeichnet wird. Und wieder halfen die Stymphaliten, die Streit (um den Grundbesitz?) in Elateia schlichteten. Die Repatriierung war gelungen.

Antiochos III. (222–187 v. Chr.) und die Juden

Eine geheimnisvolle Migrationserzählung, angeblich vom Ende des 3. Jhs. v. Chr., beleuchtet die Migrationspolitik der Seleukiden. Flavius Josephus zitiert aus einem Briefwechsel des Antiochos III. mit Zeuxis, dem Satrapen Lydiens. Die Authentizität dieses Briefwechsels ist umstritten, doch kann er zweifelsohne als Zeugnis für die Vorstellung vom Bevölkerungstransfer in hellenistischer Zeit gelten. Ob es sich um eine Umsiedlung oder eine Deportation gehandelt hat, ist nur schwer zu entscheiden, ich neige aber in Richtung Deportation. Der Brief enthält Anweisungen, wie 2 000 jüdische Familien aus Babylonien nördlich von Basra nach Phrygien und Lydien umgesiedelt werden sollen. Antiochos und seine Philoi („Freunde") hielten die Umsiedlung über 1 600 km (zu Lande) wohl für möglich, wobei der längere Seeweg über den Euphrat vermutlich bevorzugt wurde. In ähnlicher Weise wie in der Neugründung Euergetis in Oberägypten wurde den Umgesiedelten Land geschenkt, in diesem Fall Bau- und Ackerland. Überdies erhielten sie eine Steuerbefreiung für zehn Jahre garantiert.

Praxis der Deportation und Ansiedlung

Als Motive des Herrschers nennt der Brief die Neigung der Bevölkerung von Lydien und Phrygien zu Aufständen; die babylonischen Juden werden hingegen als sehr vertrauenswürdig dargestellt. Aber rein zivile Siedler hätten bei Aufständen m. E. nur wenig geholfen. Somit darf man vermuten, dass unter den Siedlern auch Söldner gewesen sind, wobei die Aussage am Ende, Zeuxis solle die Siedler (hier als *ethnos* bezeichnet) vor Belästigung schützen, einen gewissen Widerspruch darstellt, wenn die Siedler Revolten gerade verhindern sollten.

Juden in Kleinasien – Söldner oder Zivilisten?

Umgekehrt konnte eine Siedlung (oder ein Stadtteil?) auch aus Söldnern (nicht nur jüdischen) gebildet werden. Diese Gemeinschaften (gr. *politeumata*) hatten umfangreichere Rechte als die anderen Fremden in hellenistischen Städten. Markante Beispiele sind Herakleopolis und möglicherweise die jüdisch dominierten Stadtteile Alexandrias, die aber etwas andere Bedingungen hatten.

Politeuma

Deportationen scheinen aber insgesamt in der griechischen Welt des Hellenismus eine geringere Rolle gespielt zu haben, wenn wir Sizilien außer Betracht lassen. In den drei großen Reichen war die Neu- oder Umgründung von Kolonien wichtiger; die Ordnung eines vorhandenen Reiches galt es zu festigen. Von Migrationspolitik kann man somit v. a. bei den Seleukiden sprechen, bei Makedonen und Ptolemäern gab es eine solche allenfalls phasenweise.

Migrationspolitik?

Sizilien war Hauptschauplatz des 1. Römisch-karthagischen Krieges (264–241). 218 v. Chr. kam es erneut zum Krieg mit den Karthagern. Die langjährigen Streitigkeiten zwischen Karthagern und Griechen sowie die Einmischung Roms führten zur Flucht manches Einwohners; 210 v. Chr. war die Situation so weit geklärt, dass die Flüchtlinge zurückgeholt werden konnten. Der Krieg auf Sizilien zeigte viele Gesichter der Migration: Vertreibung, Versklavung, Umsiedlung (auf griechische Initiative). Eine Provinz wurde nun be-

Migration auf Sizilien

gründet, Hellenisierungsprozesse waren nicht nur im ehemals karthagischen Westen der Insel zu beobachten. Es bestand ein komplexes Regime zwischen Römern, Städten und verbliebenen Fremden. Die Verbindung Italien-Sizilien wurde enger; ein namentlich nicht bekannter Prätor ergriff nach dem ersten Sklavenkrieg (136–132 v. Chr.) umfangreiche Infrastrukturmaßnahmen beidseits der Straße von Rhegium – Straßenbau, Rückführung von Flüchtigen und Förderung des Ackerbaus (ILS 23).

Römische Migrationspolitik?

Für eine regelrechte römische Migrationspolitik gibt es im 2. Jh. v. Chr. nur wenige Anzeichen: vielleicht die Erzwingung eines Landweges an der ligurischen Küste (die im folgenden Abschnitt zur Deportation dargelegt wird), die beginnende Ansiedlung Besitzloser (die später als populare Politik galt) oder die Klärung der Bevölkerungsverhältnisse auf Sizilien. Die römischen Magistrate und Volkstribune improvisierten eher und nutzten die durch ihre Ämter verliehenen Handlungsspielräume; ihre Maßnahmen haben Regimecharakter. Im Prinzip waren mögliche Herrschaftsmittel wie die Deportation bekannt, insofern Herrschaftswissen – aber es bestand kein Zwang der Anwendung eines Mittels, es gehörte nur zu einem größeren Repertoire.

Kleinasien

Analog zu Rom haben auch andere, mittlere und kleinere Staaten, die von der Schwäche der Großreiche profitierten, neue Städte gegründet oder die Hauptstädte ausgebaut. Es bedarf keiner tieferen Begründung, warum der Ausbau Pergamons Mobilität jeglicher Art auslöste, zunächst die Mobilität von Handwerkern und Soldaten, dann auch Binnenwanderungen.

Deportationen in republikanischer Zeit

In Rom wurden Deportationen ab dem 3. Jh. v. Chr. praktiziert, aber eher sporadisch. Römische Magistrate haben in Mittel- und Unteritalien mit diesem Mittel experimentiert (269, 264 u. 262 v. Chr.). Markant war die Behandlung des etruskischen Volsinii (Orvieto): Nachdem die Römer gegen Aufständische zur Hilfe gerufen worden waren, vernichteten sie die Stadt im Jahre 264 v. Chr. und siedelten den loyalen Teil der Bevölkerung nach *Volsinii novae* (Bolsena) um

Motive

Die römische Art der Kriegführung war insbesondere auf das Gefecht in geregelter Ordnung ausgelegt. Wenn sich Feinde in den Bergen oder Höhensiedlungen verschanzten, kam Roms Kriegsmaschinerie zunächst zum Stillstand, Verfolgungen oder Belagerungen waren vorzubereiten. Insofern gingen die Römer in ihren Kriegen gegen Bergvölker besonders harsch vor und siedelten diese dann gern in die Ebene um. Im Fall von Falerii (262 v. Chr.) hat das funktioniert, im Falle der apuanischen Ligurer im Hinterland von Genua und La Specia nur bedingt.

Nach dem 2. Römisch-Karthagischen Krieg (218–201 v. Chr.) wurde der Landweg nach Spanien für die Römer wichtiger, da die karthagischen Besitzungen in Südostspanien okkupiert worden waren. Zwischen Pisa und Frejús siedelten mehrere Stämme der Ligurer, die den römischen Durchzug immer wieder behinderten. Die apuanischen Ligurer wurden 180–179 v. Chr. als Strafe für Überfälle auf römische Soldaten, die auf dem Landweg nach Spanien unterwegs waren, ins südöstliche Samnium deportiert. Die Konsuln von 181 v. Chr., Cornelius Cethegus und Baebius Tamphilus, hatten zuvor gesiegt und diese Option formuliert (anstatt die Überlebenden in die Sklaverei zu verkaufen). Freilich sollten sie so weit fortgeschafft werden, dass es „keine Hoffnung auf Rückkehr" geben könne. Offenbar folgte der Senat dem Vorschlag, wobei nicht ganz klar ist, ob die ehemaligen Konsuln oder der Senat als Ziel Samnium vorschlugen – Livius betont jedenfalls, das Zielgebiet sei schon längere Zeit *ager publicus* gewesen. Die Deportation der Ligurer wurde nun von den Prokonsuln angeordnet, wobei die Verwendung der Vokabel *edicere* einen offiziellen Tonfall hat; der livianische Text könnte also die Zusammenfassung des magistratischen Ediktes sein, das den Ligurern schriftlich übergeben oder mündlich vorgetragen wurde. Die ligurischen Gesandten klagten, man solle sie nicht zwingen, Hausgötter und Gräber der Ahnen zu verlassen, und boten an, die Waffen abzugeben und Geiseln zu stellen, wie bei einer *deditio* üblich. Mag dieser Teil der Verhandlungen auch eher völkerrechtlich und traditionell gewesen sein, so trägt die Deportation regimehafte Züge: Sie war ein eher selten gebrauchtes Mittel, zählte also nur bedingt zum sich entwickelnden Herrschaftswissen. Nach der Einigung mit den Ligurern war die Organisation der Deportation zu besprechen.

Das Regime dieser Deportation war wohl eher den Ligurern aufoktroyiert, aber es gab ligurische Akteure – zunächst die Gesandten, dann Personen, die den Zug von Zehntausenden nach Süden vorbereiteten. Livius ist hier recht knapp, die römische (Mit-) Finanzierung der Deportation wird durch die Angabe expliziert, dass 150 000 Silberstücke, wohl Denare, zur Verfügung gestellt wurden. Dass Militär die Wagenkolonne der Ligurer begleitet hat, ist anzunehmen; Ochsenkarren oder Pferdewagen müssen die Ligurer gehabt haben – sie waren nötig für Lebensmittel, Alte, Kranke und

Die Renitenz der apuanischen Ligurer

Praxis der Deportation

Ein Migrationsregime

Kinder. Das römische Militär mag auf die Kenntnisse bei der Verlegung von Legionen zurückgegriffen haben, doch die Operation konnte nur gelingen, wenn die Ligurer mitwirkten. Das werden sie getan haben, um der Versklavung zu entgehen. Wir haben hier also bei den Aushandlungen mit einem Übergewicht der römischen Akteure – Magistrate, Stab, Soldaten – zu rechnen. Nach mehreren Monaten kamen die Ligurer wohl im Herbst des Jahres 180 an und die Promagistrate verteilten das Land nördlich von Benevent, als ob sie eine Kolonie gründen wollten.

Deportationen von 211–167 v. Chr.

Das geschilderte Hin- und Her, das letztendlich zu einer Deportation führte, ist angesichts der für römische Verhältnisse eher untypischen Vorgehensweise und längeren, multilateralen Aushandlungen als ein Regime im Sinne SCIORTINOS (s.o. S. 110) zu deuten. Die möglicherweise wenig konsequente Deportation der Capuaner (nach 211 v. Chr.) mag noch im Hinterkopf gewesen sein. Die Römer konnten auch anders. Im Krieg mit Perseus (3. Makedonischer Krieg, 171–168 v. Chr.) waren einige der Völker in Epirus zu Perseus abgefallen. Sie wurden als Verräter angesehen und nach der Schlacht bei Pydna (168 v. Chr.) vernichtet, nachdem man ihnen zunächst Schonung zugesagt hatte. 70 Siedlungen wurden zerstört, 150 000 Menschen versklavt. Aus dem Erlös des Sklavenverkaufes in Orikos wurde den Soldaten ein Anteil ausgezahlt. Solche Massenversklavungen führten zur erzwungenen Emigration der Versklavten in aller Herren Länder. Die ökonomische Bedeutung des Sklavenhandels wurde von den Römern erkannt und spielte auch eine Rolle, nachdem die Bevölkerung von Delos im Jahre 166 v. Chr. nach Athen deportiert worden war. Delos wurde zu einem für Römer und Italiker äußerst wichtigen Freihafen, auf dem zahlreiche Sklaven angeboten bzw. verhandelt wurden. Die römischen Feldherren-Statthalter machten im Verlauf des 2. Jhs. v. Chr. in Spanien größere Erfahrungen mit Deportationen, was bisher häufig unterschätzt wurde. Unterschiede zwischen den jeweiligen Deportationen sprechen für die Regimehaftigkeit des Phänomens.

Delos 166 v. Chr.

Spanien

Mobilitätshemmnisse zur See: Piraterie

Die krisenhaften Erscheinungen seit der 2. Hälfte des 2. Jhs. v. Chr., die auf Desintegration der Nobilität, aber auch Probleme der Organisation des Herrschaftsgebiets zurückzuführen sind, steigerten die Mobilität in mehreren Lebensbereichen. Es wurde bald anrüchig, Griechen zu versklaven, wie es noch 168 v. Chr. der Fall gewesen war, doch die mangelnde Kontrolle der Römer führte zum Anwachsen der Piraterie, die mit Versklavung der Personen auf erbeuteten Schiffen einherging. Prominentestes Beispiel ist Caesar (75 v. Chr.). Die größere Aktivität der Römer im östlichen Meer erforderte die Mobilität der Soldaten und Geschäftsleute, die allerdings durch innere Erschütterungen, v. a. Bürgerkriege, eingeschränkt wurde. Auswärtige Potentaten wie Mithradates VI. von Pontos waren die Nutznießer. Das Problem des Wiederauflebens der Piraterie wurde erst durch Pompeius 67 v. Chr. beseitigt, der ein außerordentliches Kommando gegen die Piraten v. a. des östlichen Mittelmeerraumes erhielt. Tausende kilikische Piraten ergaben sich ihm. Die Motive des Pompeius sind nicht ganz klar, aber er siedelte die Kilikier nicht nur in Kilikien selbst an, sondern deportierte manche nach Dyme in Achaia. Eine Quelle legt sogar die Ansiedlung in Unteritalien nahe. Die Seefahrt war danach kaum noch von Piraten bedroht.

Auf gesteigerte Mobilität weisen auch antike Dichter hin. Aus den erhaltenen Komödien des Plautus lassen sich Netzwerke der Mobilität ablesen, die zumeist auf die Migrationsgeschichten der Personen hinweisen: Kaufsklaven und entführte junge Frauen, die somit auch von Versklavung bedroht waren. Diese Migrationsgeschichten mögen übertrieben und schablonenhaft wirken, aber das liegt in der Natur der römischen Unterhaltungsindustrie. Wenn man alle Plautus-Komödien zusammensieht und den darin aufscheinenden Schicksalstyp ernst nimmt, wird jedenfalls die große Bedeutung von Mobilität und Migration in ihrer Zeit, um das Jahr 200 v. Chr., deutlich.

Mobilität und Migration

Der Bedarf an Land, um Veteranen zu versorgen, stieg seit Marius und Sulla. Das Phänomen der *coloniae militares*, die es seit 103 v. Chr. gab und die im 1. Jh. v. Chr. vermehrt niedergesetzt wurden (Vell. Pat. 1,15,5), ist gut untersucht und kann hier deshalb in Kürze abgehandelt werden. Sulla soll 80 000 Veteranen angesiedelt haben; als *dictator* (82–79 v. Chr.) konfiszierte er Ländereien der Opponenten im Bürgerkrieg. Prominent und aufschlussreich hinsichtlich der Auswirkungen war die Gründung einer sullanischen Veteranenkolonie auf dem Boden von Pompeji im Jahr 80. Nach Konflikten der Neuankömmlinge mit einheimischen Familien (Cic. Sull. 60–62) scheinen diese jedoch zwei Generationen später ihren politischen Einfluss zurückgewonnen zu haben. Auch in der Koalition von Caesar, Pompeius und Crassus (um das Jahr 60 v. Chr.) spielte die Versorgung der Veteranen eine wichtige Rolle. Abgesehen von diesen Bemühungen war die Absicht, Minderbemittelte außerhalb der

Veteranenversorgung

Hauptstadt anzusiedeln, eine ernstgemeinte populare Maßnahme, kein Versuch, die städtischen Unterschichten zu dezimieren. Caesar siedelte als Konsul (59 v. Chr.) tausende Familien auf dem *ager Campanus* an. Die römische Bürgerzahl wurde auch dadurch erhöht, dass sowohl einzelne Hilfstruppeneinheiten als auch periphere Regionen das latinische Recht bzw. das Bürgerrecht erhielten: Cn. Pompeius Strabo (cos. 89 v. Chr.), der Vater des berühmten Pompeius Magnus, gab einer spanischen Reitertruppe das Bürgerrecht (ILS 8888). Zudem machte er 90 v. Chr. Verbündete in der Gallia Cisalpina zu „Latinern", d. h. er gab Ihnen dieselben Rechte wie den Einwohnern latinischer Kolonien. Dadurch gewannen sie die Option, römische Vollbürger zu werden, ein Prozess, der in Norditalien von Caesar 49 v. Chr. zum Abschluss gebracht wurde. Eine ethnisch stark gemischte Region aus Urbevölkerung, Kelten, Etruskern und zunächst wenigen Römern/Latinern wurde damit in das römische Bürgerrecht einbezogen.

<small>Bürgerrecht als Folge von Migration</small>

Die intensive Kriegsführung der späten Republik führte zu verstärkter Mobilität und zumeist auch dauerhaftem Wohnortwechsel. Die meisten Veteranenkolonien lagen in der Triumviratszeit (42–31 v. Chr.) noch in Italien, und es gab sehr viele Beschwerden über brutale Landenteignungen durch Soldaten. Das Landgut Vergils wurde an 60 Veteranen verteilt. Auch unter die Ligurer in Samnium gesellten sich Veteranen, wie die Inschriften verraten. Somit führte der Bürgerkrieg zur Vertreibung der ursprünglichen Bevölkerung, Soldaten aus der Fremde nahmen ihre Wohnsitze ein.

<small>Massenansiedlungen der Triumviratszeit</small>

Vermögende waren häufig Opfer der Enteignung und es wurden wieder Proskriptionen beschlossen (43 v. Chr.), denen bspw. Cicero zum Opfer fiel. Ein besonders anschauliches Beispiel liefert ein anonymer Aristokrat, der mutmaßlich als Pompeianer bereits unter Caesars Diktatur verfolgt worden war und nun auf die Proskriptionsliste der Triumvirn kam. Er wurde von seiner Frau über Jahre des Exils in der Nähe Roms versorgt; ihre Benennung als ‚Turia' ist eher spekulativ. In seiner inschriftlich erhaltenen Trauerrede lobt er deren Fürsorge, als er fliehen und sich verbergen musste, wobei er verfolgt wurde und das Versteck mehrfach wechseln musste. Obwohl der eine Triumvir Octavian ihn begnadigt hat, versagte ein anderer, Lepidus, zunächst die Anerkennung. Das Schicksal der gesamten Familie stand auf dem Spiel und die Rückkehr des Ehemannes war hauptsächlich seiner Ehefrau zu verdanken – ohne diese wäre er getötet und der Familienbesitz enteignet worden.

<small>Flucht und Exil</small>

Am Ende ist festzustellen, dass es manche Parallelen zwischen Resümee
römisch-republikanischer und hellenistischer Migration gab, doch
dass die disparaten Verhältnisse der hellenistischen Welt einen Vergleich erschweren. Der Forschungsstand ist zudem sehr ungleich.
Mancher Einzelaspekt konnte hier aus Umfangsgründen nicht berücksichtigt werden. Verwiesen sei nur auf jüngste Forschungen
zur Situation der Immigranten im Hellenismus oder die Arbeitsmigration. Neu- oder Umgründung von Siedlungen waren in Großreichen zahlreich. Andere Bereiche wie Deportation wurden freilich
sehr unterschiedlich gehandhabt.

3.5 Kaiserzeit: ein Migrationsregime?

Epochen sind Konstruktionen. Über den Einschnitt zwischen Republik und Prinzipat haben schon die Zeitgenossen reflektiert; Historiker fragten sich, ob die Monarchie in Rom mit Caesar oder Augustus begonnen habe. Für die Migrationsforschung ist der Beginn mit Caesar sinnvoll, da Caesars Adoptivsohn die Agenda seines politischen Vaters kritisch rezipierte, aber eben auch fortsetzte. Augustus wurde nämlich auf vielen Feldern der Migration aktiv – der zwangsweisen von Unterworfenen, der Massenansiedlung von Veteranen, ggf. auch der Limitierung freier Migrationen, wobei diese erst im Verlaufe des 1. Jhs. größere Bedeutung erlangte. In anderen Bereichen der Migration gab es auch Kontinuitäten zur Republik – etwa im Bereich der *primitive migration*.

Caesar hatte als Proprätor in Hispania ulterior bereits im Jahre Caesars Umsiedlung
61 v. Chr. zum Mittel der Deportation gegriffen; er befahl den Bewohnern des Mons Herminius in Lusitanien, in die Ebene umzusiedeln. Inzwischen überwiegt die Ansicht, dass es sich beim Mons Herminius durchaus auch um eine größere Bergkette gehandelt haben könnte, die möglicherweise von der Serra de Estrela zum Zentralmassiv reichte. Der Einsatz von Gewalt ist aus den literarischen Quellen lediglich zu mutmaßen. Caesars Absicht lag zunächst darin, einen beliebigen militärischen Erfolg zu erzielen; er wurde in der Tat zum Imperator akklamiert, aber vielleicht sind auch noch ökonomische Aspekte denkbar. Jedenfalls ist bereits in den ersten provinzialen Reorganisationen Caesars in Spanien mit propagandistischen Überhöhungen zu rechnen – er wollte sich mit Alexander

Die Helvetier bei Caesar

messen und fuhr deshalb auf den Okeanos in Richtung Baskenland, wo er möglicherweise Zinnminen erschlossen haben könnte.

Nur zwei Jahre später nutzte Caesar als ausscheidender Konsul des Jahres 59 v. Chr. die Gelegenheit, sich Gallia inferior (und Illyricum) als Provinz verleihen zu lassen, um angeblichen Bedrohungen durch die keltischen Helvetier zuvorzukommen. Caesar verschaffte sich später auch die Gallia ulterior (die spätere Narbonnensis) und redete die Bedrohung durch die Helvetier herbei, die durch Mittelgallien Richtung Bordeaux, ins Gebiet der Santonen ziehen wollten. Ursprünglich stammten die Helvetier aus dem heutigen Baden-Württemberg, aber sie hatten bereits längere Zeit im Napfbergland (östlich des heutigen Bern) gesiedelt.

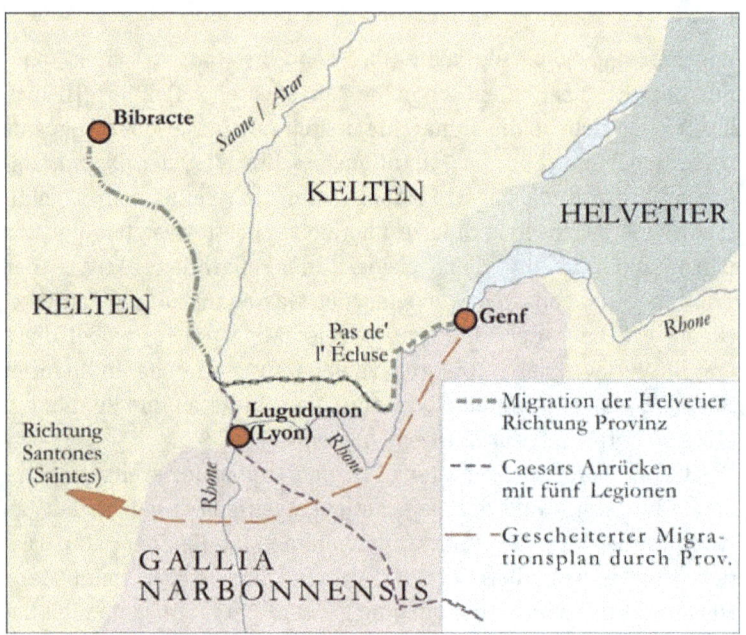

Abb. 2: Migration der Helvetier und Gegenmaßnahmen Caesars 58 v. Chr. © Markus Sehlmeyer. Diese Kartenskizze hebt nur eine Auswahl an Städten und Flüssen hervor. Nach der Niederlage bei Bibracte wurden die Helvetier in ihr ursprüngliches Siedlungsgebiet in der Schweiz deportiert.

Die Logistik der Massenmigration

Für diese Massenmigration der Helvetier (und benachbarter Völker) ist Caesar die Hauptquelle. Zunächst einmal kann man davon ausgehen, dass die Auswanderung von der Stammesführung schon

61 v. Chr. beschlossen und organisiert worden war. Der Zug Richtung Bordeaux, genauer gesagt Saintes ist plausibel, die Helvetier scheinen sich zuvor einen geeigneten Siedlungsplatz im Gebiet der Santonen verschafft zu haben. Das Problem liegt in manchen Behauptungen, die Caesar in seinem überarbeiteten Kriegsbericht aufstellt. Es geht hier zunächst nicht um die Tricks, die Caesar anwandte, um den Helvetiern den Durchzug durch die nördliche Provinz zu verwehren (sog. Bellum Helveticum), sondern um die Aufzeichnungen, die er später im Lager der Helvetier gefunden haben will:

> Im Lager der Helvetier fand man Tafeln in griechischer Schrift, die man Caesar überbrachte. Auf diesen Tafeln war die Gesamtzahl der Ausgewanderten unter Angabe der Stammesnamen aufgeführt, die Zahl der Waffenfähigen, dazu gesondert die Kinder, Greise und Frauen. Die Summe all dieser Posten belief sich auf 263 000 Helvetier, 36 000 Tulinger, 14 000 Latobriger, 23 000 Rauraker, 32 000 Boier; davon waren 92 000 Waffenfähige. Die Gesamtsumme belief sich auf 368 000. Eine auf Caesars Befehl durchgeführte Zählung der nach Hause Zurückgekehrten ergab eine Zahl von 110 000. (Gall. 1,29 üb. O. Schönberger)

Es wird schnell klar, dass die genannten Migrantenzahlen aus propagandistischen Gründen maßlos überhöht wurden. Erfahrungswerte verschiedener Migrationen von Großgruppen zeigen, dass ein Viertel der Migranten keine weiten Strecken laufen kann und auf Wagen transportiert werden muss. Diese Ochsenkarren waren auch mit Verpflegung und solchem Hausrat, der schwer ersetzbar war, beladen.

Überhöhte Migrantenzahlen

Tab. 1: Die Zahl der Helvetier nach Caesar und Orosius

Zahl der aufgebrochenen Helvetier	Anzahl der Gebrechlichen und Kinder (Schätzung 25 %)	Geschätzte Zahl der Wagen (z. B. Ochsenkarren)	Theoretische Trecklänge nach Delbrück	Überlebende
368 000 (Caesar)	Ca. 92 000 zu fahren	23 000 Wagen (Delbrück)	172,5 km	110 000 (Caesar)
157 000 (Orosius)	Ca. 39 250 zu fahren	2 800 Wagen (Furrer)	21 km	110 000 (Orosius)

Der Weg der Helvetier führte durch wasserreiche Täler zunächst nach Genf, wo Caesar die Brücke einriss, um den Durchzug durch die römische Provinz zu verhindern; halbwegs realistisch ist die Angabe, dass der Zug in 15 Tagen von der Provinzgrenze nach Bibracte gekommen sei, also etwa 16 km pro Tag zurücklegte, was der Geschwindigkeit eines römischen Heeres im flachen Gebirge entspräche. Durch Verschleppung der Verhandlungen gewann Caesar Zeit, bei Bibracte seine Truppen zusammenzuziehen, und zwang die Helvetier dann zur Schlacht und Kapitulation. Die Migration wurde verhindert, die Überlebenden wurden in das ursprüngliche Siedlungsgebiet deportiert. Die von Caesar angegebene Zahl von 110 000 Überlebenden (von ehemals 368 000), also nur noch 30 %, ist ganz illusorisch – 258 000 Menschen, also 70 % der ursprünglichen Zahl, hätten getötet werden müssen, wozu selbst der römische Militärapparat nicht in der Lage war. Realistischerweise ist also von einer erzwungenen Remigration einer hohen, zehntausende umfassenden Personenzahl auszugehen. Über Details zur Logistik dieser Deportation erfahren wir hier leider nichts, lediglich dass die Allobroger Getreide liefern mussten, damit die Helvetier nicht verhungerten (Gall. 1,28). Nahrungsmangel kann also zu den Opfern unter den Helvetiern beigetragen haben, denn das Allobrogergebiet (zwischen Vienne und Geneva) war noch deutlich von Bibracte entfernt.

Bibracte 58 v.Chr.

Wenn man den Zahlen Caesars Glauben schenken würde, wäre die Rede von Genozid verständlich. Wie bereits oben (2.2) erwähnt, fehlt hier jedoch – wie überhaupt in der Antike – ein rassistisches Motiv; Caesar ging es wie in Spanien darum, sich zu profilieren und durch die weitere Eroberung Galliens finanzielle Gewinne zu machen. Migrationen, die Caesar nur wenig angingen, wurden abgewehrt, Migranten attackiert und getötet, Flüchtlinge ließ der Imperator verhungern – so wie in Alesia (52 v. Chr.). Er nahm viele tote Kelten in Kauf, ohne eine völlige Beseitigung aller Kelten zu intendieren, die auch gar nicht sinnvoll war: Um Abgaben zu erpressen, mussten die gallischen Kelten etwas erwirtschaften. Die Legionen mussten sich versorgen können.

Genozid?

Die älteren Caesar-Biographien stellten die Motive Caesars in den Mittelpunkt und kamen kaum auf die Migranten selbst zu sprechen. Gallien war ein Ziel, das militärische Erfolge versprach, wobei Rache für frühere Schmähungen wie 107 v. Chr. in Agen hinzukam. Dort waren die Römer den Tigurinern, Begleitern der Teutonen, militärisch unterlegen und unterjocht worden, d. h. die Soldaten mussten gebeugten Hauptes und ohne Waffen unter einem niedrigen Joch hindurchgehen.

Caesar im Rückblick

Einige neuere Ansätze versuchen den Blick auf die betroffenen Helvetier zu lenken. Schon in spätklassischer Zeit und im Hellenismus waren Kelten durch freie Migrationen mit der Gallia Cisalpina bekanntgeworden. Aus Sicht der Helvetier war ihre Migration berechtigt, zumal die Santones nordöstlich von Bordeaux ihrer Aufnahme zugestimmt hatten. Das Klima dort mag dem ursprünglichen Siedlungsgebiet der Helvetier in Baden-Württemberg ähnlicher gewesen sein als dem in den Schweizer Tälern. Selbstzeugnisse von keltischer Seite fehlen bekanntlich; was Caesar den keltischen Anführern in den Mund legt, ist seine eigene Konstruktion.

<small>Migrationserfahrungen</small>

In der Zeit der Zusammenarbeit zwischen Caesar, Pompeius und Crassus und ebenso unter dem Triumvirat von Octavian, Antonius und Lepidus gab es in vielen Fällen Gewalt bei der Ansiedlung von Veteranen (analog zu den Kleruchen in Ägypten), denn *ager publicus* gab es nicht mehr und der Landbesitz der Proskribierten genügte nicht. Bereits in den Verhandlungen über ein Triumvirat im Herbst 43 v. Chr. wurden 18 italische Städte zur Räumung vorgesehen, u. a. Capua, Ariminum (Rimini), Venusia und Benevent. In diesen Regionen durften sich die Veteranen einen neuen Wohnsitz mit Ackerland suchen; die Vorbesitzer wurden enteignet (und nur teilweise entschädigt). Umfangreiche Binnenwanderungen setzten ein, mindestens 100 000 Menschen wurden zur Flucht gezwungen, manche beschweren sich in Rom, andere emigrierten sofort. Prominente Dichter wie Vergil und Horaz waren anscheinend auch betroffen; später thematisierten sie die Bürgerkriegsleiden, um die Zeit des Kaisers Augustus umso goldener erscheinen zu lassen. Da Augustus über 50 Jahre zunächst im Westen und dann im gesamten Reich herrschte (Triumvir 43 v. Chr. – Princeps 27 v. Chr.–14 n. Chr.) und die Folgen von über 100 Jahren Bürgerkrieg beseitigen musste, sind Migrationsphänomene aller Art zu beobachten; prominente Exilanten und weniger prominente Migranten schrieben Migrationsgeschichten.

<small>Migrationen unter Augustus</small>

In der Zeit nach Ende der Bürgerkriege, als Augustus die Monarchie als Prinzipat etablierte, blieben Vertreibung und Exil wichtige Themen. Vergil schildert Aeneas als Vertriebenen, der dem Schicksal ausgeliefert war. Ovid kommt eine besondere Rolle zu, da er eine Exildichtung verfasst hat, auch wenn deren Authentizität immer wieder infrage gestellt wurde. Dass er viele topische Elemente verwendet hat, ist offensichtlich, denn sowohl die Überfahrt ins Schwarze Meer nach Tomi als auch die klimatischen Bedingungen

<small>Exil</small>

an der Donaumündung sind übertrieben negativ dargestellt. Insofern mögen die allgemeinen Betrachtungen der elegischen Gedichte nur bedingt zu verallgemeinern sein. Sein Exil dauerte von 8 n. Chr. bis zu seinem Tod, nach 16 n. Chr. Seneca mag in seiner Trostschrift, die oben schon angesprochen wurde (1.5), ein etwas objektiveres Bild seines kürzeren Exils auf Korsika (ca. 62–64) gegeben haben. Die Verbannung von Philosophen war nicht neu, aber sie stellten eine kleine Minderheit unter den Exilierten da. Rechtskräftig Verurteilte, Abweichler im Kaiserhaus und Astrologen zählten ebenfalls dazu.

Dion Chrysostomus   Ein weiterer prominenter Exilautor ist Dion Chrysostomus, der sein Exil in der Zeit Domitians offenbar ebenso wie Ovid, aber nur zeitweise am Schwarzen Meer verbrachte. Das Ende des Exils wurde gemeinhin 97 n. Chr. angesehen, aber philologisch gesehen ist auch 84 n. Chr. möglich, denn *meta tēn phygēn* (griech.) kann eben nicht nur „nach (dem Ende) der Flucht", sondern auch „nach der Vertreibung", also „nach Beginn der Flucht" heißen. Interessanter als die Datierung ist natürlich, welche Migrationserfahrungen Dion machte. Die Rahmenhandlung seiner Rede über die Borystheniten (die Bewohner von Olbia) gibt Hinweise auf eine freundliche Aufnahme in der Stadt.

Veteranen   Octavian hatte mit der Versorgung der Veteranen Caesars ein Problem geerbt, das er einvernehmlich mit den anderen Triumvirn löste. Da Octavian in Italien präsent war, bekam er den Unmut der Enteigneten und auch mancher Begünstigten stärker ab als der im Osten Krieg führende Antonius, doch zugleich gewann er damit die Chance, die Soldaten und Veteranen stärker an sich zu binden, was Antonius ihm übelnahm, wodurch es dann zum Perusinischen Krieg Octavians gegen den Bruder des Triumvirn, L. Antonius, kam. Später, als Augustus, hat er den Raum, in dem Veteranenkolonien gegründet wurden, im Vergleich zu Caesar ausgedehnt. Der hellenistische Osten, aber auch die gallisch-germanische Frontier kamen hinzu (Trier, Bonn, Köln, Waldgirmes, Kaiseraugst). Bereits Brutus, Cassius und Antonius hatten Kolonien in Nordmakedonien gegründet. Dem fügte Augustus noch den Raum Pisidien (in der südlichen Provinz Galatia) und Syrien hinzu. In diesen Kolonien wurden Veteranen angesiedelt, die unter Umständen über eine gewisse Strecke migrieren mussten, Ortswechsel aber durch ihren Militärdienst gewohnt waren. Über die Details dieser vom Militär gestützten Migrationen wissen wir gut Bescheid, regionale Unterschiede erwuchsen schon allein durch die Vorbevölkerung. Umgekehrt gab es auch die Remigration von Soldaten in ihre Heimat. Militärdiplome spielen hier als Quelle eine wichtige Rolle, denn sie geben im Maximalfall Heimatort, Dienstorte und Entlassungsort eines ehemaligen Soldaten an. Im Vergleich zur Triumviratszeit erfolgte die Kolonisation nun in wesentlich gesitteteren Bahnen, da absehbar war, wie viele Veteranen jedes Jahr zu versorgen waren, und dafür auch kontinuierlich Ressourcen bereitgestellt wurden.

Da Caesars Expansionspolitik unvollendet geblieben war, hatte Augustus lange Jahre mit der Festigung der römischen Herrschaft in Spanien und Gallien zu tun: In ersterem gab es langjährige Kriege in Kantabrien und Asturien (ab 25 v. Chr.), in letzterem Aufstände und unerwünschte Migrationen am Rhein. Augustus bediente sich des Mittels der Deportation; in Spanien wurden die Gegner für gewöhnlich in die Ebenen zwangsumgesiedelt, Sugambrer und andere Germanen über den Rhein ins ehemalige Gebiet der Ubier (Tiberius, 8 v. Chr.). Es scheint aber nicht zu solchen fast genozidalen Gewalt-Eskalationen gekommen zu sein, die für Caesars gallischen Krieg belegt sind.

Deportationen

Die Maßnahmen der Römer, die auch über Augustus hinaus der Grenzsicherung an den *limites* dienten, beendeten freie Migrationen und erst recht tribale Massenmigrationen. Mobilität von Händlern blieb dagegen möglich, wurde nun aber kontrolliert. Zwei Beispielregionen können das erläutern: der Niederrhein und Mauretanien. Regional gesehen konnten auch militärische Niederlagen wie die in Kalkriese (9 n. Chr.) und in Dakien (nach 260 n. Chr.) Migration einschränken, weil die Römer danach die Grenzsicherung (an Rhein bzw. Donau) verstärkten.

Grenzsicherung

Die ältere Forschung hatte die Migration von Batavern als großem Stamm aus Hessen an den Niederrhein angenommen. Wahrscheinlicher ist die Migration verschiedener Gruppen von Chatten über einen längeren Zeitraum, die dann erst auf der Insel zwischen Maas und Rhein eine allmähliche Ethnogenese erlebten, die sie zu Batavern machte, ihnen also eine neue Identität gab. Diese wurden in der Kaiserzeit zu den bevorzugten berittenen Hilfstruppen der Römer. Es entstanden neue Dörfer, die aber vom archäologischen Befund durchaus auf mehrere Herkunftsregionen (Dünsberg, Weserbergland, friesische Küste) zurückzuführen sind. Das Zusammenwachsen als Bataver scheint das Resultat von freien Migrationen kleinerer Gruppen zu sein. Bereits Caesar hatte sich auf germa-

Bataver

nische Reiter gestützt, um der keltischen Reiterei etwas entgegensetzen zu können. Die Kampfhandlungen in der späteren Provinz Belgica hatten sowohl durch Deportation der Reste der Tenkterer und Usipeter (S. 125) als auch durch Massaker an den ‚Eburonen' zu einem Bevölkerungsrückgang geführt. Freiräume entstanden, die germanische Migranten aus dem Nordwesten wahrnahmen und die mittelfristig eine Ethnogenese der Bataver ermöglichten.

Friesen Etwas später (47 n. Chr.) wurde eine (größere) Gruppe von Friesen von ihren Wurten in Westfriesland an die Mündung des „Alten Rheins" umgesiedelt, wobei Teile in das linksrheinische Hinterland gekommen zu sein scheinen. Das lässt sich daraus schließen, dass unter Nero (ca. 58 n. Chr.) manche Friesen in ihre alte (rechtsrheinische?) Heimat zurückkehren wollten. Die Römer unterhielten an der Rheinmündung eine Garnison, das Castellum Flevum, dessen Lage nicht genau bekannt ist und das mutmaßlich auch Flächen umfasste, die der Verwendung durch die Soldaten vorbehalten waren.

Politiken des Augustus Ob man die Synchronizität von Ansiedlungen und Deportationen in spätcaesarischer und augusteischer Zeit generell als Migrations*politik* einstufen kann, ist zu hinterfragen. Die expansive Germanienpolitik des Augustus war Teil einer provinzialen Neuordnung, die nicht zuletzt auf eine Absicherung Italiens gegen künftige Bedrohungen von Norden her zielte. Eine Provinzialisierung NW-Germaniens scheint nicht intendiert gewesen zu sein, wenn auch eine Aufmarschroute vom Rhein über die Lippe und zu Lande von Anreppen (bei Paderborn) Richtung Hannover mit (Sommer-)Lagern versehen wurde. Eine konzeptionell ähnliche Linie gab es über die Lahn Richtung Südniedersachsen (Hedemünden), wobei die einzige bislang nachgewiesene feste römische Ansiedlung (Waldgirmes) am Unterlauf der Lahn errichtet wurde. Aus ökonomischen Gründen wurde nach der Niederlage bei Kalkriese (9 n. Chr.) der Rhein als fließende Grenze befestigt bzw. durch Schiffe geschützt. Die Ansiedlung der Veteranen hat meines Erachtens damit wenig zu tun, sie ist eher als soziale Maßnahme einzustufen. Bei einer Migrationspolitik würde man wohl davon ausgehen, dass man sich bei der Steuerung von Ansiedlung gezielt des Mittels der Deportation bediente. Aber davon kann keine Rede sein. Die Römer duldeten das Einsickern germanischer Reiter, deren Nutzen für die römische Kavallerie als „Bataver" sich erwies.

Latinische Kolonien wurden in der Kaiserzeit insgesamt eher selten begründet, die Bürgerkolonien hatten größere Bedeutung (163 *coloniae* von Tiberius bis zu den Severern). Es handelt sich um freie Migration – niemand wurde nach heutigem Kenntnisstand zum Hinzug gezwungen. Es scheint sich nicht um ein kollektives Massenphänomen zu handeln. Im 2. Jh. nahmen allerdings Honorat- oder Titularkolonien zu, bei denen ältere Städte nach dem Kaisernamen umbenannt wurden, was kaum Migrationen zur Folge hatte, jedenfalls nicht in dem Umfang wie bei Neuansiedlung. Kaiser Hadrian förderte viele Städte, besonders intensiv Athen, Smyrna und seine spanische Heimatstadt Italica. Im Osten des Imperiums, wo es zahlreiche Poleis gab (die den selbstverwalteten Civitates im Westen entsprachen), waren Kolonien zur Ansiedlung nicht mehr nötig, die Urbanisierung war schon weiter fortgeschritten.

Latinische Kolonien

Für gewaltbedingte Migrationen unter Caesar und Augustus sind etliche Beispiele genannt worden. Dieses Herrschaftsmittel wurde auch in der mittleren Kaiserzeit gelegentlich angewandt, behielt aber Regimecharakter, d.h. wurde eher selten und improvisiert genutzt. Unter Mark Aurel spielen Remigration und Deportation im Verlaufe der Markomannenkriege wieder eine größere Rolle.

Deportation in den Provinzen: Mark Aurel

Heutzutage wird das Wort „Deportation" gern im Sinne von Abschiebung unerwünschter Personen verwendet. Dieses Phänomen gab es auch in der Antike. Es betraf häufig Andersdenkende, sei es vom philosophischen, sei es vom religiösen Standpunkt her. Unter Augustus lebten viele Juden im römischen Trastevere. Kaiser Claudius verbot zunächst die Versammlung von Juden (41 n. Chr.); dann wies er nach Angabe der Apostelgeschichte alle Juden aus (möglicherweise 49 n. Chr.). Später traf Paulus in Korinth auf Aquila und Priscilla, die zu diesen Ausgewiesenen gehörten und nun an Jesus glaubten; sie waren Judenchristen. Sie beteiligten sich an seiner Missionierung, so dass Mission und Migration einhergingen. Apostel und andere Missionare befanden sich gewissermaßen auf einer unablässigen Migration, umherzuziehen wurde zu ihrer Lebenswelt und ließ erste Gemeinden entstehen. In einem zweiten Schritt verbreitete sich das Christentum auch über gängige Handelsrouten (Mittelmeerhäfen, Donau, Rhone, später Rhein) und bildete einen Schriftenkanon aus, das spätere Neue Testament. Christenverfolgung, die auch zu Flucht führte, hemmte die Ausbreitung der christlichen Religion zunächst (bis in die Mitte des 3. Jhs.), aber in der Spätantike war Rückkehr aus dem ‚Exil' möglich. Als im Zuge der

Deportation im Inneren

Juden und Christen

dogmatischen Formierung des Christentums abweichende Positionen (Häresien) bekämpft wurden, verließen Anhänger von diesen mitunter auch das Imperium und suchten etwa im Sassanidenreich eine neue Heimat.

Klima   Die klimatische Entwicklung in der Kaiserzeit bis hin zur ‚Kleinen Eiszeit' der Spätantike mag in einzelnen Fällen zu Abwanderungen geführt haben; Naturkatastrophen im engeren Sinn führten zwangsläufig dazu, dass die Bevölkerung migrierte, wenn sie noch Zeit dazu hatte. Der Vesuvausbruch des Jahres 79 vernichtete Pompeji und Herculaneum. Während uns die Abläufe durch den Bericht des Plinius und die archäologischen Befunde relativ geläufig sind, bleiben die Notfallmaßnahmen des Kaisers Titus in der Überlieferung eher blass. Er hat die Opfer finanziell unterstützt, angeblich aus privaten Mitteln. Die Rückkehr nach Kampanien vollzog sich über mehrere Jahre, Pompeji selbst blieb unbewohnt. Eine regelrechte „Ausreisewelle" in andere Gebiete Italiens oder die Provinzen ist aber nicht bekannt. Der Dichter Statius scheint in den 90er Jahren eine Rückkehr an den als Siedlungsgebiet nach wie vor beliebten Golf von Neapel erwogen zu haben; Neapel war vom Vesuvausbruch nur gering betroffen gewesen und Flüchtlinge scheinen sich dort versammelt zu haben.

Nomadismus   Ein weiteres naturbedingtes Migrationsphänomen ist der Nomadismus, der als Transhumanz in der Kaiserzeit Bedeutung hatte, aber in weitreichender Form von Völkern am Rande des Imperium praktiziert wurde. Mauretanien kann hier als Beispiel dienen. Obwohl die zirkuläre Migration der Nordsaharastämme dem römischen Ordnungswillen widersprach, hat wohl der gegenseitige Respekt überwogen; von einem ständigen Widerstand der nomadisierenden Stämme konnte keine Rede sein, wenn auch gelegentlich Kämpfe aufflammten. *Severer*   In der Severerzeit setzte eine verstärkte Urbanisierung in verschiedenen Regionen ein. In Mauretanien wurde ein oppidum Usinaza begründet (bei Saneg in Algerien). Nach einer Inschrift hat unter Caracalla und Geta im Jahre 200 der Procurator P. Aelius Peregrinus Stämme aus der Provinz Africa angefordert, die neue Stadt zu bevölkern. Ob Umsiedlungen oder Deportationen stattfanden, lässt sich schwer sagen, es ist aber zu vermuten, dass diese *populi novi* zuvor teilweise nomadisch gelebt haben. Die Politik der Severer zielte jedenfalls augenscheinlich darauf ab, die Kontrolle über die Gebiete der Nomaden zu verstärken.

Titus Flavius Zeuxis, ein Fabrikant aus Hierapolis (Pamukkale), ist in seinem Leben 72 mal zur See nach Italien gereist. Seine Tätigkeit in Italien ist schwer zu spezifizieren, war jedenfalls so einträglich, dass seine Familie ihm eine Grabinschrift in Hierapolis setzen lassen konnte. Der Indienhandel durch das Rote Meer war hingegen stärker von Piraterie bedroht. Überregionale Landwege gab es zunächst nur wenige, z. B. die persische Reichsstraße. Militärische Gründe beschleunigten den Straßenausbau in der Römerzeit. Ältere Wege zu Lande waren die Bernsteinstraßen von der Ostsee an die Adria und die Zinnstraße vom Marseille an den Ärmelkanal. Auch der Hellweg bestand in Mitteleuropa bereits in der Antike, später führte er von Nowgorod über Westfalen nach Brügge. Spezialisierte Handwerker waren wie in den vorigen Epochen mobil, unter Umständen waren auch Alte und Kranke zum Migrieren gezwungen, weil sie ihre Arbeit verloren hatten, was aber im Mittelalter besser bezeugt ist.

<small>Handel</small>

Die Seidenstraße diente den chinesischen Produzenten als Exportweg – Seide war ein exklusives, teures Produkt, das auf der Strecke von mehreren tausend Kilometern von Zwischenhändlern weitertransportiert wurde. Eine maritime Seidenstraße von Arabien nach Indien erstreckte sich parallel im Süden. Von römischer Seite aus waren Levantehäfen bzw. Syagron (heute Ras Fartak) der Ausgangspunkt. Die Seidenstraße verlief durch Damaskus und Palmyra an den Euphrat, der zur Reichsgrenze wurde. Sie trug zur Mobilität der Kaufleute, aber auch der Migration von Ideen bei.

<small>Wegenetz</small>

Im 3. Jh. gab es krisenhafte Erscheinungen im römischen Reich, die mitunter auch positiver als Transformationen gesehen werden. Hatten diese Entwicklungen der Zeit der Soldatenkaiser Einfluss auf das Migrationsregime der Römer bzw. auf die Migrationen insgesamt? Wenn Territorien verlustig gehen und es Schwierigkeiten macht, überhaupt die Herrschaft in einer Region aufrechtzuerhalten, werden Migrationen eher von den Gegnern initiiert; wer um das Überleben kämpft, ergreift staatlicherseits keine Initiativen zur Migration seiner Bürger. Freie Migrationen sind schwerer zu diagnostizieren.

<small>Transformationen</small>

3.6 Spätantike: Germanische und asiatische Migrationen in das Römische Reich

Einordnung

In diesem Abschlusskapitel des chronologischen Teils sollen die Migrationen stärker aus dem Blick von Nichtrömern gesehen werden, die in erheblicher Zahl in das Imperium Romanum kamen und zu dessen Verkleinerung und letztendlich zum Ende des weströmischen Reiches führten. Dabei sind weder ‚Germanen' noch ‚Asiaten' als einheitliche Gruppen zu verstehen. Mit Germanen meine ich überwiegend germanischsprachige Kleingruppen Mitteleuropas (früher Stämme genannt), die aus welchen Gründen auch immer Richtung Mittelmeerraum migrierten. ‚Asiaten' sind noch breiter ethnisch zu verstehen, sowohl Sassaniden als auch mittelasiatische Gruppen gingen nach Westen.

Invasion oder Migration?

Die Situation wird dadurch verkompliziert, dass zunächst räuberische oder militärische Verletzungen römischen Territoriums immer mehr in Massenmigrationen umschlugen. Es migrierten also keine Völker mit gemeinsamer Identität, sondern eher Wanderkonglomerate u. U. verschiedener Ethnizität, die erst als sich formierende Gewaltgemeinschaften allmählich eine gemeinsame Identität bildeten, somit eine Ethnogenese durchliefen.

Long Late Antiquity

Die geschilderten Prozesse legen es nahe, eine lange Spätantike zugrundezulegen, die sich von der Mitte des 3. bis zum Ende des 8. Jhs. erstreckte. Da sich die Reihe EGRA stärker auf die Antike im engeren Sinn beschränkt, werden aber das 4.–6. Jh. im Vordergrund stehen, wobei auf die sog. Germanenreiche in Kapitel 4 zurückzukommen ist, da diese eine Folge von Migration darstellten. Das Christentum war kein Motor dieser germanischen Migrationen, aber die Missionierung zeitigte bald Folgen, denn viele Wanderkonglomerate, die christianisiert worden waren, hatten die arianische Konfession und standen damit im Gegensatz zur orthodoxen Mehrheit im Reich.

Krise oder Transformation?

Die Transformationsperiode des 3. Jhs. stellt eine wichtige Vorgeschichte dar. Aus römischer Wahrnehmung war diese krisenhafte Zeit insbesondere durch die Soldatenkaiser und Bürgerkriege bestimmt. Parallel ablaufende Immigrationen aggressiver Gruppen konnten von den Römern nicht verhindert werden. Die Ambiguität von Invasion und Migration blieb bis ins 5. Jh. bestehen, sie zeigt sich in der unterschiedlichen Terminologie. Was hierzulande lange Zeit (und eher unzutreffend) als Völkerwanderung bezeichnet wurde, war eher ein Zeitalter der Invasion von „Barbaren", die sich in Migration wandelte.

Die Schwächung gerade des weströmischen Reichsteiles erleichterte germanische Raubzüge vom rechtsrheinischen Gebiet, die aus römischer Sicht monolithischen Franken oder Alamannen zugeschrieben wurden. Einzelne Gruppen sollen bis zum Mittelmeer gelangt sein; Spuren dieser Beutezüge finden wir bis heute, wenn Beute auf dem Rückweg verlorenging. Von den Römern als Skythen bezeichnete ‚Goten' vom Norden des Schwarzen Meeres wurden als Seeräuber und Plünderer wahrgenommen, obwohl ein Großteil dieser Menschen friedlich auf der Krim Ackerbau betrieb. 259 erfolgte ein schwerer Angriff der Semnonen und Juthungen auf Norditalien, wobei auch (angeblich) mehrere Tausend Italer als Gefangene in Sklaverei gerieten. 260 wurden sie bei Augsburg von römischen Truppen besiegt.

<small>Germanen als Räuber</small>

Neben materiellen Verlockungen dürfte es noch andere Motive gegeben haben, die germanische Mitteleuropäer zu Migranten werden ließen. Klimatische Gründe können eine Rolle gespielt haben, auch wenn eine solche Kleine Eiszeit zu häufig als alleinige Ursache der Massenmigrationen dargestellt wird. Neben ungünstigen natürlichen Bedingungen ist die kriegerische Bewährung junger ‚Germanen' denkbar. Analogien zu den frühen Kelten fallen ins Auge, aber es ist aufgrund unserer Quellenlage wenig Aufschluss zu erzielen. Die in den schriftlichen *Origines gentium* der späteren Germanenreiche genannten Migrationsgründe sind als Konstrukte anzusehen. Somit sind die Stammesgeschichten eines Isidor von Sevilla oder eines Paulus Diaconus ereignisgeschichtlich gesehen nicht mehr wert als die „Origo gentis Romanae".

<small>Motive</small>

Die Hauptgegner der Römer im Osten waren die Sassaniden, die 224 n. Chr. den Parthern in ihrer iranischen Herrschaft gefolgt waren. Auch wenn es sich hier stärker um ein militärisches Ringen handelt, sind Migrationen erfolgt; am besten belegt sind Deportationen, schon unter Shapur I. (reg. 240–272). 503 gibt es ein weiteres Beispiel. Die Bevölkerung von Antiochia scheint 540 n. Chr. nach Chosroeantiocheia (bei Ktesiphon) zwangsumgesiedelt worden zu sein; man könnte an Versklavung denken, aber die neue Stadt hatte viele Vorzüge wie Thermen und einen Circus, so dass diese „königlichen" Migranten eher als Abhängige einzuschätzen sind. Sie hatten für den Perserkönig bestimmte Aufgaben zu erfüllen, konnten sich aber ansonsten frei in der Stadt bewegen.

<small>Sassaniden</small>

Mittelasiaten

Nomadisierende Völker nordöstlich des Schwarzmeerraumes und in Arabien waren den Römern schon in der Kaiserzeit bekannt geworden. Hinzu kamen Reitervölker wie die Alanen und Hunnen, die Reiche begründeten: Attilas Hunnenreich im Großraum Pannonien (447–454 n. Chr.) und Alanen im Kaukasus (ca. 5. Jh. ff.). Andere Alanen beteiligten sich an (germanisch dominierten) Massenmigrationen wie der über den Rhein 406–407 n. Chr.

Westen

Im Folgenden kann nur eine Skizze besonders markanter Migrationsprozesse und Migrationserzählungen gegeben werden. Der Einschnitt des Jahres 375 n. Chr., als Hunnen die Goten am Schwarzen Meer bedrängten und nach Westen vertrieben, sollte dabei nicht überbetont werden, da seit der alamannischen Landnahme im heutigen Baden-Württemberg (südwestlich des aufgegebenen Limes) im späten 3. Jh. Massenmigrationen von ‚Germanen' einsetzten. Die im späteren 4. Jh. in Mitteleuropa nach Westen strömenden Gruppen, die in den Quellen als Vandalen, Sueben, Burgunder und Alanen bezeichnet werden, überquerten nach dem Silvestertag des Jahres 406 in großer Zahl den Mittelrhein. Wir hören punktuell von Plünderungen durch diese Verbände in Gallien; militärische Gegenwehr konnten die Römer kaum leisten, manche Gruppen wurden angesiedelt (Teile der Alanen in der Aremorica, Teile der Sueben in Spanien). Die Beurteilung wird dadurch verkompliziert, dass bereits im 3. Jh. germanische Migranten als Söldner in römische Dienste traten. Neben die Massenmigration trat somit eine Migration einzelner, die unter Umständen als Veteranen im Reich verbleiben durften. Spätestens seit Konstantin wurde auch die Anwerbung fremder („barbarischer") Truppen mit deren Ansiedlung auf römischem Territorium verknüpft, was jedoch nicht immer konfliktfrei gelang.

Rheinübergang 406–407 v. Chr.

418 Ansiedlung in Aquitanien

Die zunächst von Alarich angeführten „Goten" bemühten sich lange Zeit um Ansiedlung im Reich. Als diese verweigert wurde, plünderten sie bekanntlich im Jahre 410 Rom, was eine höhere symbolische als militärische Bedeutung hatte. Da sie im von Plünderungen und Bürgerkrieg erschütterten Gallien von militärischem Nutzen waren, wurden sie dann 418 als Föderaten in Aquitanien angesiedelt. Der Schutz vor Angriffen sächsischer Seeräuber und die Sicherung der Versorgungswege mögen wichtige Aufgaben gewesen sein. Im Laufe mehrerer Jahrzehnte gewannen sie Autonomie und bildeten die Keimzelle des visigotischen Reiches um die Stadt Tolosa (Toulouse).

Die gute Quellenlage im Gallien des 5. Jhs. gestattet punktuell Einblicke in die Invasionsfolgen. Sowohl die Migranten von 406/407 als auch Nachzügler wie die späteren Visigoten waren zunächst auf sich allein gestellt und versorgten sich durch Plünderung der gallorömischen Dörfer und Städte, was jedoch in den stilisierten Briefen und dürren Chroniken übertrieben dargestellt wird. Die Ansiedlung der Föderaten in Aquitanien hatte Enteignung bzw. Vertreibung vormaliger Gutsbesitzer zur Folge. Wohl bekanntestes Beispiel ist Paulinus (von Pella), der sein Gut bei Bordeaux verlor, was in seinem Alterswerk, dem Eucharistikos, in wenigen Versen (291–327) erwähnt wird. Viel interessanter sind die Umstände der Belagerung von Vasatis (Bazas) durch Goten und Alanen (nach 414 n. Chr.). Hier scheint Paulinus daran beteiligt gewesen zu sein, die Alanen für die römische Sache zu gewinnen. An und für sich war es nicht so ungewöhnlich, dass die Römer die Barbaren gegeneinander ausgespielt haben, wie es schon Caesar praktiziert hatte. Hier ist für die Migration einschlägig, dass die Frauen der Alanen von Paulinus mehrfach erwähnt werden. Prominente Frauen wurden als Geiseln ausgetauscht. Alaninnen standen mit ihren Männern auch auf den Mauern von Vasatis, wobei nicht ganz klar ist, warum ihre *fehlende* Bewaffnung hervorgehoben wird (Euch. 328–405 dort 387). Es mag rhetorische Gründe haben – die *bewaffneten* Goten standen vor den Mauern, zogen aber bald ab. In der Folgezeit zog Paulinus weiter nach Süden (Marseille), was für Galloromanen, die vor den aggressiven Siedlern flohen, nicht untypisch war. Später zogen sich einige Angehörige der Elite auf die Mittelmeerinsel Lerinum zurück.

Die Hunnen waren durch Mitteleuropa bis nach Gallien vorgerückt. Aëtius, der weströmische Heermeister, konnte eine Koalition von römischen und germanischen Truppen aufbieten, wobei viele der Germanen Föderaten waren, z. B. die Visigoten aus Aquitanien (Erneuerung des *foedus* 439 n. Chr.). Der römische Sieg führte zum Rückzug der Hunnen, wenig später sogar zur Remigration in die eurasischen Steppen. Doch war die *restitutio Galliarum* nur von kurzer Dauer, die germanischen Föderaten hatten ihre Position gestärkt und die Phase der Migration schien zum Ende zu kommen, weil es (insbesondere nach der Ermordung des Aëtius) nicht mehr realistisch war, dass die römische Führung die Germanen wieder aus Gallien verdrängen würde.

Etliche der Germanen und Alanen, die seit Silvester 406 den Rhein überschritten hatten, befanden sich wenige Jahre später in

Die Belagerung von Vasatis – Frauen im Migrationszeitalter

Die katalaunischen Felder 451 n. Chr.

Spanien und Nordafrika

Spanien, darunter viele Vandalen, die ihrerseits nach Africa weiterziehen wollten, was sich aber bis 429 verzögerte, zumal es auch logistische Probleme der Überfahrt nach Nordafrika und der weiteren Migration in die römischen Provinzen im heutigen Tunesien gab. In die Verteilungskämpfe um Territorien auf Reichsgebiet spielten interkonfessionelle Konflikte immer stärker hinein, denn viele Germanen waren arianische Christen. Gerade die Vandalen verfolgten orthodoxe Christen, wovon Viktor von Vita (tendenziös) berichtet.

Augustin Der Briefwechsel Augustins († 430) gilt als eine der besten Quellen für seine Zeit. In der Tat beklagt er in einem erst 1975 gefundenen Brief die Verschleppung ländlicher Bevölkerung der Provinzen Numidia und Africa Proconsularis durch Circumcellionen, gewaltbereite Unterschichten, die dem Donatismus, einer in Nordafrika weit verbreiteten Häresie anhingen. Leiden der Völkerwanderungszeit, die durch gotische u. a. „Barbaren" hervorgerufen wurden, thematisierte er in seinen Predigten; da die Vandalen erst in seinem Todesjahr vor Hippo eintrafen, ist sein Biograph Possidius als ergänzende Quelle hinzuziehen.

Osten Die hunnische Vertreibung sog. Goten aus dem Schwarzmeerraum 375 n. Chr. hatte massive Konflikte im Balkanraum hervorgerufen. Kaiser Valens fiel gegen die ausweichenden Germanen in Adrianopel 378 n. Chr. Die Frage der Untergliederung dieser Goten in Ost- und Westgoten ist irreführend, die zeitgenössischen Quellen wie Ammian reden von den gotischen Gruppen der Greutungen und Terwingen, wenn sie nicht als Skythen auf und nördlich der Krim bezeichnet werden. Jedenfalls formierte sich die große Zahl der gotischen Flüchtlinge neu, ein Teil wurde möglicherweise 382 als Föderaten an der Donau angesiedelt, manche standen unter Alarich in römischen Diensten. Diese bereits eben erwähnte Gruppe *Donauraum bis Südukraine* bildete später die Visigoten und gab sich in Aquitanien eine eigene Identität. Auf dem Balkan verbliebene „Goten" wurden von Byzanz am Ende des 5. Jhs., als die römische Herrschaft im westlichen Reichsteil erlosch, gegen den Usurpator Odoaker in Italien geschickt. Zwischenzeitlich waren die römische Armee und ihre Führung überwiegend in germanische Hände gelangt. Goten unter Theoderich begründeten eine ostrogotische Herrschaft in Italien. Die Kampfhandlungen hatten Migrationen zur Folge, denn die gotische Elite beanspruchte Anteil am italischen Landbesitz (s. Kap. 4 zum Prinzip der *hospitalitas*).

Die Herrschaft Justinians (527–568) förderte die Mobilität. Sowohl das Vandalenreich als auch das Ostrogotische Reich im Großraum Italien/Alpen/Illyrien wurden beseitigt, eine byzantinische Verwaltung im westlichen Mittelmeerraum (ohne das visigotische Spanien) wurde aufgebaut, die zeitweise bis in die Zeit der Ausdehnung des Islams im 7. Jh. existierte. Die Pest, die sich von der Levante her 541–543 ausbreitete, führte zu Flucht und ggf. Remigration; sie wuchs sich zu einer Pandemie aus, die bis in die zweite Hälfte des 8. Jhs. immer wieder aufflackerte – und nicht immer die mittelalterliche Beulenpest sein musste. Nach PETERSENS Typologie ist eine Seuche Ursache für *primitive migration*, also durch natürliche Umstände bedingte Migration. Jedenfalls wandelte sich die Mentalität im Ostmittelmeerraum, der von den Krisen der Völkerwanderungszeit lange unbehelligt war, nun aber in ein Zeitalter der Kontingenz (M. MEIER) kam. Die Pest breitete sich im späteren 6. Jh. sogar bis nach Britannien aus.

Justinian

Ebenfalls nur kurz kann angedeutet werden, dass Britannien seit der Zeit um 400 von Migranten der jütischen Halbinsel und des Landes zwischen Elbe und Weser bevölkert wurde, die man im Allgemeinen als Altsachsen oder Saxones anspricht. Wie in Gallien kam es zu Kämpfen mit der einheimischen Bevölkerung aus Kelten (Briten) und romanisierten Bevölkerungsteilen. Die römischen Truppen selbst waren seit dem Jahre 409 schrittweise abgezogen. Es bildete sich allmählich eine angelsächsische Heptarchie heraus, die Zeit der Herrschaft von sieben Königreichen. Erstaunlich und erklärungsbedürftig bleibt, wie rasch und fast spurlos die römische Zivilisation mit dem Abzug verschwand.

Britannien

Zehntausende Menschen germanischer wie asiatischer Herkunft (z. B. Alanen) waren im 4. und 5. Jh. auf der Flucht bzw. hatten sich selbst entschieden, zu migrieren. Wir sind über diese Migrantenzüge nicht gut informiert; eine exakte Planung, wie sie den Helvetiern um das Jahr 60 v. Chr. möglich gewesen war, war selten gegeben. Somit hatte Versorgungsnot Plünderungen durch die Migranten zur Folge. Verhandlungen mit der römischen Führung – oft in Gestalt der *magistri militum* – hatten nur kurzfristig Erfolg, das Beispiel Aëtius wurde bereits genannt. Archäologische Spuren gibt es, wenn man die Identität der von den Römern als Stämme Angesehenen mit Kulturen annimmt, die ergraben wurden. Aber diese Befunde geben keinen sicheren Aufschluss über Details der Migration – weder Dauer noch Zahl der Migranten.

Praxis der Massenmigration

Bischöfliche Hilfe Angesichts der vielfältigen Leiden der Menschen in der Zeit von häufigen invasiven Migrationen und Bürgerkriegen gewannen die Bischöfe als Häupter ihrer Kirchen an Bedeutung. Gallien gibt hier gute Beispiele ab, wobei sich im Verlauf von 200 Jahren das Verhältnis zu den „Barbaren" freilich änderte. Konkrete Hilfsmaßnahmen von Bischöfen sind zu Beginn des 5. Jhs. nur selten bezeugt. Maximus von Avranches ließ Asketinnen nach Alexandria evakuieren. Hilarius von Arles organisierte – trotz Invasion – Provinzialsynoden und kaufte Gefangene frei. Am Ende des Jahrhunderts, als die Reiche der Merowinger und Burgunder schon Gestalt annahmen, standen Avitus (494 Bischof von Vienne), Caesarius von Arles und Sidonius Apollinaris mit den Königen dieser Reiche im Gespräch. Sidonius trotzte als Bischof von Clermont zunächst der Belagerung durch Visigoten in den Jahren 471–474, indem er Ekdicius mit der Verteidigung betraute. Hier sehen wir den Übergang von christlich motivierten Handlungen zur weltlichen Herrschaft. Vier Bischöfe führten die Verhandlungen, die schließlich in die Übergabe Clermonts an die Visigoten mündeten (475). Sidonius wurde als politischer Gegner des Visigotenkönigs Eurichs verbannt – statt weitere Migrationen in Gallien zu verhindern, was er vermutlich vorgezogen hätte.

Avitus und Caesarius Avitus befasste sich mehrfach mit der Befreiung Kriegsgefangener; hauptsächlich trat er aber gegen den arianischen Glauben auf, der zunächst von (Visi)Goten und Burgundern gepflegt wurde, was aber nicht direkt mit den praktischen Folgen der Immigrationen zu tun hat. Tatsächlich unterstützte Avitus den Burgunderkönig Sigismund in der Konversion zum Katholizismus. Caesarius von Arles, Bischof 503–542, erlebte die Herrschaft der Visigoten, Ostrogoten und Franken in seinem Bischofssitz. Er kaufte Kriegsgefangene frei und versuchte die Not im belagerten Arles (508–509) zu lindern.

Wenn sich auch Bischöfe für die von germanischer Invasion negativ Betroffenen einsetzten, so ist doch schwer zu beurteilen, wie typisch das war. Römische und lokale Beamte hatten ebenfalls Einfluss, von den Migranten selbst und den Galloromanen ganz zu schweigen. Die Quellen belegen jedoch, dass über das Ende des weströmischen Reiches hinaus die Machtkämpfe der germanisch dominierten Reiche bis ins frühe 6. Jh. andauerten, als die fränkischen Merowinger die Herrschaft über ganz Gallien an sich rissen und die Visigoten nach Spanien verdrängten.

Die Ausstattung von Gräbern suggeriert, dass die eindeutige Zuordnung des oder der Begrabenen zu einer Kultur bzw. sogar zu einem postulierten Stamm möglich sei. Germanische Frauen beispielsweise trugen zunächst ein Peplos-artiges Gewand, das mit zwei Fibeln an den Schultern gehalten wurde. Sind Grabbeigaben aus mehreren Kulturräumen vorzufinden, scheint die Ableitung einer regelrechten Migrationserzählung nahezuliegen, doch sollte man sich des hypothetischen Charakters bewusst sein. Seit dem Jahre 1992 wurde in Ficarolo in Venetien eine (ehemalige) römische Poststation ergraben, die um 500 n. Chr. offenbar von Personen germanischer Herkunft bewohnt wurde. Ein Grab ragt heraus, man nannte die Verstorbene die „Dame von Ficarolo". Grabbeigaben wurden als gotisch und alamannisch klassifiziert. Sicher könnte die Verstorbene migriert sein oder als ‚Gotin' einen Alamannen geheiratet haben, der sie mit dem entsprechenden Schmuck beschenkte, doch das muss Vermutung bleiben. Die „Herrin von Asseln", gefunden in einem merowingerzeitlichen Gräberfeld bei Dortmund, gehört zu drei Fremden, deren Herkunftsregion aufgrund von Strontiumisotopenanalyse der Bayerische Wald, Böhmen, der Schwarzwald oder das Zentralmassiv in Frankreich gewesen sein könnte. Auch hier ist wahrscheinlich, dass es sich um eine Migrantin der späten Völkerwanderungszeit handelt. Der fränkische Panzerreiter Bodi trägt eine Rüstung, die nicht aus seiner Heimat am Niederrhein stammt. Wie er diese südlich der Alpen an sich brachte, ist nicht ganz klar. Aufgrund der umfangreichen Grabbeigaben muss er eine hohe Position unter den Merowingern um 600 besessen haben. Zu Langobarden, Franken, Slawen und Awaren befinden sich weitere Details im Forschungsteil.

Auch wenn die Spätantike als Zeitalter der Massenmigration gilt, waren die anderen Migrationstypen ebenfalls präsent. Nicht nur Franken sickerten nach Gallien ein, auch Juden – beides freie Migrationen, die im Einzelfall schwer datierbar sind. Die Transformation der Spätantike erfolgte zweifelsohne auch und vor allem mittels Migrationen und Mobilität.

Grabfunde als Quelle für Migration?

„Dame von Ficarolo"

„Herrin von Asseln"

Bodi

Resümee

4 Assimilation und andere postmigrantische Perspektiven

Bislang wurde hier antike Migration vor allem von ihren Anstößen und ihrer Praxis her betrachtet, aber nicht von ihren Folgen. Die Hauptperspektive war die der Migrierenden, nicht die der Angekommenen, die zunächst Fremde waren. Aber schon William PETERSEN hat in seinem Modell hervorgehoben, dass es einen Unterschied machte, ob die Migranten ihre Lebensweise beizubehalten gedachten oder nicht. Zunächst soll es um Modelle des Kulturkontaktes gehen, dann um Folgen (invasiver) Migration für die Identitätsbildung der Ankömmlinge, für die Gestaltung der postmigrantischen Situation. Wer seine Lebensweise beibehalten möchte, wird möglicherweise Anpassungen an eine fremde skeptisch gegenüberstehen.

Assimilation?   Von der großen Spannweite zwischen Assimilation und Abgrenzung war oben (1.3) schon kurz die Rede. Nach soziologischem Verständnis ist Assimilation ein freiwilliger Prozess der Anpassung (der Migranten) an die Zielgesellschaft, um Partizipationschancen an wertvollen Ressourcen zu erhöhen. In der Antike gab es auch die umgekehrte Situation, dass die Migranten die interessanteren Ressourcen, v. a. solche immaterieller Art (Wissen und Fertigkeiten) mitbrachten. Die Gründung griechischer Apoikien scheint in dieser Beziehung sehr erfolgreich gewesen zu sein. Indigene suchten Handelskontakte, zogen unter Umständen in die neue Polis, wollten partizipieren. Somit waren es die griechischen Migranten, die sich nur bedingt anpassten. Auch die hellenistischen Städte, deren Herrschaft häufig wechselte, haben Partizipation ermöglicht. Im Hellenismus finden sich Musterbeispiele gegenseitiger kultureller Annäherung. Deportierte oder andere zur Flucht Gezwungene, die am Zielort blieben, konnten sich anpassen. Die Römer schrieben ihrer eigenen Lebensform eine so starke formierende und disziplinierende Wirkung zu, dass Sklaven mit der Freilassung auch gleich das römische Bürgerrecht erhielten. Wohlhabende Freigelassene erwiesen sich dort als besonders angepasst.

Middle Grounds   Auch Umweltbedingungen konnten Assimilationsprozesse beschleunigen. Das Aufeinandertreffen von Indigenen und Siedlern in Nordamerika war in vielen Fällen mit Gewalt konnotiert, wie das Beispiel Jamestown (s. o. 3.2) gezeigt hat, aber an den Großen Seen, wo raues Klima und dichte Wälder vorherrschten, war Assimilation der Fremden naheliegend, so dass Franzosen bzw. später Engländer friedlich mit den Algonquin zusammenlebten und Handel trieben (ca. 1615–1850). Gerade der Winter bedeutete einen harten Überlebenskampf, der durch Jagd und Fellhandel geprägt war, wie WHITE gezeigt hat. MALKIN hat wohl als erster vorgeschlagen, dass diese Verhältnisse für einen Vergleich mit bestimmten Regionen griechischer Apoikiegründung in Frage kommen; heutzutage wird das Konzept eher auf die hellenistische Welt angewandt.

Sicher gab es auch Hinderungsgründe für Assimilation. Religiöse Differenzen sind hier an erster Stelle zu nennen. Es mag hellenistische Juden gegeben haben, die anpassungswillig waren, aber in vielen Fällen herrschte eine orthodoxe Grundhaltung. Juden in der Diaspora heirateten im Allgemeinen innerhalb ihrer Gruppe, sie hatten eigene Kulte und Grabstätten. Von Ghettoisierung kann man in der Antike nur bedingt sprechen, da Immigranten häufig die Nähe zu bereits Ansässigen ihrer eigenen Herkunftsethnie oder -region suchten, ohne dass ein obrigkeitlicher Zwang ausgeübt wurde, wie er in den jüdischen Ghettos der Frühen Neuzeit bestand, die zuerst in Italien (Venedig) zwangsweise eingeführt wurden.

Verweigerung der Assimilation

Im Nahen Osten hatte sich im Hellenismus eine kritische Haltung zu den Fremdherrschern herausgebildet. Apokalyptische Literatur zeigt die Abwehrhaltung mancher (nicht nur jüdischer) Untertanen; sie wird für Aufstände und sogar den Brand Roms unter Nero verantwortlich gemacht. Nicht Migranten, sondern eher religiöse Fanatiker oder Terroristen mögen die apokalyptischen Vorstellungen zum Anlass genommen haben, die „Hure Babylon" in Brand zu setzen. Niemand setzt die Stadt in Brand, in der er leben will.

Kollateralschäden?

Die Phönizier verstanden sich hingegen stärker an die mittelmeerische Identität anzupassen, sie blieben auch nach dem Ende ihrer Stadtstaaten als Händler eine Größe – und hier ist nicht nur Karthago gemeint. Noch im Hellenismus waren Phönizier in griechischen und nicht-griechischen Kontexten präsent und assimilierten sich teilweise. Hilfreich war dabei der spezifische antike Polytheismus, der es erlaubte, die eigenen alten Götter auch in einer neuen Umgebung zu verehren oder sie mit den dort gepflegten zu identifizieren.

Assimilation der Phönizier

Assimilation ist hier vorwiegend anhand von Beispielen aus der griechischen Migrationsgeschichte (s. o. 2.1–3) diskutiert worden. Im Folgenden werden einzelne römische und vor allem spätan-

Postmigrantische Situationen

tike Migrationsgeschehnisse daraufhin untersucht, inwieweit sie die Lebenswelt der Ankömmlinge veränderten.

Positive Wirkung der Armee

Söldner, die an ihrem letzten Einsatzort verblieben, bewirkten im Hellenismus kulturelle Diffusion. Der Wandel der Armee des Imperium Romanum führte ebenfalls dazu, dass viele Veteranen nicht in ihre Heimat zurückkehrten, sondern in der Nähe ihres Lagers in einer Veteranenkolonie verblieben und somit als Immigranten anzusehen sind. In der Spätantike waren zunächst als Barbaren angesehene Fremde Kern der Armee und verblieben dann teilweise im Reich.

Invasive Migrationen

Nach dem Einsickern erster Franken nach Nordgallien nahm der Anteil aggressiver Migranten zu, die ihr eigenes Gemeinwesen vergrößern oder ein eigenes etablieren wollten. Das zweite ist vor allem bei den Germanen und Asiaten der Fall, die sich in der Spätantike ans Mittelmeer bzw. nach Mitteleuropa aufgemacht hatten. Migrationskonglomerate standen spätestens seit 378 auf dem Reichsboden, zunächst Goten im Donauraum, dann seit 406/07 etliche weitere Germanen und (weniger) Alanen, die über den Mittelrhein nach Gallien und Spanien zogen. *Saxones* okkupierten das westliche Britannien, im weiteren Verlauf des 5. Jhs. Hunnen Pannonien und im 6. Jh. weitere Germanen Norditalien (Langobarden). Seit 418 bildeten sich von den Römern zunächst als Föderatengebiete angesehene Territorien, die Vorstufen der Germanenreiche (*regna*).

Migration und Religion

Im 4. Jh. manifestierte sich ein Streit um die Trinität: Arianer (genauer wohl als Homöer zu bezeichnen) setzten sich von der Mehrheit ab, kontingente Entwicklungen führten dann dazu, dass viele germanischsprachige Einwanderer die arianische Konfession mitbrachten und eben nicht die katholische. Bekanntestes Beispiel ist Wulfila, der mit der Mission in der Gothia begonnen hatte und ca. 348 zum Bischof ernannt wurde; er selbst hatte Migrationshintergrund, seine Familie war von Goten verschleppt worden.

Vormacht von Immigranten

Massenhaft auftretende Immigranten bildeten in dem betreffenden Gebiet eine kulturelle Identität aus, welche die der Vorbevölkerung (wie die nahöstliche im Hellenismus oder die gallorömische in der Spätantike) einbezog. Aus dem Perserreich wurden hellenistische Staaten, aus dem römischen Imperium germanisch dominierte *regna*. Die gallo-römische Kultur wandelte sich über mehrere Generationen in eine fränkisch dominierte. Visigoten, Vandalen und am Ende Langobarden bildeten Identitäten aus, die die provinziale römische Kultur einbezogen, freilich in unterschiedlichem Ausmaß. Latein wurde Amtssprache, die Münze stand in römischer Tradition, auch die Steuererhebung bezog römische Vorbilder ein. Die Übernahme vieler Errungenschaften der römischen Kultur lässt uns bis zum Ende des letzten dieser Reiche 711 von einer ‚Spät'antike sprechen.

Wie wir gesehen haben, gab es für Migranten viele Optionen zwischen Integration und kultureller Abgrenzung. Zunächst waren sie Periöken oder Peregrine. Wurde Assimilation angestrebt, dann hat dies in der neuen Heimat der Migrierenden mitunter dazu geführt, dass die Einbürgerung der ehemaligen Migranten bedacht wurde. In einer solchen postmigrantischen Situation gab es durchaus Möglichkeiten, das Bürgerrecht zu erwerben. Das klassische Athen war hier sehr vorsichtig, aber viele Poleis nahmen Fremde auf, die sich eingliedern wollten. In der römischen Welt war dies in republikanischer Zeit auch der Fall. In der kaiserzeitlichen Metropole Rom versuchte man hingegen, die Aufnahme in das Bürgerrecht zu beschränken. Vor allem Kinder von Freigelassenen und aus dem Dienst entlassene Soldaten, Veteranen, wurden ins Vollbürgerrecht aufgenommen, bis 212 eine generelle Einbürgerung der Freien im ganzen Imperium erfolgte. Am Ende der Spätantike waren umgekehrt Romanen in die Führungsschicht der sog. Germanenreiche gelangt.

Bürgerrecht

Mit dem Ende des weströmischen Reichsteiles kamen die Massenmigrationen überwiegend zum Stillstand, da militärischer Widerstand gegen Ansiedlung schwand. Die regionale Situation ist nach wie vor komplex; Regionen wie Italien hatten eine Elite, die das Land bewirtschaften ließ; die fremden (zumeist germanischen) Eliten waren in geeigneter Form zu integrieren; das Prinzip der *hospitalitas* mag in vielen Fällen angewandt worden sein, wobei aber umstritten ist, ob hierbei Grundbesitz oder ein Anteil an Steuern abgetreten wurde. Die römische Verwaltung wurde von den entstehenden Germanenreichen (zunächst) übernommen.

Rechtsfragen der Ansiedlung

Auch wenn die Bürger bestimmte Vorteile finanzieller und rechtlicher Art hatten, die Vergnügungen der Kosmopolis standen allen offen. Eine Million Menschen sollen zur Zeit des Augustus in Rom gelebt haben, wobei zyklisch auftretende Migration (bei besonders hohem Bedarf an Arbeitskräften, wie etwa für die kaiserlichen Bauprojekte) einen saisonalen Zuwachs brachte. Die Neubildung

Verstädterung

von Reichen führte zum Ausbau der Städte, insbesondere der Hauptstädte von Alexandria bis Konstantinopel.

Gemeinschaften

Ein Gebilde wie das kurzlebige Alexanderreich oder das deutlich stabilere Imperium Romanum waren gerade auch dadurch Weltreiche, dass sie mehrere Nationen (im Sinne von Gruppen gemeinsamer Sprache) zusammenführten; die Analogie besteht außer in der Mehrsprachigkeit auch in der Freizügigkeit. Ein gemeinsamer Arbeitsmarkt war in der Antike gegeben. Im Byzantinischen Reich bestanden gewisse Analogien, Konstantinopel wird als Drehscheibe der Migration zwischen Afrika, Asien und Europa angesehen.

Konsequenzen

Was bedeuten unsere Erkenntnisse über antike Migrationen heute? Chancen, die es zu nutzen gilt. Negative Deutungen sind oft auf Fehlinterpretation zurückzuführen. Griechen gründeten keine Kolonien rund ums Mittelmeer. Kelten wollten nicht Italien erobern. Rom fiel, aber andere Staaten erblühten. Es ist davon abzuraten, den Untergang des römischen Reiches monokausal mit aggressiven Massenmigrationen zu erklären. Es gab auch nur selten sog. Parallelgesellschaften in der Antike – Assimilation oder jedenfalls kulturelle Annäherung überwogen.

II Grundprobleme und Tendenzen der Forschung

1 Voraussetzungen und Modelle antiker Migration

Der Mensch ist mobil, seit es ihn gibt. Migration verbreitete die menschliche Species von Afrika aus im Laufe der Zeit über den ganzen Erdball. Buchtitel wie der von ROLLINGER / STADLER [1.1.5: 7 Millionen Jahre] machen das deutlich, wobei man sich fragt, welche Menschen vor sieben Millionen Jahren migriert sein sollen. Die erste Welle der Migration des *homo erectus* mag vor zwei Millionen Jahren erfolgt sein [1.5: BELLWOOD, First Migrants, 37 mit Schaubild; 1.4: WUNSCH / WENIGER, 2 Millionen Jahre Migration], aber die Ausbreitung des modernen Menschen wird erst auf die Zeit ab 100 000 BP (Before Present) angesetzt [1.5: PARZINGER, Die Kinder des Prometheus, 57–76]; vgl. die übersichtliche Karte in CHRISTIAN [1.3.3: Maps of Time, 193]. Die Herkunft des *homo sapiens* „out of Africa" soll aber hier nicht Gegenstand sein, sondern seine Migrationspraxis in der Antike (s. u. Kap. 3).

Homo migrans

Der Anthropologe DUNBAR [1.3.3: The Human Story, 69–76] nimmt an, das menschliche Gehirn könne mit einer Gruppenstärke von etwa 150 Personen gut umgehen. Daraus leitet CHRISTIAN [1.3.3: Big History, 205–207] Folgendes ab: Wenn in der Frühzeit ein Wildbeuter-Verband größer wurde, habe er sich geteilt und die ‚neue' Gruppe habe sich ein eigenes Habitat gesucht und nach den bewährten sozialen Regeln gelebt – das Ergebnis war Migration, durch die sich die Gattung über den ganzen Erdball verbreitete, unter oft schwierigsten Bedingungen. Um die numerische Begrenzung zu sprengen und zu größeren gesellschaftlichen Organisationen (= ‚Hochkulturen') zu gelangen, die ihre Mitglieder an einem Ort hielten, bedurfte es wiederum erheblicher Anstrengungen. Doch auch für Migrationen in der Antike gilt: Sie müssen als wesentliche Indikatoren wie Triebkräfte von Veränderungen großen Ausmaßes gelten, die maßgeblich aus den notwendigen Anpassungsleistungen der Migranten resultierten – und ihrer Kreativität, sich neue Lebensräume zu erschließen: „Migrations into new environments provide the most striking evidence of our ancestors' accumulating ecological virtuosity, for each of these migrations required new intel-

Humananthropologie

lectual, dietary, and technological adaptations." [1.4: Christian, World Environmental History, 130].

Bewusstseinsinhalte von Migranten wie Heimat oder Zukunftspläne sind anthropologische Konstanten [1.4: Barnard, Homo mobilis]. Das gilt für den Blick zurück [Andreas Kitzmann: Cultural and social Memory, EGHM 2, 1138–1143] genauso wie für den Blick nach vorn [1.3.4: Harzig / Hoerder, What is Migration History? 87–114]. Auf die postmigrantische Situation ist am Ende des Buches zurückzukommen (s. u. Kap. 4).

Frühzeit und Vormoderne

Für die erwähnte früheste Zeit ist die umfassende Synthese von Bellwood [1.5: First Migrants] zu konsultieren; sie reicht bis ins Neolithikum. Die Migration in der Vormoderne ist sowohl für das Mittelalter als auch für die Frühe Neuzeit in vielen Bereichen inzwischen gut erforscht und es gibt Überblickswerke [1.1.6: Borgolte, Migrationen im Mittelalter; 1.1.3: Bade u. a., Enzyklopädie Migration in Europa; 1.1.6: Fata, Mobilität … in der Frühen Neuzeit]; für die Antike ist dieses aber nicht im selben Maße der Fall. Die Apoikiegründungen der archaischen Zeit [mitberücksichtigt von Garland] sind beispielsweise besser zu überblicken als die Verhältnisse im Hellenismus; Deportationen der Römer in der Zeit der Republik [3.4: Silva Reneses, „Deducti, traducti"] sind besser erforscht als kaiserzeitliche [3.5: Barbero, Barbari]. In deutscher Sprache gibt es einige populärwissenschaftliche Werke [3.0: Sonnabend, Fremde und Fremdsein in der Antike; 1.1.6: Manning, Wanderung, Flucht, Vertreibung], die aber mangels ausreichender Dokumentation wissenschaftlich nur begrenzt weiterhelfen. Manning reicht mit seinem Buch bis in die Gegenwart, die Auflage von 2006 ist aber wegen methodischer Besonderheiten kritisiert worden [1.1.6: Hoerder, Rez. Manning: Wanderung]; die dritte, erweiterte Auflage 2020 begegnet den Einwänden teilweise [1.1.6: Manning / Trimmer, Migration in World History].

Sammelbände

Von der Fülle möglicher Einzelthemen zeugen einige Bände der Reihe „Stuttgarter Beiträge zur historischen Migrationsforschung" von Gestrich [1.3.4: Historische Wanderungsbewegungen; 2.2: Gestrich u. a., Ausweisung und Deportation; 3.5: Gestrich / Krauss, Migration und Grenze] sowie Schunka / Olshausen [4: Migrationserfahrungen – Migrationsstrukturen]. Recht umfassend für die Antike ist die Aufsatzsammlung von Olshausen / Sonnabend [1.1.5: „Troianer sind wir gewesen"], die auf eine Tagung von 2002 zurückgeht. Allerdings muss der Leser die vielfältigen Aufsätze selbst zu einem Gesamtbild zusammenfügen [Uwe Walter, FAZ 24.11.2006, Nr. 274, S. 45]; die einzelnen Beiträge bespricht GUIDO BERNDT in H-Soz-u-Kult vom 30.10.2006 (https://www.hsozkult.de/publicationreview/id/reb-9183, abgerufen am 27.1.25).

1.1 Voraussetzungen

Die Definitionen von MERTINS [1.3.5: Migration] und OLTMER [1.3: Migration, 2] sind nur zwei Beispiele für die große Bandbreite der Ansätze. Es stellt sich die Frage, welche Mobilitätsformen unter Migration subsumiert werden sollen, räumlich, zeitlich, sachlich. Bei vielen Migrationen der Antike sind konkrete Aussagen zu deren Ursachen möglich, da größere Bevölkerungsverschiebungen meist mit kriegerischen Handlungen einhergingen, die gut bezeugt sind. Über die Ursachen von Flucht und Vertreibung wissen wir oft besser Bescheid als über die Folgen. Zur Differenzierung von Mobilität und Migration sowie zur Forschungsgeschichte und methodischen Fragen s. prägnant ISAYEV / BAROUD [2.0: Migration and Mobility]. Detaillierter ist LIGT / TACOMA [3.5: Migration ... in the Early Roman Empire].

<small>Definitionen und Ursachen</small>

Die im vorliegenden Band zugrunde gelegte Typologie von PETERSEN wird zu Beginn von I 2 vorgestellt. Einen Vergleich mit anderen Ansätzen findet man bei HAN [1.3.5: Soziologie der Migration, 17–25 u. 73–197], der auf die neuen Formen der Migration nach 1945 eingeht. Meiner Ansicht nach lassen sich diese aber durchaus in das Schema von PETERSEN einpassen (z. B. die „illegale Migration") bzw. der Mobilität zuweisen (z. B. die „Migration von Studierenden"). Zu den antiken Quellen s. u. 1.5.

<small>Typologie</small>

Die hier behandelten Kulturen werden bei ihrer ersten Erwähnung kurz umrissen (vgl. aber auch den breit angelegten Band von GARCIA / LE BRAS [3.0: Archéologie des migrations]). Die Vielgestaltigkeit griechischer (politischer) Kulturen ist bei SCHULZ / WALTER [1.1.1] gut aufgearbeitet; die politischen Grundbedingungen Roms, die sich von der hohen Republik bis in die Spätantike erheblich gewandelt haben, sind nicht in einem einzigen Buch zu überschauen, zur Mobilität im Imperium Romanum ist CLAUDIA MOATTI [Roman World, Mobility, EGHM 5, 2627–2640] nützlich.

<small>Kulturen</small>

Migrationsforschung ist in hohem Maße zeitabhängig. So erschien schon am Ende des 2. Weltkriegs eine Studie, die aktuelle Fluchtbewegungen zum Anlass nahm, auf die alten Griechen zu-

<small>Konjunkturen</small>

rückzublicken [3.3: Balogh, Political Refugees]; nach Kriegsende widmete sich eine Dissertation der griechischen Fluchtgeschichte, fand aber aufgrund der Zeitumstände keine große Verbreitung [3.3: Telschow, Die griechischen Flüchtlinge]. Naturgemäß werden Forschungen mit Gegenwartsbezug stärker wahrgenommen als solche, die manchen aufgrund ihrer Distanz obsolet erscheinen. Zunächst galt das Zusammenwachsen heterogener Stadtbevölkerungen als erstrebenswert [4: Gleason, The Melting Pot; 1.3.4: Noiriel, Le creuset français], dann wurde Multikulturalismus als die realistischere Vision angenommen [4: Glazer / Moynihan, Beyond the Melting Pot]. Flucht aus Vietnam produzierte die „boat people", die in den Medien intensiv zur Sprache kamen [4: Berlinghoff, Bootsflüchtlinge]. Die Frauenbewegung wollte Frauen als Opfer oder Akteurinnen der Migration sichtbar machen [1.1.6: Aubele / Pieri, Femina migrans]; es ist aber ein generelles Problem, dass Migranten oft unsichtbar bleiben bzw. erst allmählich in der Zielgesellschaft wahrgenommen werden [1.3: Isayev, The In/Visibility].

Forschungspolitik

Politische Rahmenumstände insgesamt konnten Forschungskonjunkturen bewirken wie im Nationalsozialismus (s. u. S. 105); der Stalinismus hingegen unterband frühgeschichtliche Forschungen zur Migration [1.3: Lindemann, Vom Germanenerbe, 28 u. 307 f.]. In den ‚westlichen' Gesellschaften ist das Thema bekanntlich hochsensibel und umstritten; trotz einer einzigartig guten Daten- und Forschungslage existieren viele Mythen, Verallgemeinerungen, fragwürdige Kausalerklärungen und Schlüsse von einem Sein auf ein Sollen, s. etwa de Haas [1.3: Migration]. Umso mehr ist es bei Forschungen und Aussagen zu den sehr viel schlechter dokumentierten Verhältnissen in der Vormoderne zwingend, jeweils die eigenen Prämissen des Suchens und Argumentierens zu bedenken und offenzulegen.

Soziologie

Es gibt eine Reihe neuerer soziologischer Darstellungen der Situation in der Gegenwart, die aber nur bedingt Aufschluss über Migration in der Vormoderne geben [1.3.5: Han, Soziologie; 1.3.5: Faist, Soziologie]. Zur soziologischen Betrachtung von Migrationsregimen

Politikwissenschaft

s. u. 1.3. Auch in der Politikwissenschaft spielt Migrationspolitik eine immer stärkere Rolle [1.3.5: Blätte, Migrationspolitik in der Vergleichenden Politikwissenschaft]. Die neuere Forschung zu Imperien bewegt sich im Grenzbereich zwischen Geschichts- und Politikwissenschaft [1.3.4: Münkler, Imperien; 1.3.4: Hirschhausen / Leonhard, Empires].

Die ältere Forschung und auch der Volksmund sprachen von Wanderung, wo heute von Migration die Rede wäre [1.3: Wiedemann u. a., Vom Wandern der Völker]. Grundsätzlich weckt der Begriff des Wanderns unzeitgemäße romantische Vorstellungen wie in ‚Völkerwanderung'. „Wandern" kann aber auch das Unterwegssein als solches betonen und dann in literarisch-philosophischen Kontexten konturiert werden, wo Verstoßene und Weise, Götter und Wahnsinnige umherziehen, zu Wahrheiten gelangen – oder Lügen erzählen; dazu klug, doch eher assoziativ Montiglio [3.1: Wandering in Ancient Greek Culture] (s. Uwe Walter, sehepunkte 6 [2006], Nr. 9, http://www.sehepunkte.de/2006/09/9257.html, abgerufen am 5.1.25). Die Bezeichnung ‚Migration' ist erst seit der 1. Hälfte des 20. Jhs. in der deutschen Sprache verbreitet (s. S. 107 f.).

Terminologie

Migrationen vollziehen sich im Raum, sie sind somit auch Gegenstand der Humangeographie [1.3.2: Hillmann, Migration; Gamerith u. a., Menschen]. Die Themen Bevölkerung und Städte sind an Beispielen illustriert worden von White / Woods [1.3.2: The Geographical Impact]. Moderne kulturtheoretische Raumkonzeptionen gibt es viele [1.3.2: Schlögel, Im Raume lesen wir die Zeit; Rau, Räume; Schroer, Räume, Orte, Grenzen; 1.3.3: Certeau, Arts de faire], aber sie sind in ihrer Anwendbarkeit auf antike Verhältnisse erst ansatzweise erprobt [1.3.2: Hofmann, (Post)Moderne Raumkonzepte]. Da es in der Antike zumeist an aussagekräftigem Zahlenmaterial fehlt (vgl. aber Stangl [1.1.1: Antike Populationen in Zahlen]), sind hier eher kulturwissenschaftliche Ansätze aufschlussreich [1.3.2: Hardwick, Place, Space, and Pattern].

Geographie

Die Probleme der kartographischen Darstellung von Migrationen sind bekannt: Pfeile bedürfen jeweils der Erläuterung, was sie bedeuten sollen; kräftige Farbgebung kann den Blick von anderen Details ablenken [1.3.2: Wiedemann, Zuglinien und Wellen; Grunwald, Bedenkliche Karten]. Dennoch gibt es Atlanten, in denen zumindest der Versuch unternommen wurde, migrationsrelevante Befunde schematisch darzustellen. Für den Bereich der Ur- und Vorgeschichte (in vorchristlicher Zeit) hat Schnurbein [1.3.2: Atlas der Vorgeschichte] einen solchen Atlas herausgegeben, der aber in seiner kartographischen Gestaltung kritisiert wurde [Anne-Maria Wittke, Bonner Jahrbücher 209, 2009 (2011), 325 f.]. Talbert [1.3.2: Barrington Atlas] enthält physische Karten, wobei der Fokus auf der *antiken* Topographie und Nomenklatur liegt. Eher einen Bildatlas stellt Baby-Collin u. a. [1.3.2: Atlas des migrations] dar. Der Globalgeschich-

Kartographie

104 — II Grundprobleme und Tendenzen der Forschung

te hat sich GRATALOUP [1.3.2: Die Geschichte der Welt] mit recht schematischen Karten verschrieben; er ist auch in der Theorie hervorgetreten [1.3.2: GRATALOUP, Géohistoire].

Pauly-Atlas

Der zum „Neuen Pauly" gehörige Atlas bietet durchdachte Karten [1.3.2: WITTKE u. a., Historischer Atlas], die auf der gegenüberliegenden Seite jeweils erläutert werden (dazu positiv SEHLMEYER, in H-Soz-u-Kult vom 26.03.2008 http://www.hsozkult.de/publicationreview/id/reb-11012, abgerufen am 8.2.25). Bei der Karte zu den „germanischen Wanderungen" [S. 232 f.] besteht (wie in anderen historischen Atlanten) das Problem darin, dass die zahlreichen Pfeile eine Migration kompakter Verbände („Stämme") über große Entfernungen suggerieren; das gilt auch etwa für die Karte „Die Besiedlung Griechenlands bis 800 v. Chr." in „Der große Ploetz-Atlas zur Weltgeschichte" (Göttingen 2009, 22).

Beispiel Sachsen

Etwas anderes ist es, wenn man die Mobilität und Migration einer einzelnen Gruppe herausgreift. Ein illustratives Beispiel liefern die Altsachsen, die sowohl zu Lande als auch zur See mobil waren.

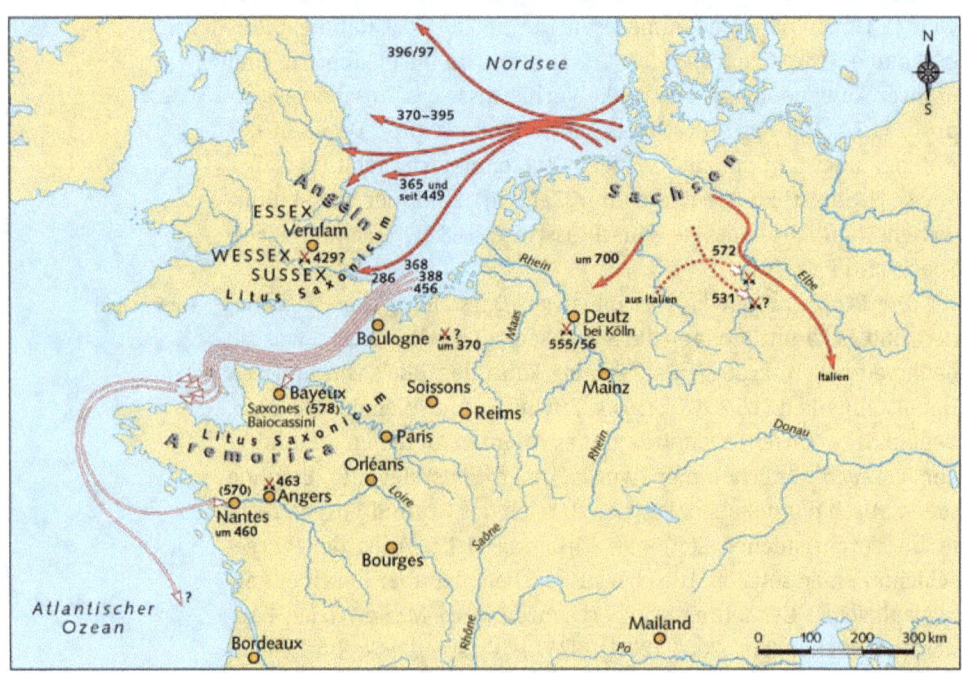

Abb. 3: Kartographie: Sparsamer Umgang mit Pfeilen illustriert an der Mobilität der Sachsen vom 4.–7. Jh. n. Chr. © Peter Palm

Die Mobilität der Sachsen wird hier über einen längeren Zeitraum verfolgt: Aus Seeräuberei im 3. Jh. entstanden erste Ansiedlungen am Ärmelkanal (*litus Saxonicum*); dann wagten im 5. Jh. sächsische Gruppen den Sprung über die Nordsee nach Britannien; schließlich gab es auch Migrationen zu Lande. Besonders positiv ist an der von Peter Palm im Jahre 2005 erstellten Karte hervorzuheben, dass die Pfeile mit Jahreszahlen versehen sind (vereinfachte Fassung der Karte in Knaut / Quast [1.3.2: Die Völkerwanderung, 72]). Inhaltlich kann man natürlich abweichender Meinung sein. So sieht Palm die Migration der Sachsen nach Britannien auf die Ausgangsgebiete der schleswig-holsteinischen und niedersächsischen Nordseeküste beschränkt, obwohl es ja auch Migration von bereits am Ärmelkanal lebenden Sachsen gegeben haben dürfte, weil die Seestrecke bedeutend kürzer war [3.6: Springer, Die Sachsen, 50 mit weiterer Literatur].

Der Film „Die Feuerzangenbowle" (Dtld. 1944) basiert auf dem gleichnamigen Roman von Heinrich Spoerl (1877–1955), der die alte Paukschule karikiert. Im Gegensatz zum Roman von 1933, der eine Stunde in sphärischer Geometrie beschreibt, lässt der Film einen Schüler erläutern, wie „die Goten" von „Schweden" nach „Russland" zogen (Minute 25:20–29:00). Ich kann nicht erkennen, dass diese Darstellung der Völkerwanderung im Sinne einer Rassentheorie zu verstehen war [vgl. Beitrag im Deutschlandfunk vom 26.04.2018: https://www.deutschlandfunk.de/filme-aus-der-ns-zeit-rassenideologie-in-der-100.html, abgerufen am 18.8.2024], gleichwohl ist der Denkansatz völkisch. Bilder von Migration (Photographien, seltener Karten) werden am ehesten unter dem Label der *Visual History* erforscht, die aber zumeist auf die Moderne beschränkt bleibt [1.3.2: Zündorf / Lücke, Einführung in die Public History, 65–70]; für eine Fallstudie s. Hestler [1.3.2: Von „Völkerzügen" zur „indogermanischen Landnahme"].

Public History

Seit der Mitte des 20. Jhs. wurde Migration auch Gegenstand des Faches Anthropologie [Brettell, EGHM 2, 518–522; für einen genaueren Überblick in Aufsatzform dies.: 1.2.4: Theorizing Migration in Anthropology]. Da Fächer wie Anthropologie (oder auch Philosophie) eine gewaltige Bandbreite unserer Lebenswelt abdecken, ist es nur bedingt sinnvoll, hieraus eine Liste von Spezialliteratur anzuführen. In jüngerer Zeit für Migrationsfragen relevant waren zum Beispiel die Forschungen von Agamben [1.3.3: Homo sacer], Bauman [1.3.3: Die Angst vor den anderen], Di Cesare [1.3.3: Philosophie

Anthropologie

der Migration], BHABHA [1.3.3: Über kulturelle Hybridität] oder SIMMEL [1.2: Soziologie], schon etwas zurückliegend, über den Fremden [509–512]. Konkreter fassbar erscheint Migration im Kontext der neueren Umweltgeschichte, hatten (und haben) entsprechende Bewegungen von Menschengruppen doch häufig eine ökologische Dimension: Veränderung von bestehenden oder Suche nach besseren Umweltbedingungen; Transformation von Umwelten durch Neuansiedlung etc. Nicht zufällig hat Migration in der ökologisch ausgerichteten Darstellung von FRANKOPAN [1.4: Zwischen Erde und Himmel] oder in den neuen Entwürfen einer *Big History*, die den Menschen in eine tiefe kosmische und planetarische Entwicklung stellt [1.3.3: CHRISTIAN, Maps of Time], einen großen Stellenwert. Methodisch ergibt sich die Konvergenz aus der stark von den Naturwissenschaften beeinflussten Perspektive dieser Zugriffe und dem Angebot der Archäogenetik, Migrationen durch Untersuchungen an „ancient DNA" (aDNA) exakt bestimmen zu können (s. dazu jedoch u. 1.4).

Gender Studies

Inwiefern Frauen von Migration spezifisch betroffen waren [1.1.6: AUBELE / PIERI, Femina migrans], wird seit längerer Zeit erforscht [KAY FERRES: Feminism and migration, EGHM 3, 1421–1425]; Gender-Fragen kamen hinzu [DONNA GABACCIA: Gender and migration, EGHM 3, 1548–1553]. Aufgrund der Quellenproblematik sind Informationen über einzelne antike Migrantinnen, sofern es sich nicht gerade um Prominente handelt (wie Herodes' Mutter, S. 129), kaum überliefert; erste Forschungsansätze in dieser Richtung bei WAGNER-HASEL [1.3: Wanderweidewirtschaft und Migration von Frauen], FOUBERT [3.4: Migrant Women in P.Oxy.], WOOLF [2.3: Female Mobility in the Roman West] oder KUNST [1.5: Die Herkunft von Soldatenfrauen in römischen Militärdiplomen].

Mobilität

Mit der Abgrenzung zwischen Migration und Mobilität beschäftigen sich ISAYEV / BAROUD [2.0: Migration and Mobility]. Neben dem Sammelband von OLSHAUSEN / SAUER [1.1.5: Mobilität] bietet DELP [3.2: Zwischen Ansässigkeit und Mobilität] hier ebenfalls eine gute Grundlage.

1.2 Historische Modellbildung: Von Lazius zur Chicago-Schule

Vorformen

Auf vorwissenschaftliche, im besten Fall katalogartig formulierte Anschauungen in der Antike selbst ist in Kap. 1.5. zurückzukommen

(z. B. Homer, Archilochos, Seneca). Mittelalter und Renaissance trugen ebenfalls nur wenig zu einer Modellbildung bei; die spätantiken Historiker schufen für die ‚Germanen' eigene Ursprungssagen [HERWIG WOLFRAM u. a., Origo Gentis, RGA 22, 2003, 174–183]. Francisco Filelfo (1398–1481) befasste sich in der Renaissance speziell mit dem Exil [1.2: PHILELPHUS (Filelfo), On Exile].

Lazius (1514–1565) wurde komprimiert von DONECKER [Wolfgang Lazius als „Erfinder"] vorgestellt, dort Inhaltsübersicht S. 171–177. Antiquarische Ansätze der Identitätsstiftung [177–180] finden sich auch beim Schweden Johannes Magnus („Historia de omnibus Gothorum Sueonumque regibus" postum 1554; dazu SCHMIDT-VOGES [De antiqua claritate, 95–113]) und beim Deutschpolen Marcin Kromer („De origine et rebus gestis Polonorum libri XXX", 1555; dazu BÖMELBURG [Frühneuzeitliche Nationen, 110–127]). Lazius hat die Völker, die seiner Meinung nach im Laufe der Zeit ins damalige Habsburgerreich immigriert waren, detailreich, eben antiquarisch beschrieben und sogar Abbildungen der betreffenden „Teutonen" in Auftrag gegeben; punktuell weist er auf Migrationsursachen hin (vgl. DONECKER [s. o., 187]). DONECKER / OLESEN [1.1.6: Abstammungsmythen] befassen sich enger mit dem frühneuzeitlichen Ostseeraum.

<small>Frühe Neuzeit</small>

In den Lexika der Aufklärung war Migration noch nicht begrifflich erfasst (vgl. aber FATA [1.1.6: Mobilität ... in der Frühen Neuzeit, 19 f.]). Ernst RAVENSTEIN [The Laws of Migration] wird mit seinen Aufsätzen von 1885 und 1889 häufig als Begründer der modernen Migrationsforschung angesehen; er kam von der Kartographie und Statistik her. GRIGG [1.2: E. G. Ravenstein] widmet sich ausführlich diesen ‚Laws of Migration'. Tatsächlich wurde erst im 20. Jh. eine Form der Forschung etabliert, die wir heute als Migrationsforschung bezeichnen. REUTER / MECHERIL [1.2: Schlüsselwerke] geben einen Überblick über einige Klassiker der (eher soziologischen) Migrationsforschung, von Florian W. Znaniecki und William I. Thomas bis zu Homi Bhabha.

<small>Begriffsgeschichte</small>

Die historische Migrationsforschung im engeren Sinn hat ihre Wurzeln in Volkszählungen an der Wende vom 18. zum 19. Jh. und soziologischer Theorie, vgl. HAHN [1.3.4: Historische Migrationsforschung]. Das Buch von Alexander und Eugen KULISCHER [1.2: Kriegs- und Wanderzüge] (1932) ist von Wichtigkeit, zumal die Autoren nun häufiger statt „Wanderung" den Terminus „Migration" gebrauchten; von „Völkerwanderung" wurde zuerst 1778 gesprochen [Grimms Dt. Wörterbuch XII 2 (1932) 514]. Zum Schicksal der KULI-

<small>Historische Migration</small>

schers vgl. Schlögel [Verschiebebahnhof Europa] und ausführlicher Ferrara [Eugene Kulischer]. Frühe historische Werke mit Migrationsbezug haben selten die Alte Geschichte einbezogen; allerdings hat der Göttinger Universalhistoriker Arnold H. L. Heeren (1760–1842) wegen seines Interesses an Handel, Statistik und zivilisatorischem Fortschritt in seinem Hauptwerk „Ideen über Politik, den Verkehr und den Handel der vornehmsten Völker der Alten Welt" (2 Bde., Göttingen 1793–1796, erweitert 4. Aufl., 6 Bde. 1824–1826; kondensiert in: Handbuch der Geschichte der Staaten des Alterthums, 2. Aufl. Göttingen 1810) immer wieder die Gründung von „Pflanzstädten" oder „Colonieen" und generell Migrationsphänomene positiv gewürdigt; vgl. Mauersberg [3.2: Die „griechische Kolonisation", 215–219]. Der sozialhistorische Ansatz dominierte, z. B. die Frage der Assimilation von Immigranten [Stacy Warner Maddern, Melting pot theory, EGHM 4, 2155–2158] oder umgekehrt die multikulturelle Gesellschaft, zu diesen Forschungen Fata [1.1.6: Mobilität … in der Frühen Neuzeit, 27]. Beispielhafte Forschungen jüngerer Zeit nennt – neben Hahn (w. o.) – Klaus Bade [1.3.4: Historische Migrationsforschung], der Gründungsdirektor des Instituts für Migrationsforschung und Interkulturelle Studien in Osnabrück (IMIS). Auch der Deutschamerikaner Dirk Hoerder lieferte mit seiner Frau Christiane Harzig eine gute Übersicht, was Migrationsgeschichte leisten kann [1.3.4: Harzig / Hoerder, What is Migration History?]. Prägnant sind Jan u. Leo Lucassen, Mobilität, EnzNeuzeit 8 (2008) 624–644; sie resümieren die Forschungsgeschichte und beziehen temporäre wie auch dauerhafte Migration ein.

Zum historisch arbeitenden Soziologen (und Demographen) William Petersen s. u. II 2. Der in ähnlicher Zielrichtung forschende Lee kam nicht viel weiter [1.3: Lee, A Theory of Migration]. Die Typologie von Hoerder u. a. [1.3: Terminologien und Konzepte, 37] (erzwungen, Flucht/Vertreibung, wirtschaftlich, kulturell) ist nützlich, aber eher auf die Moderne ausgerichtet. Wann gab es in der Antike „kulturelle Migration"? Damit ist offenbar gemeint, dass Arbeitsmigranten am Ende des Erwerbslebens in ihre Heimat zurückkehren (Remigration). Die Antike kennt dafür nur wenige Beispiele – einzelne Künstler [2.3: Hornig, Wandernde Künstler], Handwerker [1.5: Ruffing, Die regionale Mobilität] oder Soldaten. Die meisten verblieben als Fremde am Orte der lebenslangen Tätigkeit oder siedelten sich in einer Veteranenkolonie an.

1.3 Aktuelle Modelle: Räume, Regime, Kulturen

Neben den Sammelbänden von BRETTELL / HOLLIFIELD [Migration Theory] oder GARCIA / LE BRAS [3.0: Archéologie des migrations, mit stärkerem Bezug auf einzelne Kulturen] bietet die Überblicksdarstellung von MANNING / TRIMMER [1.1.6: Migration in World History, 222–244] eine Synopse neuerer Forschung. Ebenso enthält die „Encyclopedia of Global Human Migration" (EGHM) in ihren fünf Bänden viele methodisch relevante Übersichtsartikel; es werden ferner Migrationsphänomene der Ur- und Frühgeschichte (Band 1) und von der Antike bis in die Gegenwart behandelt (Bände 2–5); die Mittelalterartikel wurden separat in deutscher Übersetzung von BORGOLTE [1.1.6: Migrationen im Mittelalter] vorgelegt. Breit angelegt ist die aktuelle, auf die Gegenwart konzentrierte Reihe der „Elgar Handbooks in Migration" [1.3.1: ALLEN / VARGAS-SILVA, Handbook of Research Methods in Migration; 2.2: JACOBSEN / MAJIDI, Handbook on Forced Migration].

_{Überblicke und Handbücher}

Die heutige Globalgeschichte betrachtet die Phänomene in ihrer Zeit multiperspektivisch, weshalb Migration nur ein Aspekt ist [1.5: MCKEOWN, Global Migration 1846–1940; 1.1.6: HOERDER, Cultures in Contact]. Besonders gelungen ist HOERDERS komprimierter Beitrag zu Band 5 der Beck-Harvard „Geschichte der Welt", der wirklich als Migrationsgeschichte zu bezeichnen ist [1.3.4: HOERDER, Migrationen und Zugehörigkeiten]. HOERDER hat zuletzt den meines Erachtens sehr erfolgreichen Versuch unternommen, seine lebenslangen Migrationsforschungen auch auf die Zeit vor dem Jahr 1000 auszudehnen. Am Beispiel des Ostalpen- und (mittleren) Donauraumes hat er lokale und globale Phänomene eindrucksvoll verknüpft [1.1.2: HOERDER, Menschen und Welten in Bewegung]. Für die Welt des Altertums ist bei GEHRKE [1.1.1: Geschichte der Welt vor 600] viel Material zu finden, wobei man sich Phänomene wie Migration allerdings über das Register erschließen muss, weil sie nicht separat gewürdigt werden.

Räume

Durchaus voneinander unterscheidbare Migrationssysteme der Moderne stellt HOERDER [Migration, 7 mit Karte] vor (Europe, Black Atlantic, Russo-Siberian, Asian indentured Slavery). Über Systeme der Vormoderne wurde seltener nachgedacht. Im Verlauf des Mittelalters gab es Migrationen von Wikingern, Arabern, Türken [1.1.6: BORGOLTE, Migrationen im Mittelalter] und global betrachtet Mongolen, Bantu und Austronesiern [1.1.6: MANNING, Wanderung, Flucht, Vertreibung, 135; DERS. / TRIMMER, Migration in World History, 96]. Es

Migrationssysteme

läge nahe zu prüfen, ob man von mittelalterlichen Migrationssystemen sprechen kann, die unter Umständen analog zu Räumen der Globalgeschichte sind, die man etwa bei KÖNIG [1.1.6: Geschichte der Welt 600–1350] findet.

Regionale Räume   Schon RAVENSTEIN [1.2: The Laws of Migration] hat bemerkt, dass Migration über kürzere Distanz nach Möglichkeit bevorzugt wird; großräumige Migrationen erfordern mehr Ressourcen und bessere Vernetzung. Insofern sind solche Regionalstudien gerade in der Soziologie verbreitet, kommen aber auch für die Vormoderne zum Tragen [1.1.2: HOERDER, Menschen und Welten in Bewegung].

Migrationsregime   Die Rede von Regimen entstammt der Politikwissenschaft [1.3.1: KRASNER, International Regimes; POTT u. a., Was ist ein Migrationsregime?]. KRASNER hat damit Akteur-zentrierte Verhandlungen beschrieben: „International regimes are defined as principles, norms, rules, and decision-making procedures, around which actor expectations converge in a given issue-area." [ebd. 1]. Auf diesem Regimebegriff fußt der migrationssoziologische Ansatz von SCIORTINO [1.3.1: Between Phantoms and Necessary Evils], der die Rede von irregulärer Migration wenig sinnvoll erscheinen lässt, denn Migration zwischen Staaten ist im Allgemeinen wenig fixiert, sondern es herrscht ein Migrationsregime im Sinne eines „set of rules and practices historically developed by a country in order to deal with the consequences of international mobility through the production of a hierarchy – usually messy – of roles and statuses". Das Migrationsregime eines Landes „is usually not the outcome of consistent planning. It is rather a mix of implicit conceptual frames, generations of turf wars among bureaucracies and waves after waves of ‚quick fix' to emergencies, triggered by changing political constellations of actors." [32 f.].

Governance   Es gibt also durchaus Formalisierungen und Restriktionen, auch strenge, doch sind diese in ein komplexes Cluster von teils konkurrierenden Akteuren und Routinen eingebunden und müssen in ihrer (möglichen) Wirkung von daher relativiert und von Fall zu Fall eingeschätzt werden, wie das in der politikwissenschaftlichen Governance-Forschung geschieht, vgl. in der erwähnten Elgar-Reihe CARMEL u. a. [1.3.5: Handbook on the Governance and Politics of Migration].

Netzwerke   Die Vorteile eines solchen Akteur-zentrierten Blickes sind evident; das widerspricht nicht der Existenz von Netzwerken, aber ein Migrationsregime mag die Ausbildung eines Netzwerkes [1.1.1: PUR-

CELL / HORDEN, The Corrupting Sea; 1.3.2: CONSTANTAKOPOULOU, The Dance of the Islands; 2.0: ISAYEV / BAROUD, Migration and Mobility] fördern.

Eine Alternative zum Regimeansatz ist die Rede von *Kulturen der Migration*, worunter „the various ways in which migration decisions are made and (...) how individual decisions are rooted in the social practices and cultural beliefs of a population" [1.3.1: COHEN / SIRKECI, Cultures of Migration, 9] verstanden werden. Freilich haben wir hier für antike Verhältnisse das Problem, dass individuelle Migrationsmotive gerade bei Massenmigrationen schwer zu fassen sind, während der Regimeansatz diese offen lässt. Kulturelle Dispositionen zur Migration sind in der antiken Literatur eher zu greifen, so in der homerischen Odyssee oder bei dem Dichter Archilochos (s. u. 1.5). Kulturen der Migration sind zu unterscheiden von der kulturellen Zugehörigkeit der Migranten, die ja viel weiter gefasst ist. Inwiefern Kulturkontakte dieser Art zu Assimilation führen können, wird am Ende kurz behandelt (s. u. 4, zu den Modellen „melting pot" und „middle ground").

Kulturen der Migration

kulturelle Zugehörigkeit

1.4 Forschungsansätze aus den Naturwissenschaften

Gute Übersichten zu den naturwissenschaftlichen Methoden bieten die Bände von TRACHSEL [Ur- und Frühgeschichte, 184–211] und (mit sehr schönen Illustrationen) MELLER / ALT [Anthropologie, Isotopie und DNA, 9–51]. Neben naturwissenschaftlichen Methoden werden Archäologien und Linguistik von LUCASSEN u. a. [1.3.4: Migration History in World History] einbezogen. Was die „ancient DNA" angeht, sind KRAUSE / TRAPPE [Die Reise unserer Gene] sehr optimistisch und glauben, dass ihre Ergebnisse zu einer Umwälzung in der Erforschung der Humananthropologie, aber auch in der Geschichtswissenschaft führen werden, was von MEIER / PATZOLD [Gene und Geschichte] bestritten wird. Immerhin kann man KRAUSE / TRAPPE zustimmen, dem platten völkischen Denken vehement zu widersprechen.

Überblick

aDNA

Die Bedeutung der Strontiumisotope für die Eingrenzung des Herkunftsortes einer Person wird brillant von KNIPPER [Die Strontiumisotopenanalyse] erläutert. Das Beispiel Lechtal gehört zwar in die Geschichte der späten Glockenbecher- und frühen Bronzezeit, ist hier aber methodisch von Interesse. Unbestritten ist, dass die Bevölkerung des Lechtals über Jahrhunderte hinweg durch Frauen

Isotopen

von außen bereichert wurde [KNIPPER u. a., Female Exogamy]. Die Zusammensetzung der Strontiumisotope ihrer Backenzähne deutet auf eine Herkunft von der mittleren Elbe, vielleicht auch der Saale hin. Eine gewisse Bandbreite ist denkbar, auch andere europäische Gebiete weisen ähnliche Strontiumwerte auf. Somit sollten weiterreichende Hypothesen eigentlich unterlassen werden. Diese sind bezeichnenderweise auch nur in einem populären Beitrag zu finden [STOCKHAMMER u. a., Die wissenden Frauen]. Falls man an Handwerkerinnen von der Saale glauben möchte, liegt es nahe, an die Aunjetitzer Kultur zu denken, die durch die Scheibe von Nebra bekannt wurde [1.4: MELLER / SCHEFZIK, Die Welt der Himmelsscheibe]. Zur Verbreitung neuer Technologien genügte oft Mobilität von Individuen oder kleinen Gruppen. Zur illegalen Beschaffung von Seidenraupen s. WADA [1.4: ΣΗΡΙΝΔΑ] und LIU [3.4: Exchanges].

Klimageschichte

Untersuchungen zum antiken Klima sind im Zuge allgemeiner Klimageschichte [MAUELSHAGEN, Migration and Climate; 2.1: DERS., Geschichte des Klimas] jüngst auf größeres Fachinteresse gestoßen [HARRIS, The Ancient Mediterranean Environment; HAAS, Die Umweltkrise des 3. Jhs. n. Chr.]. In Anbetracht der Tatsache, dass diesem Themenkreis ein eigener EGRA-Band gewidmet ist [1.4: ZELLER, Klimageschichte der griechisch-römischen Antike], kann ich mich hier kurzfassen.

HARPER in der Kritik

HARPER [The Fate of Rome] misst Klimawandel und Wetterkatastrophen ein hohes Erklärungspotential für die historische Gesamtentwicklung bei. Das Klimaoptimum der hohen Kaiserzeit wird für die Blüte des Römischen Reiches verantwortlich gemacht, die sog. Kleine Eiszeit der Spätantike für den Fall Westroms. Auch Seuchen und Vulkanausbrüche spielen bei HARPER eine große Rolle, sie dienen der Erklärung der Krise von Byzanz im 6. Jh. Die Einschätzungen des Klimas mögen richtig sein, die postulierten Kausalitäten unterliegen hingegen Zweifeln und werden interdisziplinär intensiv (und meist kritisch) diskutiert [HALDON u. a., Plagues, Climate Change]. Zum Klima der Spätantike vgl. IZDEBSKI / MULRYAN [1.4: Environment and Society]. Heutige Entwicklungsforschung warnt davor, Massenmigrationen monokausal auf klimatische Umstände wie Dürre zurückzuführen; die Untersuchung der Klimamobilität in Westafrika, Ostafrika und Nordafrika/Nahost zeigt, dass weitere Faktoren hinzukommen müssen, etwa Vernetzung und Einkommen [SCHRAVEN, „Klimamigration", 69–103]. Auf die Antike angewandt: Eine einzelne Naturkatastrophe oder eine Hungersnot (s. o. 2.1) führt nur dann zu umfangreicheren Emigrationen, wenn Ressourcen wie Nahrung und Kenntnisse über potentielle Ziele von Migration vorhanden sind.

Die Evolution des Menschen wird in der DNA abgebildet. Doch sollte man nicht vergessen, dass es von der Entwicklung des Gehirns über die Mobilität (aufrechter Gang) zur Migration ein weiter Weg ist. BARNARD [Homo mobilis] verbindet die neueren naturwissenschaftlichen Erkenntnisse sehr konsequent mit den konkreten Voraussetzungen für Mobilität und Migration. Entschließt sich der Mensch zu längeren Migrationen, wie es seit den Auszügen aus Afrika der Fall ist, wird das Kennenlernen neuer Landschaften auch zu einem Bewusstseinswandel führen.

Homo mobilis

1.5 Antike historische Materialien und heuristische Herausforderungen

Die literarischen Quellen zu antiken Migrationen sind bislang nicht gesammelt worden, es wäre auch ein umfangreiches Vorhaben. Quellen zum Nomadismus stellten RÜCKER u. a. [Wandern, weiden] zusammen; ein wenig über spätantike Migrationen findet sich bei MAAS [Readings in Late Antiquity, 299–334]. Sehr gründlich ist RAPP [4: Mobility and Migration in Byzantium]. Dort findet man in systematischer Ordnung viele genau erläuterte Quellen bis in die Spätzeit von Byzanz.

Quellensammlungen

Von den homerischen Epen bietet die „Odyssee" einiges zur Realität archaischer Seefahrt und Mobilität [zum Dichter insg. s. 3.2: MORRIS / POWELL, A New Companion to Homer; RENGAKOS / ZIMMERMANN, Homer-Handbuch]. Der mobile Archilochos [HGL 1, 138–148] macht Andeutungen zur parischen Apoikie auf Thasos; kritisch in Hinsicht unserer Erkenntnismöglichkeiten zu Archilochos ist OWEN [3.2: Of Dogs and Men]. Die griechischen Historiker erwähnen viele Migrationen, so Thukydides [3.2: DOVER, Die Kolonisierung Siziliens] oder Polybios [2.3: DAUBNER, Zur Rolle der geographischen Schilderungen].

Griechische Autoren

Cicero als umfangreichster republikanischer Autor kam selten auf Migrationen zu sprechen, eher seine eigene Exilierung; zum historischen Wert insgesamt LINTOTT [Cicero as evidence]. Caesar hat im „Bellum Gallicum" manches Beispiel für Formen der Migration wie Umsiedlung und Deportation gegeben. Speziell zu den Helvetiern s. u. S. 183–185, zu Tenkterern und Usipetern S. 185 f. Livius be-

Lateinische Autoren

handelt als Kriegsfolge mitunter Deportationen [2.2: SEHLMEYER, Die apuanischen Ligurer]. Analog zu Homers „Odyssee" ist auch Vergils „Aeneis" als Bericht von Irrfahrten (v. a. Buch 3 u. 6) wie auch als Buch der Ankunft (v. a. zweite Hälfte) [2.2: SUERBAUM, Die Aeneis als Flüchtlings-Epos] zu lesen.

Exilliteratur

Das Schicksal des Exils war allgegenwärtig und hat daher viele literarische Verarbeitungen von Ovid bis Filelfo angestoßen, s. TACOMA / LO CASCIO [Writing Migration]. Seneca hat in einer Trostschrift an seine Mutter (dial. 12 = ad Helviam) nicht nur sein persönliches Schicksal bedacht, sondern auch die Ursachen antiker Migration; die Textstelle (s. o. S. 10) interpretiert ROSEN [Die Völkerwanderung, 22–28] als antike Ethnologie; ein philologischer Kommentar findet sich bei MEINEL [Seneca über seine Verbannung, 73–99]. Eine konsistente Migrationstheorie bietet die Passage nicht, wohl aber ein einsichtsvolles Inventar, das freilich der Füllung und Ausdifferenzierung bedarf. Die Belege sind nicht immer stimmig. Die Migrationsgeschichte Korsikas (dial. 12,7,8–10) zeugt von ungenauer Erinnerung an Herodot (1,165 f.; statt richtig Phokaia bei Seneca Phokis); die Vorgeschichte, dass Iberer nach Korsika migriert seien, ist Mythos. Die Insel hatte in der späten Megalithzeit eine eigene Kultur, die nach den typischen Türmen Torre-Kultur genannt wird; sie ist eher von Sardinien als von anderen Regionen abhängig, was ähnliche Menhire (Hinkelsteine) bezeugen [3.1: BROODBANK, Die Geburt der mediterranen Welt, 557 f.]. Favorins „Peri phyges" (Über die Flucht/ über das Exil) [MICHAEL ERLER, HGL 3/1, 176 f.] ist leider nur in Fragmenten erhalten, aber eine stoische Tradition des Nachdenkens über das Exil ist im Bereich des Möglichen. MEIER [3.6: VW 113–115] lobt Senecas gründliche Darlegung möglicher Gründe von Migration, warnt aber davor, das Stück zu überbürden.

Spätantike Migrationen

Die Folgen der germanisch dominierten Immigrationen sind bspw. in Gallien sehr gut bezeugt [3.6: BÖHME, Migrantenschicksale; 3.6: MÜLLER / DIEFENBACH, Gallien in der Spätantike; 3.6: WITSCHEL, Die spätantiken Städte Galliens]: wie die Städte von aggressiven Migranten bedroht wurden, wie sie sich verteidigten, wie germanische Eroberer ihrerseits die Stadt transformierten etc. Um 400 n. Chr. spielte in der christlichen Literatur die abweichende Konfession der germanischen Migranten eine große Rolle, weil sie als Häresie angesehen wurde [FISCHER, VWG 208–213]. Das spätantike Bildungssystem erforderte Mobilität von Lehrern und Schülern, die gerade im 5. Jh. bezeugt ist [3.6: EGETENMEYR, Eucherius of Lyon].

Die Frage, inwiefern literarische und archäologische Quellen einander stützen können, wird bereits lange diskutiert. Das hängt u. a. von der Schriftquelle und der Gewissheit des archäologischen Befundes ab. Vage archäologische Befunde machen aus Mythen keine Migrationsgeschichten. Bouzek hat hinterfragt, wie beispielsweise die keltische Archäologie mit den oft unklaren Schriftquellen in Beziehung zu setzen sei [Archaeology and History]. Eine sehr umfangreiche Studie zur Spätantike und darüber hinaus hat Prien [Archäologie und Migration] beigesteuert; er ist sowohl durch die theoretische Einführung [ebd. 11–28], als auch archäologische Theoriebildung wichtig [29 ff.], wo insbesondere Anthony [Migration in Archeology] und Burmeister [1.4: Archaeological Research] vorgestellt werden.

Archäologische Theorie

Hauptteil der Arbeit von Prien ist die Analyse von Einzelfällen. Die Gesamtbewertung dieser Fälle kann aber auch anders als durch Prien gesehen werden [Sebastian Brather, Rez. Prien, Germania 85, 2007, 162–165]. Prien hat die literarischen Aussagen der Einzelmigrationen mit den archäologischen Befunden kontrastiert, häufig Gräbern, aber auch Siedlungen, die eine Vielzahl an Artefakten überliefern können: Werkzeuge, Keramik, Textilreste oder Tierknochen [ebd. 304–315]. Er muss selbst eingestehen, dass in vielen Bereichen keine eindeutige Unterscheidung zwischen Einheimischen und Zugewanderten möglich ist, aber es ist hervorzuheben, dass Prien einen wichtigen Anstoß für die Reflexion über die methodischen Probleme gegeben hat (s. u. II 3.6, S. 205 f.).

Archäologische Praxis

Die prähistorische Archäologie mag in Einzelfällen interessantes Vergleichsmaterial bereitstellen [1.3.4: Rubel, Migrationsgeschichte als Weltgeschichte], doch sind damit auch Probleme verknüpft. Rubel stützt sich stark auf Parzinger [Die Kinder des Prometheus], dem aber gewisse theoretische Defizite nachgesagt werden [4: Riese, Rez. Parzinger]. Am schwersten wiegt für unsere Frage, dass kulturelle Differenzen im archäologischen Befund nicht zwingend auf Migration zurückzuführen sind, wie das obige Beispiel Lechtal (2800–1500 v. Chr.) gezeigt hat (s. o. I 1.4). Generell sind Migrationen der Urgeschichte, hier insbesondere der jüngeren Steinzeit, *allenfalls* in ihren Ergebnissen, also in der veränderten Siedlungsgeographie, zu erkennen und meines Erachtens nur schwer für Vergleiche mit der Antike nutzbar. Diese Probleme zeigen sich auch in dem Sammelband von Daniels [1.3.3: Homo migrans], dessen Modelle primär für die Prähistorie von Nutzen sind, wobei freilich

Einbeziehung der Frühgeschichte?

auch innovative Methoden der Mathematik und Soziologie angesprochen werden [Dominik Delp, https://bmcr.brynmawr.edu/2023/2023.11.30/, abgerufen am 8.2.25]. Methodische Einwände gegen die Orientierung rein archäologischer Fächer an narrativen geschichtswissenschaftlichen Darstellungsformen, die zwar verführerisch, aber letztlich irreführend seien, erhebt Jung [Wanderungsnarrative in der Ur- und Frühgeschichtsforschung].

Nutzen von Naturwissenschaften

Der Einsatz naturwissenschaftlicher Methoden kann vor allem im Hinblick auf den Ausgangsbereich von Migrationen zielführend sein, wie die Beiträge in Bursche u. a. [The Migration Period between the Oder and the Vistula] demonstrieren. Neben der Sedimentanalyse (s. o. 1.4) von Böden der südlichen Ostseeküste wurden auch in Mooren die Pollen bestimmt. Nach Radiocarbonanalyse konnte für 52 Orte das Verhältnis von Baum- und Getreidepollen im Laufe des ersten Milleniums aufgetragen werden [1.4: Pędziszewska u. a., Pollen Evidence, 185 ff. anschauliche Karten, 197 sehr gute Zeitleiste]. Der Rückgang an Landwirtschaft sei auch an der Zunahme des Baumbestandes zu sehen [1.4: Ziółkowski, Pollen, Brooches, 180]. Vermutungen spätantiker Autoren hinsichtlich der Herkunft von Goten und Vandalen aus dem südlichen Ostseeraum werden so plausibilisiert, wobei aber nachdrücklich davor zu warnen ist, eine frühe Identitätsbildung der besagten ‚Völker' anzunehmen. Die Menschen, die aus dem Gebiet zwischen Oder und Weichsel aufbrachen, hatten mutmaßlich einen anderen Habitus als die Goten und Vandalen, die erst ein oder zweihundert Jahre später (seit dem Ende des 4. Jhs.), nicht zuletzt durch die Interaktion mit dem Römischen Reich, eine neue Identität fanden.

Epigraphik

Grabinschriften weisen häufig auf den abweichenden Herkunftsort der Verstorbenen hin [Wierschowski, Die regionale Mobilität in Gallien]. Ob man in jedem Fall aktive Migration annehmen muss, sei dahingestellt, denn Soldaten wählten oft den Ort des letzten Dienstes als Ruhesitz. Eine Datenbank mit der Aufschlüsselung von Militärdiplomen nach Mobilitätskriterien ist im Aufbau [Kunst, Die Herkunft von Soldatenfrauen].

Papyrologie und Numismatik

Papyri bezeugen umfangreiche Mobilität und auch Binnenmigration in Ägypten [3.4: Braunert, Die Binnenwanderung]. Hortfunde von Münzen können auf Mobilität hinweisen, wobei Geld unter Umständen auch von Hand zu Hand gegangen und somit in ganz Europa verteilt worden sein kann. Zu Befunden im heutigen Polen s. Mączyńska [The Southern Baltic] mit einer Karte, die Hortfunde von

Solidi aus dem 5. Jh. einschließt, die zwischen Oder und Weichsel gemacht wurden [439]. Bildmotive antiker Münzen mit Relevanz für Migration sind nicht bekannt, allenfalls die Abbildung Kriegsgefangener weist indirekt auf Versklavung oder Deportation hin. Manche Münzmotive mögen eher nostalgische Gefühle geweckt haben, wie Aeneas und Anchises [1.1.5: Evans / Marre, Piracy, Pillage; Evans, The Art of Persuasion, 37–39] oder maritime Bezüge auf griechischen Münzen (Poseidon, Seetiere) [Tsangari, Images of the Sea].

<small>Bildmotive antiker Münzen</small>

In vielen Fällen ist nicht mehr aufklärbar, wann Invasionen Migrationen nach sich zogen oder wo beide Phänomene einhergingen [3.4: Zecchini, Migrazioni e invasioni in Polibio; 3.5: Blois, Invasions, Deportations, and Repopulation; 3.6: Heather, Migration and the Roman Empire]. Gelegentlich wird die Anwesenheit von Frauen als Charakteristikum für migratorischen Charakter genommen, aber darauf sollte man sich nicht verlassen (z. B., weil einzelne Frauen durchaus im Tross anzutreffen waren, auch wenn sonst keine Familienangehörigen der Soldaten mitgingen). Für Griechen und Römer war es eher unüblich, Soldatenfrauen auf Kriegszüge mitzunehmen, aber wie war das bei anderen Gruppen?

<small>Dichotomie von Migration und Invasion</small>

Kaelble [Historischer Vergleich] hat verschiedene Funktionen des historischen Vergleichs dargelegt. Im Idealfall ist ein analytischer Vergleich möglich, wenn der antike und der moderne Vergleichsfall eine gewisse Ausführlichkeit in ihrer Bezeugung aufweisen. Der Vergleich griechischer und römischer Kolonisation zeigt bspw., dass nur wenige neugegründete griechische Siedlungen Kolonien im römischen Sinn waren. Inwiefern ein historischer Vergleich gerade diachroner, unter Umständen epochenübergreifender Art Gewinn verspricht, lässt sich erst dann ermitteln, wenn er versucht wird. Zumeist ist es so, dass man den diachron zu vergleichenden Gegenstand etwas besser kennt als den Hauptuntersuchungsgegenstand. Wer sich mit den Imperien des Altertums befassen will [1.1.6: Morris / Scheidel, The Dynamics of Ancient Empires; 1.1.4: Gehler / Rollinger, Imperien und Reiche], hat mit mindestens zehn Reichen zu tun, von denen die altorientalischen nur noch selten als Teil der Alten Geschichte betrachtet werden. Aber auch materielle Hinterlassenschaften können für einen diachronen Vergleich geeignet sein [Blanton / Fargher, Collective Action].

<small>Vergleichsmaterial aus anderen Epochen</small>

2 Typologie antiker Migrationen

In der jüngeren Forschung zu antiken Migrationen herrscht Übereinstimmung in der Annahme, dass es sich prinzipiell um dieselben Formen handelt wie in der Moderne [WALTER, Paradigmen für fast alle Typen]. GARLAND [15–17] sieht Analogien, findet manche moderne Form aber nicht wieder. Die Abgrenzung von Migration und anderen Mobilitätsformen wird unterschiedlich bewertet. WALTER [s. o., 74 Anm. 2] schließt beispielsweise Transhumanz und Saisonarbeit aus – zwei Formen von Migration, die man als zyklisch oder zirkulär bezeichnen könnte, die also nicht zu einer endgültigen Wohnsitzverlagerung führten, sondern zu einem regelmäßigen Wechsel zwischen Wohn- und Arbeitsort. Die moderne Beschränkung des Begriffs „zirkuläre Migration" auf globale Arbeitsmigration [STEVEN VERTOVEC, Circular Migration, EGHM 2, 1053–1058] ist für die Antike nicht sinnvoll, da Nomadismus in der Antike eine viel größere Rolle spielte.

Marginalien: Analogien; zirkuläre Migration

2.1 Ökologisch bedingte Migrationen: Nomadismus und Reaktion auf Katastrophen

Die erste Form von Migration nach PETERSEN ist *primitive migration* [zur Forschungsgeschichte ebd. 259–262]. ‚Ursprünglich' ist diese Form in dem Sinne, dass sie stark von den Umweltbedingungen abhängt und von mir deshalb als „ökologisch bedingt" bezeichnet wird. Insofern ist zu bedenken, inwiefern „environmental migration" nicht als englische Bezeichnung zu bevorzugen ist [1.4: MAUELSHAGEN, Migration and Climate].

In der Peripherie der Mittelmeerwelt mit steppenartigem Klima wurde Nomadismus praktiziert und existierte unter ähnlichen Grundbedingungen wie heute, wo er Gegenstand der Sozialgeographie ist [SCHOLZ, Nomadismus]. In antiken Theorien der Kulturentstehung spielen Nomaden mitunter eine Rolle, auch wenn diese historisch nicht zu erweisen ist. SCHUBERT [Quellen zur Antike] konnte anhand von Volltextanalysen zeigen, dass die Behauptung eines frühen Nomadismus in Attika ein Konstrukt ist, das sich auf eine Quellenart beschränkt (die Atthidographie/ Philochoros, s. RÜCKER u. a. [1.5: Wandern, weiden, 76 f.]) und genau in diesen Diskurs der Su-

Marginalien: Bezeichnung; Nomadismus

che nach den mythischen Ursprüngen Athens gehört allenfalls ein Pastoralismus (s. u.), denn weiträumigen Nomadismus kann es nie innerhalb Attikas gegeben haben.

Die Skythen sind das gängige Beispiel für Nomaden in der Antike. Das liegt zum einen an der anschaulichen Darstellung Herodots [CUNLIFFE, The Scythians, 29–60], aber auch an späteren Darstellungen [1.5: GERSTACKER, Skythen in der lateinischen Literatur]. Die wenigsten antiken Menschen dürften je einem Skythen begegnet sein – am ehesten noch in Athen, wo skythische Sklaven mit der Ordnung in der Volksversammlung betraut waren [3.3: BLEICKEN, Die athenische Demokratie (UTB), 110]. Auch wenn Skythen und Nomadentum eng miteinander verquickt erschienen, lebten in ihrem Siedlungsgebiet auch sesshafte Verbände und betrieben auf fruchtbarem Boden Ackerbau [3.2: PARZINGER, Die Skythen, 82–84]. Auf die Kontaktzone nördliche Krim ist noch zurückzukommen (s. u. 3.3).

Skythen

Herodots Unterteilung der ackerbautreibenden Skythen, wohl Seminomaden, in Ackerbauskythen und Pflügerskythen ist verdächtig detailreich (4,17–19). Er sagt selbst, diese nur vom Hörensagen zu kennen (Hdt. 4,16). Aus seinem Text heraus wurden Versuche kartographischer Fixierungen unternommen [1.5: ASHERI u. a., A Commentary on Herodotus, 556 f.]. Die Karte des aktuellen archäologischen Standes mit acht Kulturgruppen sieht indes deutlich anders aus [RENATE ROLLE, Skythen 3, RGA 29, 2005, 80–87, dort S. 41]. Naturwissenschaftliche Untersuchungen [VENTRESCA MILLER u. a., Reevaluating Scythian Lifeways] konnten zumindest zeigen, dass die Mehrzahl der in besagten Regionen bestatteten Skythen gemäß Isotopenanalysen eine geringe Mobilität aufwies, somit ortsansässig war. Die Unterteilung der Skythen ist außer bei Herodot schlecht bezeugt. Zu den Kallipiden s. BRAUND / KRYZICKIJ [1.1.2: Classical Olbia, 38].

Herodot

Naturwissenschaften

Migration infolge Verlandung einer Flussmündung ist in der Antike gelegentlich aufgetreten wie im Fall von Priene [3.4: KAH, „Paroikoi" und Neubürger; 3.3: RUMSCHEID, Priene, 3]. Da die Umsiedlung auch in Frage gestellt wurde, ist unten darauf zurückzukommen (s. u. 3.3). Myus (IACP 856) wurde definitiv verlassen, weil die Verlandung einen Süßwassersee entstehen ließ, dessen Mücken die Menschen peinigten (Paus. 7,2,11). Verschiedentlich belegt sind Überflutungen, s. RAZUMOV / CHASIN [Versinkende Städte]. Von den nur mit Hilfe von Unterwasserarchäologie zu untersuchenden Überresten können die von Alexandria westlich des Nildeltas als

Verlandung und Überflutung

die bekanntesten gelten. Im Hellenismus ist Dioskurias (IACP 709) am östlichen Schwarzen Meer (Abchasien) teilweise versunken, aber von den Römern als Sebastopolis neugegründet worden. Über Migrationen infolge solcher Überflutungen hören wir nichts, bei Platons Erzählung von Atlantis handelt es sich mit Sicherheit um einen Mythos [Reinhold Bichler, DNP 13, 1999, 333–338], dessen Analyse durchaus zu weiterführenden Erkenntnissen über griechisches Identitätsstreben führen kann [Hartmann, Atlantis].

Tsunamis

Tsunamis sind bereits infolge des Vulkanausbruchs auf Thera (Santorin) bezeugt. Zur Datierung des Ausbruchs 1627–1600 v. Chr. aufgrund der C14-Datierung des äußeren Jahresringes eines in der Asche verkohlten Olivenbaumes vgl. Friedrich u. a. [1.4: Santorini Eruption]. Skeptischer ist Manning [Eruption of Thera]: „The date of the great eruption of Thera Santorini thus remains for the present an unsolved question. The arguments on both sides reflect a clear clash of academic cultures and generations" (S. 469).

Thera um 1600 v. Chr.

Schmuck und Edelmetall mögen von den Flüchtlingen mitgenommen worden sein, einfache Handelsgüter blieben liegen [Michailidou, The Final Settlement]. Der Tsunami erreichte die anatolische Küste, wo bei Ausgrabungen in Çeşme-Bağlararası die Überreste eines Toten und eines Hundes in der Ascheschicht gefunden wurden [Şahoğlu u. a., Volcanic Ash]. Über weitere mittelfristige Folgen vgl. den Sammelband von Meller [1600]. Die Dimension eines explosiven Vulkanausbruchs auf einer Insel lässt sich am besten durch einen Vergleich abschätzen: Der Ausbruch des Krakatoa kostete mehr

Krakatoa 1883

als 34 000 Menschen das Leben [McGuire, Krakatoa]. Er hatte für die Überlebenden zunächst einmal die Flucht aus dem Tsunami-Gebiet zur Folge. Mittelfristig kehrten die Menschen aber meistenteils an die ursprünglichen Siedlungsorte zurück [Brata u. a., Krakatau; weitere Details bei Winchester, Krakatoa]. In Thera war die Rückkehr nur bedingt möglich, weil größere Teile der Insel ins Meer abgebrochen waren, nur im Osten blieb der Kraterrand stehen. Die Hypothese der Umsiedlung nach Phylakopi und Agia Irini stammt von Martin [Abandoning Akrotiri (Thera)]; vgl. dies. [Forced Migration]; Tabelle mit der Einschätzung weiterer potentieller Ziele der Flucht vor dem Vulkan s. Martin [Abandoning, 39]. Von Thera aus sind die genannten Orte über die Ägäis leicht erreichbar (in etwa 95 bzw. 160 km Entfernung zur See). Zur Archäologie der vermuteten Zielorte dies. [Forced Migration, 114 f.].

Der Vesuvausbruch 79 ist ein weiteres prominentes Beispiel einer Naturkatastrophe [McGuire, Vesuvius]. Die geschätzte Bevölkerungszahl Pompejis gibt Meier mit rund 20 000 an [Eine fast verschlafene Katastrophe, 33], rund 12 000 schätzen Cooley / Cooley [3.5: Pompeii and Herculaneum, 2]. Die migratorischen Folgen bleiben in unseren literarischen Quellen [1.4: Winkler, Der Vesuvausbruch; 2.1: Pappalardo, Vesuvius] blass oder lassen sich nur hypothetisch formulieren [Beard, Pompeji, 19 f.]; selbst die Briefe des jüngeren Plinius sind in Anbetracht der zeitlichen Entfernung – er dürfte sie in der Zeit Nervas oder sogar erst 106/107 n. Chr. geschrieben haben [Adrian N. Sherwin-White, The Letters of Pliny, Oxford 1966, 426] – für die Einschätzung mentaler Folgen wenig aussagekräftig [Olshausen, Mit der Katastrophe leben, in: Ders. / Sonnabend, Naturkatastrophen, 448–461]. Die Maßnahmen des Kaisers Titus sind nur recht pauschal bezeugt, die Zielorte der Migration der Überlebenden nicht genau bekannt [1.4: Meier, Roman Emperors and ‚Natural Disasters', 20–22], aber die Küstenorte kämen infrage [3.5: Tuck, Harbors of Refuge]. Es wäre interessant zu wissen, ob die Pompeianer gemeinsam agierten, wie es die Rhodier nach dem großen Erdbeben von 227 v. Chr. taten [Cataudella, Polibio (5,88–90)].

Vesuv 79 n. Chr.

Als Beispiel für eine „innovative" Abart der ökologisch bedingten Migration nennt Petersen [260] Irland im 19. Jh. Die dortige Situation [William Smyth, in: Bade, Enzyklopädie 85–94] wird von Petersen so gedeutet, dass die in die USA immigrierten ländlichen Iren nach 1862 (Homestead Act) problemlos und preisgünstig Ackerland im Westen hätten erwerben können, sich aber zum Großteil in den Städten ansiedelten und arbeiteten. Aus einer ökologisch motivierten Migration (Überbevölkerung, 1845–1850 Hungersnot) war eine Massenmigration geworden, die Kanada und USA, aber nach 1801 auch das restliche United Kingdom zum Ziel hatte.

Landflucht

Mit den Gesandtschaften der Latiner befasst sich intensiv Coşkun [2.2: Bürgerrechtsentzug oder Fremdenausweisung?]; zum Fall des Jahres 177 v. Chr. s. ausführlich Schönbauer [3.4: Ein früher Fall der Landflucht]. Konkrete Ziele der mittelitalischen Migrationen unmittelbar vor 177 waren Rom und Fregellae. Hierbei handelte es sich nicht nur um Landflucht (*deserti agri*, Liv. 41,8,6), sondern auch Abwanderung aus Städten (*deserta oppida*, ebd.). Von Binnenmigration ist hier nur bedingt zu sprechen, da die Migranten das römische Bürgerrecht noch nicht hatten. Ob sie darauf einen Anspruch erwarben, dazu Briscoe [3.4: A Commentary on Livy, 61–64],

Beispiel republikanisches Italien

der m. E. zu Recht betont, dass den Migranten ein besseres Leben wichtiger war als das römische Bürgerrecht.

Alternativen zu monokausalen Erklärungen

Der Untergang von Weltreichen ist ein vieldiskutiertes Phänomen, das nicht monokausal erklärt werden kann. Kollabierende historische Formationen analysiert MIDDLETON [3.1: Understanding Collapse]. Migrationen können zum Kollaps beitragen, wenn sie aggressiv vorgetragen werden, häufiger ist es aber so, dass der Untergang eines Reiches und der folgende Herrschaftswechsel freie (2.3) oder sogar erzwungene (2.2) Migrationen in Gang bringen. Die ältere Forschung hatte das Ende der mykenischen Welt im 12. Jh. v. Chr. recht häufig mit sog. Seevölkern [3.1: WOUDHUIZEN, The Ethnicity] in Verbindung gebracht, die in biblischen und altorientalischen Texten [3.1: STERNBERG-EL HOTABI, Der Kampf der Seevölker gegen Pharao Ramses III.] unter verschiedenen Bezeichnungen auftauchen.

1177 v. Chr.

Im Jahre 1177 v. Chr. kam es zu einer Feldschlacht zwischen Ramses III. und Angehörigen der Seevölker, doch die schweren Erschütterungen, die in diesem Zeitraum mehrere spätbronzezeitliche Formationen von der mykenischen Welt über Anatolien bis in die Levante teils zum Einsturz brachten, werden heute nicht mehr monokausal gedeutet, vgl. CLINE [1177 BC, 12]: „The Sea Peoples may well have been responsible for some of the destruction that occurred at the end of the Late Bronze Age, but it is much more likely that a concatenation of events, both human and natural – including climate change leading to drought and famine, seismic disasters known as earthquake storms, internal rebellions, and „systems collapse" – coalesced to create a perfect storm that brought this age to an end." Zum römischen Reich [HARPER, The Fate of Rome] vgl. S. 112f.

2.2 Gewaltinduzierte Migration: Vertreibung, Deportation und Flucht

Forced and impelled migration

PETERSEN [261–263] hat gewaltinduzierte Migration auf staatliche Initiative zurückgeführt. Angesichts der weniger ausgeprägten Staatlichkeit in der Antike kann diese Herleitung nicht ohne weiteres übernommen werden. Kriege, auch Bürgerkriege, können zu Deportationen führen (*forced migration*), aber auch zu freiwilliger Emigration aufgrund politischer Zwänge, was einer *impelled migration* entspricht. Religiöse und ökonomische Zwänge können koinzidieren [DAWN CHATTY, Forced Migration, EGHM 3, 1509–1514]. Eine breit angelegte Übersicht, einschließlich historischer Aspekte, bieten im Rahmen der Elgar-Reihe JACOBSEN / MAJIDI [Handbook on Forced Migration].

Anders als im 19., 20. und 21. Jh., wo Deportationen nicht selten als sog. ethnische Säuberungen erfolgten und genozidale Folgen zeitigten, zielten antike Deportationen nicht auf die Tötung der zu Deportierenden ab, sondern sind vielmehr als eine ‚bevorzugte' Behandlung gegenüber Tötung oder Versklavung anzusehen. Bereits im bronzezeitlichen Nahen Osten war Deportation bekannt, allerdings oft mit Zwangsarbeit verbunden; die Assyrer [1.1.4: SANO, Die Deportationspraxis in neuassyrischer Zeit], Babylonier [LESTER GRABBE, Babylonian exile of the Jews, EAH 2, 1009 f.] und Ägypter geben Beispiele ab [1.1.4: LANGER, Egyptian Deportations of the Late Bronze Age]. Inwiefern die Achämeniden [1.1.4: MATARESE, Deportationen], Parther und Sassaniden [3.6: KETTENHOFEN, Deportations II] in dieser Tradition stehen, ist sehr wenig erforscht. MATARESE [ebd. 201–228] zieht zwar den Vergleich Achämeniden-Babylonier, konnte aber SANO [1.1.4: Die Deportationspraxis in neuassyrischer Zeit] noch nicht benutzen. Die ägyptischen Beispiele von ‚Deportation' [LANGER s. o. 101–239] aus dem Zeitraum 1555–1153 v. Chr. deuten teilweise in Richtung Zwangsarbeit und Kriegsgefangenschaft, betrafen oft auch nur sehr kleine Gruppen weniger Gefangener. Insofern ist die Aussagekraft für einen Vergleich mit assyrischer Deportation eher begrenzt.

Obwohl antike Deportationen bislang nicht im Zusammenhang untersucht wurden, gibt es für manche Epochen gute Vorarbeiten. GARLAND [79–98] hat für das klassische Griechenland die Deportierten subsumiert (bspw. Flüchtlinge aus einer Stasis, die von den sizilischen Tyrannen Zwangsumgesiedelten und die als Kriegsfolge Deportierten). Sein Katalog [253–263, 60 Beispiele] umfasst viele Fälle von Vertreibungen, die KEHNE [Überlegungen] nicht unter den Begriff subsumiert hätte. Eine Untersuchung, welche die über 25 Deportationen während der hellenistischen Epoche in ihrer Gesamtheit betrachtet, wurde bislang nicht durchgeführt; die Zahl mag noch wesentlich größer sein, da Inschriften und Papyri schwer zu überschauen sind (s. u. Terminologie). Die Republik hat SILVA RENESES [3.4: „Deducti, traducti"] gut aufgearbeitet, jedenfalls was Spanien und Italien angeht. In der Kaiserzeit sind über 20 Deportationen bekannt, die teilweise bei BARBERO, BOATWRIGHT [Acceptance and Approval] und WOOLF [Moving Peoples in the Early Roman Empire] zu fin-

Deportation als Bevorzugung

Antike

den sind. Der Verfasser dieses EGRA-Bandes bereitet eine umfassendere Studie zum Deportationsregime der Römer vor.

Gliederung

Im Folgenden werden Deportationsformen von denen einer Strafe, die einem Genozid nahekommen kann, bis hin zu milderen, die der Umsiedlung und Peuplierung nahestehen, kurz vorgestellt. Dann folgen allgemeinere Bemerkungen zu Quantität, Terminologie und methodischen Ansätzen.

Genozid als Ziel von Deportation?

Deportation kann in der Moderne, wie erwähnt, bisweilen Genozid beabsichtigen. PETERSEN hat dieses Phänomen nicht sonderlich herausgestellt und es ist auch umstritten, inwieweit es in der Vormoderne verbreitet war. Vor allem in der Antike ist es schwierig Beispiele zu finden – was natürlich auch von der Definition abhängt. LEMKIN hat 1943/44 formuliert: „Generally speaking, genocide does not necessarily mean the immediate destruction of a nation, except when accomplished by mass killings of all members of a nation. It is intended rather to signify a coordinated plan of different actions aiming at the destruction of essential foundations of the life of national groups, with the aim of annihilating the groups themselves." [LEMKIN, Axis Rule in Occupied Europe, 79]. Der Begriff Genozid wurde angesichts des Holocausts geprägt, auch LEMKIN zählte zu den Flüchtlingen [ebd., 79–95]. Sein Werk hatte Einfluss auf die UN-Konvention zur Vorbeugung und zum Schutz vor Genozid [UNITED NATIONS, Convention on the Prevention], die aber Genozid enger versteht. NAIMARK [Genozid, 15–25 u. 199–200] hat ein Kapitel zur Antike im weitesten Sinn, das die biblische Welt, den Trojanischen Krieg und einige markante Massaker der Antike einbezieht. Einen weiteren Genozidbegriff als die UN haben die Beiträge in KIERNAN u. a. [Cambridge World History of Genocide 1].

Konzentrationslager und Todesmärsche

Im 20. Jh. zielten Deportationen häufig auf Genozid ab, gerade im Kolonialismus und unter totalitären Regimen. Entweder wurden die Opfer in Lager verbracht, um sie dort zu töten (Holocaust), oder sie wurden ohne genügende Unterstützung deportiert, so dass die Deportation zum Todesmarsch wurde (Herero und Nama [ZIMMERER / ZELLER, Völkermord in Deutsch-Südwestafrika], Armenier [HOSFELD, Tod in der Wüste], Juden aus den KZ 1945).

Deportation im Altertum

Aus dem Orient hören wir häufig von besonders grausamen Kriegshandlungen, die mit Deportation in Verbindung standen – einerseits im Alten Orient [1.1.4: SANO, Die Deportationspraxis in neuassyrischer Zeit], andererseits im frühhellenistischen Indien [1.1.4: ALLEN, Ashoka]. Todesfälle unter den Deportierten wurden in Kauf genommen. In der römischen Geschichte kommen wir am ehesten in der Zeit Caesars und Augustus' auf Verdachtsfälle (3.5).

Die Hartnäckigkeit der Gegner, v. a. Guerilla-Kriegsführung, oder deren innere Zerstrittenheit konnte dazu führten, dass ein endgültiger Sieg nicht herbeizuführen war [SILVA RENESES, 196–209]. Wenn man die inneren Verhältnisse betrachtet, konnten Flucht und Vertreibung Hand in Hand gehen, so bei den Staseis in griechischen Städten oder bei christlichen Häretikern, die u. U. das Römische Reich verließen und im Sassanidenreich Zuflucht fanden. Römer haben aus anderen Motiven deportiert als die Athener. Ob die Spartaner Deportationen angewandt haben, ist nicht klar. Zeiten verstärkter Deportation wie unter Augustus wechselten sich mit Phasen geringerer Ausübung dieser Praxis (s. u. 3.5).

_{Motive}

Die historische Konstellation ist von erheblicher Wichtigkeit, um die Realisierung der Deportation zu verstehen [STEINER, Rückkehr unerwünscht, 115–124]. Personen, deren Rückkehr in die Kerngebiete eines Staatswesens als unerwünscht erachtet wurde, konnten unter Umständen an der Peripherie angesiedelt werden oder Bevölkerungsverluste in einzelnen Regionen ausgleichen. Sie lebten relativ unabhängig und bekamen Land zur Verfügung gestellt. Die Deportation war dann einer Umsiedlung ähnlich, wobei sich die Deportierten den Ort nicht aussuchen konnten. Beispiele sind im historischen Teil zu finden (auf Sizilien, Ligurer in Italien, Juden in Kleinasien usw.). Deportation kann also auch Nähe zur Peuplierung [STEINER, Rückkehr unerwünscht, 141–146] bzw. Neugründung [DEMAND, Urban Relocation] aufweisen (s. u. 3.2).

Humanere Formen der Deportation

Caesar behauptet, über 250 000 Helvetier getötet zu haben, was illusorisch ist (3.5); ebenso vermeldet er, einen Großteil der 430 000 Usipeter und Tenkterer am Niederrhein im Kampf und auf der Flucht niedergemetzelt zu haben – auch Frauen und Kinder. Caesar nutzte einen angeblichen Bruch des Waffenstillstandes dazu, die führerlosen Germanen an der Maas zu überfallen und das Lager einnehmen zu lassen (Caes. Gall. 4,14–15; dazu SCHAUER [1.5: Der Gallische Krieg, 170 u. 196–198]). Die angebliche Zahl von 430 000 (Gall. 4,15,3) bzw. 400 000 (Plut. Caes. 22; App. Kelt. F 18 Hofeneder) Migranten ist schon deshalb unwahrscheinlich, weil so große Verbände in der Antike logistisch nicht zu versorgen waren. Caesars Behandlung der Nervier deutet ebenfalls in Richtung Genozid [THOMAS GRUNEWALD, Nervier, RGA 21, 2002, 91–93]. Im Fall von Caesars Krieg in Gallien war die Abstrafung migrierender Gruppen nur ein Teil

Quantität der Migranten

der insgesamt genozidalen Kriegführung in einem ‚kolonialen Raum'; Lebensmittel in großem Umfang für die eigenen Truppen zu beschlagnahmen hatte bei den sesshaften Galliern die gleiche Wirkung.

Quantität der Deportierten

Auch die Zahl der (noch) zu Deportierenden wird oft übertrieben dargestellt. Beispiele der frühen Neuzeit zeigen, dass es eher Tausende oder Zehntausende waren, die gemeinsam deportiert wurden – nicht Hunderttausende [STEINER, Rückkehr unerwünscht, 128 u. 146]. Im Falle der Morisken wurden Gruppen in der Größenordnung von 5500–21000 Personen gebildet, die aus Andalusien nach Kastilien und in den Norden Spaniens verbracht werden sollten [ebd. 77].

Terminologie

Die Terminologie ist unscharf. Deportation kann sich hinter vielen Verba, bspw. lat. *confero, consideo, differo, infero, loco, summoveo, transfero, traicio*; griech. ἀνίστημι, ἀποδίδωμι, ἐγκαθίστημι [sc. οἰκήτορας], ἐπάγω, ἐξάγω, ἐξαιρέω, καταβιβάζω, λαμβάνω [sc. γῆν], μετοικίζω und προσνέμω verbergen, die zumeist aber in einem übertragenen Sinne gebraucht werden. Ausnahme mag der Nomadismus sein, der begrifflich enger zu fassen ist, wodurch die Quellen für ein nomadisches Leben leichter in den Volltextdatenbanken zu finden sind [1.5: RÜCKER u. a., Wandern, weiden].

Politikwissenschaft

Deportation ist ein politikwissenschaftliches Thema, das internationale Politik, aber auch Migrationspolitik betrifft [HEIKE DROTBOHM, Deportation: an Overwiew, EGHM 3, 1183–1188]. Ein aktuelles Beispiel für Deportation ist die Verschleppung ukrainischer Kinder nach Russland, die von Amnesty International seit September 2024 angeprangert wird (https://www.amnesty.de/informieren/amnesty-journal/ukraine-russischer-angriffskrieg-deportation-kinder-russland-irgendwie-ueberlebt, abgerufen am 23.1.25). In der Empireforschung verwies MÜNKLER [1.3.4: Imperien, 198] auf einige bekanntere Fälle der Neuzeit (hierbei als Opfer Juden, Armenier, Osmanen). Wenn von einem *deportation regime* (engl.) die Rede ist, sind aber meistens Abschiebungen gemeint [GENOVA / PEUTZ, The Deportation Regime].

Methoden

Der Regime-Ansatz (s. o. 1.3) ist im Hinblick auf Migration und Deportation eine vielversprechende Methode. SCIORTINO [1.3.1: Between Phantoms and Necessary Evils, 32 f.] wurde bereits zitiert. Im Hinblick auf antike Deportationen wäre also zu prüfen, ob diese eher juristisch-staatsrechtlich oder improvisiert-regimehaft realisiert wurden. Für die klassische Antike scheint der zweite Fall zu überwiegen. Kehne [Überlegungen] hat versucht, Deportation als ein völkerrechtliches Phänomen zu fassen, aber sie wurde, soweit ich es sehe, nie zum Gegenstand von schriftlichen Verträgen gemacht. Es hat definitiv Absprachen zwischen Deportierern und Deportierten gegeben, die aber v. a. den Weg und die Versorgung der Unterlegenen bzw. Abweichler betrafen.

Zunächst konnte besprochen werden, ob wirklich *alle* Menschen deportiert werden sollten. Ältere und Kranke wurden mitunter ausgenommen, wie wir es von der indigenen Bevölkerung Amerikas wissen. Dann war über die Transportmittel zu reden, die sich von denen der Massenmigrationen nicht unterschieden (Wagen, Schiffe). Der Großteil der Deportierten wird zu Fuß gegangen sein. Etwaig vorhandene Pferde wurden vom Militär benötigt, das die Migration teilweise begleitet haben dürfte. Auch über die Lebensmittelversorgung gab es Aushandlungen. Die Helvetier bspw. hatten ihren Proviant aufgebraucht, als Caesar sie von Bibracte nach Helvetien deportierte. Dort angekommen, wurde den Migranten Land und Ackerbaugerät gegeben. Wie gut oder schlecht die Deportierten versorgt wurden, war natürlich auch von den Umständen abhängig. Wenn das begleitende Militär Versorgungsprobleme hatte, mussten die Deportierten hungern. Plastische Beispiele bietet die frühe Neuzeit, aus der viele Selbstzeugnisse von Deportationsopfern erhalten sind [Steiner, Rückkehr unerwünscht, 23–28].

Deportationspraxis

Flucht ist eine gängige Form der erzwungenen Migration [Petersen, 261]. Durch die heutige enge Bindung der Flucht und der Suche nach Asyl ist das Thema von der Entwicklungsforschung [Zolberg u. a., Escape from Violence, 29–33] nach Aktivisten, Abweichlern und Opfern differenziert worden. Die folgende Dreiteilung antiker Fluchtmotive beruht auf meiner eigenen Einschätzung [3.4: Bräckel, Flucht auswärtiger Eliten, 30–32 gliedert hingegen mit Fokus auf die Eliten].

Flucht

Der erste Typ ist der am besten untersuchte, denn Stasis war im klassischen und hellenistischen Griechenland weit verbreitet. Dahinter kann sich auch die Flucht vor Tyrannen verbergen. Bei den Römern der frühen und späten Republik gab es Unruhen in der Bevölkerung, die aber nicht zu einer langfristigen Flucht führten. Zur Problematik der *secessio plebis* als Teil eines frührömischen Ständekampfes vgl. Walter [3.4: Politische Ordnung, 39 u. 169–171]. Die Relevanz der politischen Flucht für Rom wird aber nicht immer gesehen. Maschek behandelt dieses Thema gar nicht, tangiert aber

1. Politische Flucht

die Landflucht aus sozio-ökonomischen Gründen [3.4: Maschek, Die römischen Bürgerkriege, 134–140]. Die Grundfiguration von Flucht als existentieller Einschnitt dürfte den Römern aber durch den Aeneas-Mythos und (schwer deutbare) aitiologische Elemente in ihrem Festkalender geläufig gewesen sein; zu letzterem s. Pfeilschifter [Die Römer auf der Flucht].

Griechische Geschichte

Die Flüchtlinge wurden akribisch von Seibert [Die politischen Flüchtlinge] zusammengetragen, die systematische Analyse kommt aber ein wenig zu kurz [353–407]. Deshalb sind für die klassische Zeit Gehrke [3.3: Stasis] und für die hellenistische Zeit Börm [3.4: Mordende Mitbürger] heranzuziehen. Auch wenn sich die historischen Rahmenbedingungen gewandelt haben, waren die Umstände ähnlich: Angehörige der Oberschichten rangen um ihren Status, Gewaltbereitschaft war vorhanden, außenpolitische Folgen waren möglich, d. h. die Unterstützung der Konfliktparteien durch äußere Mächte. Der unterlegenen Richtung drohte Tod und Vertreibung.

Das Verbanntendekret

Man hat verschiedene Ursachen für Alexanders III. Dekret vermutet [Schulz / Walter, GG 2, 287 f.], aber an dieser Stelle ist entscheidend, dass das Phänomen der Vertreibung aus politischen Gründen zeitweise offenbar großen Umfang angenommen hatte [Zahrnt, Versöhnen oder Spalten?]. Die Deutungen der Maßnahme variieren zwischen Versuch der Versöhnung und dem Gegenteil, der Schwächung der Griechenstädte durch Rückkehr von Renegaten. Stoff für neuerlichen Streit boten die gerichtlichen Verfahren um eine Restituierung von eingezogenem Vermögen.

2. Selbstexilierung

Die Hikesie [Susanne Gödde, DNP 5, 1998, 554 f.] ist in archaischer und klassischer Zeit bezeugt, vgl. Pötscher [3.2: Die Strukturen der Hikesie]; für eine Analyse der literarischen Diskursivierungen s. Grethlein [Asyl und Athen]. Die weitere Form ‚Asyl' hingegen blieb in der ganzen Antike, aber in verschiedener Form bekannt, s. Dreher [1.1.1: Das antike Asyl]. Für prominente Flüchtlinge ist die Quellenlage besser [3.4: Bräckel, Flucht auswärtiger Eliten]. Auf ältere religiöse Begründungen des Asyls in Tempeln gründet sich dann auch das Kirchenasyl, das bereits in den konfessionellen Streitigkeiten der Spätantike wichtig war [Leopold Wenger, Asylrecht, RAC 1, 1950, 836–844].

3. Flucht nach Niederlage

Dieses Phänomen ist aus vielen Quellen bekannt, aber selten von der antiken Historiographie vertieft worden. Cicero hat sich über die Pflichten geäußert, die im Krieg zu beachten seien – kein Wort über die Zivilbevölkerung (off. 2,37–41). Bei Livius finden wir immerhin eine Beschwerde der verbündeten Lokrer über Gräueltaten der römischen Garnison (Liv. 29,17,15 f.; 204 v. Chr.). Was passieren konnte, wenn man nicht rechtzeitig floh, zeigt Thukydides am Beispiel Mykalessos (7, 27–30) [1.1.1: CARTLEDGE, Die Griechen und wir, 52–54]. Aber wir hören ansonsten nie, wie die Nichtkombattanten durch antike Kriege litten, man kann es nur durch Analogien erschließen. Krieg führt nicht notwendigerweise zu Flucht [ETZOLD, Gewaltmigration].

Herodes eignet sich wegen der vergleichsweise guten Quellenlage als Beispiel für eine Flucht [3.4: BRÄCKEL, Flucht auswärtiger Eliten ins Römische Reich, 128–133; 2.2: BALTRUSCH, Herodes, 76–79], deren Hintergründe aufgrund ihrer Komplexität hier außer Betracht bleiben sollen. Die Fluchtroute und die Umstände werden bei Josephus (BJ 1,263–281; AJ 14,352–378) dargelegt, wobei der Weg vom Nabatäerreich über Ägypten (unter Kleopatra VII.) nach Rom führte. Dass sich Herodes nach dem Unfall seiner Mutter selbst töten wollte, klingt legendär und mag auf die tendenziöse Sicht des Josephus zurückgehen [KASHER, Josephus]. Josephus betont mehrfach den beklagenswerten Anblick der Flüchtlinge. Auch hier ist man geneigt, von Topik zu sprechen. Analogien aus Mittelalter und Neuzeit mögen weiterführen [zu einer vielversprechenden Tagung „Herrscher im Exil" (Greifswald 2023) s. LAURA POTZUWEIT / FREDERIC ZANGEL, H-Soz-u-Kult 28.10.2023, https://www.hsozkult.de/conferencereport/id/fdkn-139395, abgerufen am 11.3.25]. Die Umstände moderner Flucht erscheinen wegen der besseren Überlieferungslage dramatischer [OLTMER, ‚Flüchtling'– historische Perspektive; 4: BERLINGHOFF, Bootsflüchtlinge; 2.1: OLTMER u. a., Report globale Flucht 2023].

<small>Praxis der Flucht</small>

Allgemein orientieren FLAIG [Weltgeschichte der Sklaverei, 33–82] und CARTLEDGE / BRADLEY [The Cambridge World History of Slavery 1]. GHETTA [Sklavenhändler, HAS 3, 2596–2601] informiert zur Praxis des Sklavenhandels. Beispielhafte Quellen nennt FISCHER [Sklaverei in der Antike, 101–120]. Zur Krim vgl. Heinz HEINEN [Schwarzmeerraum I, HAS 3, 2522–2525]. Auf den hellenistischen Umschlagplatz Delos ist zurückzukommen (s. u. 3.4). Zur Stellung des Christentums zur Sklaverei s. ELISABETH HERRMANN-OTTO [RAC 30, 2021, 691–751].

<small>Versklavung</small>

Zur Abschaffung der Schuldknechtschaft in Athen (um 590/570 v. Chr.) s. knapp ROBIN OSBORNE [Seisachtheia, DNP 11, 2001, 351 f.] und SCHULZ / WALTER [GG 1,135 f. u. 2,192 f.], sowie jetzt grundlegend SCHMITZ [Leges Draconis et Solonis (LegDrSol), 642–680]. Zum ähnlichen Phänomen des *nexum* in Rom und dessen Abschaffung durch

<small>Schuldknechtschaft</small>

die lex Poetilia von 326 v. Chr. s. ELSTER [3.4: Die Gesetze der mittleren römischen Republik, 63–71].

Geiselhaft — Die Stellung von Geiseln sollte zur Einhaltung von Verträgen beitragen, konnte aber auch der Annäherung an die Kultur Roms dienen, denn die Römer ließen ihre (jugendlichen) Geiseln in Rom ausbilden [THIJS, Obsidibus imperatis].

2.3 Freie Migration: individuelles Streben nach einem besseren Leben

Definitionen — „Voluntary migration" [3.4: BELTRÁN LLORIS, Galos en Hispania; 2.2: ELTIS, Coerced and Free Migration] wird immer dann zu finden sein, wenn es keinen Zwang zum Ortswechsel gab und die Aussichten auf bessere Chancen (Land; Verdienstmöglichkeiten) im Vordergrund standen. Von größeren Migrantengruppen waren das häufig die zweiten und dritten Wellen in eine bereits erschlossene Region; bei Individuen lagen meist entsprechende Angebote vor (z. B. Söldner, Ärzte u. a. Spezialisten im Perserreich); s. u. zur Arbeitsmigration. Heutzutage wird ‚freie' Migration zumeist in einem anderen Sinn verwandt, nämlich dem der Forderung nach Freizügigkeit, dass Staaten also ihre Grenzen für alle Migranten öffnen sollten (‚open migration') [PÉCOUD / GUCHTENEIRE, Migration without Borders]. Dieses Problem stellte sich in der Antike nur bedingt, weil die antiken Staaten nicht im selben Maße exklusiv dachten wie die Mehrzahl heutiger Nationalstaaten [SCIORTINO, Borders and boundaries] und Metöken/Peregrine im Allgemeinen zuließen (zu sog. Fremdenausweisungen s. u. 3.4).

Entdeckergeist — Immer wieder wird der griechische Entdeckergeist beschworen, der schon bei Homer bezeugt ist (Od. 8,131–136). GARLAND kommt diesem Typen des Migranten mit der Bezeichnung „The Wanderer" nahe, muss sich dabei allerdings auf allgemeine Äußerungen der griechischen Literatur stützen [GARLAND, 15–33 u. 208–210]. Nur schwer sind historisch valide Namen solcher Entdecker oder Pioniere anzugeben. Mitunter wird in der Forschung von Protokolonisation gesprochen (zur Problematik des Begriffs Kolonie s. u. 2.4). Der im Darstellungsteil erwähnte Euthymenes gehört wohl an den Beginn der klassischen Zeit. Seine Afrikareise (Sen. nat. 4,2,22) scheint kaum Migrationen induziert zu haben. Bei karthagischen Entdeckern ist es ähnlich [1.3.2: Schulz, Abenteurer der Ferne, 151–164]. Zu Phokaias Westfahrten s. u. 3.2.

Im Ionischen Meer gab es bereits „protokoloniale" Aktivitäten, sei es Kult oder Handel, die sich bei Homer spiegeln [3.2: Malkin, The Returns of Odysseus]. Migrationen von Einzelpersonen oder kleinen Gruppen bspw. von Händlern im Nordpontos [3.2: Drews, The Earliest Greek Settlements on the Black Sea] und Südpontos [Doonan, Colony and Conjuncture] werden ebenso bereits vor 700 v. Chr. für möglich gehalten. Von „Travelling Heroes" spricht Lane Fox [Reisende Helden]; das Buch blieb in seinem fast visionären Blick auf die Leistungen der seefahrenden Euböer nicht unwidersprochen, fand aber dennoch Anerkennung [Raimund Schulz, HZ 296, 2013, 462: „ingeniöse Provokation festgefahrener (und vorschnell akzeptierter) Forschungspositionen"]. Es gab auch frühe Entdeckungsreisen mit Relevanz für Mittel- und Nordeuropa, die aber nicht immer unmittelbare Wirkungen auf den Mittelmeerraum hatten [Dieter Timpe / Lutz Richter-Bernburg, Entdeckungsgeschichte, RGA 7, 1989, 307–389].

West und Ost

Von Aviens Schrift „Ora maritima" ist vor allem die Beschreibung des Seegebietes um Tartessos erhalten. Der Autor hat indirekt auf einen „alten Autor" als Quelle verwiesen [1.5: Stichtenoth, Avienus, 10–13]. Zu dieser älteren Periplus-Literatur s. Dueck [1.3.2: Geographie in der antiken Welt, 63–80]. Schulz [3.2: Als Odysseus staunte] untersucht archaische und klassische Literatur in ihrer Bedeutung für die griechische Sicht der Fremden und für die Ethnographie, auch Herodot [ebd. 221–326]. Dessen „Erkundungen" sind in ihrer Authentizität häufig bezweifelt worden, aber seine Recherchen im Raum Olbia [3.2: Vinogradov / Kryzickij, Olbia] gelten als recht gewissenhaft, weil seine Schilderung der Skythen vielfach archäologisch gestützt wird [West, Herodotus and Olbia]. Ps.-Skylax verarbeitete in seinem „Periplus" Quellen aus klassischer Zeit [1.5: Shipley, Ps.-Skylax's Periplous.]. Pytheas berichtete in Περὶ ὠκεανοῦ („Über das Weltmeer") über eine Reise um Britannien herum. Über solche antiken Entdecker gibt es zwar eine reichhaltige Literatur (Quellen: Hennig [1.5: Terrae incognitae. Bd. 1]), doch können wir nicht einschätzen, inwiefern sie Migrationen beflügelten. Mitunter standen kommerzielle Interessen im Vordergrund, gerade was Indien und den Indienhandel angeht [3.5: Schulz, Ozeanische Seewege].

Geographische Literatur

Bereits Alexander III. hatte seinen Eroberungszug mit geographischen Forschungen verbunden [1.3.2: Schulz, Abenteurer der Fer-

... im Hellenismus

ne, 243–267]. Die hellenistischen Könige gaben ebenfalls Entdeckungsreisen in Auftrag [271–304]: Die Ptolemäer interessierten sich bspw. für den Süden des Roten Meeres, Agatharchides von Knidos erarbeitete einen Bericht darüber [LEMSER, Neue Ethnien am Südmeer]. Zur Mission des Polybius äußert sich HARL [Polybios bereist um 150 v. Chr. die östliche Cisalpina und besucht die norischen Taurisker]; diesen und weitere Autoren wie Poseidonios und Strabo analysiert GIESEKE [3.4: Vom äußersten Westen der Welt], der am Beispiel der galatischen Kelten Migration als den Auslöser ihrer Hellenisierung herausstellt [ebd. 161 Anm. 806]. In der Kaiserzeit gab es dann häufiger im staatlichen Auftrag Erkundungen [1.3.2: SCHULZ, Abenteurer der Ferne, 318–378], v. a. in Mitteleuropa und nach Indien.

Neuzeitliche freie Migration

PETERSEN [263] rekurriert auf das Beispiel Schweden, wo in den Jahren 1840–1860 die ersten Menschen in die USA auswanderten und eine Vorreiterrolle einnahmen, bevor es zu Massenemigrationen kam [LINDBERG, The Background of Swedish Emigration]. Zur Situation in anderen europäischen Staaten vgl. die Beiträge in BADE, Enzyklopädie [54–140 u. 171–356].

Frühe Emigration aus Deutschland

Nach dem Dreißigjährigen Krieg ermunterten einige deutsche Fürsten zunächst zur Immigration, um ihren entvölkerten Territorien aufzuhelfen („Peuplierung"; s. u.); bekannt ist die Ansiedlung der aus Frankreich wegen ihres Glaubens geflohenen Hugenotten in Brandenburg-Preußen, Hessen und der Pfalz. Doch im Verlauf des 18. Jhs. begann auch eine Emigration nach Südosteuropa, Russland und Nordamerika. Während die Migranten in Russland erwartet worden seien (Einladungsmanifeste von Katharina II., 1762/63), gelte das für die anderen Gebiete nicht im selben Maße [BADE u. OLTMER, in: BADE, Enzyklopädie 141–170]. Es ist meines Erachtens davon auszugehen, dass in diesen Fällen einzelne Pioniere den Weg für die spätere Massenmigration freimachten – analog zu Schweden. Im Falle der Pfälzer, die nach England [2.2: DEFOE, Kurze Geschichte der pfälzischen Flüchtlinge (1709)] und in dessen Kolonien emigrierten, waren die Pioniere aber eher Engländer selbst (William Penn) oder Hugenotten gewesen, die schon seit 1660 aus der Pfalz weiterzogen [PAUL / SCHERER, Pfälzer in Amerika]. Zu Josua Harrsch vgl. MIELKE [Harrsch, Josua].

Emporion

Als Vorstufe für größere Migrationen mit etwaiger Koloniebzw. Apoikiegründung hat beispielsweise Eduard MEYER in seiner „Geschichte des Altertums" [Bd. 3, 2. Aufl. Stuttgart 1937, 410] das

Emporion angesehen. Der Begriff hat freilich ein großes Bedeutungsspektrum und wird bisweilen unscharf gebraucht. Häfen von Poleis im ägäischen Griechenland wie Piräus [BRESSON, The Making, 306–338; 3.3: GARLAND, The Piraeus] sind hier nicht gemeint, sondern Neugründungen von Handelsposten, die durchaus für mehrere ethnische Gruppen gedacht sein konnten und unter Umständen auch Ackerland umfassten, was für eine ständige Nutzung spräche [ELIAS PETROPOULOU, Emporion, EAH 5, 2397–2399]. Zur Terminologie von *emporion* s. HANSEN [Emporion]. Gegen DEMETRIOU [3.2: What is an Emporion?] würde ich den Begriff aber beibehalten wollen, da Emporia aufgrund von freier Migration (v. a. am Handel interessierter Personen) entstanden, die begrifflich von Apoikien abgegrenzt werden sollten. Zu den Emporia in Südspanien s. SUÁREZ-PADILLA u. a. [The Phoenician Diaspora]; zur weiteren Entwicklung der Emporia s. KARIN MANSEL [DNP S 10, 2015, 794–815 (Nordafrika und Karthago)]. Komparativ betrachtet DEMETRIOU [4: Negotiating Identity] die Emporia im engeren Sinn und die Häfen größerer Städte wie Athen. In Pyrgi gingen Phönizier-Karthager dem Kult der Astarte nach [PFIFFIG, Uni – Hera – Astarte]. Der Hafen war aber kein Emporion im strengen Sinn, sondern gehörte primär zu Caere [MICHETTI, Ports]. Die Etrusker ließen die Beteiligung Fremder am Kult der Uni zu.

Phönizische Emporia

Mit der Entwicklung eines Emporion nahm die Zahl der ständigen Bewohner zu; im Laufe der Zeit erhielt Naukratis gemeinsame Einrichtungen verschiedener griechischer Poleis wie das Hellenion, eine gemeinsame Kultstätte; zur Entwicklung vgl. MÖLLER [Naukratis, 182–215].

Naukratis

Der ältere Forschungsstand zu Pithekoussai ist bei BOARDMAN [3.2: Kolonien und Handel, 195–199] zu finden. Neuere Forschungen (IACP 65) interpretieren Funde außerhalb der Zentralsiedlung als Indizien für eine Chora und deuten diese als Anfänge der Polis-Bildung, die über den Charakter eines Emporions für Handel mit den Etruskern also hinausweisen. Fundstücke aus dem Orient werden entweder als Belege des Handels mit Phöniziern gesehen [LANE FOX, Reisende Helden, 178], als phönizische Präsenz [HAYNE, The Italian Peninsula, 510 f.]) oder aber als Handelsverbindung der Euböer mit Al-Mina [LANE FOX, ebd. 298]. Die Chalkidier aus Pithekoussai gründeten an der Küste die Apoikie Kyme, während die Eretrier noch kurze Zeit auf der Insel verblieben, was in augusteischer Zeit als Folge einer Stasis interpretiert wurde (Strab. 5,4,9); vgl. COLDSTREAM [3.2: Pithekoussai, Kyme].

Pithekoussai

Sinope   In der Mitte der Südküste des Schwarzen Meeres beim heutigen Sinop bot sich eine besonders günstige Situation der Gründung eines Handelspostens [3.2: Manoledakis, Greek Colonisation], der Zuzug freier Siedler schon vor der milesischen Apoikiegründung erfuhr und somit als Emporion klassifiziert werden könnte [Doonan, Colony and Conjuncture, 617 f.] und sich später in eine Polis wandelte (IACP 729), was nur sehr selten bezeugt ist (s. o. allgemein zu Emporia). Zu den östlich gelegenen Neugründungen (früher Sekundärkolonien genannt) wie Kytoros vgl. IACP 719, 722 u. 734.

Port of Trade   Zum Modell „port of trade" s. Polanyi [Ports of Trade in Early Societies]. Das frühmittelalterliche Haithabu geriet schnell unter die Kontrolle des dänischen Königs [Maixner, Haithabu]; Whydah (im heutigen Benin) geht auf portugiesische Händler zurück [Manning, Slavery, Colonialism ... 1640–1960]. Der Charakter Al-Minas bleibt umstritten, der antike Name ist unsicher, eine Inschrift Tiglatpilesers III. könnte ihn betreffen [Alexander Vacek, DNP S 10, 2015, 723–725]. In Al Mina ist einheimische, phönizische und griechische Keramik zu finden, wobei euböische Keramik einen großen Anteil ausmacht. U. a. deshalb schreibt Lane Fox [Reisende Helden] Euböern eine herausragende Rolle in der Frühphase der Apoikie-Gründungen zu.

Frühe Kelten   Die Migration der Kelten hatte ihren Ursprung in dem legendären Helico, der aus Italien Südfrüchte mitgebracht haben soll, die einen Pull-Effekt auslösten [3.4: Dobesch, Zur Einwanderung der Kelten]. Es mag sein, dass individuelle Migrationen eine Zeitlang dominierten, bevor Invasionen auf die tyrrhenische Halbinsel und den Balkan zur Voraussetzung für keltische Massenmigrationen im 3. Jh. v. Chr. wurden (s. u. 3.4).

Arbeitsmigration   Kernproblem ist die Frage, wann Mobilität von Händlern und Handwerkern zu Migration wurde, wann Arbeitende also blieben und nicht in ihre Heimat zurückkehrten. Römische Beispiele finden sich bei Grassl [Arbeitsmigration]. Zur Stadtflucht s. Link [3.5: Anachoresis]. Viele Beispiele für moderne Arbeitsmigration sind bei Bade, Enzyklopädie, zu finden.

Jüdische Diaspora?   Diaspora hatte für Juden die Bedeutung einer göttlichen Strafe, die von der babylonischen Gefangenschaft unterschieden wurde [Mario Baumann, Diaspora I, RGG^4 2, 1999, 826 f.]. Das Phänomen der Auswanderung aus Palästina blieb trotzdem bestehen, wenn auch die Anfänge im 5. und 4. Jh., als die Achämeniden über Israel herrschten, im Einzelnen kaum nachvollziehbar sind. In der frühen

Kaiserzeit existierten jüdische Diasporagemeinden in fast der gesamten Mittelmeerwelt, besonders in den großen Städten [DELLING, Die Bewältigung der Diasporasituation, 64 f.]. Inschriften bestätigen die große Verbreitung von Juden in den entsprechenden Gemeinden. Sie wurden im Projekt „Inscriptiones Judaicae Orientis" mustergültig zusammengetragen (Beispiel: AMELING [1.5: Inscriptiones ... 2. Kleinasien].

Anlässlich seiner Mission an den Kaiser Caligula hat der jüdische Schriftsteller Philo auf die Geschichte der Juden in Rom zurückgeblickt und die projüdische Haltung des Augustus hervorgehoben (Ph. Gai. 152–158 mit KOHNKE [1.5: Gesandtschaft an Caligula, 214–216]). Er erklärt den großen jüdischen Bevölkerungsanteil jenseits des Tibers (Trastevere) mit der Freilassung von jüdischen Sklaven, die (offenbar schon in hellenistischer Zeit) nach Rom gebracht worden waren. Zur weiteren Entwicklung s. RUTGERS [Roman Policy towards the Jews] und für die spätantiken jüdischen Katakomben einführend RUTGERS [Neue Recherchen]; DERS. [3.6: The Jews in Late Ancient Rome] wendet sich eher an Spezialisten; für provinzialrömische Beispiele s. den Ausstellungskatalog von GROSS u. a. [3.5: Im Licht der Menora], der über die beiden Germanien und die Belgica hinaus auch andere Provinzen behandelt.

Trastevere

2.4 Massenmigration: kollektive Maßnahmen

Der Zusammenhang der Entwicklung indoeuropäischer Sprachen und Migration leuchtet unmittelbar ein, aber trotzdem sind die Details umstritten (s. u. 3.1). Deutlicher ist der invasive Typ von Massenmigration (Typ 1) in historischer Zeit, die Gründung von Kolonien im modernen Sinn, sei es in Oberitalien (durch Kelten, s. o. 2.3) oder Römer in Italien (s. u. 3.4) [3.4: GALSTERER, Die Kolonisation der hohen Republik und die römische Feldmesskunst; 3.4: MEHL, Hellenistische Kolonisation]; zur modernen Kolonie s. JAN u. LEO LUCASSEN [Mobilität, EnzNeuzeit 8, 2008, 624–644], die Kolonialmigration als Haupttyp der Emigration ansehen. Ein größeres vergleichendes Projekt beabsichtigt PELGROM [Classical and Hellenistic Colonisation], der neben Rom und Athen diverse andere Staaten einbeziehen möchte, z. B. Makedonien, Syrakus, Karthago und das Perserreich (https://www.ancientcolonisation.nl/, abgerufen am 25.1.25).

Typ 1: invasiv, Kolonisation

Typ 2: nicht-invasiv, *apoikia*

John BOARDMANS zuerst 1964 erschienene Gesamtdarstellung der Migrationsprozesse, „The Greeks Overseas: their early colonies and trade", ist als Synthese v. a. durch die Berücksichtigung aller Regionen verdienstvoll, weist aber bis in die Neuauflagen (zuletzt 1999) die Prämisse der griechischen kulturellen Überlegenheit und des Strebens nach Vorherrschaft auf [3.2: OWEN, Analogy, Archaeology, 13 f.]. Diese koloniale Perspektive mag für einige späte (klassische) Apoikien sinnvoll sein, ist aber letztendlich ein trügerischer Analogieschluss britischer Autoren der späten Kolonialzeit [3.2: SHEPHERD, The Advance of the Greek], der sich bis ans Ende des 20. Jhs. in der internationalen Forschung behauptet hat [3.2: MAUERSBERG, Die „griechische Kolonisation"]. Diese Sichtweise hat auch zu einer Überbetonung des Handels als Ziel der Apoikie geführt [3.2: DELP, Zwischen Ansässigkeit und Mobilität, 18]. Zu Recht werden die Interaktionen von Apoikisten und indigenen Bevölkerungen in jüngerer Zeit hervorgehoben, anstatt die Superiorität der Griechen zu postulieren [2.4: DONNELLAN u. a., Conceptualising Early Colonisation]. Der postkoloniale Ansatz erweist sich hier als förderlich.

Diffusität

Betrachtet man die transatlantischen Migrationen der Neuzeit, so lassen sich allgemeine Punkte benennen: Ökonomische Interessen überwogen, ob landwirtschaftliche oder gewerbliche. Gewalt blieb nicht nur auf die Invasion beschränkt, sondern zeigte sich alsbald auch im Sklavenhandel (vgl. zur historischen Entwicklung im Kontrast mit Asien JAN u. LEO LUCASSEN, Emigration, EnzNeuzeit 3, 2006, 257–261). Massenmigration der Antike war aber, über die beiden genannten Typen invasiv und nicht-invasiv hinaus, viel diffuser. Zentrale Lenkung gab es nicht immer, Einsickern von Immigranten überwog häufig [ELENA ISAYEV, Mediterranean Ancient Migrations, EGHM 4, 2126–2129].

Idealtypische Ansiedlung

Zu Megara Nisaia und der Apoikie Megara Hyblaia s. IACP 225 u. 6. Zur „collective action theory" vgl. BLANTON / FARGHER [1.5: Collective Action]. Details der Apoikie-Gründung behandelt ANGELIS [3.2: Megara Hyblaia and Selinous, 1–4 u. 10–16]; die Parzellierung der neuen Stadt im Detail schildert MERTENS [3.2: Städte und Bauten, 63–72]. IACP gibt für die Größe der Chora sogar 200–500 km^2 an. Die Bindung an die Metropolis diskutieren SEIBERT [Metropolis und Apoikie], BERNSTEIN [3.2: Apoikie und Metropolis] und MOMRAK [The Myth of the Metropolis]. BERNSTEIN [4: Immigranten und Indigene] hat die Bezeichnung „Indigene" infrage gestellt, weil sie diesen Gemeinsamkeiten unterstellte [ebd. 35].

Besser als Sekundärapoikien anzusprechen konnten diese abhängigen Orte [3.2: GSCHNITZER, Abhängige Orte] größer sein als die Ursprungspolis selbst. Mit ca. 1500 km² Chora war Selinous (IACP 44) deutlich größer als Megara Hyblaia selbst, denn es hatte dort mehr Raum zur Verfügung gestanden, bedingt durch das Ende der phönizisch-karthagischen Herrschaft in Westsizilien.

Sekundärkolonien

Zur Apoikie Marseille mit ihren abhängigen Orten s. IACP (3, 2 etc.; Agde IACP, S. 159) und SCHULZ / WALTER, GG 1, 148–152 u. 2, 203–207. Zur Mikroregion vgl. PURCELL / HORDEN [1.1.1: The Corrupting Sea, 391–400], wo auch die verknüpfende Rolle der Apoikie zwischen westlichem und östlichem Mittelmeerraum thematisiert wird [342–400 u. 601–621].

Massalia

Die athenischen Verhältnisse im Seebund hat IGELBRINK [3.3: Die athenischen Kleruchien] genau beleuchtet. Für spätere, hellenistische Militärsiedlungen s. am Beispiel Rhamnous OETJEN [3.4: Athen im dritten Jahrhundert v. Chr]. Weitere Inschriften, die für verschiedene Formen von Migration relevant sind, hat PETRAKOS [1.5: Oi epigraphes, ta charagmata, ta stathmia, oi martyries (Rhamnous 6)] publiziert.

Kleruchien

Eine bedeutende Rolle dürfte in größeren Polisterritorien die Binnenwanderung gespielt haben. Die Griechen selbst fassten sie für die Gründungsphasen unter dem Begriff des Synoikismos („Zusammensiedlung"), der Konzentration einer verstreut lebenden Bevölkerung in einem Zentrum, mal gedacht als rein politischer Akt, mal mit tatsächlichen Umsiedlungen verbunden, auch unter Zwang, wie im 4. Jh. v. Chr. im Fall von Megalopolis in Arkadien; s. SCHULZ / WALTER, GG 2, 77. Im dicht besiedelten, wirtschaftlich dynamischen Attika war Binnenwanderung in klassischer Zeit häufig [3.3: BLEICKEN, Die athenische Demokratie (UTB), 578–580; 3.3: TAYLOR, Migration and the Demes of Attica]. Insbesondere Ägypten bietet durch Papyri reiche Anschauung von Binnenwanderungen, die aber auch gewisse Besonderheiten aufwiesen. Neben der Migration von ländlicher Bevölkerung in die neu entstehenden Städte gab es Migration zu erzwungenen Tätigkeiten, bspw. zur Bodenmelioration oder auch Elephantenjagd. Wir befinden uns hier im Übergangsbereich zur Deportation, auch wenn die meisten Zwangsverpflichteten zurückkehren konnten. Manche entzogen sich der zeitweisen Zwangsarbeit, so dass eine regelrechte Flucht aufs Land (Anachoresis) eintrat, die in der Folge zur Bildung von Räuberbanden führte; LINK [3.5: Anachoresis] schreibt Kaiser Vespasian als Gegenmaßnah-

Binnenmigration

me die Einführung einer korporativen Steuerhaftung zu. Aber auch die Kolonen, die seit dem 3. Jhd. n. Chr. einen immer größeren Anteil des Landes bearbeiteten, drohten mit Flucht [1.1.1: BRANDT, Die Kaiserzeit, 582].

Kyrene als Beispiel

Kyrene gilt als besonders gut bezeugtes Beispiel einer Apoikia (IACP 1028). Mutterstadt ist die Insel Thera (527). Die Quellen Pindar, Herodot und der libysche Lokalhistoriker Menekles von Barka nennen verschiedene Traditionen, in deren Deutung ich BERNSTEIN [3.2: Konflikt und Migration, 171–222] folge. Einerseits wird Dürre als Motiv genannt (Herodot), andererseits Stasis (Menekles), was im ersten Fall für ökologisch bedingte Migration spräche, im zweiten für Emigration mit Tendenz zur Zwangsmigration. Typisch für die (spät)archaische Zeit sind Probleme beim Finden eines geeigneten Ortes für die Apoikie, die bedeutende Rolle des Orakels von Delphi und die Reaktivierung der Beziehung der „Metropolis" zur Apoikie selbst.

Peuplierung?

Im Habsburgerreich, im Russischen Reich und in Brandenburg-Preußen war Peuplierung verbreitet [1.3.4: NIGGEMANN, ‚Peuplierung' als merkantilistisches Instrument]. ULRICH NIGGEMANN und MATTHIAS ASCHE [EnzNeuzeit 9, 2009, 1042–1045] raten von Verwendung des Begriffes außerhalb der Frühen Neuzeit ab, obwohl es auch in der Antike und im Mittelalter immer wieder Migrationen gab, die der Landeserschließung oder der Beseitigung von Siedlungslücken (durch Krieg oder Seuchen) dienten. Es bedürfte noch näherer Untersuchungen, inwiefern die Kleruchie (s. u. S. 163) vielleicht ähnliche Ziele hatte. Eine Theoriebildung ähnlich der merkantilistischen kannte die Antike aber nicht.

Arbeitsmigration

An der Grenze zur Mobilität steht die Arbeitsmigration, die wir aus der griechischen und der römischen Antike kennen [GARLAND 150–166; 1.1.5: GRASSL, Arbeitsmigration in den römischen Grenzprovinzen; 3.2: DELP, Zwischen Ansässigkeit und Mobilität], sie betraf gängige Branchen wie Landwirtschaft, aber auch Künstler [3.3: HOFSTETTER, Die Griechen in Persien; 2.4: WEBER, Dichtung und höfische Gesellschaft; 2.4: SCHUOL, Die Griechen von außen, 136 f.], Ärzte, Kapitäne und Militärs. Aufgrund der Sklaverei war die Arbeitsmigration in der Antike vielleicht nicht so verbreitet wie in anderen Epochen. Mobilität lässt sich in Gallien [1.5: WIERSCHOWSKI, Die regionale Mobilität; DERS., Fremde in Gallien] gut zeigen; in Ägypten [3.4: BRAUNERT, Die Binnenwanderung] war sie häufig erzwungen, d. h. anstatt der Entrichtung von Abgaben mussten Teile der Bevölkerung zwangsweise arbeiten (s. o.).

Zunächst klingt der Begriff Völkerwanderung wie ein prägnanter Ausdruck für länger dauernde Migrationen einer großen Zahl von „Völkern", doch gerade darin liegt das Problem, da die Ethnogenese der migrierenden Gruppen erst am Ende stattfand (s. u. 3.6). Zur Geschichte des Begriffs s. STEINACHER [Wanderung der Barbaren?].

Problem „Völkerwanderung"

Zum Konzept „Grenze" aus Sicht der aktuellen Migrationsforschung s. SCIORTINO [2.3: Borders and boundaries]. Politische Grenzen existierten in der griechischen Antike, waren aber in unterschiedlichem Maße fixiert [FREITAG, Überlegungen zur Konstruktion]. Die Stammesstaaten hatten ohnehin keine klar markierten Grenzen, die Abgrenzung der Chorai der Poleis ergab sich aus der Nutzung. Zwischen den Poleis konnte nahezu ungenutztes Land liegen. Hingegen dienten die Grenzen des Imperium Romanum der Kontrolle von Handel und Verkehr in das Römische Reich [3.5: BREEZE / JILEK, Frontiers of the Roman Empire; 3.5: SOMMER, Roms orientalische Steppengrenze; 3.5: CLASSEN u. a., Roms fließende Grenzen]. Rom hatte also gerade nicht die Absicht, Fremde auszuschließen [4: ALFÖLDY, Das Imperium Romanum], von einer „Festung Europa" konnte keine Rede sein [CLEMENS, Festung Europa?].

Grenze-Frontier

3 Antike Migrationsgeschichte

Im chronologischen Teil werden besonders bekannte Migrationen von der griechischen Frühzeit bis in die Spätantike erörtert, ‚Griechen' und Römer sowie ausgewählte Gegner dienen als Beispiele. Wenige Bücher umfassen griechische, römische oder spätantike Migration insgesamt; das neue Buch von RUBEL [Migration in der Antike] konnte hier nicht mehr berücksichtigt werden und wird andernorts rezensiert. Für die Griechen in archaischer und klassischer Zeit ist GARLAND [2.0: Wandering Greeks] einschlägig; ein knapper, aber tiefgründiger Überblick unter Einschluss der Mobilität ist bei SCHULZ / WALTER [GG 1, 38–51; 2, 63–78] zu finden. Die hellenistische Migration insgesamt wurde seit TSCHERIKOWER [3.4: Die hellenistischen Städtegründungen], der zudem nur ein, wenn auch wichtiges Teilphänomen untersucht, nicht mehr in monographischer Form behandelt, sondern meist eher lexikalisch wie in mehreren Publikationen von Getzel COHEN [3.4: The Hellenistic Settlements, hier abgekürzt COHEN 1/2/3 zitiert], die als chronologische Fortsetzung von IACP dienen können. Cohen hat am Ende der Bände versucht, eine Übersicht zu geben, aber es fehlt die monographische Abrundung (s. u. S. 167). Auf Kolonien mit primär militärischen Aufgaben hat sich Uebel [3.4: Die Kleruchen Ägyptens] beschränkt. Zur römischen Migrationsgeschichte s. u. 3.5, Anfang.

3.1 Wanderungen der frühen Griechen?

Griechischsprecher

Die Darstellung im Oldenbourg Grundriss [Ulf / Kistler, Die Entstehung Griechenlands] ist sehr zurückhaltend, was die Existenz früher Griechen in mykenischer Zeit oder den *Dark Ages* angeht. Die Autoren neigen dazu, die Prägung griechischer Identität erst in die archaische Zeit zu setzen (s. u. 3.2). Ich bezeichne frühe oder besser Proto-Griechen mit Mac Sweeney [Separating fact from fiction, 385 f.] als Griechischsprecher („Greek-speakers"). Mac Sweeney diskutiert ebenfalls mögliche neuassyrische und persische Bezeichnungen von Griechischsprechern (in archaischer Zeit). In der Kritik an den alten Meistererzählungen („ionische Migration"/„dorische Wanderung") ist Ulf und Kistler zuzustimmen. Weitere kritische Stimmen sind Bernstein [„Ionische Migration" vs. „Große Kolonisation der Griechen"], Herda [Karkiša-Karien] und Kerschner [Die Ionische Wanderung … in Ephesos]. Ulf hat bereits seit Längerem den Charakter der Ethnogenese (statt Einwanderung) der Griechischsprecher betont [1.3: Ulf, Ethnogenese versus Wanderungen] und weist nun auf die Bedeutung der konstruierten Genealogien griechischer Götter für das Selbstverständnis der Griechen hin [Ulf, Deukalion und (k)ein leeres Land].

Wanderungen?

Vor allem der Begriff des ‚Wanderns' ist für die frühe Zeit unangemessen, denn „historische wie aktuelle Wanderungsbewegungen werden als Ströme, Fluten oder Wellen imaginiert, die wie Naturgewalten Staaten und Kulturen *plötzlich und unerwartet* heimsuchen" [1.5: Wiedemann u. a., Wanderungsnarrative, 10] (meine Hervorhebung). Diese Kontingenz widerspricht unserem Wissen über Migration, die (nicht immer leicht ergründbare) tiefere und vielfältigere Ursachen hat. Analogien zur sog. Völkerwanderung der Spätantike führen in die Irre, wenn nicht einmal gesichert ist, dass es sich in der Entstehungszeit der griechischen Welt überhaupt um Migrationen größeren Maßstabs (und nicht Mobilität im weiteren Sinn) gehandelt hat.

Ein internationales Forscherteam befasst sich bereits seit Jahren mit der Charakteristik der indoeuropäischen Sprachen und ihrer computergestützten Analyse [Heggarty u. a., Language trees]. Vokabular aus 161 Sprachen wurde erfasst und die baumförmige Entstehungsgeschichte der einzelnen Sprachen per Computer errechnet.

Indoeuropäisch

Die Datierungen der Linear A- und B-Täfelchen im Darstellungsteil folgen Günter Neumann, DNP 7, 1999, 243 f. und Robert Plath, ebd. 245–250 (beide mit instruktiven Abbildungen). Die Befunde (neuartige Keramik, abweichende Bestattungspraxis) legten nahe, dass es seit Mitte des 2. Jts. v. Chr. zu einer Zuwanderung vom (mykenischen) Festland ins minoische Kreta gekommen sei. Die im Text angegebene Datierung (um 1420 v. Chr.) folgt den Phasen der Linear-Schriften nach DNP, aber es ist zu beachten, dass das Datum der Zerstörungen, die zu einem stärkeren mykenischen Einfluss führten, unter Umständen erst ins 14. oder 13. Jh. v. Chr. gehört [ebd. 1031 f.]. Auch die aktuelle Synthese von Panagiotopoulos [Das minoische Kreta, 99–103] führt die „Mykenisierung" der Insel nicht mehr zwingend auf eine regelrechte Eroberung oder Einwanderungswellen zurück, sondern nimmt eine kulturelle Transformation von Knossos an, die auf die übrige Insel ausstrahlte.

Sprache und materielle Kultur

Unter Meistererzählungen verstehen wir nicht einzelne historiographische Werke von großer Suggestivkraft und Breitenwirkung, sondern generell Bündel von bestimmten Interpretationen komplexer historischer Vorgänge, die es ermöglichen, „historisches Wissen zu ordnen, Gewichtungen vorzunehmen und Urteile über die Relevanz beobachteter Tatsachen zu äußern. Sie sind kohärent und mit einer eindeutigen Perspektive ausgestattet, sie zielen auf langfristig dominante Entwicklungslinien, reduzieren die Komplexität kultureller Zusammenhänge auf ein einfaches Schema und machen historische Prozesse damit erzählbar" [Rexroth, Meistererzählungen und die Praxis, 5]. Die großen Geschichtsdarstellungen des 19. und frühen 20. Jhs. – sowohl in der griechischen Geschichte [Ulf / Kistler, Die Entstehung Griechenlands, 1–20] als auch in der Weltgeschichte [Walter, Hellas und das große Ganze] – nahmen die Einwanderung von Griechen aus Norden an, ohne dass dies hinreichend hinterfragt wurde. Eine Ausnahme ist Belochs Kritik an der Dorischen Wanderung [ebd. 40 f.].

Das Problem der Meistererzählungen

Die Fahrtrouten der Mykener [Birchall / Crossland, Bronze Age Migrations; 1.1.1: Casson, Ships and Seamanship, 30–39] sollten nicht

Mykenische Welt

durch allzu große Hypothesen belastet werden. Der minoische Anker und andere angeblich kretische Relikte, die Hans-Peter DUERR vor Südfall (bei Pellworm) seit dem Jahre 1994 gefunden haben will [DUERR, Rungholt], sind höchst umstritten [SCHULZ, Göttertränen im Watt].

Schifffahrt   Mykenische Schiffe fuhren von der Levante bis nach Süditalien [LEMOS / KOTSONAS, A Companion to the Archaeology, 1089 ff.], möglicherweise auch über Gibraltar hinaus wie etwas später die Phönizier [1.3.2: SCHULZ, Abenteurer der Ferne, 41–49]. Die Handelsnetzwerke, die auch die Minoer und altorientalische Reiche und Städte einschlossen [SCHULZ / WALTER, GG 2, 31 f.], lassen mit guter Berechtigung von einer ägäischen Bronzezeit sprechen [BUCHHOLZ, Ägäische Bronzezeit]. Aktuelle methodische Ansätze wie Netzwerkforschung sind hier ebenfalls gewinnbringend anzuwenden [3.2: MALKIN, A Small Greek World; 3.1: SHERRATT, From the Near East to the Far West] (s. o. 1.3).

Seevölker   Die Einordnung der Seevölker in das Migrationsgeschehen des 13. Jhs. v. Chr. ist nur noch bedingt möglich [1.1.4: LEHMANN, Umbrüche und Zäsuren]; Quellen bei STERNBERG-EL HOTABI [Der Kampf der Seevölker]. Ihre Absichten über Seeräuberei hinaus sind nur schwer zu fassen, mitunter werden sie als „Seenomaden" eingeschätzt [2.2: ZEUSKE, Handbuch Geschichte der Sklaverei, 261 u. 506 f.] (s. o. 2.1 zu zirkulärer Migration, die für gewöhnlich zu Lande beobachtet wird). CLINE [2.1: 1177 BC] ordnet die Rolle der Seevölker in ihrer Zeit umfassend ein, wobei die Peleset/Philister möglicherweise Minoer sind, jedenfalls aus Kreta stammen könnten [ebd. 4, 6 u. 146]. Zum angenommenen Systemkollaps s. demnächst ZELLER [1.4: Klimageschichte der griechisch-römischen Antike]. Knapper (mit guten Illustrationen) fällt die Studie von BROODBANK [Die Geburt der mediterranen Welt, 598–614 u. 844 f.] aus.

Minoer   Die Verbindung von „Mykenern" und „Minoern" untereinander wie auch zu modernen Griechen wird zwar durch DNA-Untersuchungen an Skeletten aus dem Ägäisraum gestützt [1.4: LAZARIDIS u. a., Genetic Origins], doch bleibt die Rede von einer separaten minoischen Zivilisation sinnvoll, die sich nicht nur in der Keramik differenzieren lässt. Inner- und außerägäische Kontakte sind sichtbar, auch wenn Migration nicht nachweisbar ist [PANAGIOTOPOULOS, Das minoische Kreta, 266–291]. Die Überlagerung dieser Kulturen ist in Betracht zu ziehen. Zu den Sprachen der ägäischen Bronze- und frühen Eisenzeit vgl. BENDALL / WEST [1.5: Evidence from Written Sources].

Zunächst warnt der magere Befund an Zeugnissen, die angeblichen frühen Migrationen für vertrauenswürdig anzusehen: Die literarischen Quellen sind über 500 Jahre entfernt, der archäologische Befund ist mehrdeutig [FRAGKOPOULOU, Ionian Migration]. Erst in spätarchaischer Zeit finden wir die Quellen, die eine vorhomerische Migration der Ioner, Dorer und Aeoler [HERTEL, Der aiolische Siedlungsraum] behaupten. In klassischer Zeit werden diese Wanderungen zum politischen Argument, zunächst im Kontext des Ionischen Aufstandes [SCHULZ / WALTER, GG 1, 168–170], dann im weiteren Verlauf der griechischen Geschichte [Maria OSMERS, „Wir aber sind damals und jetzt immer die gleichen." Vergangenheitsbezüge in der polisübergreifenden Kommunikation der klassischen Zeit, Stuttgart 2013, 100–134]. Zur angeblich nordischen Herkunft der Dorier vgl. PRINZ [Gründungsmythen und Sagenchronologie].

Dorer/Ioner

In archaischer Zeit sind Belege dafür zu finden, dass die Griechen Ioner und Dorer als Protagonisten griechischer Geschichte ansahen, wobei die Einwanderungen damals schon über zehn Generationen vergangen waren [1.5: GEHRKE, Geschichte als Element antiker Kultur, 9 f., 45 f.]. Diese Narrative waren den Griechen wichtig, um ihre eigene Geschichte zu strukturieren [GEHRKE, Griechische Wanderungsnarrative], sie müssen aber nicht unbedingt realhistorische Prozesse widerspiegeln. Herodots klassisches Diktum (8,144,3: „Griechentum, das das gleiche Blut und die gleiche Sprache besitzt, die gemeinsamen Heiligtümer der Götter, die Opferfeiern und die gleichartigen Sitten", üb. NESSELRATH) beschreibt offenbar das Identitätsbewusstsein nach den Perserkriegen [1.1.1: CARTLEDGE, Die Griechen und wir, 145 f.].

Wanderungsnarrative

NIEMEIER [Westkleinasien und Ägäis, 51 u. 60] betont die Bedeutung der Region für den Handel zwischen Anatolien und der Ägäis, verzichtet auf Mutmaßungen über Migration, deutet aber minoischen Einfluss und die Existenz mykenischer Siedlungen an. Auch MARIAUD [Ionia, 961] weist auf die Lage im hethitischen Einflussgebiet hin, ohne dass sich hieraus sichere Zeichen von Migration ableiten ließen. Skeptisch bin ich hinsichtlich der Deutung des Dark-Age-Keramikbefundes von Apaša/Ephesos im Sinn einer sog. Ionischen Kolonisation bei KERSCHNER [Die Ionische Wanderung ... in Ephesos, 371 f.].

Agäische/Westkleinasiatische Befunde

Milet   Millawanda/Milet zeigt stärkere mykenische Einflüsse; Siedlungskontinuität von Griechischsprechern nimmt NIEMEIER [Milet von den Anfängen, 13] an. Im 2. Jt. v. Chr. gab es auch Funde kretischer Herkunft. Auf breitere, auch anatolische und rhodische Keramikbefunde verweisen KOTSONAS / MOKRIŠOVÁ [Mobility, Migration, and Colonization, 226 f.]. Troja bzw. Ilion als Ziel griechischer Migration wurde oft postuliert, zumeist wurde die Zeit um 1000 v. Chr. angenommen [HERTEL, Die Mauern von Troja, 186 f.]. Freilich überwiegen gesamtägäische Einflüsse [ASLAN u. a., The Early Iron Age]. Im 11. Jh. v. Chr. scheinen sogar thrakische Einflüsse in einer Weise zu dominieren, dass Zuzug aus Thrakien wahrscheinlich ist [ASLAN, Troy and the Northeastern Aegean]. Die äolische Polis Ilion ist erst in archaischer Zeit besser bezeugt (IACP 779). Für den gesamten äolischen Bereich gilt, dass Präsenz von Griechischsprechern erst um 800 v. Chr. gesichert ist [HERTEL, Der aiolische Siedlungsraum]. Für Troja selbst ist laut HERTEL [Das frühe Ilion] ab etwa 900 v. Chr. stärkerer kultureller Einfluss der griechischen Welt (und auch von Griechischsprechern) anzunehmen. Seine Annahme, bereits ab etwa 1020 v. Chr. seien erste „Griechen" dort präsent gewesen, wird in der Forschung kritisch gesehen [Florian RUPPENSTEIN, Bonner Jahrbücher 209, 2009 (2011), 355–358]. Zur Debatte über die Korfmann-Ausgrabungen vgl. SEHLMEYER [Die Bedeutung Trojas in der späten Bronzezeit]. Die Kritik von KOLB [Tatort „Troia"] und anderen ist methodisch wichtig und auch für Fragen der Migrationsverhältnisse relevant. Wenn aus einem einzigen Siegel die Herrschaft von Hethitern über Troja abgeleitet wird, müssten eigentlich noch andere Zeichen hethitischer Zuwanderung zu finden sein, denn Herrschaft bedeutet immer auch Mobilität von Besatzungstruppen und Administrationspersonal.

Dichter und Migration   GEHRKE [1.5: Geschichte als Element antiker Kultur] verweist auf Mimnermos (fr. 9 IEG) und Tyrtaios (frg. 4, 12–15) als früheste Belege für die Identifizierung der Dichter mit einer ionischen bzw. dorischen Migration, indem sie sich in die Gruppe der Apoikisten einschlossen („wir").

Protokolonisation   Von Protokolonisation spricht MALKIN [3.2: The Returns of Odysseus]. Wir werden noch sehen, dass ‚Kolonisation' für griechische Stadtgründungen in der Ferne unpassend ist, denn die neugegründeten Poleis erreichten in vielen Fällen bald Autonomie, wenn sie nicht sogar von Griechischsprechern verschiedener Herkunft errichtet wurden. Wenn man konsequenterweise von *Apoikisation* statt *Kolonisation* spräche [Franco DE ANGELIS, Colonies and Colonization in Greece, Oxford Encyclopedia of Ancient Greece and Rome 2, 2010, 251–256, dort 252], würde das Missverständnisse vermeiden, aber eingeführte Begriffe lassen sich schwer ersetzen.

Was Mobilität und Migrationen angeht, war der Übergang von den *Dark Ages* zur Archaik um 800 v. Chr. weniger hart als früher angenommen. Manches spricht dafür, den Beginn der Apoikiegründungen im Sinne des Thukydides (1,12) vorzudatieren und Vorbereitungen der Gründungen des 8. Jhs. v. Chr. schon im 10. und 9. Jh. v. Chr. zu suchen – Handelskontakte oder seltener Beteiligung an Emporia. Freilich folgt auch Thukydides der Meistererzählung dorischer und ionischer Kolonisation [JOSÉ MIGUEL ALONSO-NUÑEZ, Die Archäologien des Thukydides, Konstanz 2000]. GEORG BUSOLT (1850–1920) hatte Kontinuitäten angenommen [SCHULZ / WALTER, GG 2, 69 f.] und ein Zeitalter vom 12. Jh. bis etwa 550 v. Chr. angesetzt; vgl. BERNSTEIN [„Ionische Migration" vs. „Große Kolonisation der Griechen"].

Epochisierung

3.2 Die archaische Zeit – eine Epoche der Massenmigrationen?

In der archaischen Zeit nahm die Mobilität offenbar zu, denn wir hören nun auf ganz verschiedenen Feldern von Reisetätigkeit: Nicht nur Händler machten sich auf den Weg, auch Gelehrte [ITGENSHORST, Denker und Gemeinschaft, 124–127], Besucher von Spielen oder Heiligtümern sowie Künstler. Der Wandel von Mobilität zu Einzel- und Massenmigration ist in verschiedenen handbuchartigen Darstellungen dokumentiert [BOARDMAN, Kolonien und Handel; 1.1.5: TSETSKHLADZE, Greek Colonisation], die aber teilweise unter der Prämisse leiden, dass sie die Vorgänge als *Kolonisations*phänomene begreifen. Da im Folgenden nur wenige von den Hunderten Apoikien vorgestellt werden können, sind diese beiden Nachschlagewerke zusammen mit dem IACP ein geeignetes Werkzeug. Methodisch gesehen moderner sind die kurze, aber prägnante Darstellung von WALTER [Ares-Söhne oder brave Siedler?] sowie das einschlägige Kapitel in STEIN-HÖLKESKAMP [Das archaische Griechenland, 96–121]. Die neuesten archäologischen Befunde lassen sich mit Zenon recherchieren (https://zenon.dainst.org/).

Mobilität

Einen theoretischen Zugang wählt DELP [Zwischen Ansässigkeit und Mobilität], dem wir hier zunächst folgen. Er weist auf die Vorteile des Ressourcenbegriffes hin [ebd. 54–63], wodurch die nicht

Theorie

bündig zu beantwortende Frage nach den Ursachen griechischer Migration zurücktrete. Analogien zur Gegenwart suggerierten Modelle, die jedoch nicht viel weiterhülfen [ebd. 15–19]. DELP rekurriert auf Akteur-Prozess-Modelle und verfolgt einen recht weiten Ressourcen-Begriff. Neben materiellen Ressourcen rückt er die Menschen selbst, die Akteure, in den Mittelpunkt. Sie bleiben anonym, lediglich die mythisch überhöhten Gründerfiguren nehmen in den Quellen größeren Raum ein. Zur Kritik der These, es seien Händler gewesen, s. ebd. 175. Die theoretische Argumentation wird erhärtet durch einen Vergleich mit der Situation in Schwaben im 19. Jh., als die Regierung Emigration eindämmen wollte [98–116]. Zur Bedeutung der Schiffe s. ebd. [156–171] und CASSON [1.1.1: Ships and Seamanship, 43–68 u. 157–168]. In von Tyrannen dominierten Gemeinwesen wie Korinth können auch die Herrscher selbst die Apoikiegründung initiiert haben, so SCHULZ / WALTER [GG 1, 46–47; 2, 74–75]. Im gleichen Forschungskontext wie DELP entstanden ist die weiterführende Studie von RIEHLE [Im Westen was Neues!?]. Hilfreich sind dort die knappe Klassifikation der verschiedenen Narrative [17–34] und der Rückgriff bis in die späte Bronzezeit.

Polisgenese

Der Zusammenhang von Apoikiegründung und Polisgenese wird seit langer Zeit kontrovers diskutiert. Die Entwicklung der Polis vollzog sich synchron mit den Apoikiegründungen, deren unterschiedliche mittelmeerische Grundbedingungen hervorgehoben wurden [PURCELL, Mobility and the Polis, 54–58]. Am Ende der *Dark Ages* ist die Agora als (politisches) Zentrum schon nachweisbar [3.1: HÖLSCHER, Öffentliche Räume], aber die Ausgestaltung der Polis zog sich über die ganze archaische Zeit hin [SCHULZ / WALTER, GG 2, 82–98]. Zur Beschleunigung der Polisbildung durch Apoikien vgl. WALTER [An der Polis teilhaben, 137–149], der die Ballung von kurzfristig zu bewältigenden Gestaltungsaufgaben in den neuen Formationen betont.

Humane Ressourcen / Jamestown im Vergleich

Auch wenn die persönlichen Gründe schwer anzugeben sind, gab es offenbar viele Griechen, die mobil waren. Zur Begründung einer Apoikia waren nicht sehr viele Menschen nötig, wie der Vergleich mit den nordamerikanischen Verhältnissen zeigt: Die erste Siedlerwelle von Jamestown in Virginia umfasste im Jahr 1606/7 drei Schiffe mit insgesamt 144 Männern [2.3: MCNEESE, Jamestown, 39 f.]. Bis 1610 waren bereits 600 Männer nach Jamestown emigriert, aber nur noch 60 am Leben (aufgrund von Krankheiten und Kämpfen mit den *Native Americans*). 1619 kamen die ersten Frauen. Eine

Dürreperiode (1606–1612) hatte die Bevölkerung zudem erheblich reduziert [1.4: STAHLE u. a., The Lost Colony]. Zum Scheitern der Kolonie Ende des 17. Jhs. s. KARSTENS [2.4: Gescheiterte Kolonien, 253 Anm. 657 u. 257–273].

Der Anteil der emigrierenden Frauen ist nicht bekannt. GARLAND [44] zieht als Vergleich Kanada heran, wo im Zeitraum 1608–1763 von 27 000 frz. Migranten nur 1767 Frauen waren, was 6,5 % entspricht. 1815–1910 emigrierten rund 41 000 Männer und 17 000 Frauen in die niederländisch-ostindischen Kolonien [LUCASSEN / LUCASSEN in BADE, Enzyklopädie 101], das sind schon 29 %. Die prekäre Situation vieler kleiner Bauernhöfe des archaischen Griechenlands legt die Hypothese nahe, dass junge Menschen, die vom Hof des Vaters nicht mehr ernährt werden konnten, als Alternative zur Tätigkeit im Gesinde eines anderen Bauern [1.1.1: SCHMITZ, Haus und Familie, 15 f., 85–87] emigrierten.

_{Frauen}

Zur mykenisch-griechischen Schifffahrt s. o. 3.1. Die Praxis der Anlage einer Kolonie, die mit Angriffen rechnen musste, ist aufgrund guter Grabungsbefunde in Jamestown zu sehen [KELSO, Jamestown. The Buried Truth; DERS., Jamestown, the Truth Revealed]. Fast noch wichtiger sind aber die Berichte von der Planung und Überfahrt [BARBOUR, The Jamestown Voyages under the First Charter 1606–1609].

Technische Ressourcen

Die ‚Cretan tale' (Hom. Od. 14,199–313) ist als Fiktion in einem fiktiven Text in der älteren Forschung mitunter in ihrem Quellenwert herabgesetzt worden. Bereits in der Antike herrschte Skepsis. Belege dafür sind zu finden bei TRAHMAN [Odysseus' Lies, 38], der die prinzipielle narrative Konsistenz hervorhebt. Als „mixture of fact and fiction" charakterisiert WALCOT [Odysseus and the Art of Lying, 12 f.] die Darstellung. In der althistorischen Forschung werden die Plausibilität der bei Homer geschilderten sozialen Umstände und das früharchaische Kolorit – in Nachfolge von STRASBURGER [Der soziologische Aspekt der Homerischen Epen (1953)] u. a. – hervorgehoben: das Beutemachen der jungen Aristokraten, die Liebe zum Krieg, die Sehnsucht nach dem Meer. Man muss vielleicht nicht so weit gehen wie VAN WEES [The Mafia of Early Greece], der in den räuberischen Jungaristokraten eine Art von Mafiosi sah; die Analogie mag eher für die ländlichen Verhältnisse gelten, wo sich vielerorts Angehörige des Führungsnachwuchses wie der junge Nestor (Il. 11,670–689) Besitztümer der Nachbarn mit Gewalt aneigneten [DERS., Megara's Mafiosi]. Umstritten ist die chronologische Veror-

Mobilität bei Homer

tung der Ägypten-Episode am Ende der Odysseus-Erzählung, die bis in die Zeit der Seevölker zurückdatiert wird [Morris, Homer and the Near East, 614 f.]. Thesprotien war den Westfahrern geläufig, es lag an der Route von Korinth über Ithaka in die Adria bzw. nach Süditalien [Malkin, The Returns of Odysseus, 126–134]. Auch die homerische Irrfahrt des Menelaos zeugt von der Mobilität und geographischen Kenntnis der Griechen [Schulz, Als Odysseus staunte, 80–83].

Griechen als mobile Menschen

Die Mobilität der archaischen Griechen wird sowohl in der Migrationsforschung als auch in der Gesamtgeschichte immer wieder hervorgehoben, vgl. Olshausen / Sauer [1.1.5: Mobilität in den Kulturen der antiken Mittelmeerwelt], von allgemeinerem Interesse dort v. a. der Beitrag von Tausend [Die Verlockung der Fremde?]. Als historisch gewachsenes Zentrum einer griechischen Mentalität über die Epochen hinweg fasst die Disposition zum Aufbruch, durchaus erhellend, Roderick Beaton [Die Griechen. Eine Globalgeschichte, Ditzingen 2023]. Zum frühen und archaischen Griechenland mit Verweis auf aktuelle Fachliteratur s. Beat Schweizer / Frerich Schön [Besiedlung und Mobilität, DNP S 10, 2015, 831–852] und Schulz / Walter [GG 1, 38–47; 2, 63–78 u. 315–319].

Kenntnisse der Ferne

Wenn die Migranten kein Land mit geringer Bevölkerung finden konnten, wurden auch bereits bewohnte ferne Länder besiedelt. Entweder wurde das Land gewaltsam genommen oder Kooperation mit der Vorbevölkerung angestrebt [Schulz / Walter, GG 1, 44 f.]. Auch ist mit verschiedenen Phasen zu rechnen: Waren die ‚ersten Griechen' als Partner und Spezialisten noch willkommen, konnte sich das durch den massenhaften Zuzug in weiteren Wellen ändern.

Ktiseis

Ktiseis wurden zuerst wohl in epischer Form fixiert. Der Gründer (Ktistes, Oikistes) wurde in vielen Fällen später kultisch verehrt. Bei Homer (Od. 6, 1–10) ist die Ktisis der märchenhaften Stadt Scherie auf der Insel der Phäaken kurz skizziert. Nach der Flucht vor den Kyklopen habe der Gründer Nausithoos die neue Stadt gegründet, Ackerland verteilt und Tempel gebaut. Aus einer solchen märchenhaften Darstellung [Warnecke, Die homerische Hafenstadt] lässt sich wenig ableiten [Dougherty, The Poetics of Colonization; Bernstein, Von der ‚Großen Kolonisation']; Malkin [The Returns of Odysseus] erinnert diese Ktisis an manche Verhältnisse der Emigration aus Ionien ab Mitte des 6. Jhs., die Flucht vor den Kyklopen mag die Flucht vor Tyrannen assoziieren. Für Massalia s. als Fallstudie Mauersberg [The Ktisis of Massalia Revisited]. Auch Rom hatte eine solche Ktisis, die gleich mehrere Immigrationen von Göttern, Heroen (Aeneas) und schließlich Romulus enthält, die aus Perspektive der augusteischen Zeit zur Institutionalisierung Roms beigetragen hatten [3.4: SEHLMEYER, Origo Gentis Romanae].

Über die Motive der Emigrationswelle in archaischer Zeit herrscht bis heute wenig Konsens. Neuere Arbeiten heben den Abenteuergeist der Griechen hervor [1.3.2: SCHULZ, Abenteurer der Ferne] oder stellen politische Motive heraus [BERNSTEIN, Konflikt und Migration]. JEAN-PAUL DESCOEUDRES [EGHM 3, 1609–1616] fasst die Gesamtthematik der Apoikisation prägnant zusammen und kontrastiert den von Griechen besiedelten Raum vor und nach den Gründungen in Karten [1610]. Zu ökonomischen Motiven vgl. unten zu Korinth. *Motive*

Der Sizilienexkurs des Thukydides ist von DOVER [Die Kolonisierung Siziliens] quellenkritisch analysiert worden. Der von Thukydides herangezogene Antiochos von Syrakus (HGL 1, 337) habe keine Daten aus der Zeit der Gründung vorliegen gehabt; er stütze sich auf die im Nachhinein konstruierten Listen der Syrakusaner und anderer sizilischer Poleis, die erst im 5. Jh. entstanden seien; zur Chronologie vgl. KELLNER [Die griechische Archaik, 157–252]; dort tabellarische Übersicht 209 f. Die Griechen selbst hielten die Daten für authentisch. Thukydides suggeriert ein friedliches Zusammenleben mit Phöniziern/Karthagern, die schon zuvor Stützpunkte auf Sizilien errichtet hatten [BONNET, Appréhender les Phéniciens en Sicile], dieses wandelte sich aber spätestens in klassischer Zeit in eine Konkurrenzsituation, wobei die Griechen einander bekämpften [1.1.2: DREHER, Das antike Sizilien, 29]. *Sizilien*

Die im Darstellungsteil genannte Zahl der primären und sekundären Apoikien stützt sich auf das IACP, S. 1390–1396. Die Zahl der lokalisierbaren Poleis (1029) entstammt ebenfalls dem IACP. Über ein Viertel aller Poleis in archaischer und klassischer Zeit sind somit durch Migration entstanden. Die Zählung der angeblich von *einer* Polis gegründeten Apoikien [GARLAND, 35] halte ich für wenig zielführend, denn bekanntlich erfolgten viele Gründungen unter Beteiligung von Griechen aus mehreren Poleis. *Anzahl der Apoikien*

Zu Kyrene vgl. BERNSTEIN [Konflikt und Migration, 171–222]. Einen Kommentar zu den Versionen bei Herodot findet man bei ASHERI u. a. [1.5: A Commentary on Herodotus, 671–690 mit zwei Karten]. Der Historiker Menekles bietet eine regionale Variante, die eine ganz andere Ursache der Emigration darlegt, eine Stasis auf Thera *Kyrene* vgl. GOLINSKI [Kollektive Identitäten in der antiken Kyrenaika, 106–113].

Das Orakel von Delphi

Zur Rolle Delphis vgl. GARLAND 38 f. mit Kritik an MALKIN [Religion and colonization] und den Quellen. Man wird die Religiosität der Griechen voraussetzen müssen – zu Beginn einer Apoikiegründung sind Opfer anzunehmen. Ob in jedem Fall das Orakel von Delphi befragt wurde, ist nicht mehr zu sagen. In der archaischen Zeit gab es weitere Orakelstätten, die Dominanz Delphis gehört in die klassische Zeit. In den Ktiseis ist zwar des Öfteren von der Orakelbefragung zu lesen, aber das will nicht viel heißen. Orakelsprüche müssen nicht authentisch sein (Beispiele bei GIEBEL [Das Orakel von Delphi, 29–37]. Weiteres zu Delphi bei SCHULZ / WALTER [GG 1, 101 f.; 2, 156 f. (zur Rolle bei Apoikiegründungen)]. Der Siedlereid (SEG 9,3 = HGIÜ 6) wurde im 4. Jh. v. Chr. aufgezeichnet und muss wohl aus dem historischen Kontext, der damaligen Situation Theras, gesehen werden, so WALTER [An der Polis teilhaben, 140]. Weniges geht auf den originalen Eid des 7. Jhs. v. Chr. zurück.

Pithekoussai

Die Ausgrabungen in Pithekoussai (s. auch o. S. 46f.) sind dokumentiert in BUCHNER / RIDGWAY [Pithekoussai 1], knapp zusammengefasst und interpretiert in RIDGWAY [The First Western Greeks]. Zum Seeweg vom griechischen Festland bis nach Süditalien MALKIN [The Returns of Odysseus, 62–93]. Zu etruskischen Interessen in Kampanien vgl. BELLELLI [Northern Campania]. Die Rolle, die LANE FOX [2.3: Reisende Helden] den Euböern (im Schlepptau der Phönizier) für die Erschließung der Seewege im Mittelmeer beimisst, halte ich für hypothetisch bis spekulativ.

Korinth

Die Stadt zwischen Korinthischem und Saronischem Golf (IACP 227) war beteiligt an den Apoikiegründungen Syrakus, Apollonia, Elea, Ambrakia, Anaktorion, Korkyra, Leukas, Sollion, Chalkis (IACP 145), Molykreion und Potideia. Die Motive dieser Emigrationen sind als ökonomisch (Sicherung der Ex- und Importe) oder außenpolitisch (Maßnahmen gegen Piraten) eingestuft worden [3.3: SALMON, Wealthy Corinth, 216]. Weil viele Apoikien am Seeweg durch den korinthischen Golf und vorbei an Leukas ins Ionische Meer liegen, wurde die Hypothese vertreten, dass hier ein außenpolitisches oder ökonomisches Konzept vorliege [MORGAN, Corinth]. Die Apoikie Ambrakia (IACP 113) ist literarisch eher spärlich bezeugt, aber materielle Überreste kommen hinzu [1.1.2: FANTASIA, Ambracia dai Cipselidi]. Wenn auch als eine Thalassokratie überbewertet [3.3: SALMON,

Wealthy Corinth, 223], spielen die Apoikien eine Rolle in Korinths Außenpolitik [SCHULZ / WALTER, GG 1, 117–121; 2, 173–179].

Die ionischen Städte waren ebenfalls früh in die Neugründung von Siedlungen involviert, Phokaia gründete Massalia (IACP 3), Milet Kyzikos (747) und Sinope (729) (vgl. mit konservativem Ansatz des Kolonialismus ROEBUCK [3.1: Ionian Trade and Colonization]; GORMAN [Miletos, the Ornament of Ionia, 59–71]). Massalia entwickelt sich nach dem Ende Phokaias recht schnell zu einer eigenständigen Macht im Norden des westlichen Mittelmeeres zwischen dem karthagischen und dem etruskischen Einflussbereich. Zu den wenigen archäologischen Zeugnissen und weiteren Details s. SCHULZ / WALTER [GG 1, 148–152; 2, 203–207], die auch auf die Verfassung der Polis näher eingehen. PURCELL / HORDEN [1.1.1: The Corrupting Sea, 393–397 mit Karte 22, Golf von Lyon] verweisen auf die hohe Konnektivität, die durch massaliotische Apoikien und den intensiven, friedlichen Kontakt mit Einheimischen entstand. „Connectivity is not a matter of physical geography, but of the patterns of human mobility" (ebd. 395). Besonders gut erforscht ist neben Massalia selbst [3.2: HERMARY u. a., Marseille grecque; MAUERSBERG, Die komplexe Welt der Kolonisation] das Umland von Emporion in NO-Spanien. MARZOLI [1.1.2: Die Besiedlungs- und Landschaftsgeschichte] geht von geophysikalischen Untersuchungen der Küstenlinie aus und behandelt einen großen Zeitrahmen von der Endbronzezeit [mit der iberischen Siedlung bei Ullastret, 159–176] über die griechischen Apoikien Emporion (IACP 2) und das spätere Rhode (IACP 4) bis in die frühe Römerzeit. Neben griechischen sind auch diverse andere Kultureinflüsse zu beobachten [220–253].

Zunächst überwogen also Apoikien im Westen des Mittelmeerraumes [BOARDMAN, Kolonien und Handel, 191–264 mit illustrativen Abbildungen; CERCHIAI u. a., Die Griechen in Süditalien; MERTENS, Städte und Bauten]. Die Meerengen und Teile des Schwarzen Meeres wurden erst später zu Zielen der Apoikisierung (unterbelichtet bei BOARDMAN [Kolonien und Handel, 281–314]). Ausführlicher orientieren POVALAHEV [Die Griechen am Nordpontos] und FORNASIER [Die griechische Kolonisation].

Besonders zahlreich waren die Apoikiegründungen im 6. Jh., wobei Milet offenbar an vielen beteiligt war. Die neuere Forschung nimmt 40 Apoikien an, Strabo sprach von 90 Gründungen. Ökonomische Motive vieler dieser Gründungen sind unterstellt worden, aber das Bild ist ebenso vielfältig wie andernorts. In klassischer Zeit

> Ionische Apoikien

> Golf von Lyon und Emporion

> Lage der Apoikien

> Schwarzmeerraum

war der Norden des Schwarzmeerraumes wichtiger Lieferant von Getreide [3.3: MORENO, Feeding the Democracy, 144–208] und Sklaven [HEINZ HEINEN, Schwarzmeerraum I, HAS 3, 2522–2525]. Die ältere, teils sozialistische Forschung wird von DANOV [RE S 9, 1962, 1151–1153] gut resümiert. Die Bedeutung von Sklaven als Handelsgut zeigen in Blei geritzte Briefe spätarchaischer Zeit, die AVRAM [Some Thoughts about the Black Sea] vorstellt. Jüngste Ausgrabungen im Schwarzmeerraum versprechen noch deutlichen Erkenntniszuwachs. Neben einer Unzahl an Sammelbänden [manche zu finden bei DE ANGELIS, 1.1.2: A Companion to Greeks, 431 ff.] ist der regelmäßige Archaeological Report (Beilage zum Journal of Hellenic Studies) nützlich [1.1.2: BILDE u. a., Archaeology in the Black Sea ... 1993–2007]. Einen umfassenden Katalog der Apoikien am gesamten Schwarzen Meer haben GRAMMENOS / PETROPOULOS [Ancient Greek Colonies 1] zusammengestellt. Der zweite Teilband bietet auch übergreifende Aufsätze.

Praxis der Apoikiegründung

Die Anzahl der Migranten – jeweils 200 bzw. 1 000 – ist in späten Quellen genannt und mag auf Angaben der klassischen Zeit zurückgehen (Steph. Byz. p. 105; Ps.-Scyl. 34,1). Die Zahlen beziehen sich auf die Gründung von Apollonia bzw. eine Neugründung von Leukas [GARLAND, 39 f.] und liegen – gemessen an den Verhältnissen der Neuzeit – im Bereich des Möglichen (vgl. zu Jamestown oben 2.3). Zu bedenken ist, dass bei Erstbesiedlungen viel Kapazität in den Schiffen für Nahrung, Werkzeug und Tiere nötig war. Weitere Berechnungen verbieten sich meines Erachtens. Die Zahl 200 mit den angenommenen 279 Apoikien zu multiplizieren [ebd. GARLAND], erweckt einen falschen Eindruck, weil die Berechnung der Mindestzahl von Erstsiedlern verkennt, dass der Großteil der Apoikie-Bewohner nachträglich hinzukam, wobei diese unter Umständen kein Landlos mehr erhielten und Metöken waren. Die Berechnungen sind zudem durch das alte Problem erschwert, ob die Zahlen (männliche) Bürger meinen oder alle Bewohner, unter Einschluss von Frauen und Kindern. Wenn man die durchschnittlichen Angaben für Poleis annimmt, wäre man für 279 Apoikien bereits bei weit über 279 000 Emigranten in archaischer Zeit, wobei u. U. noch einheimische Frauen hinzuzuzählen wären. Nicht einmal zu schätzen sind die Verluste in der kritischen Anfangszeit sowie die Zahlen für am Ende erfolglose Gründungen.

Wechselwirkungen auf das Mutterland

Zu den Wechselwirkungen der archaischen und klassischen Apoikien auf das Mutterland s. SCHULZ [3.2: Innovationsraum, Impulsgeber und imperiale Vorreiter]; demnach seien Polis und städtisches Leben durch Anregungen aus den Randgebieten griechischer Zivilisation gefördert worden; auch habe es durch stärkeren Kontakt mit fremden Kulturen vielerlei religiöse oder militärische Impulse gegeben. DE ANGELIS [1.1.2: A Companion to Greeks] gibt zahlreiche Beispiele und verweist vor allem auf die nationalen Traditionen in der Betrachtung griechischer Apoikisation, so dass man geneigt ist, von einem postkolonialen Ansatz zu sprechen.

Zu Archilochos von Paros vgl. OWEN [Of Dogs and Men], die die wenigen relevanten Fragmente erläutert und die Chronologie der Apoikiegründung auf Thasos (ca. 680 v. Chr.) in plausiblen Zusammenhang mit der Tätigkeit des kämpferischen Dichters (um 650 v. Chr.) bringt. Hesiods Vater war aus Kyme (Äolien, IACP 817) nach Böotien gekommen (op. 633–640 mit WEST [1.5: Hesiod, z.St.]. EDWARDS [Hesiod's Ascra, 52] kann erhärten, dass der Vater des Dichters seine agrarischen Produkte zur See vermarktete und nicht als Kaufmann anzusprechen ist, wie TANDY [Warriors into Traders, 121] meint.

Persönliche Fälle

Die ältere Forschung zu Kypselos fasst DE LIBERO [Die archaische Tyrannis, 138–150] zusammen und neigt zu der Annahme, dass „die Teilnahme am Kolonistenzug … freiwillig gewesen" sei [ebd. Anm. 83]. BARBARA PATZEK [Kypselos 2, DNP 6, 2000, 997] warnt hingegen: „Die spätere Überlieferung (...) gibt historische Details, die jedoch von der politischen Begrifflichkeit des 4. Jh. v. Chr. geprägt sind." Somit wären wohl weitere Forschungen nötig, um die Rückprojektion klassischer Vorstellungen und Tyrannentopik auf die Kypselos-Zeit einzuschätzen und somit in der Lage zu sein, die Migrationen nach Leukas und Anachorion als erzwungen oder freiwillig einzustufen.

Deportationen – ein ungewisser Fall

Oft wird von der ‚Verbannung' der Alkmeoniden aus Athen durch Peisistratus (546 v. Chr.) gesprochen, doch könnten sich diese auch freiwillig zurückgezogen zu haben (Hdt. 1,64,3). BOWIE [Early Expatriates] verweist auf die Mehrdeutigkeit des gr. Wortes *pheugein*. S. Hdt 5,62,2 mit HORNBLOWER [1.5: Herodotus. Histories Book V, 181–185]. Diese Flucht ist ganz typisch für Staseis und in klassischer Zeit noch besser bezeugt [SEIBERT, 2.2: Die politischen Flüchtlinge, 15 f.]. Typisch für die Stasis-Konstellation war, dass die Übersiedlung an einen anderen Ort immer als vorläufig gedacht war; das Ziel blieb die Rückkehr in die angestammte Stadt und Stellung.

Verbannung aus Athen?

Miltiades d. Ä. Der ältere Miltiades ging fort, nachdem ihm Thraker für die Verteidigung der Chersonnes gegen Nachbarn eine Tyrannis angeboten hatten. Da diese Tyrannis noch etliche Jahrzehnte bestand, scheint die Sache unstrittig, freilich ist nicht ganz sicher, ob er fliehen musste. Jedenfalls hatte er unter Peisistratos wenig Entfaltungsmöglichkeiten. ERICH OBST [RE 15,2, 1932, 1679–1681, dort 1680] meint, der „Tyrann ließ ihn an Athenern mitnehmen, wer da wollte, war also mit der Expedition einverstanden und offenbar froh, in ihm einen lästigen Gesellen und mit ihm gleichartige Elemente auf gute Art loszuwerden", wodurch die Flucht als Gelegenheit athenischer Apoikisation gedeutet wird, was sie unter Umständen gar nicht war. Zu Vorformen athenischer Kleruchien vgl. IGELBRINK [3.3: Die athenischen Kleruchien, 111–131].

Dorieus Die Datierung der Gründung von Kinyps begründet HORNBLOWER [1.5: Herodotus. Histories Book V, 155], der die gesamte Passage Hdt. 5,39–48 detailliert kommentiert [148–162]. Der Charakter der zweiten Expedition nach Westsizilien war bereits Herodot nicht völlig klar. Oben wurde die Position der Sybariten, wie wir sie bei Herodot vorfinden (militärische Beteiligung des Dorieus; Bau eines Tempels der Krathia), referiert. Die Krotoniaten haben hingegen, so Hdt. 5,44 f., behauptet, dass Dorieus bei Krotons Angriff überhaupt nicht dabei gewesen sei, sondern nur der Seher Kallias, der mit Land abgefunden wurde. Das Spannungsfeld von spartanischer Außenpolitik und aristokratischer Herrschaft beleuchten SCHULZ / WALTER [GG 2, 224 f. mit weiterer Literatur]. REINARD [Dorieus und Kleomenes I.] und WALTER [Ares-Söhne oder brave Siedler?, 188] weisen darauf hin, dass die Episode nur aus dem spartanischen Kontext zu verstehen sei: Die Gefolgschaft des Dorieus habe Personen umfasst, die in Sparta nicht mehr willkommen gewesen seien. Als philosophische Luxuskritik verortet BERNHARDT [Luxuskritik, 51–67] die „Kroton- und Sybarislegende" und ist gegenüber der Dorieus-Überlieferung gewohnt skeptisch [56 f.]. Aufgrund von Stasis Geflohene konnten ebenso wie verbannte Aristokraten auf ein Netz von auswärtigen Gastfreunden [s. BEATE WAGNER-HASEL, DNP 4, 1998, 794–797] zurückgreifen und waren auch selbst bereit, flüchtige Elitenangehörige aufzunehmen.

Flucht vor den Persern in Kleinasien Der aufständische Lyder Paktyes ersuchte mehrfach um griechisches Tempelasyl, als die Perser seine Herausgabe forderten (Hdt. 4,159 f.), schließlich wurde er von Chios trotzdem ausgeliefert [2.2: SEIBERT, Die politischen Flüchtlinge, 368 f.]. Die Phokaier flohen, als Harpagos ihre Stadt belagerte (546 v. Chr.) [ebd. 9 f.], nach Westen. Die phokaiische Ansiedlung auf Korsika wurde allerdings nicht geduldet. Etrusker und Karthager besiegten die Schiffe der Phokaier [2.3: SCHULZ, Die Antike und das Meer, 42 f.].

Die archaische Lyrik hat – wie jede Art von Lyrik – eine große Bandbreite an Interpretationsmöglichkeiten (vgl. ANDREAS BAGORDO, HGL 1, 138–249). Die Motive der Emigrationen der betreffenden Dichter hat BOWIE [Early Expatriates] detailliert hinterfragt und die politische Situation in der Zeit von Tyrannis und Stasis hervorgehoben. Zu Semonides s. BOWIE [30 f.]; zu Theognis ebd. 42–46; zu Tyrtaios ebd. 46–47. Xenophanes von Kolophon soll bei der Gründung von Elea beteiligt gewesen sein [ebd. 31] und den Luxus der Kolophonier kritisiert habe, wobei BERNHARDT [Luxuskritik, 27 f.] sich gegen eine Interpretation als Luxus*gesetz* ausspricht (mit detaillierter Analyse von D. L. 9,18). Dichter im Exil?

Einschlägig zu Alkaios sind die Fragmente 129, 130 und 130A VOIGT, die bei HUTCHINSON [Greek lyric poetry, 187–227] teilweise interpretiert sind. Frg. 129 befasst sich mit einem Heiligtum im Süden von Lesbos [BOWIE, Early Expatriates, 34], das von Alkaios als Asyl genutzt wurde. Frg. 130 nennt weitere Details zum Lebensgefühl der Migranten, die unter Umständen auch verallgemeinerungsfähig sind im Sinne einer Migrantenliteratur. Auf die Wichtigkeit der Beachtung des Kontextes antiker Lyrik verweisen ITGENSHORST [Denker und Gemeinschaft, 45–48] und DELP [Zwischen Ansässigkeit und Mobilität, 27–28]. Der Dichter Alkaios scheint keine materielle Not gelitten zu haben, war aber traumatisiert, wenn man so sagen will. Er vergleicht sich mit einem vom Wolf gebissenen Tier, das also verwundet ist und sich verkriecht, wie LATTE [Zu den neuen Alkaiosbruchstücken (P. Ox. 18, 2165)] philologisch ergründet hat. Alkaios

Zur Situation auf Lesbos um 600 v. Chr., unter den genannten Tyrannen Myrsilos und Pittakos vgl. DELP [Zwischen Ansässigkeit und Mobilität, 246–248] und DE LIBERO [Die archaische Tyrannis, 313–328]. Neben den sechs Poleis auf Lesbos (IACP 794–799) gab es gemeinsame Heiligtümer. Das Heiligtum für Zeus, Hera und Dionysos, in dem Alkaios offenbar in einem Fall Asyl gefunden hat, dürfte sich nicht im Süden befunden haben (so QUINN [Cape Phokas, Lesbos]), sondern nördlich von Pyrrha [ROBERT, Recherches épigraphiques V, 301–308]. Neuere Grabungen haben dort ein passendes Heiligtum ans Licht gebracht [3.2: KOURTZELLIS, The sanctuaries on the is- Tempelasyl auf Lesbos land of Lesbos]. Zur topographischen Gesamtsituation s. BARRINGTON [1.3.2: Atlas, map 56].

3.3 Vertreibung, Flucht und Kolonisation in klassischer Zeit

Erdbeben in Sparta

Diodor (11,63) spricht von 20 000 Toten beim Erdbeben in Sparta (IACP 345). Die Anzahl korreliert nach GREEN [Diodorus Siculus. Books 11–12.37.1, 128 f. Anm. 235] mit der Annahme, dass 479–425 v. Chr. die Zahl der Hopliten von 8 000 (Hdt. 7,234,2) auf 3 000 sank. Eine kommentierte Liste der Erdbeben 600 v. Chr. – 600 n. Chr. hat CAPELLE [RE S 4, 1924, 344–374, dort 346–358] zusammengestellt; große Erdbeben aus Mittelalter und Neuzeit verzeichnet BOBROWSKY [1.4: Encyclopedia of Natural Hazards, 212]. Die Zahlen Diodors sind nicht beweisbar, liegen aber m. E. durchaus im Bereich des Möglichen. Hingegen ist CARTLEDGE [Sparta and Lakonia, 190] skeptisch gegenüber großen Zahlen, insbesondere was die besondere Betroffenheit von Frauen und Kindern angeht [ebd. 191]. Er nimmt an, dass nach großen Bevölkerungsverlusten die Fertilität stieg. WIERSCHOWSKI [Die demographisch-politischen Auswirkungen] hält an der These fest, Frauen und Kinder seien unter den Opfern überproportional vertreten gewesen, so dass die Zahl der Geburten in Sparta nach dem Erdbeben erheblich gesunken sei. Auch wenn der Autor Quellen und Literatur gründlich ausgewertet hat, ist Gewissheit in der Frage nur schwer zu erlangen. Eine zeitweilige Evakuierung der Bevölkerung ist anzunehmen, bleibt aber ebenfalls hypothetisch. Plu. Kim. 16 stellt sehr eigenwillige Behauptungen sowohl zum Erdbeben als auch zur Reaktion der Heloten auf: Im Taygetos sollen einige Gipfel abgesprengt worden sein. Die Heloten hätten noch während des Erdbebens die Waffen gegen die Spartiaten erhoben. Flucht von Messeniern nach diesem Aufstand ist besser bezeugt – als Kriegsfolge (s. u. S. 158).

Der Tsunami von 373 v. Chr.

Helike ist eine bedeutende Stadt in Achaia, die durch Erdbeben zerstört (und an anderer Stelle wiederaufgebaut) wurde. IACP 235 entspricht inzwischen nicht mehr dem Stand der archäologischen Forschung. Sedimente nordöstlich des heutigen Rizomylos wurden seit 1991 vom Helike Projekt (http://www.helikeproject.gr/, abgerufen am 21.3.25) ergraben und haben Funde hervorgebracht, die von Lage und Umfang her für das klassische Helike sprechen [SOTER / KATSONOPOULOU, Submergence and Uplift; 2.1: KATSONOPOULOU, Natural

Catastrophes]. Ein Erdbeben der Stärke IX (von XII auf der modifizierten Mercalli Skala) wird heutzutage vermutet. Es mag sein, dass Wasser aus dem Erdinneren die Stadt überspülte, bevor der Tsunami ins Landesinnere drang. Zur politischen Bedeutung Helikes vgl. FREITAG [Der Golf von Korinth, 262–267]; zur topographischen Situation s. die Karten bei KATSONOPOULOU [ebd. 138 u. 142]. Das hellenistische Helike wurde weiter westlich zum Flusse Selinous hin neugegründet [ebd. 146–149].

Die Lage der archaisch-frühklassischen Stadt ist unbekannt (IACP 861, dort S. 1092). Die letzte literarische Quelle dieser Phase stammt von 391/90 v. Chr. Erst 334 v. Chr. wird Priene wieder erwähnt. Diese Lücke wird analog zu Myus (s. o. S. 119) mit der Umsiedlung der Bevölkerung erklärt, die aber in den antiken Quellen nicht ausdrücklich bezeugt ist. Deshalb hat DEMAND [2.2: Urban Relocation, 140–146] die Umsiedlung in Frage gestellt, d. h. angenommen, dass Priene sich schon früher am Ort der hellenistischen Siedlung befunden habe. Meines Erachtens spricht die flächendeckende Bebauung mit Typenhäusern (normierten Reihenhäusern) für eine erhebliche Umgestaltung der Stadt, die am einfachsten mit einer Umsiedlung zu erklären ist, die eher Neustrukturierung einer Stadt als Demokratisierung ist [HOEPFNER / SCHWANDNER, Haus und Stadt, 141–186]. Zu dieser Frage s. den Tagungsband von SCHULLER [Demokratie und Architektur]. Priene

Das alte und das neue Priene hatten einen überschaubaren Abstand, der sich aufgrund der Ablagerungen im Golf von Latmos vermuten lässt, er betrug maximal zehn km Fußweg. Der Weg der Migranten war also selbst mit Gepäck schnell zurückzulegen. PRILLWITZ [Siedlergepäck?] hat Fundstücke zusammengetragen, die aus der Frühphase des neuen Priene stammen dürften. Zerbrochene Keramik macht einen großen Anteil aus und ist auf etwa zwei Generationen verteilt, was aber aufgrund unterschiedlicher Nutzungsdauer schwer zu bewerten ist: Essgeschirr ging schneller zu Bruch, kultische Keramik war durchschnittlich elf Jahre in Gebrauch, wie man von anderen Fundstätten wisse [ebd. 46]. Die Neugründung Prienes um 350 sei wahrscheinlich, habe sich aber mglw. auch eine Zeitlang hingezogen, obwohl der Weg in „wenigen Stunden bis zu einer Tagesreise" zu bewältigen sei [ebd. 48]. Das ehemalige Umzugsgepäck sei innerhalb weniger Jahre außer Gebrauch gekommen und dann auf den Müllhalden Prienes gelandet. Migrantengepäck?

Skythischer Nomadismus am kimmerischen Bosporus

Die neueste Synthese zu den Skythen [2.1: Cunliffe, The Scythians] verarbeitet die intensiven Forschungen nach dem Ende der Sowjetunion und zeigt die Konstruktion der Skythen als ‚andere', die bereits früh Gegenstand griechischer Dichtung wurden [3.2: Ivantchik, Am Vorabend der Kolonisation]. Motive für die Migration waren laut Cunliffe [61–83] die mangelnden Ressourcen der eurasischen Steppen. Nach Ihrer Niederlassung in der heutigen Ukraine traten die Skythen in Handelskontakte zu den Schwarzmeergriechen. Isotopenuntersuchungen [2.1: Ventresca Miller u. a., Re-evaluating Scythian Lifeways] bestätigen skythische Mobilität innerhalb des Siedlungsgebietes, z. B. zwischen Medvin (Medwyn, rund 150 Autokilometer südlich von Kiew) und Mamai-Gora (gegenüber von Nikopol am Dnjpr). Seminomadismus speziell der Skythen ist bezeugt. Sie trieben ihr Vieh nun in kleineren Regionen, wobei das von Griechen besiedelte Gebiet an der Straße von Kertsch auf der Kubanseite offenbar verwüstet wurde [1.5: Asheri u. a., A Commentary on Herodotus, 602 f. zu Hdt. 4,28]. Die Ummauerung mancher der griechischen Apoikien dort, die überwiegend erst im 6. Jh. gegründet worden waren, setzte nun im 5. Jh. ein. Gajdukevič [1.1.2: Das Bosporanische Reich, 39–44] legt den älteren Forschungsstand dar. Gut erforscht ist die größte Polis Phanagoreia (IACP 706).

Transhumanz

Chandezon [L'élevage en Grèce, 399–418] befasst sich genauer mit den drei Regionen von Transhumanz im Ägäisraum. Bukolische Dichtung (Doris Meyer, HGL 2, 214–237) hat dieses Wanderleben verklärt. Beispiele für die Sesshaftwerdung antiker Hirten nennt Skydsgaard [2.1: Transhumance in Ancient Greek]. Besonders ausführlich legt Dion Chrysostomus im „Euboicus" (or. 12,11–21) die Ansiedlung ehemaliger Hirten da, was freilich schon kaiserzeitlich ist [3.5: Russell, Dio Chrysostom, Orations, 167–174].

Forced Migration

Repatriierung?

Gewaltsam erzwungene Migrationen treten in klassischer Zeit in größerer Bandbreite auf, wie man schon an der Berücksichtigung in den einzelnen Kapiteln Garlands sieht [79–113, 125–130, 138–149 u. 181–196]. Erst nach Leuktra (371 v. Chr.) wurde Messenien durch Epaminondas befreit und es kam zu einer Neugründung: Heloten Messeniens, Messenier aus der Diaspora, andere Peloponnesier und Veteranen des Epaminondas gründeten die Polis Messene (IACP 318) neu. Repatriierung, wie es Garland 185–188 nennt, geht meines Erachtens zu weit. Die „patriotic significance" ist schwer zu zeigen, zumal vormalige messenische Bevölkerung seit 287 Jahren (Paus. 4,27,9) oder zumindest an die 100 Jahre (seit dem Erdbeben) in der

Fremde an verschiedensten Orten gelebt hatte. LURAGHI [The Ancient Messenians, 167–171] stellt die Frage, inwieweit man hier überhaupt sinnvoll von einer Diaspora sprechen kann.

Detailreiche Theognis-Interpretationen zum 1. Messenischen Krieg findet man bei MEIER [3.2: Aristokraten und Damoden, 243–272; neue Datierung des Krieges: 91–99]. Zur unklaren Einstufung der Helotie zwischen Sklaverei und Unfreiheit vgl. PAUL CARTLEDGE [Heloten, DNP 5, 1998, 333–336]. Tegea als zweite Heimat: Plb. 4,33,4: „*peri deuteras patridos*". Die Überlieferung zur Flucht und Emigration im und nach dem 1. Messenischen Krieg, bspw. Paus. 4,23, ist mager, vgl. LURAGHI [The Ancient Messenians, 152]: „Virtually every single detail of Pausanias' very promising narrative is demonstrably the product of a distorted adaptation of passages from Herodotus and Thucydides." Die Geflohenen mögen überwiegend Adlige gewesen sein, wie die Hinweise auf Proxeniebeziehungen deutlich machen [2.2: SEIBERT, Die politischen Flüchtlinge 1, 7 f.].

Die archaische Vorgeschichte

Epaminondas erkannte die strategische Bedeutung dieses Ortes, der die Spartaner daran hinderte, nach Norden zu ziehen. Megalopolis (IACP 282) wurde dort unter arkadischer Führung gegründet, wobei manche Bewohner der Gegend sich weigerten, freiwillig umzusiedeln und zwangsweise dorthin deportiert wurden [GRIEB, Bürger für die Große Stadt]. Wie im Fall Messene (Stadtmauer) wurden auch in Megalopolis öffentliche Bauten (Theater; Große Halle; Stadtmauer) überdimensioniert angelegt – vielleicht um die Neigung mancher Bürger, wieder aufs Land zu ziehen, zu konterkarieren.

Megalopolis

GARLAND [99–113, dort 100–105] geht im Detail auf das Beispiel Attika 480 v. Chr. ein und sagt zu Recht, dass es wohl kaum Dreiruderer (Kriegsschiffe) waren, die für den Transport verwendet wurden. Handelsschiffe sind auch m. E. wahrscheinlicher. Das Themistokles-Dekret (HGIÜ 35) ist interessant wegen der logistischen Details. (V. 6–9: „Die Athener [alle und die Fremde]n, die in Athen ansässig sind, [sollen die Kinder und die Frauen nach Troiz]en bringen, [in die Obhut des Theseus (oder: Pitheus) (?)], des Archegetes des Landes" (üb. K. BRODERSEN / W. GÜNTHER / H. H. SCHMITT). Laut Plutarch (Them. 10,4 f. s. u.) wurden die Flüchtlinge in Troizen gut aufgenommen. Der mehrmonatige Vorlauf hatte offenbar gewisse Vorbereitungen ermöglicht. Die Stellung von Lehrern (*didaskaloi*) für die geflohenen Kinder klingt meines Erachtens recht hellenistisch. HENRI IRÉNÉE MARROU [Geschichte der Erziehung im klassischen Altertum, München 1977, 100] hält sie für möglich, MARR [Plutarch, Life of

Flucht vor den Persern und Evakuierung

Themistocles, 94 z.St.] und GARLAND [104] sind skeptisch. Das Themistokles-Dekret ist in seiner Authentizität insgesamt umstritten [SCHULZ, Die Perserkriege, 121–123 u. 126–128], dort auch Text mit Übersetzung; Forschungsdiskussion bei JOHANSSON [The inscription from Troizen]. Auch wenn es sich um ein Konstrukt des 4. Jhs. v. Chr. handeln sollte, entstammen die Details der Evakuierung der Vorstellungswelt des klassischen Griechenlands.

Stasis

Das Phänomen der Stasis in klassischer und hellenistischer Zeit ist inzwischen gut untersucht [GEHRKE, Stasis; 3.4: BÖRM, Mordende Mitbürger]. Für die Verfassungsgeschichte kann SCHULZ / WALTER [GG 1, 48–82; Forschungsbericht in 2, 82–114] als Ausgangspunkt dienen. Zunächst waren Staseis von einzelnen Anführern in der Polis initiiert worden, die Gefolgsleute um sich sammelten [ebd. 1,36]. Aber Staseis wurden auch „von außen in die Poleis hineingetragen", so BALTRUSCH [1.1.1: Außenpolitik, Bünde und Reichsbildung, 148]. Darunter sind Einmischungen einzelner Gastfreunde, hegemonialer Mächte ebenso wie befreundeter Poleis zu verstehen. In Anschluss an die Entscheidung für eine Verfassungsordnung postuliert GARLAND [79–81], dass die unterlegene Partei deportiert wurde, was an die Praxis des „ethnic cleansing" erinnere. Mir scheint hier eine Verallgemeinerung von Extremfällen vorzuliegen, die besonders gut belegt sind:

– Korkyra (427 v. Chr.): dazu GEHRKE [Stasis, 88–93]; WALTER [3.3: An der Stasis teilhaben, 314–317];
– Argos (417–415 v. Chr.): GEHRKE [Stasis, 26–31]; IACP 347.
– Milet (406/05 v. Chr.): [GEHRKE, Stasis, 114 f.; 3.3: DERS., Zur Geschichte Milets].
– Argos 370 v. Chr.: „Skytalismos": GEHRKE [Stasis, 31–33].

Krieg als grausamer Lehrer

In Korkyra nahmen die Kämpfe solche Grausamkeit an, dass Thukydides sie mit äußeren Kriegen verglich (3,81,5 mit HORNBLOWER [1.5: A Commentary on Thucydides I, 477]) und mit dem Diktum kennzeichnete, der Krieg sei ein „grausamer Lehrer" (*biaios didaskalos*, 3,82,2). In Argos knüppelte man die Gegner 370 v. Chr. mit Keulen (gr. *skytalon*) zusammen [GARLAND 80]. In der Mehrzahl der Fälle blieb es bei Vertreibung der Unterlegenen. Listen aller Staseis bei GEHRKE [Stasis, 11–199] (ohne Westgriechenland) und IACP S. 1361 f.

Folgen der Stasis

Rechtsakte zum Abzug von Unterlegenen in der Stasis sind noch vorhanden, konzentrieren sich aber häufig auf Besitz der zu Verbannenden und etwaige Rückkehr [GEHRKE, Stasis, 221 Anm. 3].

Die Modellbildung von GRAY [Stasis and Stability], der im Zeitfenster 404–146 v. Chr. eine mehr der *Homonoia* verpflichtete Konfliktlösung von einer eher rechtlichen, epigraphisch bezeugten, abgrenzen will, konnte nicht alle überzeugen [BLANK, HZ 306, 2018, 505–507]. GRAY geht vornehmlich von den Inschriften aus, so dass ältere Arbeiten wie die von BALOGH [Political Refugees] (1943) und SEIBERT [2.2: Die politischen Flüchtlinge] (1979) für die literarische Bezeugung von Wert bleiben; vgl. für die Zeit des Hellenismus jetzt grundlegend BÖRM, Mordende Mitbürger [3.4]. Der Fluchtort konnte in der Peripherie der Polis liegen, aber auch weiter entfernt, in benachbarten Poleis oder ggf. sogar auf persischem Territorium. Die Anzahl der Emigranten durch Stasis wird von GEHRKE [Stasis, 219] auf 5–10 % geschätzt, in Einzelfällen 20–25 %.

Weitere Facetten des Lebens der politischen Flüchtlinge beschreibt LODDO [1.1.5: Political Refugees in the Ancient Greek World]. Zur Stasis auf Sizilien s. BERGER [3.3: Revolution and Society in Greek Sicily and Southern Italy] mit der kritischen Rez. von LINDA M. GÜNTHER, HZ 259, 1994, 447 f. Laut BERGER habe es in Syrakus 27 Staseis gegeben (von der Gründung bis in hellenistische Zeit).

Der Ostrakismos in Athen ist hinsichtlich seines Beginns und seiner Funktion umstritten, s. BLEICKEN [Die athenische Demokratie (UTB), 451–453]. Die ältere Forschung hatte vermutet, dass das Verfahren sich gegen potentielle Tyrannen wenden sollte, aber es scheint eher auf einen politischen Richtungsentscheid abzuzielen [HEFTNER, Überlegungen]. Nur wenige Athener konnten den Namen des zu Verbannenden selbst auf die Scherbe (gr. *ostrakon*) schreiben [BRENNE, Die Ostraka]. Die Ostrakisierten scheinen häufig die Zeit der Verbannung auf Ägina verbracht zu haben, s. HERBERT HEFTNER in SIEWERT [Ostrakismos-Testimonien I, 185–192, T 5]. Es wurde auch vertreten, dass der Ostrakismos mit dem Stasis-Gesetz Solons in Verbindung zu bringen sei [3.3: SCHMITZ, Athen – eine wehrhafte Demokratie?]. Der Petalismos in Syrakus (mit Namen auf Olivenblättern) hatte eine ähnliche Idee, politische Grundsatzentscheidungen herbeizuführen, war aber nach seiner Einführung via Argos nur kurz im Gebrauch, s. PETRUZZELLA [L'istituzione del „petalismos"].

Ostrakismos

Varianten

Die achämenidische Deportation wurde von MATARESE [1.1.4: Deportationen im Perserreich in teispidisch-achaimenidischer Zeit] dokumentiert. Auch unter den Griechen kam es gelegentlich zu massiven Kampfhandlungen und Belagerungen, die mitunter mit der völligen Vernichtung einer Stadt endeten (Urbizid genannt von

Deportation und Urbizid

CARTLEDGE [Urbicide in the Ancient Greek World]). Der Frage ist jeweils, was eigentlich unter Zerstörung einer Stadt zu verstehen ist und was der überlebenden Bevölkerung widerfuhr; dazu jetzt FACHARD / HARRIS [2.2: The Destruction of Cities in the Ancient Greek World]; der wertvolle Katalog im Anhang (The destruction and survival of cities; online: www.cambridge.org/fachard-harris-appendix, abgerufen am 21.3.25) enthält zu jedem bezeugten Fall auch eine Rubrik „Fate of Population". Nicht nur eine Zerstörung hatte Folgen im Sinne von Migrationen, sondern auch politische Akte einer De-Zentralisierung; das entsprechende Gegenteil zum Synoikismos hieß Dioikismos. So zwang Sparta die Bewohner von Mantineia (IACP 281) i. J. 385 v. Chr., ihre Stadt aufzugeben und sich in den Dörfern auf dem Polisterritorium anzusiedeln. Nach Spartas Niederlage gegen die Thebaner 371 v. Chr. wurde Mantineia jedoch wieder neu gegründet.

Dioikismos

Einmal als geeignet erwiesene Siedlungsplätze blieben auch nach einer gründlichen Zerstörung attraktiv; so entstand 444/43 v. Chr. auf dem Boden des zerstörten Sybaris in Unteritalien die Neugründung Thurioi; zur migrationsgeschichtlich aufschlussreichen Siedlungshistorie der Örtlichkeit s. knapp FLAVIA FRISONE, Thourioi EAH 12, 6727 f. (mit Lit.). Zwei prominente Städte wurden nach ihrer Zerstörung durch die Römer (beide 146 v. Chr.) als römische Kolonien wiedergegründet: Korinth 44 v. Chr. durch Caesar; Karthago wenig später, wohl ebenfalls noch auf Caesars Anweisung. Beide Neugründungen blühten rasch auf und wurden Hauptstadt der jeweiligen Provinz.

Neugründungen

Einen ersten Überblick, auch zu den demographischen Auswirkungen, bieten LEONHARDT BURCKHARDT / YAN LE BOHEC, Kriegsfolgen, DNP S 12, 2022, 566–586. Zum Schicksal von Sklaven vgl. VOLKMANN [2.2: Die Massenversklavungen] und WRENHAVEN [2.2: Reconstructing the Slave]. Zu betroffenen Frauen s. MATTHIESSEN [Euripides, Hekabe, 111 u. 113] mit Parallelstellen aus Homer und anderen Tragödien. Allgemeines bei JOSEF FISCHER [Sklavenhandel, HAS 3, 2603–2615]. HORNBLOWER [1.5: A Commentary on Thucydides III, 254–255] weist auf das geringe Mitgefühl für die Melier und die Analogie bei Diod. 12,80,5 hin. Insgesamt neigten die antiken Autoren dazu, Kriegsleiden zu übergehen. Die Tragödien, deren Handlung häufig in ferner, ja mythischer Zeit angesiedelt ist, konnten freilich durchaus Bezug auf die Gegenwart nehmen. Ein Beispiel dafür sind die „Troerinnen" des Euripides, die an die Situation des Peloponnesischen Krie-

Kriegsfolgen

ges erinnern. GARLAND [223] betont die Bedeutung der Chöre in den „Choephoren" des Aischylos und den „Phönizierinnen" des Euripides.

Zu Pytheas jetzt knapp MARTIN KORENJAK, HGL 2, 501 f. Nützlich bleibt die ältere Übersetzung von STICHTENOTH [Pytheas: Die Fragmente]. Ausführliche Anmerkungen haben CUNLIFFE [2.3: The Extraordinary Voyage of Pytheas the Greek] und SCOTT [Pytheas of Massalia]. Für die Phasen der Migration des Aristoteles s. DOROTHEA FREDE [Aristoteles 6, DNP 1, 1996, 1147 ff.]. *Freie Migrationen*

Es scheint ein Forschungsdesiderat zu sein, die Geschichte der Apoikien über das Jahr 480 v. Chr. fortzusetzen. Zur Typologie der attischen Apoikien s. IGELBRINK [Die athenischen Kleruchien, 389]. Die Zahl der 27 Kleruchien schließt auch solche ein, die fraglich sind [Details ebd., 132–388 mit Tabelle 380–388]. Zu Sigeion und Phrynon ebd. 115. Andererseits mag es auch Kleruchien in der Frühphase des Seebundes gegeben haben, die uns unbekannt geblieben sind. Zur Außenpolitik vgl. SCHULZ / WALTER [GG 2, 244–250]. *Massenmigrationen?* *Kleruchien*

Der strengen Trennung von Apoikien und Kleruchien steht CARGILL [Athenian Settlements, XXI–XXIII] kritisch gegenüber, der von „Siedlungen" (*settlements*) spricht [ebd. 9–34]. Da die epigraphische Überlieferung günstig ist, kann CARGILL Angaben zu den Personen und Institutionen in den Kleruchien machen. In der Poebene, am Zugang zur nördlichen Adria, endete eine der Bernsteinstraßen. Die Athener diffamierten die dort ansässigen Etrusker als Seeräuber [BRUNI, External Relationships, 450–250 BCE, 1147], aber konkrete Konflikte scheint es nicht gegeben zu haben. Für die Athener war die Adria-Region wegen des Imports von Luxusgütern und wegen des Exports von Keramik relevant [RHODES / OSBORNE, Greek Historical Inscriptions 404–323 BC (R&O), 524 f.]. Zur Mission des Miltiades aus Lakiadai vgl. die Inschrift R&O 100 (SEG 45–149). *Athenische Siedlungen*

Zur korinthischen Außenpolitik und den Apoikiegründungen, die eher an Kolonien im modernen Sinn erinnern, s. SALMON [Healthy Corinth, 209–217 mit Karte 273 u. 281–305] und STICKLER [Korinth und seine Kolonien], der auch darüber reflektiert, inwiefern man von einem Kolonialreich Korinths sprechen sollte. Zur Bedeutung des Seeweges nach Sizilien (Straße von Otranto) vgl. SCHULZ / WALTER [GG 2, 177 f.]. *Korinth*

Zur *metoikēsis* oder *anachōrēsis* genannten Umsiedlung vgl. GARLAND [57–78]. Zu Halikarnassos s. o. S. 59 f.; zu Gelon vgl. Hdt. 7, 154–156, Thuc. 6,5,3. Diese Beispiele eignen sich m. E. nicht so gut *Umsiedlung?*

zur Untersuchung der Umsiedlung, da verschiedene Typen von Migrationen hier zusammenfließen. DEMAND [2.2: Urban Relocation, 45–58 u. 98–106] misst Sizilien wohl eine zu große Bedeutung bei und reduziert Umsiedlung auf militärische Maßnahmen. Hingegen scheint ein Zusammenhang mit den vielen Herrschaftswechseln und der Dominanz von Tyrannis nicht nur in Syrakus zu bestehen [LOMAS, Tyrants and the „Polis"].

Timoleon   Eine prägnante Zusammenfassung der Maßnahmen Timoleons bietet DREHER [1.1.2: Das antike Sizilien, 55–65], aber die widersprüchliche Überlieferung macht die Gesamteinschätzung schwierig. SMARCZYK [Timoleon und die Neugründung von Syrakus] und SCHULZ / WALTER [GG 1, 121] heben die Rolle Korinths hervor und deuten die unbestrittene Neubesiedlung im Sinne einer Kolonisation bzw. Belebung des Handels. LINDA M. GÜNTHER [Rez. SMARCZYK, Timoleon, in: Gnomon 78, 2006, 469 f.] ist vorsichtiger und nimmt eine vielfältigere Zusammensetzung der Rückkehrer und neuen Siedler an. Die moderne Migrationsforschung würde wohl angesichts der Vielzahl der Akteure und der eher spontanen Entscheidungen von einem Migrations*regime* sprechen (s. o. 1.3). Eine umfassende Gesamtdeutung ist bei GÜNTHER [3.4: Timoleons „Kolonisationsprogramm"] zu finden. Die Details bei Plu. Timol. 23 f. lassen denkbar erscheinen, dass die Wiederbesiedelung Ostsiziliens als panhellenische Angelegenheit konstruiert wurde. Diod. 16,82 weicht in seiner Darstellung des Öfteren ab (z. B. nimmt er 40 000 Siedler an, während Plutarch von 60 000 spricht). Beide Zahlenangaben sind sehr hoch; die ältere Forschung war hier wohl zu unkritisch [ARNOLDT, Timoleon, 136]. Zusammenfassend Thuc. 6,17,2 in der Alkibiades-Rede, vgl. HORNBLOWER [1.5: A Commentary on Thucydides III, 348 f.]. Die Annahme der Griechen, dass die Bürgerzahl von 10 000 für eine Polis besonders günstig sei, verfolgt SCHAEFER [Πόλις μυρίανδρος] in ihrer Entwicklung seit Hesiod.

Syrakus   Wie weit die Bevölkerung von Syrakus im 4. Jhd. v. Chr. zurückgegangen war, lässt sich schwer sagen, mitunter wird ein Rückgang auf rund 10 000 Menschen angenommen [GARLAND 71–74, dort 72; Belege S. 219]. Timoleon kam die Rolle eines Oikisten zu, denn er verteilte die Landlose, begünstigte unter Umständen den Rückzug von Verbannten, die in ihre Häuser zurückkehren konnten, wenn sie sie zurückkauften, versteht sich. Der Prozess dürfte einige Jahre in Anspruch genommen haben. Später erhielt er ein Staatsbegräbnis und wurde im Timoleonteion kultisch verehrt.

3.4 Kolonisation und Deportation in der römischen Republik und im Hellenismus

Eine kritische Darstellung der Anfänge bietet LOMAS [Der Aufstieg Roms]. Nach Vorstellung der augusteischen Zeit wurde Italien von Fremden, zunächst durch die kulturstiftenden Götter Ianus, Saturn usw. besiedelt, am Ende durch den Trojaner Aeneas. Am sinnfälligsten hat die spätantike Schrift „Origo gentis Romanae" diese Mythen in ihrer augusteischen Form bewahrt (Edition mit Kommentar und Essays von SEHLMEYER [Origo Gentis Romanae], zur Romulus-Passage 109–118). Die augusteische Geschichtsideologie resümiert knapp BLEICKEN [3.5: Augustus, 522–535 u. 750]. Neben dem Nationaldichter Vergil, der von der Migration des Aeneas und seiner Ansiedlung in Latium erzählt, findet sie beispielsweise auch im Programm des Forum Augustum ihren Ausdruck [SEHLMEYER, Stadtrömische Ehrenstatuen, 262–270]. Auch wenn die erhaltenen Elogien an den Memorialstatuen nicht von Migration sprechen, war den römischen Betrachtern klar, dass sie vor den Bildern der fremden Gründungsheroen Roms standen [SHAYA, The Public Life of Monuments].

Anfänge Roms: Mythen der Migration

Die Frage, inwieweit Rom mit Griechenland zu vergleichen sei, wurde schon in der Antike aufgeworfen. Hier geht es eher um den Versuch, Migrationserscheinungen in der hellenistischen Welt mit gleichzeitigen Entwicklungen im entstehenden römischen Weltreich zu vergleichen, was bislang nur selten versucht wurde. Beispielsweise bringt CHANIOTIS [1.1.1: Die Öffnung der Welt] die Römer erst spät, 221 v. Chr., analog zu Polybius ins Spiel. Doch es gab bereits seit längerem eine ökonomisch begründete Oikoumene im Mittelmeerraum, die sich spätestens in hellenistischer Zeit global vernetzte [ISAYEV, Polybius's Global Moment], wodurch Westeuropa, Mittelasien und das transsaharische Afrika in einen intensiveren Austausch getreten sind. Der Kontakt war beidseitig [BELVEDERE / BERGEMANN, Imperium Romanum]. Für den Austausch mit Asien wurde die Seidenstraße wiederbelebt [LIU, Exchanges], aber es gab durchaus noch weitere ökonomische Beziehungen [REDEN, Handbook, 1].

Hellenismus und Rom

Der Begriff Protohellenismus wird gemeinhin verwendet, wenn als typisch hellenistisch geltende Kulturkontakte oder Herrschaftskonzeptionen bereits im früheren 4. Jh. v. Chr. in Gebrauch kamen, wie es beispielsweise im Bosporanischen Reich [MEYER, Greco-Scythian Art, 135] oder unter Maussolos der Fall war [HORNBLOWER, Mausolus, VII: „The hellenization of the inland Anatolian places had al-

Protohellenismus als Phase der Migrationsgeschichte

ready made remarkable progress in the fifty years before Alexander's arrival."]. Zu Timoleon s Smarczyk [3.3: Timoleon und die Neugründung von Syrakus, 70 ff.].

Urbanisierung

Neu begründete protohellenistische Staatswesen bedurften einer Hauptstadt. Auf Rhodos hatte man eine solche schon am Ende des 5. Jhs. geschaffen (eine Maßnahme der drei Poleis Ialysos, Lindos und Kameiros). Maussolos machte Halikarnassus zu seiner neuen Hauptstadt. In beiden Fällen kam es zu einem Synoikismos [Gabrielsen, The Synoikized Polis of Rhodes; Hornblower, Mausolus, 87–105]. Paläste und (politische) Monumente mögen im nördlichen Schwarzmeerraum Anziehungspunkte gewesen sein [Meyer, Greco-Scythian Art, 133–188]. Diese Anziehung für Fremde förderte ökonomische Beziehungen und schuf damit ideale Voraussetzungen für ein gedeihliches Zusammenleben, gerade weil es an der Peripherie häufig gemeinsame Gegner gab (etwa die Skythen am kimmerischen Bosporus, also der Straße von Kertsch) oder ökonomische Konkurrenten (Ägäisstaaten gegen Rhodos). Zu solchen *middle grounds* s. o. 1.3 und u. 4.

Halikarnassos

Kaufleute aus Halikarnassos (IACP 886) waren am Bau des Hellenions in Naukratis beteiligt gewesen, das im 6. Jh. v. Chr. entstand [2.3: Möller, Naukratis, 105–108], spätestens unter Pharao Amasis (570–526 v. Chr.). Die Karer waren in Ägypten hingegen eher als Söldner bekannt. Die am Synoikismus des Maussolos beteiligten sechs Siedlungen ergeben sich aus Kombination der bei Hornblower [Mausolus, 81 f.] genannten Quellen. Inwiefern der Satrap Zwang ausgeübt hat, ist nicht völlig klar. Jedenfalls ist wahrscheinlich, dass nur ein Teil der lelegischen Bevölkerung in die neue Metropole zog, denn ein städtischer Wohnsitz wäre für die Tätigkeit in der Landwirtschaft unpraktisch gewesen, sofern die Felder nicht stadtnah lagen oder verpachtet waren. Zu den alten lelegischen Siedlungen s. Radt [Siedlungen und Bauten]; zur generellen Problematik der Identifizierung von Lelegern Rumscheid [Die Leleger]. Für die kommunale Politik in Halikarnassos s. Hornblower [Mausolus, 102].

Alexanders Kolonien

In die Städtegründungen Alexanders führt Wiemer [Alexander, 173–176] ein; dort auch eine Liste der neun gesicherten Städte [174]. Ausführlicher ist Fraser [Cities of Alexander, 65–74 u. 171–190; Tabelle S. 73 f.]. Nach sehr skeptischer Analyse kommt Fraser [ebd., 201] nur auf sechs Gründungen von Städten, aber es gab zunächst noch etliche Garnisonen in den älteren Städten des ehemaligen Perserreiches und darüber hinaus.

WIEMER [Alexander, 175] nimmt an, dass die aufständischen Siedler überwiegend nach Griechenland zurückkehren wollten. DROYSEN [Geschichte des Hellenismus [1887/88], 2, 23–26] nennt sie Veteranen, aber manche mögen als griechische Verbündete noch aktiv im Dienst der Makedonen gestanden haben – ähnlich wie Kleruchen, wenn es nicht Söldner waren. Diese 20 000 Mann Fußvolk und 3 000 Reiter sah der makedonische Regent Perdikkas als Aufständische an. Sehnsucht nach griechischen Sitten (Diod. 18,7,1) und der mittelmeerischen Heimat nimmt FRASER [Cities of Alexander, 193] als Motive an. Pompeius Trogus (prol. 13) bezeichnet die aufständischen Siedler übrigens explizit als *veterani* [WHEATLEY / HECKEL, Justin. Epitome, 121–123 u. 305 f.].

Aufstand der Kolonisten 324 v. Chr.

Etwas zu skeptisch mag WIEMER [Alexander, 175] sein: „Es gibt gute Gründe zu der Annahme, dass die meisten (sc. von Alexander gegründeten) Städte schon wenige Jahre nach dem Tode ihres Gründers verfielen." Neugründungen der frühen Seleukiden erhöhten die urbanistische Aktivität wieder, wobei die peripheren Apoikien, namentlich in Baktrien und ‚Indien', recht schnell verloren gingen – was aber nicht ausschließt, dass andere Mächte die Städte weiterentwickelten. Zu Alexandria Eschate FRASER [Cities of Alexander, 151–161] und COHEN 3, 252–255. Zur Gesamtentwicklung s. GETZEL COHEN: Foundations (hellenistic), EAH 5, 2750–2753.

Weitere Entwicklung der Kolonien

Die drei Bände von GETZEL COHEN behandeln 534 „Settlements" [COHEN 1: 195, COHEN 2: 135, COHEN 3: 204 Siedlungen]. In archaischer Zeit gab es in einem vergleichbaren Zeitrahmen 279 Apoikiegründungen (s. o. S. 152). Zum Gründungsakt selbst s. TSCHERIKOWER [Die hellenistischen Städtegründungen, 112–137]. Der Begriff Katoikie setzt die hellenistischen Gründungen von den stärker autonomen archaischen Gründungen (Apoikien) ab [FRIEDRICH OERTEL, RE XI,1, 1921, 1–26]. Zudem macht der Begriff besser deutlich, dass die siedelnden Soldaten [SCHEUBLE-REITER, Die Katökenreiter] und Zivilisten in den meisten Fällen in bereits bestehende Siedlungen zuzogen [MEHL, Hellenistische Kolonisation], also in „Umgründungen." Die Gründungen hatten bestimmte Hochphasen [BILLOWS, Cities, 198; COHEN 1, 413–419]. Auch mittlere Reiche [RADT, Pergamon, 27–40; KAYE, The Attalids of Pergamon and Anatolia, 188–233; MICHELS, Kulturtransfer und monarchischer „Philhellenismus", 253–342] oder einzelne Poleis, denen die Herrscher besonderer Freiheiten gewährt hatten, gründeten Katoikien.

Apoikien und Katoikien

Motive und Anlässe   Isokrates (5 [Phil.], 120–123) schlug als ‚Ratgeber' vor, der durch beschäftigungslose Söldner, Flüchtlinge und Verbannte verursachten Verarmung und Instabilität in Griechenland mit einem panhellenischen Feldzug gegen das Perserreich zu begegnen, den dann bekanntlich erst Alexander III. realisierte. Wenn nicht das ganze Reich erobert werden könne, sei auch der Bereich bis zur Linie Kilikien-Sinope ausreichend, wo die Herumirrenden (*planōmenoi*) angesiedelt werden und die Sicherheit vor Unruhen in Griechenland verbessern könnten [Dobesch, Der panhellenische Gedanke, 134].

Migrationspolitik?   Mehl [Hellenistische Kolonisation, 211] beklagt zu Recht, dass Getzel Cohen mit seinem großen Projekt zur Verzeichnung hellenistischer Siedlungen (Cohen 1–3) beste Voraussetzungen für eine Synthese schuf, die aber durch den frühen Tod des Kenners der Materie (2015) nicht mehr zu erwarten ist [3.4: Oetjen, Preface]. Einzelne Gründungen und Regionen sind hervorragend aufgearbeitet [Fraser, Ptolemaic Alexandria 1–3; Grainger, The cities of Seleukid Syria; Mueller, Settlements of the Ptolemies]. Zur frühen Siedlungspolitik vgl. Grainger [ebd., 7–87]; zur Textstelle App. Syr. 57 f., 295–307 hat Brodersen [Appians Abriss, 151–168] Material gesammelt, das die kaiserzeitliche Perspektive und Herodot-Nähe Appians zeigt, wodurch der

Ai Khanoum   historische Wert der vielzitierten Passage zu relativieren ist. Die Initiative zur Gründung lag in königlicher Hand, aber die Realisierung wurde wohl delegiert. Dass wie in Ai Khanoum (N-Afghanistan) der Gründer (Kineas) epigraphisch genannt wird [Merkelbach / Stauber, Jenseits des Euphrat, 7–15], ist nur selten vorgekommen. Es wird gemutmaßt, dass die Grabungsstätte mit Alexandria Oxiana identisch ist – ein Beweis steht aber noch aus. Dieser Gründer wurde postum durch ein Heroon geehrt [Mairs, The Founder's Shrine]. Die Stadtanlage ist gut bezeugt, wobei die meisten Funde dem 2. Jh. v. Chr. entstammen [Martinez-Sève, The Spatial Organization of Ai Khanoum].

Umgründungen   Die hellenistischen Gründungen erfolgten häufig an bereits besiedelten Standorten, sind insofern eher Umgründungen [Mehl, Hellenistische Kolonisation, 215]. Auch hier zeigt sich wieder, dass wohletablierte Siedlungsplätze kaum je vollständig aufgegeben wurden und andererseits nur noch selten ‚auf der grünen Wiese' gebaut wurde (wichtige Ausnahme: Alexandria in Ägypten); häufig waren dagegen – wie dann auch in der römischen Republik und Kaiserzeit – Vergrößerung durch Zuzug, Veränderung der politischen und/oder urbanistischen Struktur sowie Statuserhöhung. Diese Veränderungen dürften jeweils auch Migrationsprozesse ausgelöst haben. Weiternutzung durch die nun Staaten bildenden mittelasiatischen Völker ist offensichtlich, Ai Khanoum beispielsweise gehörte zum Gräko-Baktrischen Reich. Die Kulturen rückten näher, die Mobilität nahm zu. Sophytos, ein Kaufmann aus Nordwestindien, setzte sich eine griechische Grabinschrift in Kandahar [MERKELBACH / STAUBER, Jenseits des Euphrat, 17–19]; der indische König Ashoka Piodasses (ca. 272–238 v. Chr.) [1.1.4: ALLEN, Ashoka] warb im griechisch-indischen Grenzgebiet auf mehrsprachigen Stelen [MERKELBACH / STAUBER, ebd., 25–36] für vegetarische Lebensweise.

Die Analyse von Papyrusbefunden aus der ptolemäischen und kaiserzeitlichen Epoche Ägyptens erlaubt Rückschlüsse auf bestimmte Aspekte der Mobilität [FOUBERT, Migrant Women] und Demographie [3.5: BAGNALL / FRIER, The Demography of Roman Egypt], aber die migratorischen Hintergründe bleiben im Allgemeinen verborgen. Zu den Beispielen Tanupis in Euergetis und den jüdischen Siedlern in Anatolien s. u. 63 f. und 175. Zu den Antigoniden s. BILLOWS [Kings and Colonists] mit der Rezension von WOLFGANG ORTH [Gnomon 71, 1999, 78–80]. Die Inschriften von Rhamnous hat OETJEN [Athen im dritten Jahrhundert v. Chr] ausführlich interpretiert; zu den Paroikoi dort S. 76–92, zu den Kleruchen der Makedonen S. 92–111. Die Dekrete sind S. 177–248 abgedruckt und erläutert. Wiederum OETJEN [Δύο χρόνια στη ζωή ενός δήμου της Αττικής τον τρίτο αιώνα π.Χ.] vergleicht die Ehrendekrete für Epichares (268/67 v. Chr.) und für Archandros (248/47 v. Chr.) [1.5: PETRAKOS, Oi epigraphes, ta charagmata, ta stathmia, oi martyries (Rhamnous 6), Nr. 403, 19–23 u. Nr. 407]. Demnach habe sich die Sicherheitslage auf dem Land um die Festung verbessert: Während zunächst noch entführte Personen freigekauft werden mussten (120 Drachmen werden als Preis pro Person genannt), hören wir in der späteren Inschrift nicht mehr davon. Rhamnous gibt aufgrund der reichen Funde ein sehr gutes Beispiel für das Zusammenleben von Zivilisten und Militärs in hellenistischer Zeit.

Kaum quantitative Angaben

Allgemein zu Söldnern und Problemen ihrer Ansiedlung s. CHANIOTIS [War in the Hellenistic World, 81–92 u. 100]. Für das Ptolemäerreich bietet SÄNGER [Die ptolemäische Organisationsform *politeuma*] Auskunft, v. a. auch zur Ansiedlung von Söldnern unter Selbstverwaltung (s. u. S. 175).

Söldner

Zu Alexandria, Naukratis (s. o. 133) und Ptolemais Hermiou in der Landschaft Thebais äußern sich PFEIFFER [Griechische und lateinische Inschriften Nr. 3] und COHEN [2, 350–352]. Zu Philometoris,

Apoikien der Ptolemäer

Kleopatra und Euergetis geben MAIRS / FISCHER-BOVET [Reassessing Hellenistic Settlement Policies, 75–78] Erläuterungen. Euergetis ist bis heute in seiner genauen Lage im Fayum umstritten [COHEN 2, 52 u. 58 u. 61 u. 347 f.]. Die Dominanz von Söldnern und Personen, die für deren Versorgung erforderlich sind, ist anzunehmen. COHEN vermutet, dass es sicherheitspolitische Gründe gab, so weit im Süden eine Siedlung zu gründen. Zur äußeren Entwicklung s. HUSS [Ägypten in hellenistischer Zeit, 580 ff.] und PFEIFFER [Die Politik Ptolemaios' VI. und VIII.].

Die Wirtin Tanupis in Euergetis

Der Tanupis-Papyrus wurde ediert von KRAMER [3.4: Der κτίστης Boethos. Teil I] und kommentiert von HEINEN [3.4: Der κτίστης Boethos. Teil II]. Der Text ist jetzt auch zu finden bei JÖRDENS [Griechische Texte aus Ägypten, 589 f.]. Bei der Anlage einer Siedlung wurde im Allgemeinen eine bestimmte Rastergröße festgelegt, die leicht bestimmbar ist, wenn der Plan einer Siedlung rekonstruiert werden kann. Ältere Beispiele liefern HOEPFNER / SCHWANDNER [3.3: Haus und Stadt, passim].

Seleukiden und Ptolemäer im Vergleich

Nach neueren Forschungen zum Seleukidenreich [COHEN 2; MAIRS / FISCHER-BOVET, Reassessing Hellenistic Settlement Policies, 49–64] hat MUELLER [Settlements of the Ptolemies] ein differenziertes Bild der Siedlungen im Ptolemäerreich gegeben. Einige markante Beispiele behandelt FISCHER-BOVET in DIES. / REDEN [Comparing the Ptolemaic and Seleucid Empires, 67–75], wobei die im Darstellungsteil genannten regionalen Unterschiede deutlich werden.

Keltische Migration

Einen guten Überblick über die keltische Geschichte insgesamt gibt MAIER [Die Kelten]. Für die Antike etwas ausführlicher und mit Nachweisen versehen ist die Ausgabe im Handbuch der Altertumswissenschaften (III 10) von 2012: MAIER [Geschichte und Kultur der Kelten]. Die literarischen Quellen hat TOMASCHITZ [Die Wanderungen der Kelten] gesammelt, es ist aber darauf hinzuweisen, dass diese vielfach als ethnographische Literatur einzustufen sind [GIESEKE, Vom äußersten Westen der Welt]. Immerhin hat Polybios das Gebiet der Keltiberer in Spanien bereist [ebd. 164–210, v. a. zur Ethnographie der Keltiberer 194–207] und Poseidonios war sogar im zentralen Gallien [ebd. 211–245]. Zur naturwissenschaftlichen Analyse von 16 frühlatènezeitlichen Gräberfeldern s. ALT / SCHÖNFELDER [Keltenwanderungen]. Die Strontiumisotopenanalyse der Gebeine und Zähne legt nahe, dass in Monte Bibele ein Übergang von etruskischen Gräbern (aus der Zeit von ca. 450–380 v. Chr.) zu Mischbestattungen (ab 380 v. Chr.) stattfand, die etruskische und keltische

Grabbeigaben enthielten. Kelten scheinen eingesickert zu sein, ohne dass es zwangsläufig eine gewalttätige Übernahme gab. Die Etrusker zogen sich allmählich aus Marzabotto zurück bzw. romanisierten sich, Kelten kamen hinzu: Bentz / Reusser [Marzabotto, 104–109].

Cornell [The Beginnings of Rome, 313–318] deutet die Quellen zu Brennus nicht als Migrationsgeschichte, sondern als Aktivität eines Warlords, dessen Söldner dann teilweise nach Sizilien weiterzogen. Die Söldner plünderten Rom, doch das Ausmaß der Zerstörung ist unsicher. Kolb [1.1.2: Rom, 140] spricht zwar vom „Gallierbrand", relativiert aber dessen Umfang. {Kelten in Rom}

Die archäologischen Funde in Ostia nehmen erst um die Mitte des 4. Jhs. v. Chr. zu. Zu den Überresten (mit Plan und Abb.) Janet DeLaine, EAH 9, 4957–4963. Ostia war die erste *colonia maritima*, wobei diese Bezeichnung nicht als staatsrechtliche Kategorie verstanden werden sollte. Zur Geschichte in der Republik s. Meiggs [Roman Ostia, 20–50]. {Römische Kolonisation}

Beispiele für Gesetze zur Koloniegründung sind zu finden bei Elster [Die Gesetze der mittleren römischen Republik] Nr. 23, 27, 50 u. a. sowie bei Elster [Die Gesetze der späten römischen Republik] Nr. 28, 29, 40, 81 u. a. Tabellarische Übersichten z. B. bei Tim Cornell, CAH VII 2, 1989², 390 f. u. 404 f. Unterschiede zwischen Bürgerkolonien und latinischen Kolonien finden sich prägnant zusammengefasst von Hartmut Galsterer [DNP 3, 1997, 76–83] und vom selben ausführlicher vorgestellt [Herrschaft und Verwaltung, 40–64 u. 84–100]. Von „strategischer Sicherung" spricht Edgar Pack, Italia I, RAC 18, 1998, 1079 (in der Linie von Salmon [Roman colonization]). Zu neueren Ansätzen der Erforschung römischer Kolonien vgl. Stek / Pelgrom [Roman Republican Colonization] und Roselaar [Colonization], die beide betonen, dass in der frühen und mittleren Republik Koloniegründungen meist auf individuelle Initiative einzelner Anführer zurückgingen, sehr gemischte Bevölkerungen zusammenführten und generell nicht so planmäßig vom Senat gesteuert und in der Durchführung ritualisiert erfolgten, wie spätrepublikanische und frühkaiserzeitliche Autoren (Cicero; Livius) das vom ‚fertigen' Imperium zurückblickend suggerieren wollten. Einen willkommenen Forschungsbericht gibt Coles [Roman Colonies] (2020). {Gesetze}

Die 6 000 *coloni* in Ariminum sind bei Vell. 1,14,6 und Eutr. 2,16 belegt. Oebel [Flaminius, 48–113] und Haeussler [The Galli, 725, 736 u. 741–743] fassen die archäologischen Befunde im Ager Gallicus zu- {Ager Gallicus} sammen. MENOZZI / CIARICO [The Picentes / Piceni] berücksichtigen auch die neueren Grabungen. Die Genese der *lex Flaminia*, Gesetz Nr. 77 bei ELSTER [Die Gesetze der mittleren römischen Republik], ist gut erforscht [BECK, Karriere und Hierarchie, 248 f.], aber die Folgen bleiben im Dunkeln. Die zeitgenössischen Quellen sprechen von mannweiser Zuweisung des Landes (*viritim*), also Viritanassignation; detaillierte Analyse bei OEBEL [s. o. 30–47].

Probleme der Migration von Latinern nach Rom

COŞKUN [2.2: Bürgerrechtsentzug oder Fremdenausweisung?, 156–200] legt die kollektiven Ausweisungen von Latinern aus Rom dar (206, 187, 177 und 173 v. Chr.). Er begründet, warum das sog. *ius migrationis* der Latiner als *lex civitatis per stirpem adipiscendae* zu verstehen ist: Nur wer in der latinische Kolonie einen Abkömmling (*stirps*) hinterließ, durfte in das Bürgergebiet migrieren [ebd. 31–155]. Der schlecht überlieferte Livius-Text (41,8,7–9) kann vielleicht auch so verstanden werden, dass manche der Binnenmigranten letztendlich nicht nach Fregellae, sondern nach Rom weiterziehen wollten. Zur günstigen ökonomischen Situation in Fregellae vgl. MASCHEK [Die römischen Bürgerkriege, 148]. Neuere Pläne der Verteilung von *ager publicus* mögen die „fregellanische Elite" verschreckt haben.

Aufstand Fregellaes 125 v. Chr.

MASCHEK [Die römischen Bürgerkriege, 78] sieht in der Zerstörung Fregellaes Analogien zu Karthago, Korinth, Numantia und weiteren Städten in Spanien und Ligurien. Man mag Fabrateria als Umsiedlungsort für loyale Altbürger sehen. Aufrührer wurden gemeinhin getötet oder ggf. deportiert. Nonius (p. 80 Lindsay) weist auf den römischen Ortsteil Fregellae hin, der Fremde/Gäste (*hospites*) aus Fregellae beherbergte – also mglw. ehemalige Fregellaner ohne römisches Bürgerrecht, die man als illoyal angesehen haben mag. Aber das bleibt hypothetisch.

Späte Republik

Die soziale Problematik, die zur Forderung nach neuen *coloniae* führte, findet sich bei BLEICKEN [Geschichte der Römischen Republik, 61–71], HEFTNER [Von den Gracchen bis Sulla, 32 ff.] und allgemeiner auf die Krise abhebend WALTER [Politische Ordnung, 85–90 u. 227–231] skizziert. Für Gesetze zur Vergabe von *ager publicus* an Besitzlose s. ELSTER [Die Gesetze der mittleren römischen Republik], z. B. Nr. 206 (145 v. Chr.), DIES. [Die Gesetze der späten römischen Republik], z. B. Nr. 1 (133 v. Chr.), 28 f. (123 v. Chr.), 40 f. (122 v. Chr.) oder 47 (ca. 121 v. Chr.). Auch wenn die Landvergabe nur schleppend anlief, wirkte die damals vorgenommene Zenturiation (Landvermessung) bis in die Spätantike [PEYRAS, Les „Libri coloniarum" et l'œuvre gracchienne] und ist in Teilen Italiens auf Luftbildern, die man beispielsweise bei LIBERTINI / LORENZ [Liber Coloniarum] findet, noch heute auszumachen.

Unter migrationshistorischen Aspekten ist MASCHEK [Die römischen Bürgerkriege, 110 ff.] besonders nützlich, da er für das 2. und 1. Jh. v.Chr. die erwähnten Dynamiken in Rechnung stellt. Er deutet die Ara des Domitius Ahenobarbus, eine spätrepublikanische Darstellung einer *lustratio* (Reinigungsopfer), als Wiedergabe der Gründung einer *colonia* (und nicht als Census) [116–120; ausführlich DERS., Journal of Roman Studies 108, 2018, 27–53]. Als Datierung wird 123–121 v. Chr. vorgeschlagen, die Gründungszeit der Kolonie Neptunia in Tarent, die letzte Bürgerkolonie in Italien. Solche Rituale begleiteten auch jede Gründung einer Veteranenkolonie. Landanweisungen dieser Art waren bereits während der Diktatur Sullas, der 80 v. Chr. auf dem Gebiet Pompeiis die „Colonia Cornelia Veneria Pompeianorum" mit mehreren Tausend Siedlern niedersetzte, und dann besonders in der Zeit des zweiten Triumvirats (43–33 v. Chr.) mit blutigen Vermögensumschichtungen und Vertreibungen verbunden (s. ausführlicher u. S. 180).

Das Ausmaß der Umwälzungen im späten 2. und im 1. Jh. v. Chr. halbwegs korrekt einzuschätzen hängt ganz wesentlich davon ab, wie viele Menschen jeweils in Italien überhaupt lebten. Hier ist seit den klassischen Werken von KARL J. BELOCH [Die Bevölkerung der griechisch-römischen Welt, Leipzig 1886, 388–443] und BRUNT [Italian Manpower] die Diskussion weitergegangen und dreht sich um niedrige bzw. hohe Annahmen („low count" bzw. „high count"); für Synthesen s. LIGT [Peasants, citizens and soldiers] und HIN [The Demography] (dazu methodisch wichtig WILLIAM V. HARRIS, Gnomon 89, 2017, 138–142).

GARLAND 261–263 beendet seinen Katalog der Deportationen mit der Zeit Philipps II. und Alexanders III. von Makedonien. Die von ihm angeführten Beispiele betreffen aber – bis auf Timoleon – nur Vertreibungen (ohne die für Deportationen typische, kontrollierte Ansiedlung an einem Ort).

Remigration ist die Rückführung von Personen an ihren konkreten Herkunftsort. Am besten bezeugt ist die der Helvetier (s. S. 78). Hingegen ist es menschenverachtend, Abschiebungen, also individuelle Vertreibung einer unerwünschten Gruppe, mithin *forced migration*, als Remigration zu bezeichnen (aktuelle Aspekte: https://www.voluntariness.org/de/remigration/, abgerufen am 12.12.24) –

Remigration beruht ja im Allgemeinen auf Freiwilligkeit, die durch finanzielle Anreize gefördert werden kann, und ist somit eine von äußeren Bedingungen angestoßene Übersiedlung (*impelled migration*).

Alexander III.   Die modernen Biographen Alexanders III. heben seine Städtegründungen (o. S. 60) mitunter über Gebühr hervor und vernachlässigen andere relevante Migrationsformen. Zu Alexandria in Ägypten COHEN 2, 355–381; zu Olynth und Kardia vgl. BILLOWS [Kings and Colonists, 149 Anm.11] und COHEN 1, 83 (Bevölkerung aus Kardia wurde Lysimacheia zugeschlagen). Die Seleukiden haben häufiger als die Antigoniden deportiert. Das Beispiel der Deportation jüdischer Familien aus Mesopotamien nach Lydien und Phrygien folgt; bekannt ist auch die Vertreibung der Bevölkerung Jerusalems (168/7 v. Chr.) [COHEN 1,255 f.], wobei wohl vor allem an die jüdische Bevölkerung zu denken ist.

Vertreibung und Repatriierung   Nachdem die Stymphaliten die geflohenen Elateier aufgenommen und jahrelang unterstützt hatten, halfen sie auch bei der Remigration bzw. Repatriierung. Beide Poleis waren auf dem Landweg über 200 km entfernt (unter Einbeziehung der See war der Weg u. U. auf rund 150 km zu verkürzen; vgl. die Karte III der Seerouten über den Golf bei FREITAG [3.3: Der Golf von Korinth, 509]). Die ältere Forschung ging davon aus, dass die Elateier von den Römern vertrieben wurden. Neuere Untersuchungen deuten jedoch darauf hin, dass die Aitoler die Elateier vertrieben haben könnten; vgl. LEHMANN [Elateia, Aitolien und Rom] mit einer Interpretation der einschlägigen Inschrift SEG 25–445; aus *synoikismos* (Zeile 19) schließt der Autor auf einen Wiederaufbau. Die Inschrift ist eines der umfangreichsten Zeugnisse für Verhandlungen bezüglich Repatriierung (mit den Römern) und des Wiedereinzuges (mit Besitzern von Grundstücken, die der Zwischenmauer weichen sollten). Man könnte auch daran denken, dass Aitoler-freundliche Elateier am Ort verblieben waren. Der Bau einer Zwischenmauer (*diateichisma*, Zeile 22) kann wohl nur so verstanden werden, dass die Akropolis besser geschützt werden sollte [SOKOLICEK, Diateichismata, 84 f. u. Tafel 18]. Die Elateier wollten augenscheinlich vermeiden, wieder zur Flucht gezwungen zu werden. Überdimensionierte Befestigungsanlagen waren schon im 4. Jh. v. Chr. für die Gründung von Messene und Megalopolis (s. o. S. 159) charakteristisch gewesen.

Josephus (AJ 12, 148–153) führt in seiner Geschichte des hellenistischen Judentums die Quellen oft wörtlich an, hier einen Brief des Antiochos III., den beispielsweise Marek [1.1.2: Geschichte Kleinasiens in der Antike, 279 f.] für authentisch hält und in modernes Deutsch übersetzt hat. Gauger [Formalien und Authentizitätsfrage] hingegen ist schon länger skeptisch [Ders., Beiträge zur jüdischen Apologetik]. Sowohl Rostovtzeff [Gesellschafts- und Wirtschaftsgeschichte, 384 f.] als auch Cohen [1, 212 f.] vertreten die Meinung, dass die strittige Verfasserschaft Antiochos' III. unerheblich sei für den sozialhistorischen Quellenwert, also die Aussagen zur Kolonisation.

Antiochus III deportiert Juden nach Kleinasien

Details zur Tätigkeit der Juden in Babylonien fehlen für die hellenistische Zeit. Die al-Yahudu-Tafeln und das Murašû-Archiv aus achämenidischer Zeit geben zumindest Hinweise auf den Siedlungsraum nördlich von Basra. Alstola [1.1.4: Judeans in Babylonia] hat diese Keilschrifttexte analysiert. Eine anschauliche Kartendarstellung des Siedlungsraumes nördlich von Basra hat Key maker [https://de.wikipedia.org/wiki/Babylonisches_Exil#/media/Datei:Judean_exiles_area_in_Babylon.jpg, abgerufen am 12.12.24] erstellt.

Babylonisches Judentum

Der für die jüdischen Migranten zu bewältigende Weg ist aufgrund von Analogien aus der Frühen Neuzeit realistisch, die Reisedauer freilich nicht genau anzugeben. Der Seeweg über den Euphrat wäre deutlich schneller gewesen, erforderte freilich auch eine gewisse Zahl an Transportschiffen. Der Fluss war in der Antike mindestens bis in die Nähe von Zeugma schiffbar [Karlheinz Kessler, DNP 4, 1998, 269–272]. Die Beschwernisse einer solchen weiten Umsiedlung sind der Quelle geläufig (*ergōdous entos*, AJ 12,150).

Der Weg der Migranten

Der Hinweis auf den Weinbau in der Quelle schränkt die potentiellen Orte der Ansiedlung ein, sofern denn das Originaldokument auch auf den Weinbau hingewiesen hatte. Heutzutage gibt es Weinbau im westlichen Taurus, was dem südwestlichen Phrygien entspräche. In dem Brief wird übrigens betont, dass die Juden nach ihren eigenen Gesetzen, *idioi nomoi*, leben dürften. Schalit [The Letter of Antiochus III to Zeuxis, 296–304] hat den Text detailliert interpretiert, legt aber m. E. zu sehr den Fokus darauf, dass die Juden Militärsiedler sein sollten. Der Brief spricht häufiger von der landwirtschaftlichen Tätigkeit. Es ist zudem zu berücksichtigen, dass die Umsiedlung lukrativ gestaltet werden musste – oder waren die Juden unfrei? Schon zu achämenidischen Zeiten hätten sie zurück nach Palästina gehen können.

Jüdisches Leben in Kleinasien

Politeumata   Etliche Papyri aus der Zeit von ca. 144–132 v. Chr. geben einen beispielhaften Einblick in die Verwaltung von Herakleopolis, einer Ansiedlung jüdischer Söldner (Edition und Analyse bei Cowey / Maresch [Urkunden des *Politeuma*]). Deren Migrationsgeschichte kann offenbar nicht im Detail nachvollzogen werden, Binnenwanderung wird angenommen [S. 3, 23 f. u. 44]. Den gesamten Raum hellenistischer *politeumata* ergründet Sänger [Das *politeuma* in der hellenistischen Staatenwelt]; ausführlicher ders. [Die ptolemäische Organisationsform *politeuma*]. Ob man die Stadtteile Alexandrias mit vorwiegend jüdischer Bevölkerung parallelisieren kann, wird derzeit diskutiert; Sänger [wie eben, 43–71] ist eher skeptisch.

Migrationspolitik   Mehrfach hören wir von Versklavungen im Hellenismus, aber im 2. Jh. ist mir nur eine Deportation auf Initiative eines Herrschers zur Kenntnis gekommen: Ca. 183/82 v. Chr. ließ Philipp V. einheimische Bevölkerung an der nordägäischen Küste durch Deportation ins Landesinnere verbringen und die Küste neu peuplieren (Plb. 23,10,4–6 mit Walbank [A historical Commentary Vol. 3, 230]). Mit der Schwächung der hellenistischen Großreiche entfielen deren Möglichkeiten zur Deportation ganz. Die 53 v. Chr. bei Karrhai unterlegenen Römer waren selbst von Deportation betroffen. Diese Kriegsgefangenen hat man am Leben gelassen. Einige wurden 20 v. Chr. mit den erbeuteten Feldzeichen den Römern zurückgegeben [3.5: Bleicken, Augustus, 357–362 u. 729 f.].

Sizilien   Von Dionysios I. von Syrakus (reg. 405–367 v. Chr.) wurden zahlreiche Deportationen angeordnet [Giuliani, Le migrazioni forzate]. Auch im Konflikt mit den Römern kam es zu teils gewaltsamen Umsiedlungen [Vacanti, Guerra per la Sicilia]. Die Rückholung von Flüchtlingen ist bei Livius (27,5,3–5) zu finden (210 v. Chr., Rede des Valerius Laevinus in Rom). Die Geschehnisse deutet Konstantin Krieter in seiner Rostocker MA-Arbeit „Regime über Sizilien. Status und Behandlung der Gemeinwesen zur Zeit der Mittleren Römischen Republik" (Sommersemester 2021) als Regime im Sinne von Krasner [1.3.1: International Regimes]. T. Annius Rufus scheint derjenige Prätor (von 131 v. Chr.) zu sein, der den Meilenstein ILS 23 (CIL I^2 638) in Polla errichtete und sich darin auch der Baumaßnahmen und Rückführung von 917 Menschen rühmte [T. Corey Brennan, The Praetorship in the Roman Republic, Oxford / New York 2000, 152 u. 312].

Kleinasien   Marek [1.1.2: Geschichte Kleinasiens in der Antike, 259] betont das Epigonenhafte der seleukidischen Herrschaft, die trotz der Siedlungspolitik [Karte S. 225] keine völlige Kontrolle über das anatolische Gebiet erlangte, zumal im Norden schnell Konkurrenten wie Pergamon (s. o. 70, 167) auf der Bühne erschienen. Auch in anderen anatolischen Staaten wie Bithynien, Pontos und Kappadokien entstanden neue Städte. MICHELS [Kulturtransfer und monarchischer „Philhellenismus", 253–341] untersucht die dortigen Städte(um)gründungen; den Begriff „Urbanisierungspolitik" verwirft er aber zu Recht, denn rund 20 Gründungen in den drei Territorien sind über einen Zeitraum von mehr als 200 Jahren nicht sehr eindrucksvoll, zumal etliche Umgründungen griechischer oder einheimischer Städte dabei sind.

Die republikanischen Deportationen sind verhältnismäßig gut untersucht, v. a. in Italien und Spanien [2.2: PINA POLO, Deportaciones; SILVA RENESES, „Deducti, traducti"]. Im Jahr 269 v. Chr. hat P. Sempronius Sophus einen Teil der Pikenter an die Bucht von Poseidonia/Paestum deportiert. Auch später noch misstrauten die Römer den Pikentern, denn sie boten diesen Aufgaben in der Postzustellung (und nicht als Hilfstruppen) an [1.5: ROLLER, A Historical and Topographical Guide, 283 f.]. SILVA RENESES [22–27 u. 152] betont die Ähnlichkeit der Maßnahmen in Volsinii und Falerii, geht aber auf die unterschiedlichen Anlässe dieser Aktionen nur knapp ein [Karten S. 24 u. 26]. Römische Deportationen

Zum Kontext der Zerstörung Volsiniis s. ALFRED HEUSS, Römische Geschichte. 10. Aufl. Paderborn 2007, 56 und E. S. STAVELEY [CAH VII 2, 1989², 424 f.]. Laut Zonaras (8,7,8 = Vol. 2 p. 194 f. DINDORF) ließ der Konsul die Aufständischen qualvoll töten. Die Deportation der loyalen Bewohner wirkt somit als eine Bevorzugung, weil man sie nicht nur am Leben ließ, sondern ihnen sogar einen neuen Wohnsitz unter römischer Kontrolle gab. Zur Frage, ob wirklich Freigelassene die Herrschaft in der Stadt übernommen haben können, vgl. MASCHEK [Die römischen Bürgerkriege, 319 Anm. 115], wo es Val. Max. 9,1 ext. 2 heißen muss, und anders FUGMANN [1.5: De viris illustribus urbis Romae, 302 f.]. Volsinii 264 v. Chr.

Liv. 40,37,8–38,9 ist die Hauptquelle für die Deportation in der mittleren Republik und wird hier etwas ausführlicher paraphrasiert und interpretiert [PINA POLO (Deportation, Kolonisation, Migration, 185–188) und SILVA RENESES (95–99)]. Livius hat die Gefahr der Rückkehr der Deportierten vermutet und daraus die Deportation in die Ferne erklärt, „damit es keine Hoffnung auf Rückkehr gäbe" (*procul ab domo, ne reditus spes esset*: 40,38,2). Die zur Deportation ins Auge gefasste Region Taurasia im kampanischen bzw. samniti- Apuanische Ligurer 180 v. Chr. deportiert schen Hinterland ist rund 650 km von La Specia, dem Hauptort der besagten Ligurer, entfernt; Details bei Sehlmeyer [2.2: Die apuanischen Ligurer, 474]. Zur Archäologie des Ligurergebietes s. Armanini [Ligures Apuani]. Kunkel [3.4: Staatsordnung und Staatspraxis der Römischen Republik, 177–185] behandelt die magistratischen Edikte im Allgemeinen. Das Imperfekt *impetrabant* (Liv. 40,38,5) deutet auf einen längeren Verhandlungsprozess hin. Sehlmeyer [ebd. 474–476 u. 480–481] referiert Forschungen zur offensichtlich überhöhten Zahl der von Livius genannten Kombattanten (rhetorische Zahl 40 000) und praktische Kenntnisse des 19. Jhs. über die Logistik des Transports mit Ochsenkarren. Auf die Formel zur Koloniegründung (*agro dividendo dandoque*) wird von Livius (40,38,7) angespielt.

Capua 211 v. Chr.

Zur Deportation der Capuaner (211 v. Chr.) vgl. von Ungern-Sternberg [Capua im Zweiten Punischen Krieg, 120 f.], der darauf hinweist, dass selbst sechs Jahre später, im Jahre 205 v. Chr., die Senatsbeschlüsse zur Deportation nur unvollkommen umgesetzt waren.

Massenversklavung in Epirus 167 v. Chr.

Die hohe Zahl der in Epirus Versklavten wird allgemein für möglich erachtet [Badian, Foreign clientelae 264–70 BC, 96; 1.1.2: Hammond, Epirus, 633–635; 2.2: Flaig, Weltgeschichte der Sklaverei, 57]. Die 70 Siedlungen dürften hauptsächlich im Gebiet des Molosser, also im Inneren von Epirus gelegen haben. Als widerständige Orte werden Passaron, Tecmon, Phylace und Horreum genannt. Weil die 150 000 Kriegsgefangenen (Liv. 45,34,1–9 mit Briscoe [A Commentary on Livy, 720–722]) schnell verkauft wurden, ist eine hohe Zahl an Sklavenhändlern (lat. *mangones*) anzunehmen.

Massenversklavung

Das Phänomen der Massenversklavung ist für die Republik gut bezeugt [2.2: Volkmann, Die Massenversklavungen, 27–29 u. Nachtrag 136 f.]. Die Insel Delos wurde seit 166 v. Chr. zum Umschlagplatz, es ist von Tausenden, ja Zehntausenden Sklaven die Rede. Demgegenüber ist einzuwenden, dass die Stadt, die ja zunächst als Ort eines Apolloheiligtums bekannt war, nicht die Kapazität hatte, Tausende Sklaven täglich unterzubringen [Trümper-Ritter, Graeco-Roman Slave Markets, 34–49]. Somit wurden die Sklaven entweder unbesehen verkauft oder man beließ sie auf den Schiffen, mit denen sie unterwegs waren.

Deportationen in Spanien

In den Jahren 178, 138, 72 (Pompeius), 61 (Caesar) und 26–19 v. Chr. (Augustus) haben die Römer Keltiberer deportiert, dazu eingehend Pina Polo [2.2: Deportaciones] und Silva Reneses [43–83 u. 101–146]. Letztere Studie stellt geradezu ein Plädoyer für provinzialrömische Archäologie dar, denn der Autor kann mit topographischer Detailkenntnis (Karten S. 24, 54 u. 100) viele Deportationen (bzw. Umsiedlungen) wahrscheinlich machen, die nicht in den literarischen Quellen erwähnt wurden. Ziel der Römer war es offenbar, wie bei den Kelten und Apuanern, die Höhensiedlungen der iberischen Gegner zu zerstören und deren Bevölkerung im Tal anzusiedeln bzw. in weitere Entfernung zu deportieren. Die Regimehaftigkeit der Vorgänge wird von Lowe [CR 73, 2023, 615–617] bestätigt, auch wenn er sich einer anderen Terminologie bedient [„Silva Reneses gives us a more pragmatic Rome that was prepared to use whatever means necessary to achieve its goals", 617].

Die Piraterie im östlichen Mittelmeerraum nahm wieder zu, nachdem Rhodos diese zu Beginn des 4. Jhs. aufgrund eigener Handelsinteressen eingedämmt hatte. José Miguel Alonso-Nuñez, DNP 11, 2001, 331 f. gibt einen guten ersten Überblick. Menschenraub war von jeher eines der Ziele der Piraten, die dann selbst als Händler aktiv wurden und beispielsweise auf Delos Sklaven zum Kauf anboten. Caesar wurde kurz vor 77 v. Chr. von Piraten entführt [Günther, Caesar und die Seeräuber]. Mithradates VI. zählte einen gewissen Seleukos aus Kilikien zu seinen Freunden, den Anführer einer Piratenflotte; s. Mayor [The Poison King, 276–278]. Erst Pompeius beseitigte das Handelshemmnis. Bis zu 20 000 Piraten sollen sich ihm ergeben haben. Die kaiserzeitlichen Quellen stellen es teilweise so dar, dass Pompeius aus humanitären Gründen gehandelt habe. Er hätte die Piraten hinrichten müssen, eine Freilassung kam aus naheliegenden Gründen nicht infrage (Plu. Pomp. 28 mit Heftner [Plutarch und der Aufstieg des Pompeius, 203–207]).

Mobilitätshemmnisse

Sowohl in Kilikien als auch in Achaia gab es Landstriche, die aufgrund von Kriegshandlungen der Späten Republik bzw. des Späten Hellenismus Teile ihrer Bevölkerung verloren hatten und somit für die Besiedelung durch Piraten zur Verfügung standen. In Einzelfällen mag es auch zur Ansiedlung in Unteritalien gekommen sein, denn Vergil stellt in seinem Lehrgedicht „Georgika" einen Kilikier vor, der in der Nähe Tarents auf schlechten Böden Gemüse anbaut und Bienen züchtet (georg. 4, 125–148). Die uns erhaltenen spätantiken Kommentare zum Text, Servius und der sog. Servius auctus, erläutern, dass Pompeius laut Sueton (in einem nicht erhaltenen Werk, vgl. Serv. georg. 4,127) die Piraten in Griechenland und Kalabrien angesiedelt habe. Die antiken Interpreten stellen also den zivilen Charakter der Deportation heraus. Skeptisch gegenüber einer

Potentielle Ansiedlungsgebiete

Ausweitung der Deportationen nach Unteritalien scheint SEAGER [Pompey, 47 f. u. 207] zu sein, der Servius nicht zitiert.

Mobilität und Migration
Zur Verortung der plautinischen Komödien in der römischen Gesellschaft vgl. RICHLIN [Rome and the Mysterious Orient, 24], die sich auf die drei Komödien „Curculio", „Persa" und „Poenulus" fokussiert [Karte der erwähnten Mobilitäten: ebd. 18]. Das Ambiente der Sklaven umspannt die ganze Mittelmeerwelt, aus der Fremde entführte junge Frauen spielen eine Hauptrolle. Migrationen werden selten explizit erwähnt, aber diese Welt von Expansion und Seeräuberei um 200 v.Chr. bot für Plautus einen Rahmen, Mobilitäten abzustecken. Die Komödien insgesamt verortet auch ISAYEV [Migration, Mobility and Place, 191–228] in der vernetzten Mittelmeerwelt; ihr Index zeigt die Vielfalt der von Plautus angesprochenen Mobilitätsphänomene wie Verschleppung und Rückkehr [ebd. 426 f.]. Das Buch von ISAYEV vollbringt das Kunststück, ein kongruentes Bild der italischen Mobilität von der nur archäologisch bezeugten archaischen Zeit bis in die späte Republik vorzulegen. Die verwendeten Modelle reichen von der Demographie über Netzwerke bis hin zu Fragen der Interkulturalität. ISAYEV hebt die Rolle freier Migration hervor, staatliche Maßnahmen seien erst spät nachzuweisen [29–32]. Der Anteil an Frauen unter den Migranten sei nicht zu unterschätzen [32–34]. Insgesamt profitiert das Buch von einer großen Zahl neuerer Ausgrabungen und Surveys [COOLEY, A Companion to Roman Italy], wobei die Zeit nach dem Bundesgenossenkrieg naturgemäß nicht mehr so intensiv betrachtet werden kann; hier bietet MASCHEK [Die römischen Bürgerkriege] eine Ergänzung.

Veteranenansiedlung
BRUNT [Italian manpower, 294–344] hat sich mit der Ansiedlung der von den *pauci potentes* und Triumvirn entlassenen Soldaten befasst. Am Dienstende wurde ein Entlassungsgeld üblich, das auch in immobiler Form (Landgut) gewährt werden konnte. Unter Sulla sind 80 000 Veteranen bezeugt, die ein Landgut erhalten sollten (App. BC 1,470 nennt 23 Legionen). Neben *ager publicus* wurde auch Land verteilt, das in italischen Städten enteignet wurde, beispielsweise von Proskribierten. JEWELL [(Re)moving the Masses] hat behauptet, dass die abfällige Redeweise des Servilius Rullus (Volkstribun 63 v. Chr.) ernstgemeint gewesen sei: Er hatte sich laut Cicero (z. B. leg. agr. 2,70) vor dem Senat so ausgedrückt, dass man das schmutzige Wasser ausschöpfen müsse, womit er die vorgesehenen Migranten der Unterschicht meine. FRIEDRICH MÜNZER [RE 2 A 2, 1923, 1808 f.] hat hingegen mit Recht diese Ausdrücke so erklärt, dass Rul-

lus die politischen Absichten seines Siedlungsprogramms gegenüber den Senatoren verschleiern und sie umgarnen wollte, indem er die erforderliche Ausweisung eines Teils des Proletariats als pro-Argument anführte, obwohl er auf Seiten der Plebs stand.

Pompeius hatte ebenso wie Marius und Sulla eine große Zahl an Soldaten mit sich geführt, als er die Mission gegen die Seeräuber (67 v. Chr.) zum Anlass nahm, größere Territorien in Kleinasien zu erobern bzw. in Abhängigkeit zu bringen. Als er gegen 62 v. Chr. nach Rom zurückkehrte, war die Versorgung der nunmehrigen Veteranen ein bedeutendes Thema. Caesar setzte 59 v. Chr. eine neue *lex agraria* durch, die *lex Iulia agraria de Campanis* [3.4: ROTONDI, Leges publicae populi Romani, 387 f.]. *(Veteranen des Pompeius)*

Zum römischen Bürgerrecht einführend mit Angabe neuerer Literatur SEHLMEYER [Citizenship, EAH (2. Aufl. 2025) https://onlinelibrary.wiley.com/doi/10.1002/9781444338386.wbeah22056.pub2, abgerufen am 5.2.25]; noch immer nützlich bleibt die handbuchartige Darstellung von ADRIAN N. SHERWIN-WHITE, The Roman Citizenship, 2. Aufl. Oxford 1973. Den eingeschränkten römischen Begriff von Italia, zwischen Po und Rhegium, erläutert EDGAR PACK, Italia I, RAC 18, 1998, 1049–1202, dort Sp. 1053–1059. Nördlich davon befand sich die Gallia Cisalpina; dazu BRUNT [Italian manpower, 166–203]. Sie wurde erst im Jahre 49 v. Chr. vollständig Bürgergebiet (*lex Roscia?* Vgl. BRUNT [Italian manpower, 168 Anm. 7]). Für Literatur zur Gallia Cisalpina s. RALPH HÄUSSLER, EAH 5, 2819–2824. Zu Caesar selbst vgl. die unten auf S. 186 f. genannte Literatur. Er optimierte die Verwaltung der wachsenden Munizipien, was inschriftlich gut bezeugt ist. Die Tabula Heraclea kann als beispielhaft für diese Bemühungen angesehen werden, wenn auch unklar ist, ob sie in eine allgemeine *lex Iulia municipalis* einging [CRAWFORD / NICOLET, Tabula Heracleensis, 359]. *(Bürgerrecht)*

Die Behandlung von phönikischen Immigranten im östlichen Mittelmeerraum (bspw. Athen, Rhodos und Demetrias) wurde von DEMETRIOU [4: Phoenicians among Others] anhand der Grabinschriften untersucht; Phönizier beteiligten sich auch am Freihandel auf Delos. Sie verwendet eine andere Auffassung von „migration and membership regime" und sieht in den mittelmeerischen Staatswesen konkrete Vorstellungen von Exklusion und Inklusion wirken, die aber angepasst wurden [S. 6] (s. u. 4).

Zu den Massenansiedlungen seit 47 v. Chr. vgl. KEPPIE [Colonisation and veteran settlement]. Betroffen waren auch die Angehöri- *(Massenansiedlungen der Triumviratszeit)* gen von Prominenten wie Vergil. Es ist von mehr als 50 000 angesiedelten Veteranen die Rede [Schneider, Das Problem der Veteranenversorgung, 213–225]. Ins Gebiet der ehemals nach Samnium deportierten Ligurer (Ligures Baebiani) kamen Veteranen der 5. und 6. Legion [Luisi, La presenza dei ‚Ligures Baebiani'; Keppie, Colonisation and veteran settlement, 155–162 mit Karte]. Seit Augustus [3.5: Bleicken, Augustus, 457 f.] wurden alle Veteranen in den Provinzen angesiedelt, es entstand eine Art von Diaspora [Isayev, Emerging Diasporas?].

Flucht und Exil

Zu den Proskriptionen der Triumvirn s. Bleicken [3.5: Augustus, 142–152]. Das vorgestellte Beispiel des anonymen Witwers findet man im Allgemeinen unter dem Stichwort „Laudatio Turiae", Grabrede auf Turia, aber die Namen der Protagonisten sind in der Inschrift nicht enthalten, deren zweite Kolumne am Anfang auf die Flucht zu sprechen kommt (ediert von Flach [Die sog. Laudatio Turiae], dort zweisprachig S. 57–64 u. 68–72). Zu den politischen Umständen äußert sich Horsfall [Some Problems, 92–94]; aus der Perspektive der Frau schreibt Osgood [Turia, 53–56].

3.5 Die römische Kaiserzeit: ein Migrationsregime?

Für die Kaiserzeit und Spätantike liegt eine Darstellung des Migrationsgeschehens von Alessandro Barbero vor. Der Autor hat den Fokus auf die ‚Barbaren' gelegt, die Opfer römischer Expansion wurden oder später selbst das römische Reich angriffen. Somit spielen zivile Migrationen eine geringere Rolle, aber er hat viel Material zusammengetragen, so dass die Quellenlage überschaut werden kann [Endnoten S. 235–290]. Das Buch wird im Folgenden mit „Barbero" abgekürzt. Für die ersten drei Jahrhunderte, die Prinzipatszeit, gibt es ansonsten kaum aktuelle Übersichten. CAH X bis XII weisen nützliche Provinzgeschichten auf, teilweise auch allgemeinere Stellungnahmen zur Migration, z. B. Frier [Demography]. Fortschritte der Forschung sind an der kaum überschaubaren Vielzahl von Sammelbänden ersichtlich, z. B. hrsg. von Ligt / Tacoma [Migration and Mobility] aus dem Jahre 2016 oder Lo Cascio u. a. [The Impact of Mobility] von 2017. In fast jedem Sammelband zur Migrationsgeschichte der Mittelmeerwelt gibt es einen oder zwei relevante Aufsätze zum römischen Reich, die hier nicht alle erfasst werden können. Dies gilt insbesondere dann, wenn das Imperium Romanum als Vergleichsfall für Mittelalter oder Frühe Neuzeit angesehen wird.

Zu Caesars Umsiedlungsplänen für die Bewohner des Mons Herminius vgl. die Hauptquellen D. C. 37,52,3 und Plu. Caes. 12,1 (mit PELLING [1.5: Plutarch, Caesar, 184]). Die Lage des Mons Herminius ist umstritten, die ältere Forschung hat ihn eher westlich gesehen (BARRINGTON map 24 [Asturica-Conimbriga] und die Literatur bei SCHULZ [Caesars Statthalterschaft in Spanien]), während SILVA RENESES 66 [mit Karte S. 65] diesen Gebirgszug eher östlich annimmt. Diese größere Bergkette weist archäologische Befunde von Umsiedlungen bzw. Deportationen auf [von El Raso nach Caesarobriga, ebd. S. 64–66, und von Ulaca nach Ávila, S. 63 f.]. Caesarobriga wird als Gründung von Caesar oder Augustus angesehen. Zu den Motiven Caesars vgl. GELZER [Caesar, 55–57] und SCHULZ [1.3.2: Abenteurer der Ferne, 324–326], der zudem auf die reichen Gold- und Zinnvorkommen hinweist. Zinnminen in der Nähe des heutigen Coimbra behandelt PENHALLURICK [Tin in Antiquity, 95–104 mit Karten].

Caesar in Spanien

Im gallischen Krieg kam es zu mehreren Genozid-ähnlichen Massakern an Kelten und Germanen. Die Zahl von einer Million Toten und einer Million Versklavten findet man bei Plu. Caes. 15,5, wobei Plutarch sich auf Caesars eigene (überhöhte) Angaben stützt [1.5: PELLING, Plutarch, Caesar, 211]. ERNST BADIAN [Rez. Meier, Caesar, in: Gnomon 62, 1990, 22–39, dort 30] hält die Größenordnung für plausibel und weist zu Recht darauf hin, dass es auch unter den Nichtkombattanten viele Opfer gegeben haben dürfte. WILL [Julius Caesar, 96–100] diskutiert nicht nur die Opferzahlen, sondern betont auch den Hunger als Waffe: Wenn Caesar lapidar von einer befohlenen Getreidelieferung spricht (*frumentum imperare / flagitare / conquirere*), bedeutete das für Lieferanten nicht selten Hunger im folgenden Winter. Vgl. generell ERDKAMP [3.4: Hunger and the Sword].

Der gallische Krieg

Der Krieg wurde mit von Caesar fälschlich behaupteten aggressiven Absichten der Helvetier begründet [BOTERMANN, Wie aus Galliern Römer wurden, 107 f.] und dauerte dann über acht Jahre. Dabei kam es zu unzähligen Schlachten und Belagerungen, die in jedem Fall zur Flucht Unterlegener führten, in seltenen Fällen (offenbar wie in Spanien) zu Deportationen Überlebender, die ansonsten in die Sklaverei verkauft wurden [2.2: VOLKMANN, Die Massenversklavungen, 51–54; 147].

Die Logistik der Massenmigration

Die Vorbereitung der Massenmigration der Helvetier begann lange vor dem Gallischen Krieg (58–51 v. Chr.). Caesars „Bellum Gallicum" ist die Hauptquelle, die seit dem Kommentar von KRANER u. a. [Caesaris Commentarii. 3 Bde.] viele weitere Detailstudien erfuhr und zuletzt mit online-Essays (www.thelandmarkcaesar.com, abgerufen am 3.12.24) ediert wurde [RAAFLAUB, The Landmark Julius Caesar]; zur Einführung SCHAUER [Der Gallische Krieg, 209–217 u. passim]. Die Darstellung des Helvetier-Krieges im 1. Buch Caesars bietet aufschlussreiche Informationen über antike Massenmigrationen und deren mögliches Scheitern [2.2: WALSER, Bellum Helveticum]. WALSER hat die Forschungsgeschichte ausführlich aufgearbeitet, kommt aber zu einer völligen Umdeutung, nach der es sich um ein „spätkeltisches Söldner-Unternehmen" gegen Ariovist gehandelt habe [84–88]. Selbst angesichts mancher Geschichtsfälschungen Caesars ist das unwahrscheinlich. Das Streben eines mobilen keltischen Stammes nach neuem Wohnsitz ist plausibel, die Annahme eines Angriffs auf die römische Provinz aber nicht.

Plausibilität der helvetischen Emigration

Die detaillierte Beschreibung der Vorbereitungen der Helvetier (Caes. Gall. 1,5) passen in das Schema antiker Massenmigrationen, das wir kennen: Es wurde ein kollektiver Beschluss gefasst, der größere Planungen für mehrere Jahre auslöste. Ein realistisches Migrationsziel wurde gewählt. Verhandlung mit den Bewohnern des Zielgebietes, den Santones, wurden durchgeführt. Die Verbrennung der helvetischen Häuser mag aber unrealistisch sein, jedenfalls hat sie laut WALSER [2.2: Bellum Helveticum, 44–45] keine archäologischen Spuren hinterlassen. DELBRÜCK [3.4: Geschichte der Kriegskunst 1. Altertum, 498 f.] weist die Zahlenangaben bei Caesar (368 000 Helvetier) aufgrund logistischer Erwägungen zurück. Realistischere Schätzungen liefern GELZER [Caesar, 93] (150 000) und FURGER [Die Helvetier, 104] (160 000 Menschen, wobei 2 800 größere Wagen mit je vier Ochsen angenommen werden).

Skeptische Positionen

Orosius (hist. 6,7,5) nennt eine geringere Zahl an Helvetiern als Caesar, aber dieselbe Zahl an Überlebenden. Er dürfte Zahlen der Livius-Tradition überliefern, die wesentlich realistischer sind als die Behauptungen Caesars, der nach eigener Aussage den Tod von 70 % der Helvetier zu verantworten habe. DELBRÜCK (s. o.) zeigt anhand der Zahl nötiger Wagen, dass der Zug der Helvetierwagen bei Annahme von 7,5 m pro Gefährt 172,5 km lang wäre, was die drastische Übertreibung Caesars belegt. FURRER geht insgesamt von geringerem Bedarf an Wagen aus; man komme unter Berücksichtigung der von Orosius genannten Zahlen auf eine Trecklänge von 21 km. Migrationen größerer Gruppen in der Frühen Neuzeit übersteigen selten wenige Zehntausend Migranten (s. o. S. 126). Insofern wäre die Zahl von 157 000 Migrierenden schon sehr groß. WILL [Julius Caesar, 76] rechnet eher mit einer Größenordnung von 80 000 Personen. Er beschreibt das südliche Gallien als reich an Nahrungsmitteln. Das helvetisch-dominierte Wanderkonglomerat ergab sich aus der Bevölkerung etlicher Oppida wie bspw. Bern-Enge, dem auf dem Jensberg, dem auf dem Üetliberg bei Zürich und Altenburg am Rhein. Ländliche Bevölkerung kam hinzu [KAENEL, 58 BC]. Der Weg von der Provinzgrenze nach Bibracte mag 240 km betragen haben (heutiger Fußweg), das ergibt bei 15 Tagen durchschnittlich 16 km pro Tag (s. o. Abb. 2 S. 76). Südlich des Jura, am Pas de l'Écluse, werden die Helvetier langsamer vorangekommen sein, an der Saône entlang dann schneller.

Wieviel Getreide nahmen die Helvetier mit, um sich auf rund 800 km (von Luzern nach Saintes) versorgen zu können? Für eine solche Wegstrecke sind bei 4 km/Tag (Dauerbelastung der Zugtiere) rund 200 Tage, also 6–7 Monate, notwendig. Mit der von Orosius genannten Teilnehmerzahl ist eine solche Migration realistisch, denn die Vorbereitungszeit von zwei Jahren (Caes. Gall. 1,3) dürfte genügen, um Getreide, Zugvieh und Wagen zu beschaffen. Die Wegstrecke ist machbar, in der Frühen Neuzeit wurden mit ähnlichen technischen Möglichkeiten viel größere Strecken überwunden. Der Getreidevorrat pro Person von etwa 1 kg (so angenommen für Caesars Legionen) mag unterschritten worden sein. Für einen Monat bräuchte man bei Ansetzung des Bedarfes eines Soldaten 157 000 Rationen x 30 Tage = 4 710 t Getreide. Für Zivilisten/Proletarii rechnete man in Rom mit 5 Modii pro Monat (43,5 l Weizen = 43,4 x 0,75 = 32,5 kg), also ebenfalls rund 1 kg pro Tag (*mensis cibaria*). Frisches Wasser dürfte nicht das Problem gewesen sein, aber es waren über 10 000 Zugtiere zu versorgen (2 800 Wagen mit je 4 Tieren, FURRER). Hier ergibt sich nun ein gewisser Widerspruch – 2 800 Wagen für 4 710 Tonnen Getreide wären zu wenig (zumal auf den Wagen mehrere Personen und Gepäck waren) – vermutlich sind selbst die Migrantenzahlen des Orosius zu hoch gegriffen.

Getreidebedarf der Helvetier

Mehrfach scheinen die Massaker in Gallien genozidalen Charakter angenommen zu haben [3.4: TAYLOR, Caesar's Gallic Genocide]. Zu archäologischen Aspekten FITZPATRICK / HASELGROVE [Julius Caesar's Battle for Gaul]. Die Schlachtfeldarchäologie hat in jüngster

Genozid an Germanen?

Zeit detaillierte Erkenntnisse erbracht, wobei natürlich nur einzelne Kampfplätze mit gewisser Sicherheit bestimmt werden können [1.5: Meller, Schlachtfeldarchäologie]. Auf der Insel zwischen Maas und Waal (nördlich des heutigen Kessel und Lith, Nordbrabant) lagerten im Jahre 55 v. Chr. die germanischen Tenkterer und Usipeter. Caesar zog die diplomatischen Verhandlungen in die Länge und nutzte einen Überfall auf seine Reiter als Vorwand, mit seinen Legionen das germanische Lager anzugreifen und einen Großteil der Menschen zu massakrieren. Knochenfunde südlich passen zeitlich in die späte Republik und zeigen deutliche Spuren von Gewalt (Abb. bei Roymans [3.4: A Roman Massacre in the Far North] oder Roymans [3.4: Caesar's Conquest]). Von besonderer Relevanz ist, dass die Beschädigungen der Knochen – auch der von Frauen und Kindern, die wie die Krieger offenbar von einem anderen Ort stammten – gut zu den Kampfhandlungen passt, die Caesar in seinem 4. Buch beschreibt (Gall. 4,12–15).

Das Schicksal der Tenkterer und Usipeter

Überlebende wurden deportiert, also zurück über den Rhein gebracht. Man mag überlegen, ob man Caesars Handeln insgesamt, unter Einschluss des grausamen Vorgehens auch gegen andere keltische und germanische Stämme als eine lang geplante Migrationspolitik im Zuge der Eroberung Galliens ansehen oder den improvisierten Charakter eines internationalen Regimes annehmen möchte. Manche Maßnahmen Caesars sind als späte Rache für die keltischen Invasionen einzuordnen („Kimbern und Teutonen"). In Agen (Aquitanien) hatte der Tiguriner Divico 107 v. Chr. die Römer unter das Joch gezwungen.

Cato gegen Caesar

Der Mord an den germanischen Nichtkombattanten 55 v. Chr. war kein großes Thema für den Senat. Moralische Bedenken wurden kaum artikuliert. Cato (der Jüngere) beantragte allerdings die Auslieferung Caesars an die Tenkterer und Usipeter (Quellen s. o. S. 125), weil er das *ius gentium* gebrochen habe (oder die *fides* außer Acht ließ) [Fehrle, Cato Uticensis, 175–180]. Das Massaker selbst scheint nicht als Problem gesehen worden zu sein.

Caesar im Rückblick

Die klassischen Biographien (von 1960 bzw. 1982) verraten wenig zum Thema [Gelzer, Caesar; Meier, Caesar]. Obgleich der Schweizer Gelzer in Deutschland tätig war, scheint er von den Kriegsfolgen nach 1945 wenig tangiert worden zu sein. Dies könnte mit der langen Genese seiner Caesar-Biografie zusammenhängen, die erstmals 1921 erschien. Er erwähnt die kriegsbedingten Migrationen, reflektiert aber selten darüber [Gelzer, Caesar, 96: „wälzte sich der Strom der Flüchtlinge"]. H. STRASBURGER (1909–1985) hat in der wichtigen Kontroverse der 1950er Jahre, ob Caesar ein „Staatsmann" war, die auch von seinem akademischen Lehrer GELZER implizit geteilte Prämisse kritisiert, dass die moralischen Maßstäbe bei großen Akteuren in der Geschichte andere sein müssten als bei Normalsterblichen: „(...) wer einmal bei den ‚Spänen' war, als ‚Männer, die Geschichte machen', ‚hobelten', lernt den Konflikt zwischen Vitalität und Objektivität bei sich selber kennen, vermag aber umso eher auf ebensolche Erlebnisse im geschichtlichen Felde aufmerksam zu machen" [Caesar im Urteil, 81]. STRASBURGER hatte als „Mischling 2. Grades" und NS-Gegner nach 1933 seine Karriere nicht fortsetzen können und war im Krieg schwer verwundet worden; s. UWE WALTER, DNP S 6, 2012, 1197 f. Christian MEIERS psychologisierende Sichtweise lässt die Leiden der vertriebenen Kelten und Germanen zwar nicht völlig außer Acht [Caesar, 379 f.], doch weist die Rezension BADIANS auf die Problematik hin [Gnomon 62, 1990, 22–39, dort 29: „M.'s Caesar has to be humanised by an infusion of romantic sentiment."]. BADIAN zeigt beispielhaft, wie man Caesars Handeln als Genozid verstehen kann [30].

H. STRASBURGER (1909–1985)

C. MEIER (* 1929)

Die Kelten waren in der Antike für ihre große Mobilität bekannt (s. o. 2.3 und 2.4). SCHÖNFELDER [3.4: Keltische Wanderungen] ist skeptisch, dass die Helvetier-Migration verallgemeinerbar ist, er hält eine solche Massenmigration für den Ausnahmefall gegenüber vielen anderen Mobilitätsformen. Das Verhältnis von friedlicher Migration und gewaltsamer Invasion war nicht immer leicht zu bestimmen, ist gewiss auch eine Frage der Perspektive der Akteure [3.4: ALT / SCHÖNFELDER, Keltenwanderungen]. Die Helvetier lassen sich archäologisch fassen [DUCREY, Vorzeit, Kelten und Römer; KAENEL, 58 BC], aber was Caesar ihnen zuschreibt, v. a. in den Reden im „Bellum Gallicum", bleibt in vielem literarisch geformt und mag mitunter auch fiktiv sein [1.5: SCHAUER, Der Gallische Krieg].

Keltische Mobilität

In der Gemengelage nach Caesars Tod ergriffen seine Mörder die Flucht und sammelten Truppen in Nordostgriechenland. Die von den Triumvirn ab Ende 43 v. Chr. Proskribierten flohen ebenfalls. In beiden Fällen handelte es sich um Tausende Personen. Mit den Landenteignungen wurden auch die ehemaligen Besitzer gezwungen, sich in Italien oder anderswo einen neuen Wohnort zu suchen [KEPPIE, Colonisation and veteran settlement, 90 f. u. 101–104; BLEICKEN, Augustus, 177–182 u. 709 f.]. Manche scheinen sich in Rom beschwert zu haben. Appian (BC 5,12,49) lässt diese Italiker (inzwi-

Migrationen unter Augustus

schen römische Bürger) Klage erheben, wie Unterworfene behandelt zu werden. Osgood [Caesar's Legacy, 115 f.] macht deutlich, dass das Mitleid der Römer möglicherweise übertrieben dargestellt werde. Die enge Verbindung zwischen Soldaten und Triumvirn ist aber plausibel; Appian mag hier auf den zeitgenössischen Historiker Asinius Pollio zurückgehen, der dem sich entwickelnden Prinzipat durchaus kritisch gegenüberstand.

Dichterische Auseinandersetzung mit Landenteignung

Vergil hat die Landenteignung mehrfach literarisch behandelt (ecl. 1 u. 9 mit Osgood [Caesar's Legacy, 109–144]; Weeda [3.4: Vergil's Political Commentary]), seine Familie selbst war von den gewaltsamen Neuverteilungen betroffen gewesen (Probus p. 328,1: *Vergilius quoque agros amitteret, quos sexaginta veterani acciperent*. Auch Vergil verlor Ackerland, das 60 Veteranen erhielten). Grabinschriften bestätigen, dass Angehörige der Armeen Caesars und der sich anschließenden Triumvirn das Land tatsächlich in Besitz genommen und Familienangehörige dort bestattet haben. Zu den prominenten Opfern der Landenteignung vgl. Bleicken [Augustus, 709 f.].

Flucht in der Sicht der augusteischen Dichtung

Migrationsgeschichten erzählt beispielsweise das Irrfahrtenbuch Vergils (Aen. 3) [1.5: Heyworth / Morwood, A Commentary on Vergil, Aeneid 3, S. 39 u. 83–86]. Suerbaum [2.2: Die Aeneis als Flüchtlings-Epos] hat die Besonderheiten der trojanischen Flüchtlinge in der Aeneis hervorgehoben: Sie seien als Nachfahren des Dardanus rechtmäßige Siedler in Italien, keine Invasoren (vgl. noch Fletcher [1.5: Finding Italy]). Horaz äußert sich weniger deutlich zu den Bürgerkriegserfahrungen, seine Beziehung zu Augustus wird ambivalent eingeschätzt [Ernst Doblhofer, Horaz in der Forschung nach 1957, Darmstadt 1992, 36–41]. Es ist erwogen worden, dass Horaz die Reziprozität des Wissenstransfers (von Griechenland nach Rom) und der römischen Kolonisation angenommen habe [1.5: Meulder, Horace]. Das Exil als Strafe in augusteischer Zeit analysiert Reitzenstein-Ronning [Exil und Raum, 121–327] eingehend, wobei religiöse Aspekte einbezogen werden. Zeitlich über die augusteische Zeit hinausgehend behandelt de Jonge [Greek Migrant Literature] griechische Literaten, die nach Rom kamen. In noch weiterem Sinn widmet sich Bräckel [3.4: Flucht auswärtiger Eliten] dem Thema Flucht. Eine Synthese all dieser Fluchtphänomene liegt aber nicht vor.

Kolonien im Mittelmeerraum

Die italischen Kolonien behandelt Keppie [3.4: Colonisation and veteran settlement, 135–207] im Detail, außerhalb lagen Dion (nördlich des Olymp), Cassandrea, die Umgründung Philippi (schon von Antonius gegründet) und Patras, das südlich der Mündung des korinthischen Golfes lag [3.3: Freitag, Der Golf von Korinth, 285–299]. In Kleinasien schuf Augustus die Kolonie Antiochia in Pisidien [Peter Weiss, Antiochia 5, DNP 1, 1996, 765] und Berytus in Syrien [Linda Jones Hall, EAH 3, 1100–1102].

Die entstehenden Siedlungen und Kolonien am germanischen Limes waren durchaus von verschiedener Art.

Im Nordwesten

- Bonn(a) war eine ubische Siedlung mit römischer Garnison, später Legion; daneben entwickelte sich eine zivile Siedlung (*canabae*; vgl. Berger / Bödecker [Castra, canabae und campus]) – somit ist Bonn nur indirekt als Wohnort von Veteranen anzusprechen.
- Köln wurde gegründet als *oppidum Ubiorum*, ab 50 n. Chr. Colonia Augusta Ara Agrippinensium – auch hier verbanden sich einheimische und römische Siedler.
- Rechtsstatus und antiker Name von Waldgirmes (bei Wetzlar) sind unsicher, es handelt sich um die einzige Gründung in der rechtsrheinischen germanischen Besatzungszone, in der auch Steinbauten errichtet wurden [Becker, Lahnau-Waldgirmes].
- Trier (Augusta Treverorum) in der Provinz Belgica entstand aus einem Militärlager oberhalb des Stadtzentrums (auf dem späteren Areal der Landesgartenschau 2004 auf dem Petrisberg; Morscheiser-Niebergall [Die Anfänge Triers]) und wurde unter Claudius oder Nero zur *colonia* erhoben.
- Kaiseraugst (Augusta Raurica) in Rätien wurde 44/43 v. Chr. von L. Munatius Plancus gegründet, nachdem bereits Caesar die strategische Lage erkannt hatte.
- Carnuntum in Noricum an der Kreuzung einer Bernsteinstraße und der Donautalstraße war zunächst ein militärischer Stützpunkt, der erst später städtischen Charakter erhielt.

Zu den Militärdiplomen vgl. Eck / Wolff [Heer und Integrationspolitik] und jetzt: Werner Eck, Diplomata militaria als serielle Quelle, HZ 321, 2025, 1–37.

Zur Praxis der Kolonisationen in augusteischer Zeit s. Keppie [3.4: Colonisation and veteran settlement, 87 ff.]. Die reguläre Vorbereitungszeit der Koloniegründung betrug etwa drei Jahre, wobei ein Großteil auf die Landvermessung verwendet werden musste. Viele solcher Raster sind bis heute aus der Luft erkennbar, können aber auch bereits republikanisch sein. Sicherheit bieten – sofern erhalten – Grenzsteine. Eine tabellarische Übersicht zu 13 Veteranenkolo-

Praxis

nien mit Schätzungen der maximalen Zahl der in Italien angesiedelten Veteranen findet man bei Keppie [ebd. 99], wobei die Zuweisung von jeweils 50 Iugera = 12,5 ha angenommen wird. In seinen „Res Gestae" rühmt sich Augustus, 28 Kolonien in Italien angelegt zu haben. Die entsprechende Zahl für die Provinzen bleibt ungenannt (RGDA 28 mit Cooley [Res gestae, 236–241]). Ein späteres Verzeichnis findet sich bei Libertini / Lorenz [3.4: Liber Coloniarum] (lib. col.).

Exilierung Prominenter

Zur Biographie Ovids und fiktionalen Elementen in der Exildichtung (Tristia, Epistulae ex Ponto) s. Schmitzer [Ovid, 9–22 u. 179–208] (unter Berücksichtigung der Nachwirkung der elegischen Dichtungen Ovids). Gaertner [Ovid and the ‚Poetics of Exile'] betont die griechische Tradition, in der Ovid stand. Er sieht die Bedeutung der Schrift eher auf der literarischen Ebene. In der Tat ist der Unterschied zu brieflichen (Cicero) oder historiographischen (Josephus) Exilschilderungen beträchtlich. Auch Reitzenstein-Ronning [Exil und Raum, 330–358] betont die Rolle des Exilanten Ovid als literarische Figur. Stini [2.2: Plenum exiliis mare, 65–116] äußert sich zu den von Exilierung betroffenen Personengruppen.

Dion Chrysostomus

Dions Rede über die Borystheniten (or. 36) befasst sich im Kern mit philosophischen Fragen, geht am Anfang aber auch auf die Stadt Olbia ein, eine ehemalige griechische Apoikie, die nun unter Einfluss der nomadisierenden Landbevölkerung stand. Bäbler [Der Schauplatz des Borysthenitikos] weist auf Dions stilisierte Beschreibung der Topographie hin. Zur Lage von Exilanten in Olbia finden wir keine generellen Aussagen. Es heißt lediglich, man höre Dions Reden gern (in der stilisierten Rede eines Hieroson, or. 36,25). Später wurde sein Exil als Phase der Verwandlung vom Sophisten zum Philosophen verstanden [Arnim, Leben und Werke des Dio, 223–308; Russell, Dio Chrysostom, 4 f.]. Weitere neuere Literatur zum Exil Dions findet sich bei Stini [2.2: Plenum exiliis mare, 102 Anm. 199]. Zur Datierung vgl. Bekker-Nielsen / Hinge [Dio Chrysostom in Exile].

Deportation und Germanienpolitik

Die Kriege des Augustus in Spanien, die teilweise zur Deportation der Bevölkerung führten, behandelt Silva Reneses [68–83]. Die Germanienpolitik der Römer wird weiterhin kontrovers diskutiert: Wells [The German Policy of Augustus] stellt weitreichende Vermutungen bzgl. römischen Weltherrschaftsstrebens an. Barbero [3–16] betont demgegenüber die Handlungsspielräume römischer Feldherren und verweist auf das Fehlen verbindlicher Vorgaben [16]. Damit wird in anderen Worten die regimehafte Situation hervorgehoben. Die Beiträge der Jahre 1967–2005 von Timpe [Römisch-germanische

Begegnung] spiegeln das Ringen um eine Widerlegung der Germanenideologie [216 mit Anm.]. Migration war zu diesem Zeitpunkt noch nicht in gleichem Maße Gegenstand wissenschaftlicher Betrachtung, wie dies heute der Fall ist. Eine Gesamtwürdigung älterer Monographien und weiterer Aufsätze TIMPES bietet RENE PFEILSCHIFTER [Dieter Timpe (1931–2021), in: HZ 315, 2022, 385–394]. Zu ergänzen ist, dass TIMPE 1994–1998 als Mitherausgeber des „Reallexikons der Germanischen Altertumskunde" (RGA, 1973–2006) gewirkt und selbst wichtige Beiträge verfasst hat [DIETER TIMPE / LUTZ RICHTER-BERNBURG, Entdeckungsgeschichte, RGA 7, 1989, 307–389; maßgebliche Beteiligung an Germanen, Germania, RGA 11, 1998, 181–245 (§§ 1–5)]. Zu den Positionen von BLEICKEN, JOHNE und ECK s. u. S. 193.

Die Einschränkung der Migration betont BARBERO [3–14]. Die Auswahl der unten angeführten Beispiele hat auch methodische Gründe: Die archäologische Erforschung der Migrationen von (Proto-)Batavern hat kürzlich große Fortschritte gemacht, während die von Friesen auch aufgrund erheblicher Veränderungen des Küstengebietes zwischen Den Haag und Leiden, also zwischen Maasmündung und dem nicht mehr so existierenden Alten Rhein (Oude Rijn), manche Frage unbeantwortet lässt; doch gibt es Hinweise auf ein Regime (Gesandtschaft der Friesischen *natio* an Nero, s. u. S. 192). Zum Oberrhein vgl. HÄCHLER u. a. [3.6: Mauern gegen Migration?]. Zum Donauraum STROBEL [Vom Illyrienkrieg Caesars des Sohnes bis zum Tode Neros]. Im mauretanischen Grenzgebiet spielen epigraphische Befunde und Ostraka eine größere Rolle [KASDI, P. Aelius Peregrinus Rogatus].

Grenzsicherung

Die Erforschung der Genese der Bataver hat von der Forschungsgruppe um NICO ROYMANS profitiert, die er selbst pointiert zusammengefasst hat [Ethnic Identity and Imperial Power]. GREG WOOLF [Rez., Bonner Jahrbücher 206, 2006, 379–381] lobt die gute theoretische Fundierung, die ältere Arbeiten zur Stammesgenese [3.6: WENSKUS, Stammesbildung und Verfassung] wie auch Theorien der Ethnogenese integriere. Kritisch hinterfragt wird hingegen, wie groß der Einfluss der Römer auf diese Prozesse war, ob sie etwa den Hercules-Kult der Bataver initiiert hätten [DERKS, Ethnic Identity].

Bataver

In der Schlacht bei Alesia (52 v. Chr.), die für die Kelten unter Vercingetorix so verlustreich endete, spielte Caesars germanische Reiterei (Gall. 6,66 f. u. 88) erstmals eine entscheidende Rolle [vgl. MEINHARD W. SCHULZ, Caesar zu Pferde. Ross und Reiter in Caesars

Vorgeschichte germanischer Reiterei bei den Römern

Kommentarien und in der Germania des Tacitus, Hildesheim 2009, 105–128]. Unter dem älteren Drusus, Germanicus und Tiberius waren germanische Reiter auf Seiten der Römer maßgeblich an der Invasion ins freie Germanien beteiligt, sie wurden zu Batavern [ROYMANS / HABERMEHL, Migration and Ethnic Dynamics... (60 BC–AD 20), 70 Anm. 28]. Deren Angehörige lebten auf der als *insula Batavorum* (heute Betuwe) bezeichneten Insel zwischen Maas und Rhein, beispielweise in Tiel (zu Fuß etwa 12 km nördlich von Lith, dem Orte des Massakers an den Tenkterern und Usipetern), wo mehrere Bauernhöfe genau untersucht wurden und das Zeitfenster der Einsickerung sich bestätigen ließ [WELLS, The German Policy of Augustus, 116–123; BÖDECKER, Der Niedergermanische Limes].

Friesen

Unser Hauptzeuge Tacitus (ann. 11,19,1; 47 n. Chr.) drückt sich hinsichtlich der Behandlung der Friesen etwas unklar aus, was vermutlich auf die starke Kürzung der Quelle Plinius („Bella Germaniae") zurückzuführen ist. Somit ist nicht klar, ob und wie viele Friesen umgesiedelt bzw. sogar mit Gewalt deportiert wurden. ROYMANS u. a. [Roman Imperialism and the Transformation] erwägen, dass sie zu den Frisiavonen wurden, was aber hypothetisch bleibt. Die topographische Situation ist komplex, da sich die Küstenlinie der Niederlande im Laufe der Jahrhunderte erheblich verändert hat. In Küstennähe waren aufgrund der Sturmfluten die Wurten typisch, während das Hinterland sumpfig war (HESSING [Das niederländische Küstengebiet, 90 Karte]; eine weitere farbige Karte, deren Urheber nicht auszumachen ist, findet man online unter https://commons.wikimedia.org/w/index.php?curid=22440078, abgerufen am 6.12.24). Aus dem Wunsch der Rückkehr kann man vielleicht ableiten, dass Umweltbedingungen den Ortswechsel mancher Friesen empfahlen, was als *primitive migration* einzuschätzen wäre. Nero verweigerte aber der friesischen Delegation in Rom die weitere Nutzung der besagten Flächen. Dass es hier zu Gesprächen in Rom kam, war nicht neu, aber für Fragen der Migration eher ungewöhnlich; es wurde von römischer Seite improvisiert, die friesischen Vertreter sind namentlich bekannt (Verritus und Malorix). Vorstellbar ist, dass die friesischen Senatoren, die Corbulo institutionalisiert hatte, hier in Erscheinung treten. Belege zum *castellum Flevum* bei IHM [RE 6,2, 1909, 2743]. Das Lager Velsen [HESSING, Das niederländische Küstengebiet, 99–101; BLEICKEN, Augustus, 567–569 u. 754 f.] könnte gemeint sein, wenn das *castellum Flevum* linksrheinisch

Verhandlungen über Migration in Rom 58 n. Chr.

war [vgl. noch WILL, Römische ‚Klientel-Randstaaten' am Rhein?, 24–31].

BLEICKEN [Augustus, 567–569 u. 754 f.] ist skeptisch, dass Flussgrenzen wie Donau oder gar Elbe eine größere Rolle in den politischen Überlegungen der Römer spielten. Jedoch habe Augustus die Voraussetzungen gehabt, nach NW-Germanien zu expandieren. Auch JOHNE [Die Römer an der Elbe, 115–198] betont die Intensität des römischen Blickes auf Germanien in der Zeit von Drusus bis Varus. Nicht nur Feldherrn hätten das Gebiet immer wieder erkundet, auch der Kaiser selbst sei mehrfach am Rhein gewesen [115]. Werner ECK [Augustus und die Großprovinz Germanien] neigt zu der Ansicht, dass das Interesse des Kaiserhauses und der Umfang der aufgewandten Mittel (z. B. in Waldgirmes) nur so zu deuten sei, dass „das rechtsrheinische Germanien (...) für rund 16 Jahre ein provinzialisierter Teil des Imperium Romanum" war [21]. Er belegt dieses mit einem auch den rechtsrheinischen Raum betreffenden Staatskult an der sog. *ara Ubiorum*, die eben nicht nur für die Ubier relevant gewesen sei, und Funden von Bleibarren in mittelmeerischen Schiffswracks, die aufgrund ihres Stempels (Aug. Caes.) der augusteischen Zeit angehörten und gemäß der Bleilegierung aus dem nördlichen Sauerland (heute Brilon und Soest) stammten (*plumbum Germanicum*). Wenn man die über zwanzigjährige Dauer römischer Präsenz von Drusus bis Germanicus in Relation zu den römischen Migrationen setzt, ist die Bilanz jedoch mager. Bisher wurde nur eine Stadt als mögliches Migrationsziel von Römern identifiziert, Waldgirmes unmittelbar nördlich der Lahn beim Römerlager Dorlar [BECKER / RASBACH, Waldgirmes I], das einen gewissen Zuzug von Römern oder Provinzialen erfahren haben dürfte.

Die römische Militärroute auf der Lippe und dann von Anreppen über Bielefeld-Sennestadt an die Weser (Barkhausen) Richtung Hannover (Wilkenburg) hatte offenbar keine Gründungen und wenige Migrationen zur Folge, wenn auch Grabsteine in Haltern nahelegen, dass eine langfristige Nutzung dieses Militärlagers an der Lippe beabsichtigt war [ECK, Augustus und die Großprovinz Germanien, 17]; römische Kräfte mögen zur Verwaltung der Bleiproduktion im Sauerland gelebt haben [ebd. 19–21].

Der Ort der Varusschlacht ist inzwischen durch den metallurgischen Beweis der Anwesenheit von Soldaten der 19. Legion bestätigt (https://www.kalkriese-varusschlacht.de/die-varusschlacht/metallurgischer-fingerabdruck-1.html, abgerufen am 6.12.24). Die Niederlage

Politiken des Augustus?

Mangel an Migrationen

Römische Infrastruktur in Germanien

Folgen der Niederlage bei Kalkriese

hatte den allmählichen Rückzug aus dem nördlichen rechtsrheinischen Gebiet inklusive der Aufgabe von Waldgirmes zur Folge. Nach dem Jahre 9 wurde die Rheinlinie militärisch ausgebaut [BECKER, Exercitus Germanicus inferior]. Aus den Lagern am linken Nieder- und Mittelrheinufer entwickelten sich teilweise Kolonien [CLASSEN u. a., Roms fließende Grenzen].

Kolonien und Provinzentwicklung

Die Ordnungsmaßnahmen der Römer, zu der auch die Gründung von latinischen Kolonien zählte (163 nennt COLES [3.4: Roman Colonies, 71–79]), legen nahe, dass jene gewillt waren, in den Provinzen von der Besatzungspolitik zur zivilen Herrschaft überzugehen. Wie intensiv ein solcher „Entwicklungsimperialismus" [EICH, Warum Germanien? 70] betrieben wurde, steht dahin. EICH [ebd. 57–59] zeigt mit gewisser Berechtigung Analogien zwischen Nordspanien und dem Mittelrhein auf, aber man müsste die Frage auf weitere Provinzen ausdehnen, wenn man allgemeine Aussagen zu den Absichten Roms treffen möchte. „Honoratkolonie" nennt HARTMUT GALSTERER [DNP 3, 1997, 84] die ansonsten häufiger „Titularkolonie" benannten Städte, die vom Kaiser in den Rang einer *colonia* mit Bürgerrecht erhoben wurden, z. B. Leptis Magna von Trajan.

Osten des Imperiums

Die Gründung von Kolonien war in den östlichen Provinzen nicht in dem Maße notwendig wie im Westen; außer den älteren Poleis gab es auch Gründungen des Hellenismus [1.1.1: KOLB, Die Stadt im Altertum, 169–179]. BOATWRIGHT [Hadrian and the Cities of the Roman Empire] kommt dementsprechend selten auf Migration zu sprechen. Die ägyptische Neugründung Antinoupolis erinnerte an den Tod des Antinoos [BOATWRIGHT ebd. 190–196]. Privilegien der Stadt mögen zu Binnenwanderungen geführt haben. Die Neugründung Jerusalems als Colonia Aelia Capitolina hatte zunächst keinen so großen Erfolg, sie führte zum Bar-Kochba-Aufstand [ebd. 196–203].

Deportation in den Provinzen: Mark Aurel

In der Nähe Ravennas um 170 n. Chr. angesiedelte Bevölkerung aus dem Donauraum wird wenige Jahre später aufgrund eines Aufstandes zur Remigration an die Donau gezwungen. Weitere Deportationen wurden nach den langen Markomannenkriegen durchgeführt. Ob eine so genaue Planung vorauszusetzen ist, wie SCHWENDEMANN [Der historische Wert, 53] meint, sei dahingestellt. Zum gesamten Thema s. BARBERO [29–42 u. 245–247], BLECKMANN [1.1.2: Die Germanen, 155–167] sowie STAHL [Zwischen Abgrenzung und Integration] und KEHNE [Zur althistorischen Erforschung der Markomannenkriege]. Die Mark-Aurel-Säule bildet am Ende des Reliefs Personen ab, die zu Deportierende darstellen könnten [GRIEBEL, Der Kaiser im Krieg, 161–163 mit Abb. 139].

Zu den Juden in Rom vgl. BALTRUSCH [Romanos mores inficere] u. GROSS u. a. [Im Licht der Menora, 97 ff.]. Tabellarische Übersicht aller Ausweisungen aus religiösen oder sittlichen Gründen bei TACOMA [3.6: Moving Romans, 94f.]. Zu den Maßnahmen des Claudius s. BOTERMANN [2.2: Das Judenedikt des Kaisers Claudius], die sich um einen Dialog altertumswissenschaftlicher und theologischer Forschung bemüht. Die christliche Mission konnte zu Konflikten mit der jüdischen Mehrheit in den Gemeinden (Synagogen) führen [GÜNTER STEMBERGER: Judenchristen, RAC 19, 2001, 228–245], während erst später mehr Polytheisten für das Christentum gewonnen werden konnten. Zu diesen sog. Heidenchristen vgl. KARL THEODOR SCHÄFER [Apostoldekret, RAC 1, 1950, 555–558] und JEAN CLAUDE FREDOUILLE [Heiden, RAC 13, 1986, 1113–1149].

Deportation im Inneren

Die Zeit nach dem judäischen Krieg (66–69 n. Chr.) führte zu einer Ausweitung der jüdischen Diaspora [SMALLWOOD, The Jews under Roman Rule, 356–388]. Mit der Ausbreitung des Christentums setzten erneut Migrationsprozesse in Gestalt von Mission, dann von Flucht vor Verfolgung ein. BENDEMANN [Frühes Christentum und Migrationssoziologie] gibt einen Kurzabriss der Migrationssoziologie und erläutert deren Nutzen an einer Passage aus Cicero über die Juden und aus dem Epheserbrief über die sog. Heiden. Ein solcher Interpretationsansatz ist löblich und kann durch die Ausführlichkeit der Interpretation auch ein Beispiel für ähnlich gerichtete Migrationsstudien mit religiösem Bezug geben. Zu den vielgereisten Aquila und Priscilla vgl. MÜLLER-FIEBERG [Missionierende Migranten?]. Die Christenverfolgungen wurden Thema der apologetischen Literatur und führten zu Umdeutungen: Orosius (hist. 7,26,9–27,13) parallelisierte die zehn Plagen des Alten Testaments mit den eusebianischen zehn Christenverfolgungen, so dass Fake-News produziert wurden, bspw. die Flucht aller (Christen?) in der Zeit Domitians (7,27,5).

Christenverfolgung

Seit Arius, einem Priester aus Alexandria († 336), hatte es theologische oder besser dogmatische Konflikte unter Christen gegeben. Diese spätantiken Auseinandersetzungen um die Glaubenslehre hatten auch im östlichen Mittelmeerraum Folgen. Im entstehenden Byzantinischen Reich gab es ab dem 5. Jh. ähnlich wie im Westen zuvor Streit um die Christologie, manche Mönche bzw. Eremiten zogen weiter in das sassanidische Reich, in dem eine christliche Kir-

Flucht zu den Sassaniden

che des Ostens entstanden war: 489 hatte Kaiser Zeno die Schule von Edessa verboten, die sich daraufhin in das sassanidische Nisibis zurückzog [3.6: GARSOÏAN, Persien, 1177–1179].

Vesuvausbrüche 79 n. Chr.

Die Quellen zu den Folgen des Vesuvausbruches (s. o. 2.1) stehen bei COOLEY / COOLEY [Pompeii and Herculaneum, 40–42]. Titus sandte zwei Consulare nach Kampanien, um die Neubesiedelung zu organisieren, aber wir erfahren keine Details außer zur Finanzierung: Neben privaten Mitteln des Kaisers wurde der Besitz der ohne Erben Verstorbenen laut Cassius Dio neu verteilt (D.C. 66,24,3). WINTER [Strukturelle Mechanismen] weist darauf hin, dass neben Bargeld und Steuererleichterungen auch konkrete Maßnahmen zum Wiederaufbau der Städte erfolgten – wobei das verschüttete Pompeji mit antiken Möglichkeiten nicht neu zu bauen war [2.1: PAPPALARDO, Vesuvius]. Ähnlich punktuell war die herrscherliche

... und 505 n. Chr.

Reaktion auf den weniger verheerenden Vesuvausbruch von 505: Ein Brief des Theoderich ordnet an, den nachweislich vom Ausbruch Betroffenen (in der Nähe von Pollena, nordwestlich des Berges) die Steuern zu erlassen (Cass. Var. 4,50 mit BOCKMANN [Der Vesuv und Kampanien in der Spätantike]). Statius dachte über 20 Jahre nach dem Ausbruch von 79 n. Chr. daran, in seine Heimat Neapel zurückzukehren. Er deutet an, dass die Bevölkerung um den Vesuv zurückgekehrt sei, bleibt aber vage (Stat. Silv. 3,5,72–80). TUCK hat epigraphische Zeugnisse von mutmaßlichen Überlebenden aus Pompeji publiziert [Harbors of Refuge].

Nomadismus

Zu Nordafrika einführend s. LEPELLEY [Regionen, 79–120]. Gegen lange vorherrschende kolonial geprägte Vorstellungen und vereinfachende Bilder des Nomadismus wendet sich GUTSFELD [Römische Herrschaft, 7–14], der ältere Forschungen referiert und zu Recht sagt, dass die sog. Reservatspolitik nur regional betrieben wurde und nicht die umfassende Bedeutung hatte, wie die ältere Forschung meinte [166–176]. Die Vorstellung, dass die Severer dann die „offensive Grenzpolitik" [12] beendet hätten, wäre m. E. an neueren archäologischen und epigraphischen Befunden zu prüfen. Ist Usinaza ein Einzelfall? Die Forschungen zu P. Aelius Peregrinus [DESANGES, De la Marmarique à la Maurétanie; KASDI, P. Aelius Peregrinus Rogatus] gehören in den Kontext neuerer Grabungen, die bei HITCHNER [1.1.2: A Companion to North Africa in Antiquity] oder MATTINGLY [Between Sahara and Sea] resümiert werden. REBUFFAT [Mobilité des personnes, 171 f.] hat einen Anhang zu Bevölkerungsverschiebungen in Nordafrika erstellt.

Die Grabinschrift des Titus Flavius Zeuxis (Sylloge Inscriptionum Graecarum ed. Wilhelm Dittenberger, III³, Nr. 1229) sagt wenig zum Ertrag der Fernreisen für den Händler [Drexhage u. a., Die Wirtschaft, 145; Henning, Die antike Seehandelsroute um Kap Malea]. Es ist davon auszugehen, dass die Situation für Seehandel in der Kaiserzeit besonders gut war [Warnking, Der römische Seehandel]. Der ältere Plinius thematisiert den Indienhandel, vgl. Drexhage [s. o. 136–138 u. 264–265]. Zur Entdeckungsgeschichte s. eingehend Schulz [Ozeanische Seewege nach Indien].

Handel

Die Bernsteinstraßen behandelt Cellarosi [The Amber Roads]; zur Zinnstraße vgl. Diod. 5,22,4 (30 Tage zu Fuß; [Penhallurick, Tin in Antiquity, 143 mit Abb. eines Pferdes mit Bronzebarren]). Der antike Hellweg befindet sich südlich der Lippe und verband beispielsweise die römischen Häfen am Rhein (Xanten, Gelduba) mit einem germanischen Umschlagplatz, heute Kamen-Westick [Eggenstein, Vom Gold der Germanen zum Salz der Hanse] und wohl auch noch ein wenig darüber hinaus nach Osten Richtung Soest. Auch entlang der Lahn entwickelten sich Handelsbeziehungen [Kai Ruffing u. a. (Hgg.), Kontaktzone Lahn. Studien zum Kulturkontakt zwischen Römern und germanischen Stämmen, Wiesbaden 2010], vom Donauraum ganz zu schweigen [John J. Wilkes, CAH XI, 2000², 577–603]. Zur Seidenstraße der Römerzeit s. Beckwith [1.1.4: Empires of the Silk Road, 78–92]. Die Geschichte des zentralen Umschlagplatzes Palmyra (zwischen Damaskus und dem Euphrat) wurde von Sommer [Palmyra] detailreich nachvollzogen; die Lage am syrischen Limes machte es auch zum Ort des kulturellen Kontaktes zu den Parthern bzw. Sassaniden [Sommer, Roms orientalische Steppengrenze].

Wegenetz

3.6 Migrationen in das spätrömische Reich: Germanen und Asiaten

Eine sehr detaillierte, aktuelle Gesamtdarstellung ist Meier, VW. Pohl hat für 2025 eine Überarbeitung seines ambitionierten Studienbuches [Die Völkerwanderung] angekündigt. Die Quellen bis 453 n. Chr. haben Goetz / Patzold / Welwei [Die Germanen in der Völkerwanderungszeit] gesammelt, spätere sind bei Schneider / Schneider [Von Chlodwig zu Karl dem Großen] zu finden. In jüngster Zeit ist die Problematik der Rede von „Germanen" [Meier, VW 103–112] wie-

Einordnung

der aufgegriffen worden [1.5: STEUER, Germanen aus der Sicht der Archäologie; 3.6: UELSBERG / WEMHOFF, Germanen].

Reitervölker und andere Asiaten

Von „Asiaten" spreche ich hier aus Verlegenheit, denn Sassaniden, Alanen und Hunnen haben wenig miteinander zu tun (ich meine nicht die Asiaten der antiken Umwelttheorie [4: MEYER-ZWIFFELHOFFER, Barbaren, Asiaten, Sklaven, Juden, 33–38]). Alanen und Hunnen könnte man als Reitervölker subsumieren, was aber auch noch vereinfachend ist [KAZANSKI / MASTYKOVA, Les peuples du Caucase]. Die Überlieferungslage zu den Alanen ist sehr zersplittert [ALEMANY, Sources on the Alans]. Zu den Hunnen bietet MICHAEL MAAS [The Cambridge Companion to the Age of Attila, Cambridge 2015] eine gute Übersicht; eben erschienen ist die umfangreiche Monographie von MEIER [Die Hunnen]. Die Sassaniden wurden in der Forschung bisher vorwiegend als Gegner der Römer (bzw. von Byzanz) wahrgenommen [3.5: GREATREX u. a., The Roman Eastern Frontier].

Ambivalenz der Migrationsformen

Zur Ambivalenz von Invasion, Rekrutierung und Migration vgl. BARBERO [54–72 u. 250–253]. Ein besonderer Typ sind die Gewaltgemeinschaften, die im Kontakt mit dem Römischen Reich lernten, dass eine solche gewalttätige Lebensform ebenso erfolg- wie ertragreich sein konnte, und deshalb bei ihr blieben. Dazu zählen die von Theoderich vereinten Goten, die man als Ostrogoten ansprechen kann, und die Hunnen [WIEMER, Theoderich, 131]. Beide kamen erst spät zu einer sesshaften Lebensform: die Goten nach ihrer Ansiedlung in Italien [ebd. 193–319], die Hunnen zur Zeit ihrer Reichsbildung im Großraum Pannonien.

Ethnogenese

In seinem Forschungsüberblick zur Ethnogenese geht MEIER [VW 107 f.] insbesondere auf die „Wiener Schule" ein [WOLFRAM, Die Goten; 1.3.3: POHL, Von der Ethnogenese zur Identitätsforschung]. Von „Wanderkonglomeraten" bzw. „polyethnischen Konglomeraten" spricht TIMPE [3.5: Römisch-germanische Begegnung, 15 u. 97] in Bezug auf die Verhältnisse des 2. u. 3. Jhs. Ich meine aber, dass der Begriff auch sinnvoll auf das 4. und 5. Jh. angewandt werden kann, denn die Identitätsbildung setzte erst relativ spät ein. Es soll nicht verschwiegen werden, dass im angelsächsischen Sprachraum das Konzept der Ethnogenese teilweise eine geringere Rolle spielt und den ursprünglichen Stämmen eine größere Bedeutung beigemessen wird [HEATHER, Empires and Barbarians; GOFFART, Barbarian Tides]. Eine vermittelnde Position sucht KULIKOWSKI [4: Barbarische Identität].

Zur langen Spätantike vgl. Sehlmeyer [1.1.1: Die Antike, 189–231], der einen knappen Abriss der Ereignisse und Strukturen bis zum Aufkommen des Islam bietet; zur Forschungsgeschichte Marcone [A Long Late Antiquity?]. Zweifelsohne hat Brown [The World of Late Antiquity AD 150–750] viel dazu beigetragen, den Blick über die Epoche von Konstantin bis Justinian hinauszulenken. Sein Fokus liegt auf der gesellschaftlichen und religiösen Entwicklung, die aber natürlich auch von den Migrationen beeinflusst ist.

Zu den Transformationen des 3. Jhs. s. Johne [Die Zeit der Soldatenkaiser]. Neben Meier [VW] ist die Darstellung von Heather [Empires and Barbarians] empfehlenswert, deren deutscher Titel bezeichnenderweise „Die Invasion der Barbaren" lautet. Umgekehrt sieht Börm [Westrom] die tiefere Ursache für Migrationen und den Untergang Westroms in den Bürgerkriegen, die immer wieder längere oder kürzere Phasen dynastischer Stabilität unterbrachen. Zur Problematik des Barbarenbegriffes s. Egetenmeyr [Die Konstruktion der ‚Anderen', 30–48 u. 137–188]. Die Kaiser der Tetrarchie suchten den Bevölkerungsverlusten durch Neuansiedlungen zu begegnen (Pan. 8 (5), 21,1 mit Nixon / Rodgers [In Praise of Later Roman Emperors, 141–144] und Barbero [73 f.]).

Fränkische Kriegerverbände nutzten die Schwäche des römischen Reiches im 3. Jh. immer wieder zu Überfällen. Nicht Migration war ihr Interesse, allenfalls Invasion, in begrenztem geographischem Rahmen am Niederrhein [Meier, VW 325–361]. Kleinere Gruppen mögen bereits damals in die Germania inferior, die Belgica und das nördliche Gallien eingesickert sein. Mächtige Kaiser wie Konstantin oder Julian konnten die Rheingrenze aber festigen und manche der Franken ansiedeln. Erst nach 406/7 nahmen fränkische Migrationen wieder zu. Sachsen betrieben seit dem 3. Jh. Seeräuberei an der Nordsee und am Ärmelkanal (s. o. II 1.1 mit Abb. 3). Am oberrätisch-germanischen Limes gingen Beutezüge und Invasionen der Alamannen ab ca. 260 parallel vonstatten [Drinkwater, The Alamanni and Rome]. Der kürzere Hochrhein-Limes konnte noch länger gehalten werden [Hächler u. a., Mauern gegen Migration?].

Einen von Alamannen erbeuteten und wieder verlorenen Schatz beschreibt Künzl [Die Alamannenbeute aus dem Rhein bei Neupotz]. Der Beutezug der Semnonen und Juthungen von 259–260 wird auf einem Siegesaltar erwähnt, der 1992 im heutigen Augsburg entdeckt wurde. Seine Inschrift bezeugt den Menschenraub [Bakker, Raetien unter Postumus; Geiger, Gallienus, 107–120]. Diese Juthun-

Long late Antiquity

Krise oder Transformation?

Germanen als Räuber

Alamannenraubzüge im 3. Jh.

gen sind unter die Alamannen zu subsumieren [PLANCK, Ein junges Volk]. Weitere Maßnahmen des Kaisers Gallienus (reg. 253/260–268) gegen Raubzüge der ‚Barbaren' zeitigten erste Erfolge, auch wenn Flucht und Vertreibung der Romanen noch lange ein Problem blieben; die raschen Kaiserwechsel führten ebenso zur Flucht der unterlegenen Bürgerkriegsparteien [GEIGER, Gallienus, passim]. Die Entführung von Christen und ihre oft passive Haltung veranlassten den Bischof Gregor(ios) von Neokaisareia († 270), Kirchenstrafen anzudrohen, dazu WOLFRAM [Die Goten, 59 f.]. Der betreffende ‚kanonische' Brief, der beispielsweise Kollaborateure gotischen Menschenraubes mit Exkommunikation bedroht, wurde neu übersetzt von SLUSSER [Works of St. Gregory Thaumaturgus, 147–151].

Motive — Zu den Motiven nicht nur germanischer Migrationen s. MEIER [VW 113–115 (Kritik Senecas) u. 1089–1104]. Relativ gut untersucht ist der Donauraum [BLOIS, Invasions, Deportations, and Repopulation; 1.1.2: HOERDER, Menschen und Welten in Bewegung, 83–113]. Als eher fiktional oder mythisch sind germanische Vorstellungen von den Ursachen ihrer Migration anzusehen, wofür es in der RGA unter „Origo gentis" reiche Belege gibt (z. B. HANS H. ANTON: Origo gentis 4. Franken, RGA 22, 2002, 378–389).

Sassaniden — Sassanidische Migrationen werden häufig in Zusammenhang mit den Gebietsstreitigkeiten an der Grenze zum Imperium Romanum gebracht [LIEU, Captives, Refugees and Exiles]. Schapur I. ließ 260 n. Chr. unterlegene Römer nach Persien deportieren. Zur Eroberung von Antiochia am Orontes s. Proc. Pers. 2,24 [BÖRM, Der Perserkönig, 304 Anm. 18].

Mittelasiaten — Zu den Alanen fehlt eine gründliche zusammenhängende Übersicht, das Register bei MEIER [VW 1497] kann zunächst weiterhelfen. Immerhin hat die Redaktion des Neuen Pauly die Alanen für so wichtig gehalten, dass ihnen gleich zwei Artikel gewidmet wurden [BURCHARD BRENTJES / CHRISTO DANOFF: Alani, DNP 1, 1996, 431 und ausführlicher IRIS v. BREDOW, Alanoi, ebd. 431 f.]. Die Hunneninvasion 375 n. Chr. sei zu oft als Beginn der Völkerwanderung („Hunnensturm") überschätzt worden, kritisiert MEIER [VW 156–183 u. 397–471]. Jedenfalls bildeten die Hunnen ein eher fluides Reich in Mittelosteuropa aus, das vom byzantinischen Gesandten Priskos beschrieben wurde [BLOCKLEY, The Fragmentary Classicising Historians 2, 222–377].

Westen — Die Alamannen waren Gegenstand einer umfangreichen Ausstellung [FUCHS u. a., Die Alamannen]. Für den historischen Kontext sei auf MEIER [VW 316–325 u. 342–359] und den umfangreichen Lexikonartikel von GEUENICH / STEUER [Alemannen (Neubearbeitung 2023)] verwiesen. Die Vandalen hat STEINACHER [Die Vandalen] monographisch behandelt. Zu den Sueben vgl. RALF SCHARF u. a., RGA 30, 2005, 184–212. Die rätselhaften Burgunder siedelten zunächst bei Worms, dann in der Sapaudia (Savoyen), vgl. MEIER [VW 562–573 u. 588–590; dort illustrative Karte, S. 566]. Ausführlicher sind KAISER [Die Burgunder] und der rezeptionshistorische Band von GALLÉ [4: Die Burgunder].

Die Quellen zum Rheinübergang an bzw. seit Silvester 406 sind dürftig – keine spricht vom zugefrorenen Rhein [GOETZ / PATZOLD / WELWEI, Die Germanen in der VWZ, 270–279], einer Fiktion, die sich in Folge von Edward GIBBON weit verbreitet hat, obwohl sich dieser vorsichtiger ausgedrückt hatte: „The victorious confederates pursued their march, and on the last day of the year, in a season when the waters of the Rhine were *most probably* frozen they entered without opposition the defenceless province of Gaul" (GIBBON, Decline and Fall chap. 30, 1781). Es ist nicht mit Sicherheit zu sagen, ob die alte Römerbrücke bei Mainz noch nutzbar war. Andere Fälle von Migration über Gewässer zeigen, dass diese Verzögerungen mit sich brachte. Die Überfahrt könnte bei einer großen Personenzahl mit umfangreichem Gepäck Wochen gekostet haben. Mich persönlich beeindruckt, wie überhaupt das gemeinsame Eintreffen mehrerer Ethnien zum Ende Dezember 406 koordiniert wurde. Die Burgunder schlossen sich wenig später diesen Migranten an und bildeten Reiche am Rhein [POHL, Die Völkerwanderung, 152–165; KAISER, Die Burgunder].

Rheinübergang 406/07

Die Plünderungen der Immigranten aus diesem Migrationskonglomerat wurden von Hieronymus im berühmten Brief an Geruchia (ep. 123) übertrieben dargestellt [MEIER, VW 377 f. mit Anm. 105 auf S. 1192 f.]. Christliche Dichtungen geben zumindest punktuelle Einblicke in das Leben der Galloromer in der Zeit der Durchzüge von Germanen und Alanen [ebd. 384–386]. Die gesamte christliche Literatur, die zu diesen Migrationen Stellung bezieht, wurde von FISCHER [VWG] analysiert, der aber nicht alle Facetten historischer Erkenntnis behandeln konnte [JOHANNES STRAUB, in: Gnomon 22, 1950, 191–193]. Die gallische Chronik von 452 sieht im Rheinübergang und seinen Folgen eine Hauptursache für den Niedergang des römischen Reiches, während Prosper Tiro internen Konflikten eine größere Bedeutung beimisst [KÖTTER / SCARDINO, Gallische Chroniken, 18 f.].

Folgen für Gallien

418 Ansiedlung in Aquitanien

Zur Ansiedlung in Aquitanien s. MEIER [VW 545–562 u. 1239–1244]. Zuvor war es in dieser Gegend bereits zu Plünderungen durch andere Germanen und Alanen gekommen. Paulinus von Pella konnte durch Beteiligung an einer diplomatischen Mission zu den Alanen vor Vasatis erreichen, dass diese die Gallorömer gegen die Goten genannten Feinde/Immigranten unterstützten, s. u. Nach der Ansiedlung der Goten unter Athaulf gelang es diesen, sich rasch anzupassen und staatliche Strukturen zu etablieren. Tolosa (Toulouse) wurde bereits 413 erobert und zur Hauptstadt des visigotischen Herrschaftsbereiches ausgebaut [BARTHET / JACQUET, Wisigoths, 201 ff.].

Die Belagerung von Vasatis – Frauen im Migrationszeitalter

Wie schon oben angedeutet, werden gelegentlich Frauen und Kinder in den Migrationskonglomeraten erwähnt. Prominente Frauen wurden als Geiseln gestellt. Die Alanen *indiscreti sexus* (Paul. Euch. 386), also Männer und Frauen, kamen in die Stadt, die belagernden Goten blieben draußen [VOGT, Der Lebensbericht des Paulinus]. Paulinus von Pella war der Umbrüche gewahr, suchte Trost im Glauben [STADERMANN, *uno fumavit Gallia tota rogo*, 85–90].

Kontingenzbewältigung

Ebenso wie der anonyme Autor des als „Epigramma Paulini" bekannten Gedichtes (REINHART HERZOG, HLL 6/1, § 626.2), Rutilius Namatianus (PETER L. SCHMIDT, ebd. § 624) oder Orientius von Auch (in der Gascogne) suchte Paulinus von Pella Kontingenzbewältigung, indem er über die barbarische Invasion dichtete, wobei er übertriebenes Pathos an den Tag legte [STADERMANN s. o. 90–94]. Die Rolle von Lerinum, das zeitweise als Pflanzstätte dieses neuen christlichen Adels in Gallien galt, wird von EGETENMEYR [Eucherius of Lyon] hinterfragt.

Katalaunische Felder

Die Quellen zur Schlacht [GOETZ / PATZOLD / WELWEI, Die Germanen in der VWZ, 454–489] sind wenig detailliert und ihre Hintergründe wirken konstruiert. Von *restitutio Galliarum* spricht STICKLER [Aëtius, 168–224], der die Vorgänge im Übrigen recht detailliert analysiert. Die Münzumschrift „Restitut(or) Galliar(um)" stand bereits während der Zeit der Soldatenkaiser für den erfolgreichen Kampf gegen unerwünschte Migranten bzw. Invasoren [GEIGER, Gallienus, 208 u. Abb. 9 (S. 425)].

Spanien und Nordafrika

Zur weiteren Entwicklung in Spanien vgl. MEIER [VW, 609–616]. Bereits 412 konnten Vandalen, Alanen und Sueben große Teile Spaniens für sich gewinnen und untereinander verteilen [STEINACHER, Die Vandalen, 72–74]; den Römern blieb nur die Tarraconensis. Zu den Vandalen und Nordafrika s. MEIER [VW 649–730]. Der Migrationszug der Vandalen entlang der nordafrikanischen Küste ist binnen eines Jahres 429/30 erfolgt, aber nicht gut dokumentiert [BERNDT,

Konflikt und Anpassung, 120–141], so dass der Anteil von Seereise und Landreise nur schwer bestimmbar ist [STEINACHER, Die Vandalen, 92–95]. Der etwa 50 Jahre später schreibende Victor von Vita ist nicht recht zuverlässig, jedenfalls ist die angebliche Zählung der Vandalen durch Geiserich (80 000) wenig glaubhaft (MEIER, VW 656–660 mit Kritik an STEINACHER [Die Vandalen, 87–95]). Recht optimistisch äußert sich hingegen VÖSSING [Viktor von Vita, 154 Anm. 12 zu Vict. Hist. 1,2]. Zur „politischen Religion" der Vandalen s. STEINACHER [Die Vandalen, 109–126].

Der Bischof von Hippo hat in seinem langen Leben (354–430) den Wandel der römischen Welt durch Christianisierung und Eindringen von Germanen auch in die römische Gesellschaft hautnah miterlebt [FUHRER, Augustinus; Augustinus (§ 691), HLL 6/2, 2020, 802–938]. Den ‚Fall Roms' hat Augustin in einer Predigt beklagt; vgl. die Interpretation von FISCHER [VWG 60–69], der auch das Gesamtwerk auf Hinweise zur Völkerwanderungszeit durchgesehen hat [32–105]. Der Brief an Alypius (ep. 10* DIVJAK) von 422 kritisiert die zunehmende Versklavung von Provinzialbevölkerung, die eine indirekte Folge der Invasionen/Migrationen war [SZIDAT, Zum Sklavenhandel; ECK / HEINRICHS, Sklaven und Freigelassene, 20–22]. Circumcellionen [JACQUES SCHEID, DNP 2, 1997, 1208 f.] versklavten Angehörige der Landbevölkerung. Soziale Unruhen und Verlust der Kontrolle ermöglichten dann die Immigration der Vandalen 429/30. Zu Augustins Barbarenbegriff vgl. CHRISTOPH BLÖNNIGEN [Augustinus-Lexikon 1, 1990, 606–608]. Possidius (vit. 28,4–6) hat die Situation zusammenfassend geschildert, dazu KUHN [Vita Augustini, 288–291] mit Kritik von VÖSSING [Hippo Regius]. Später gelang den Vandalen trotz religiöser Spannungen die Assimilation [RUMMEL, Where Have all the Vandals Gone?]. — Augustinus

Die Migration von Goten wurde häufig dargelegt [WOLFRAM, Die Goten; MEIER, VW 125–156, 171–223 u. 515–543], doch die Zusammensetzung der aus dem Gebiet der Černjachov-Kultur [HEATHER / MATTHEWS, The Goths 47–95] migrierenden Gruppen bleibt diffus, nach Adrianopel setzte zudem eine Zersplitterung in kleinere Gruppen ein. Was der siegreiche Kaiser Theodosius tatsächlich im Jahre 382 mit den Goten, die sich ihm ergeben hatten, ausgehandelt hat, bleibt offen. Dass bereits damals ein Föderatenvertrag geschlossen wurde, ist nur spät bezeugt. Eine sehr gute Analyse der Quellen liefert, wie immer, MEIER [VW, 186–188 u. 1150]. — Osten: Goten

Sassaniden

Mit den Sassaniden herrschte bis ins 5. Jh. ein längerer Frieden, zumal diese selbst von Steppenvölkern bedroht wurden, den Hephthalitai. Diese werden zu den Hunnen im weiteren Sinn gezählt, wiesen aber eine andere Lebensweise auf [Martin Schottky, Huns, EncIranica 12, 2004, 575–577; https://www.iranicaonline.org/articles/huns, abgerufen am 10.12.24].

Von Ostrom nach Byzanz

Die (ost)römischen Kaiser Zenon (reg. 474–475, 476–491) und Anastasios (491–518) zeigten zunächst wenig Interesse am Schicksal des Westens. Nur Italien war von größerem Belang. Der föderierte Gote Theoderich wurde entsandt und ermordete Odoaker (493) [Wiemer, Theoderich, 163–192], woraufhin er das ostrogotische Reich im Großraum Italien/Alpen/Illyricum begründete [Leppin, Justinian, 161–165]. Die daraus folgenden Migrationen wurden meines Wissens nur ansatzweise im Zusammenhang untersucht [Rapp, Zwangsmigration in Byzanz; Brzozowska, Captives and Refugees].

Justinianische Pest?

Horden [Mediterranean Plague in the Age of Justinian] beschreibt die Ausbreitungswege der Pest; für einzelne Aspekte s. die Beiträge in Little [Plague and the End of Antiquity]. Naturwissenschaftliche Untersuchungen befassen sich mit den Varianten des Erregers [Keller u. a., Ancient Yersinia Pestis Genomes]. Zu den mentalen Folgen nicht nur der Pest s. Meier [Das andere Zeitalter Justinians]. Das Ausgreifen der Pest nach Britannien hat Maddicott [Plague in Seventh-Century England] behandelt; neuere DNA-Befunde bei Keller s. o.

Britannien

Zur Migrationsgeschichte des spätantiken Britannien s. Meier [VW 923–948 mit Kritik der problematischen Quelle Beda Venerabilis], Fleming [Britain after Rome], Hills [The Anglo-Saxon Migration] und Eckardt / Müldner [3.5: Mobility ... in Roman Britain]. Zur Emigration aus Norddeutschland vgl. Schön / Tempel [Römische Kaiserzeit, 212–214] mit guten Illustrationen. Neuere Beiträge sind in Ludowici [4: Saxones] zu finden. Zur Zeit der sog. Heptarchie gab es neben sieben größeren Königreichen (wie Essex, Sussex oder Kent) zeitweise noch mehrere kleinere (wie Lindsey), s. Fleming [s. o. 61–119] und Bleckmann [1.1.2: Die Germanen, 297–302].

Praxis der Massenmigration

Unsere Einblicke in die Migrationen selbst sind gering, da allenfalls deren Konsequenzen wahrgenommen wurden. Als die Goten vor den Hunnen nach Thrakien geflohen waren, litten sie Hunger (Amm. 31,4,8–11). Sie tauschten Sklaven gegen Hundefleisch [Meier, VW 174–179]. Über kurz oder lang wurde jede über größere Strecken verlaufende Migration von Versorgungsproblemen heimgesucht, die durch Plünderungen gemindert wurden, was freilich das Barbarenimage der ‚Germanen' förderte [EGETENMEYR, Die Konstruktion der ‚Anderen', 136, 159 u. ö.]. Zur praktischen Umsetzung der Föderatenansiedlung hören wir so gut wie gar nichts, was aber auch daran liegen könnte, dass das Phänomen erst nach 382 globale Bedeutung erlangte und die Quellenlage im 5. Jh. bedeutend schlechter ist als für die Zeit des Theodosius. Bei längerer Ansiedlung nehmen die archäologischen Befunde natürlich zu [RUMMEL, Where Have all the Vandals Gone?].

Die Quellen deuten gelegentlich an, gallische Kleriker hätten den Bedarf an verstärkter Seelsorge angesichts der Invasionen bemerkt [FISCHER, VWG 217–245]. Bischof Maximus von Avranches (in der Normandie) hatte in der Zeit des Theodosius noch für die Evakuierung von Nonnen nach Alexandria gesorgt [ebd. 56]. Sidonius zeigt in seinen Schriften ein differenziertes Barbarenbild [EGETENMEYR, Die Konstruktion der ‚Anderen', 133 ff.]. Seine visigotischen Gegner konnte er nicht von der Einnahme Clermonts abhalten [ebd. 104–106]. Er musste wie auch andere Bischöfe ins Exil gehen [STÜBER, Der inkriminierte Bischof, 41–143]. Avitus, Bischof von Vienne seit 494, hat sich in zahlreiche weltliche Fragen eingemischt, freilich schon in einer Zeit merowingischer Dominanz in Nordgallien [ebd. 220–224], s. SHANZER / WOOD [Avitus of Vienne: Letters]. Zu seinem Wirken als Befreier von Kriegsgefangenen und seiner Diplomatie gegenüber dem Königshof der Burgunder vgl. HEIL [Avitus von Vienne, 35–39 u. 57–65]. Caesarius erinnert in einer ihm zugeschriebenen Predigt (serm. 70,2) an die Leiden, die Germanen (als Barbaren bezeichnet) über Gallien brachten, v. a. die Verschleppung von Frauen und Kindern. Er engagierte sich, wie die anderen Bischöfe, für die Freilassung dieser Kriegsgefangenen [FISCHER ebd. 226–231].

Zu den Gewändern der Bestatteten und ihren Schmuckstücken, z. B. Fibeln, s. BÖHME [Migrantenschicksale]. Prominentere Beispiele sind die „Dame von Ficarolo" [BÜSING-KOLBE / BÜSING, Die Dame von Ficarolo] und die „Herrin von Asseln" [SICHERL, Das merowingerzeitliche Gräberfeld von Dortmund-Asseln, 57–68 u. 374–381]. Ebenda sind Skelettanalysen [SILKE GREFEN-PETERS, 340 f., Grab 18] und Isotopenuntersuchung [MIKE SCHWEISSING, 359–361] publiziert, die es uns erlauben, auf dem Gräberfeld drei Personen auszusondern, die nicht in dessen Nähe aufgewachsen, also Fremde sind.

Jüngst hat die Publikation des Grabes eines fränkischen Reiterkriegers vom Niederrhein (aus Bislich zwischen Xanten und Wesel)

Bischöfliche Hilfe

Avitus und Caesarius

Gräber als Quelle für Migrationen

Der Reiterkrieger Bodi

für Aufmerksamkeit gesorgt, da er auf dem Ring seinen Namen eingraviert hatte [VALK u. a., Das Leben des BODI]. Ähnlich wie beim Ötztal-Mann ist auch hier durch naturwissenschaftliche Untersuchungen ein relativ plastisches Bild (hier: der späteren Völkerwanderungszeit bzw. der Zeit der Germanenreiche) entstanden. So konnte der 15 kg schwere Panzer des Bodi rekonstruiert werden, der ihn als recht mobilen oder mindestens adaptiven Angehörigen der Oberschicht ausweist, denn ein solcher Panzer war eher bei den Awaren [MAJOR / GULYÁS, Mehr als nur Körperschutz] oder im Byzantinischen Reich üblich [POSSENTI, Ein byzantinischer Panzerreiter], jedenfalls nicht nördlich der Alpen. STADERMANN [Die Merowinger und Italien] erwägt, dass Bodi dieses Stück in Kämpfen gegen die Langobarden erbeutet habe, aber es müsste ein großer Zufall gewesen sein, dass die Rüstung passte.

Ende der Massenmigrationen im Westen

Ende des 5. Jhs. gab es bereits über ein halbes Dutzend germanische Reichsbildungen. Die meisten waren über die Zwischenstufe eines Föderatenverhältnisses erfolgt. Wie im Falle der fränkischen *foederati* Nordostgalliens war der Nachzug von Familien erfolgt, ohne dass dieses für die Römer noch von Belang gewesen wäre („Einsickerung", ein Ausdruck, den MEIER, VW 324 ff. für die Franken verwendet, aber auch für die Slawen 994 ff.; Begriffskritik: https://www.dwds.de/wb/dwb2/einsickerung, abgerufen am 11.12.24). Quantitativ größere Bedeutung hatte die Aufsplitterung des Wanderkonglomerats von 406/07, das sich jahrzehntelang über Westeuropa und schließlich bis nach Nordafrika verteilte.

Franken

Die Franken sind über geringere Distanzen als die großen Wanderkonglomerate migriert und wurden möglicherweise deshalb ebenso wie Alamannen, Sachsen, Bayern und Thüringer in Werken zur ‚Völkerwanderung' weniger ausführlich thematisiert [POHL, Die Völkerwanderung, 165 f.]. Freie Migrationen kleinerer Gruppen von Franken scheinen zunächst überwogen zu haben. Manche Franken mögen auch als Föderaten in Nordgallien angesiedelt worden sein. Aber schon bald (seit Childerich, reg. ca. 463–482) begann sich fränkisch-merowingische Identität zu bilden [MEIER, VW 591–605, dort 597]. Die reichhaltigen archäologischen Befunde sind bei WIECZOREK [Die Franken, Wegbereiter Europas] zu finden. Das Merowingerreich, von dem man seit Chlodwig sprechen kann, ist bereits ein Nachfolgereich des Imperium Romanum, das mit der katholischen Taufe Chlodwigs, 496 n. Chr. (?) die Identitätsbildung zu einem gewissen Abschluss brachte [SCHOLZ, Die Merowinger; KAISER / SCHOLZ,

Quellen zur Geschichte]. Die Herrschaftskrise des späteren 6. Jhs. führte zur historiographischen Selbstbesinnung Gregors von Tours [BECHER, Die Bewältigung der Kontingenzerfahrung].

Im 6. Jh. gab es eine letzte ‚germanische' Immigration, die der Langobarden (von der mittleren Donau nach Oberitalien) [FREEDEN / WINGER, A langobardok „vándorlása"; 4: BORGOLTE, Das Langobardenreich; POHL / ERHART, Die Langobarden]. Der Bezug zu angeblich migrationsfreudigen Langobarden vom Unterlauf der Elbe, die Strabo (geogr. 7,1,3 p. 291) in augusteischer Zeit nennt (K. KRIETER sei für den Hinweis gedankt), ist schwer zu beurteilen. Dass sich die Zusammensetzung der Migrierenden im Laufe der Jahrhunderte geändert hat, ist offensichtlich, die Identitätsbildung somit schwer abschätzbar. Die Überlieferung kritisiert MEIER [VW 825–845]. Zeitgleich sind Immigrationen von Awaren und Slawen erfolgt, die aber nur ein „unscharfes Bild" [4: SCHMAUDER, Der Raum zwischen Rhein, Donau und Oder, 205] ergeben.

Langobarden

Die slawische Migration scheint gegenüber den germanischen Invasionen/Migrationen ein neues Phänomen des 6. Jhs. zu sein, das vor allem Mittelosteuropa betraf [HARDT, Slawen; CURTA, The Long Sixth Century]. Dieser Zweig der indoeuropäischen Sprachen differenzierte sich offenbar als letzter. Prokop (Goth. 3, 14,22–30) nennt sie „Sklavenier" [MEIER, VW 974–994 mit Interpretation dieser Prokop-Textstelle 977 f. u. Karte, S. 990]. Die häufige Verschleppung durch Slawen im Mittelalter ließ die Bezeichnung dieser Verschleppten als „Sklaven" im deutschsprachigen Raum entstehen [HARDT, Slawen, 177–180]. Zu den Awaren ausführlich s. POHL [Die Awaren], zum Islam kurz und bündig BERGER [Muslimische Welt].

Slawen und Awaren

Zu den Sassaniden s. KETTENHOFEN [Deportations II]. Die Verhältnisse im spätantiken Reich hat BARBERO überschaut, doch fand er nur wenige Beispiele für Deportationen (z. B. 357 n. Chr. die mit den Sarmaten verwandten Limiganten [BARBERO 118–122] und 363 n. Chr. mesopotamische Bevölkerung aus Anatha [123]). Bürgerkrieg und Invasionen haben die für Deportationen notwendigen militärischen Kapazitäten gebunden, so dass Rom nun alternativ Föderatenverträge schloss, bei denen der Zwang nicht in der Umsiedlung, sondern der militärischen Unterstützung lag.

Deportation?

Die Sicherheit, die römische Legionen im Ostalpenraum vermittelt hatten, ging im 5. Jh. immer mehr verloren; LOTTER [Völkerverschiebungen, 51 f.] sieht als letzte Phase aktiven Grenzschutzes die Jahre 453–476 an. Severin von Noricum unterstützte die Umsied-

Vertreibungen

lung der Romanen von Lauriacum (Lorch) in die Siedlungen befreundeter Rugier (Eugipp. Sev. 28,1 u. 31,6), die von den Hunnen ehemals verschleppt nun an der Donau siedelten [zur Gesamtsituation WIRTH, Severin und die Germanen]. Severin war ursprünglich Anachoret, also Einsiedler, kein Kleriker im formalen Sinn. Er hatte charismatische Fähigkeiten [WOLFRAM, Grenzen und Räume, 46–53], so dass der Leichnam des Heiligen später nach Italien überführt wurde (Eugipp. Sev. 40,6).

Konzilien

Die christlichen Konzilien sind sehr gut erforscht, eine Übersicht für das Beispiel Gallien gibt LIMMER [Konzilien]; 26 speziell für Juden geltende Konzilsbeschlüsse hat LOTTER [Die Stellung der Juden] gesammelt. Zum (formalen) Verbot weltlicher Tätigkeit der Bischöfe im Jahre 451 s. MAREVAL [Das Konzil von Chalkedon, 117–118].

Juden in Gallien

Zur religiösen Gesamtlage im spätantiken Gallien s. PIETRI [Gallien]. DREWS [Migrants and Minorities in Merovingian Gaul] geht vertieft auf die Juden ein und verweist auf jüdische Gemeinden in Marseille, Arles, Orléans, Lyon, Bourges und Clermont – alle südlich der Loire. Sie sind durch freie Migrationen entstanden und scheinen sich im Frühmittelalter, allerdings nur sehr langsam, weiterverbreitet zu haben [BALTRUSCH, Die Juden im Frankenreich].

Resümee

Die Einschätzung der Spätantike als Zeitalter der Massenmigrationen schlechthin greift zu kurz, zumal diese auf Flucht oder ungünstige ökologische Bedingungen zurückgehen konnten. Alle anderen Migrationsformen waren ebenso präsent, was wiederum den Nutzen der Typologie von PETERSEN [2.0: A General Typology] bestätigt. Um ein Beispiel für ökologisch bedingte Migration aus dem Osten des Mittelmeerraumes zu bringen: Das im 3. Jh. verlassene Dorf Karanis im östlichen Fayum-Gebiet wurde im 4. Jh. reaktiviert, weil das Wasser im Moeris-See gestiegen war und Siedlungen am Ostufer überflutet hatte. Die Bevölkerung ist offenbar nach Karanis übergesiedelt [BARNARD u. a., The Fourth-century AD Expansion]. Binnenwanderungen in Ägypten dürften aufgrund der Papyrusbestände ein lohnender Forschungsgegenstand auch für die Spätantike sein; die Immigration hatte hingegen stark abgenommen [CLARYSSE, Ethnic Identity].

4 Assimilation und postmigrantische Welt

Die Folgen von Migration hängen stark von deren Umfang ab. Da glaubhafte quantitative Angaben in der Antike nicht vorliegen, ist die Anwendung von Assimilationstheorien schwierig [ULBRICHT, Assimilation]. Für Details der hier nur kurz angesprochenen, schon behandelten Migrationen ist auf Kap. 3 zu verweisen. Sind Migranten in der Minderzahl, sind sie Fremde, die auffallen [REUTER / WARRACH, Die Fremdheit der Migrant_innen; COŞKUN / RAPHAEL, Fremd und rechtlos?]. Es gibt aber auch die umgekehrte Situation, dass bspw. von Immigranten neu gegründete Städte für Indigene interessant sind [zur Problematik des Begriffs BERNSTEIN, Immigranten und Indigene]. Remigration von Zwangsverschleppten war die Regel, aber manche blieben, so Teile der nach Babylon verschleppten Juden [LESTER GRABBE, Babylonian Exile of the Jews, EAH 2, 1009 f.].

Assimilation?

Immigranten als Fremde

Die Idee, dass die Besiedlung Nordamerikas zu einer Verschmelzung der Menschen unterschiedlicher Herkunft führen würde („melting pot"), war schon um das Jahr 1900 geläufig. In der Nachkriegszeit kamen Zweifel auf. GLAZER / MOYNIHAN [Beyond the Melting Pot] (1970) konnten zeigen, dass die verschiedenen Immigrantengruppen durchaus verschiedene Zielsetzungen verfolgten und eigene Kulturen entwickelten („multikulturelle Gesellschaft"). Insofern wird inzwischen hinterfragt, ob eine völlige Assimilation überhaupt sinnvoll ist. Zum Ghetto-Begriff vgl. BIRGIT E. KLEIN [Ghetto, EnzNeuzeit 4, 2006, 891–894].

Verschmelzung?

Richard WHITE definierte für sein Forschungsgebiet, die Gegenden nördlich der großen Seen in der Frühen Neuzeit wie folgt: „A middle ground is the creation, in part through creative misunderstanding, of a set of practices, rituals, offices, and beliefs that although comprised of elements of the group in contact is as a whole separate from the practices and beliefs of all of those groups" [WHITE, The Middle Ground, XIII]. MALKIN [A colonial middle ground] dachte bei einer solchen gemeinsamen Zone mit spezifischen Bedingungen für Griechen und Indigene an den Golf von Neapel, aber die nördliche Krim könnte mit mehr Berechtigung genannt werden, wo sich im 5. Jh. v. Chr. ein Bosporanisches Reich im Übergangsraum zur skythisch dominierten Steppe gebildet hatte (s. o. 3.3). Die griechischen und iranischen Siedler im Norden des Schwarzen Meeres wiesen hinreichende kulturelle Differenz auf. Auch der Nahe Osten

Middle Grounds

und die Peripherien des Mittleren Ostens mit ihren oft kleinräumigen, zugleich intensiv miteinander interagierenden Formationen sind ein naheliegendes Gebiet, um die Tragfähigkeit des Konzepts zu erproben, s. MAIRS [The Hellenistic Far East, 185–187 mit der Forderung, „middle ground" nicht auf jede beliebige Kontaktzone anzuwenden, da es auf die kreativen Missverständnisse ankomme].

Gescheiterte Assimilation

Die apokalyptische Literatur des östlichen Mittelmeerraumes forderte die Vernichtung der hellenistischen und später römischen Potentaten [3.4: GAUGER, Beiträge zur jüdischen Apologetik; 3.5: SOENNECKEN, „Was haben die Römer uns gegeben?"; 4: BLASIUS / SCHIPPER, Apokalyptik und Ägypten] und wird sogar als Legitimationsgrundlage der „Terroristen" angesehen, die Rom unter Nero in Brand gesteckt haben sollen [BAUDY, Die Brände Roms; DERS., The Role of the Rising Sirius]. Die Johannes-Apokalypse (17 f.) ist mit der Aufforderung, die „Hure Babylon" (= Rom) solle brennen, zwar später zu datieren (68/69 n. Chr. [1.5: BERGER / NORD, Das Neue Testament, 360–388]), gibt aber die Stoßrichtung der apokalyptischen Literatur gut wieder. – Juristisch gesehen wurde noch in der Spätantike zwischen „Römern" und Zugewanderten unterschieden [SCHIPP, Römer und Barbaren].

Beispiel späte Phönizier

Phönizier bzw. die karthagischen Punier hatten trotz des schlechten Rufes als Seeräuber immer wieder das Talent, als Händler mittelmeerweit aktiv zu bleiben, auch und gerade in Emporien. DEMETRIOU [Negotiating Identity] untersuchte Emporion (in Katalonien), Naukratis, Gravisca, Pistiros und Piräus auf die Frage der Assimilation hin. Nur die ersten beiden sind Emporia im Sinne meiner Einleitung (I 2.3), aber auch die anderen drei sind relevant als Siedlungen mit großen Häfen, die von vielen Fremden angelaufen wurden. Die multiethnischen Emporia gewährten den dort anwesenden Ethnien große Freiheiten und förderten durch gemeinsame Heiligtümer die Identitätsbildung unter den Händlern. Diese Situation blieb bis in den Hellenismus präsent, z. B. in Grabinschriften, die auf phönizische Identität der Bestatteten verweisen [DEMETRIOU, Phoenicians among Others].

Postmigrantische Situationen

Die Lage der Immigranten war und ist schwer vorauszusehen, selbst wenn die Migration lange geplant wurde wie im Fall der Helvetier. „Migration and population relocation generates diverse socioeconomic consequences for the receiving nation as well as sociopsychological challenges for immigrants. It exposes immigrants to previously unanticipated anomic circumstances and psychological disillusionment, though in varying degrees" (JAMES OLABISI AYODELE, Anomie, psychological disillusionment, EGHM 2, 512–518, dort 517). Bei der Analyse postmigrantischer Perspektiven stehen häufig negative Migrationsfolgen im Mittelpunkt, da die Intention des Ansatzes explizit antirassistisch ist [FOROUTAN u. a., Postmigrantische Perspektiven], somit eine Geringschätzung der Migranten voraussetzt, die in der Antike vorhanden sein konnte („Barbaren"), aber nicht musste. MEYER-ZWIFFELHOFFER [Barbaren, Asiaten, Sklaven, Juden] hat einen pragmatischen Rassismusbegriff entwickelt, der auch auf die Antike anwendbar ist.

Die Armee war ein Motor der Assimilation, ihre Bedeutung dafür im Hellenismus ist unbestritten [1.1.1: CHANIOTIS, Die Öffnung der Welt, 353–356], wird für die Römerzeit von BARBERO [200–281] aber möglicherweise überbetont. Christianisierungseffekte durch die spätantike Armee sind denkbar, der Kaiserkult trat in seiner Bedeutung zurück. Zum Beispiel der thebaischen Legion, deren Soldaten im späten 3. Jh. das Martyrium erlitten, s. HÄCHLER u. a. [Mauern gegen Migration?, 278–280 u. 331], die den Übergang des Märtyrerkultes von der römische Armee auf das Germanenreich der Burgunder skizzieren. Positive Wirkung der Armee

Nach dem Ende der römischen Herrschaft über Westeuropa kamen die Visigoten in Aquitanien unter merowingischem Druck zu der Entscheidung, ihren Herrschaftsschwerpunkt nach Spanien zu verlegen, wo aber Kampfhandlungen mit ‚Germanen' und später Byzantinern (unter Justinian) die Assimilationsprozesse verzögerten [3.6: KAMPERS, Geschichte der Westgoten, 168–187 u. 269–280]. Andererseits gab es in der Spätantike auch Invasionen, die nicht die Zerstörung bestehender Herrschaft intendierten, sondern Ansiedlung und friedliches Leben unter deren Oberhoheit. Zu den frühen Franken s. ZÖLLNER [3.6: Geschichte der Franken, 1–43], zum Oberrhein mit Alamannen und Burgundern HÄCHLER u. a. [3.6: Mauern gegen Migration?]. In Britannien sind drei Gruppen von Migranten anhand der Fibeln in den Gräbern zu differenzieren [HINES, Die Perspektive der archäologischen Überlieferung, 152, Abb. 5]. Zu Details s. o. 3.6. Invasive Migrationen

Die Zugehörigkeit vieler Germanen zur arianischen Konfession [zu Wulfila s. 3.6: HEATHER / MATTHEWS, The Goths 124–144] führte zeitweise zur Verfolgung anderer Christen, die der Mehrheitskirche angehörten, und ist insofern migrationsrelevant. In Gallien wurde das Problem früh thematisiert, s. EGETENMEYR [3.6: Die Konstruktion der ‚Anderen', 49 f.]. Ob die konfessionellen Unterschiede eine so große Rolle spielten, wie Victor von Vita meint, ist aber fraglich [3.6: VÖS- Migration und Religion

SING, Viktor von Vita, 20–28; HOWE, Vandalen, Barbaren und Arianer]. Jedenfalls gab es lange Zeit Verfolgungen und Martyria in Nordafrika. Dass religiöse Differenzen zur Herausbildung einer konflikthaften multikulturellen Gesellschaft führen können, ist somit schon in der Vormoderne Realität gewesen. Bereits im 4. Jh. waren andersdenkende Bischöfe vom Kaiser exiliert worden [3.6: BARRY, Bishops in Flight]. Es war auch Exilierung durch Gerichtsprozesse denkbar [3.6: ROHMANN u. a., Mobility and Exile at the End of Antiquity].

Bürgerrecht

Erst das römische Kaiserreich brachte größere Inklusion v. a. durch Aufnahme von Veteranen in das Bürgerrecht bzw. direkte Bürgerrechtsverleihungen [3.5: LAVAN, The Spread of Roman Citizenship, 14–212 CE]. Zu den spätantiken Verhältnissen sind mehrere Beiträge in FILONIK u. a. [Citizenship in Antiquity, 652–714] zu finden.

Rechtsfragen der Ansiedlung

Zu den Föderaten s. o. 203, (zum Jahre 382); die Ansiedlung blieb lange mit der Pflicht der Stellung von Truppen verbunden, was sich aber mit dem Ende des weströmischen Reiches änderte. Das nun angewandte Prinzip der *hospitalitas* bleibt in seiner Praxis umstritten [3.6: HALSALL, Barbarian Migrations, 422–454]. Die Frage nach dem Ober- und Privateigentum wird unterschiedlich beantwortet und mag auch regional verschieden gelöst worden sein [3.6: DELAPLACE, Les relations; GOFFART, Administrative Methods]. Unbestritten ist, dass die von Byzanz entsandten Goten nun endgültig in Italien verblieben und die Besitzverhältnisse sich änderten. Die ursprünglichen Landbesitzer hatten Land abzugeben oder zu gehen, es entstand das Reich der Ostrogoten [3.6: WOLFRAM, Die Goten, 249–360; BARNISH / MARAZZI, The Ostrogoths]. Analogien zur Gesetzgebung in Burgund erörtert WOOD [Assimilation von Romanen und Burgundern], wo römisches Recht für Romanen galt, für die Burgunder aber die *Lex Romana Burgundionum*.

Verstädterung

Immigration führte zur Vergrößerung der Kapitalen wie Rom [EDWARDS / WOOLF, Rome the Cosmopolis; MOATTI, Immigration and Cosmopolitanization], das in der Spätantike zwar Hauptstadtfunktionen verlor, sich andererseits aber zu einem christlichen Zentrum wandelte [KRAUTHEIMER, Rom]. In der postmigrantischen Situation zeigte sich allenthalben eine Transformation der von Römern gegründeten Städte [KRAUSE / WITSCHEL, Die Stadt in der Spätantike]. Die Folgen von Migration für ländliche Besiedlung summiert WICKHAM [Framing the Early Middle Ages, 442–518].

Gemeinschaften durch Sprache

In der postmigrantischen Situation suchten die Fremden zunächst Kontakt zu Personen derselben Sprache. Die „Amtssprachen" der Antike, das für Militär und Rechtsprechung wichtige Latein sowie das im Seehandel verbreitete Griechisch, konnten in der Spätantike als Sprachen der Diplomatie dienen. Chlodwig wurde auf Latein zu seiner Taufe gratuliert, denn die Oberschichten passten sich anscheinend schneller an. Auch dem Visigotenkönig Theoderich II. (453–466) wird eine bemerkenswerte Anpassungsfähigkeit zugesprochen [3.6: EGETENMEYR, Die Konstruktion der ‚Anderen', 280–307]. Er installierte sogar einen römischen Kaiser, Avitus [3.6: STEIN, Geschichte des spätrömischen Reiches Bd. 1, 543–551]. In Westeuropa blieb Latein als Literatursprache wichtig [SARTI, Westeuropa zwischen Antike und Mittelalter], auch nachdem sich die germanischen Reiche etabliert hatten. Das Zusammenwachsen manifestiert sich in den romanischen Sprachen, die aus dem Vulgärlatein erwuchsen. In der Konsequenz etablierte sich ein Raum der Kommunikation, der nicht zuletzt durch das einende Christentum geprägt war.

Der Donaukorridor (an der niederen und mittleren Donau) erwies sich als vorteilhaft für weiträumige Migrationen von Ost nach West, doch auch diese kamen im 7. Jh. zum Stillstand [SCHMAUDER, Der Raum zwischen Rhein, Donau und Oder], als die Merowinger große Teile Mitteleuropas unterwarfen oder abhängig machten. Die nachfolgenden Karolinger stellten sich in die Tradition des Imperium Romanum, das seinerseits gelegentlich mit Staatenbünden wie der Europäischen Union verglichen wurde [ALFÖLDY, Das Imperium Romanum; SEHLMEYER, Models of Roman Citizenship from Augustus to Boris Johnson]. *Gemeinschaften durch Herrschaft*

Nach Justinian durchlebte der östliche Teil des Mittelmeerraumes eine andere Entwicklung: Byzanz etablierte sich als neues Empire [LUTTWAK, The Grand Strategy of the Byzantine Empire], das auch in religiösen Fragen abwich, bis es 1054 zum endgültigen Schisma kam. Migranten, die in das Byzantinische Reich kamen, konnten aber lange Zeit keine eigenen Reiche bilden; erst der Islam okkupierte in der zweiten Hälfte des 7. Jhs. die südöstliche Mittelmeerküste mit Syrien und Ägypten – ehemalige Bestandteile des Byzantinischen Reiches, wo eine Vielzahl migratorischer Effekte zu beobachten ist [RAPP, Mobility and Migration in Byzantium]. *Byzanz*

Der Eindruck, dass gerade spätantike Migrationen negative Auswirkungen auf die antike Welt gehabt hätten, ist in dieser allgemeinen Form falsch. Das Zusammenleben verschiedener Gruppen musste sich einspielen, die heutige Diskussion postulierter Parallelgesellschaften führt nicht weiter, wenn die Zementierung von Un- *Konsequenzen* terschieden betont wird. In Wirklichkeit sind diese Differenzen eine Basis für kulturelle Annäherung [Schiffauer, Parallelgesellschaften]. Aus der Antike sind viele positive Beispiele des Kulturkontaktes seit frühester Zeit bekannt, aber man sollte nicht erwarten, dass diese direkt in eine moderne Migrationspolitik umzusetzen sind. Die Versorgung von bedürftigen Fremden wurde selten als staatliche Aufgabe angesehen, aber es gab private Unterstützung, Euergesie [Scholz, Wohltaten zugunsten von Migranten und Nichtbürgern].

III Literatur

1 Voraussetzungen und Modelle antiker Migration

Zahlenangaben in eckigen Klammern verweisen darauf, dass sich die genauen bibliographischen Angaben eines Lexikons oder Sammelwerkes in einer anderen Kategorie befinden. In runden Klammern steht die im Text verwendete Abkürzung (Vgl. das Gesamtverzeichnis der Abkürzungen S. 260).

1.1 Voraussetzungen und Vergleichsfälle: Altertum, Antike, Vormoderne

1.1.1 Handbücher, Synthesen und Sammelbände zur Antike allgemein

Astin, Alan E. / Walbank, Frank / Frederiksen, Martin / Ogilvie, Robert (Hgg.), Rome and the Mediterranean to 133 B. C. (CAH VIII), 2. Aufl. Cambridge 1989.

Baltrusch, Ernst, Außenpolitik, Bünde und Reichsbildung in der Antike, München 2008.

Benjamin, Craig (Hg.), The Cambridge World History. Vol. 4. A World with States, Empires and Networks 1200 BCE–900 CE, Cambridge 2015.

Bowman, Alan K. / Garnsey, Peter / Rathbone, Dominic (Hgg.), The High Empire, A. D. 70–192 (CAH XI), 2. Aufl. Cambridge 2008.

Brandt, Hartwin, Die Kaiserzeit. Römische Geschichte von Octavian bis Diokletian, München 2021.

Cartledge, Paul, Die Griechen und wir, Stuttgart / Weimar 1998.

Casson, Lionel, Ships and Seamanship in the Ancient World, 3. Aufl. Princeton, NJ 1971.

Chaniotis, Angelos, War in the Hellenistic World. A Social and Cultural History, Malden, MA 2005.

Dreher, Martin (Hg.), Das antike Asyl. Kultische Grundlagen, rechtliche Ausgestaltung und politische Funktion, Köln / Wien 2003.

Hansen, Mogens H., Polis. An Introduction to the Ancient Greek City-state, Oxford / New York 2006.

Kolb, Frank, Die Stadt im Altertum, München 1984.

Purcell, Nicholas / Horden, Peregrine, The Corrupting Sea. A Study of Mediterranean History, Malden, MA 2000.

Scheidel, Walter / Morris, Ian / Saller, Richard (Hgg.), The Cambridge Economic History of the Greco-Roman World, Cambridge 2013.

Schmitz, Winfried, Haus und Familie im antiken Griechenland, München 2007.

Schulz, Raimund / Walter, Uwe, Griechische Geschichte ca. 800–322 v.Chr. Bd. 1. Darstellung (GG 1), Berlin / Boston 2022.

SCHULZ, RAIMUND / WALTER, UWE, Griechische Geschichte ca. 800–322 v.Chr. Bd. 2. Forschung und Literatur (GG 2), Berlin / Boston 2022.
SEHLMEYER, MARKUS, Die Antike, 2. Aufl. Paderborn 2014.
STANGL, GÜNTER, Antike Populationen in Zahlen. Überprüfungsmöglichkeiten von demographischen Zahlenangaben in antiken Texten, Frankfurt / Berlin / Bern / Wien 2008.
WALBANK, FRANK W. / ASTIN, ALAN E. / FREDERIKSEN, MARTIN / OGILVIE, ROBERT (Hgg.), The Rise of Rome to 220 B. C. (CAH VII 2), 2. Aufl. Cambridge 1989.

1.1.2 Antike regional

ANGELIS, FRANCO de (Hg.), A Companion to Greeks across the Ancient World, Hoboken, NJ 2020.
ASLAKSEN, OLE C. (Hg.), Local and Global Perspectives on Mobility in the Eastern Mediterranean, Athen 2016.
BILDE, PIA G. / BØGH, BIRGITTE / HANDBERG, SØREN / HØJTE, JAKOB M. / NIELING, JENS / SMEKALOVA, TATIANA / STOLBA, VLADIMIR, Archaeology in the Black Sea Region in Classical Antiquity 1993–2007, in: Archaeological Reports 54, 2008, 115–173.
BLECKMANN, BRUNO, Die Germanen. Von Ariovist bis zu den Wikingern, München 2009.
COOLEY, ALISON (Hg.), A Companion to Roman Italy, Chichester 2016.
DREHER, MARTIN, Das antike Sizilien, München 2008.
FANTASIA, UGO, Ambracia dai Cipselidi ad Augusto. Contributo alla storia della Grecia nord-occidentale fino alla prima età imperiale, Pisa 2017.
GAJDUKEVIČ, VIKTOR F., Das Bosporanische Reich, 2. Aufl. Berlin 1971.
HAMMOND, NICHOLAS G. L., Epirus. The Geography, the Ancient Remains, the History and the Topography of Epirus and Adjacent Areas, Oxford 1967.
HITCHNER, R. B. (Hg.), A Companion to North Africa in Antiquity, Hoboken, NJ 2022.
HOERDER, DIRK, Menschen und Welten in Bewegung. Der Ostalpen- und Donauraum von den Anfängen bis zum 16. Jahrhundert, Darmstadt 2021.
KOLB, FRANK, Rom. Die Geschichte der Stadt in der Antike, 2. Aufl. München 2002.
MAREK, CHRISTIAN, Geschichte Kleinasiens in der Antike, 2. Aufl. München 2010.
MARZOLI, DIRCE, Die Besiedlungs- und Landschaftsgeschichte im Empordà. Von der Endbronzezeit bis zum Beginn der Romanisierung, Mainz 2005.
MESMER, BEATRIX / IM HOF, ULRICH (Hgg.), Geschichte der Schweiz – und der Schweizer. Band 1, 2. Aufl. Basel 1984.
MILLETT, MARTIN / REVELL, LOUISE / MOORE, ALISON (Hgg.), The Oxford Handbook of Roman Britain, Oxford 2019.
MITTHOF, FRITZ / SCHREINER, PETER / SCHMITT, OLIVER J. (Hgg.), Herrschaft und Politik in Südosteuropa. Band 1: Von der römischen Antike bis 1300, Berlin / München / Boston 2020.

1.1.3 Lexika und Enzyklopädien

BADE, KLAUS J. u. a. (Hgg.), Enzyklopädie Migration in Europa. Vom 17. Jahrhundert bis zur Gegenwart, 3. Aufl. Paderborn 2010 (2. Aufl. 2008 online unter https://brill.com/edcollbook-oa/title/53863?rskey=SN01xU&result=18).
BAGNALL, ROGER S. u. a. (Hgg.), The Encyclopedia of Ancient History. 12 Bde. (EAH), Chichester 2013 (online-Aktualisierungen unter https://onlinelibrary.wiley.com/doi/book/10.1002/9781444338386, geprüft am 8.5.25).

BECK, HEINRICH u. a. (Hgg.), Reallexikon der Germanischen Altertumskunde. 35 Bde. (RGA), 2. Aufl. Berlin / New York 1973–2008.
CANCIK, HUBERT / SCHNEIDER, HELMUTH (Hgg.), Der Neue Pauly. Enzyklopädie der Antike. Altertum. 12 Bde. in 13 (DNP), Stuttgart / Weimar 1996–2003.
DÖLGER, FRANZ J. u. a. (Hgg.), Reallexikon für Antike und Christentum, ca. 40 Bde. Sachwörterbuch zur Auseinandersetzung des Christentums mit der antiken Welt (RAC), Stuttgart 1950 ff. (Zuletzt Bd. 32: Textilien - Typologie II, 2024).
GOLDBERG, SANDER M. / WHITMARSH, TIM (Hgg.), Oxford Classical Dictionary (Oxford Research Encyclopedia), 5. Aufl. Oxford 2015 ff. (https://oxfordre.com/classics, abgerufen am 20.3.25).
HANSEN, MOGENS H. / NIELSEN, THOMAS H. (Hgg.), An Inventory of Archaic and Classical Poleis (IACP), Oxford / New York 2004.
HEINEN, HEINZ u. a. (Hgg.), Handwörterbuch der antiken Sklaverei. 3 Bde., Stuttgart 2017.
JAEGER, FRIEDRICH (Hg.), Enzyklopädie der Neuzeit. 16 Bde. (EnzNeuzeit), Stuttgart 2005–2012.
NESS, IMMANUEL (Hg.), The Encyclopedia of Global Human Migration (EGHM), 5 Bände, Chichester 2013.
WISSOWA, GEORG / KROLL, WILHELM / ZIEGLER, KONRAT (Hgg.), Realencyclopädie der classischen Altertumswissenschaft. 83 Bde. (RE), Stuttgart 1893–1980.

1.1.4 Altertum jenseits von Griechenland und Rom

ALLEN, CHARLES, Ashoka. The Search for India's Lost Emperor, London 2012.
ALSTOLA, TERO, Judeans in Babylonia. A Study of Deportees in the Sixth and Fifth Centuries BCE, Helsinki 2017.
BECKWITH, CHRISTOPHER I., Empires of the Silk Road. A History of Central Eurasia from the Bronze Age to the Present, Princeton, NJ 2011.
DOAK, BRIAN / LÓPEZ-RUIZ, CAROLINA (Hgg.), The Oxford Handbook of the Phoenician and Punic Mediterranean, New York 2019.
GEHLER, MICHAEL / ROLLINGER, ROBERT (Hgg.), Imperien und Reiche der Weltgeschichte. 1. Imperien des Altertums, mittelalterliche und frühneuzeitliche Imperien, Wiesbaden 2014.
LANGER, CHRISTIAN, Egyptian Deportations of the Late Bronze Age. A Study in Political Economy, Berlin / Boston 2021.
LEHMANN, GUSTAV A., Umbrüche und Zäsuren im östlichen Mittelmeerraum und Vorderasien zur Zeit der „Seevölker"-Invasionen um und nach 1200 v. Chr, in: HZ 262, 1996, 1–38.
MATARESE, CHIARA, Deportationen im Perserreich in teispidisch-achaimenidischer Zeit, Wiesbaden 2021.
SANO, KATSUJI, Die Deportationspraxis in neuassyrischer Zeit, Münster 2020.

1.1.5 Sammelbände zur Migration (Schwerpunkt Antike)

ANGELI BERTINELLI, MARIA G. / DONATI, ANGELA (Hgg.), Le vie della storia. Migrazioni di popoli, viaggi di individui, circolazione di idee nel Mediterraneo antico, Rom 2006.
EVANS, RICHARD J. / MARRE, MARTINE de (Hgg.), Piracy, Pillage, and Plunder in Antiquity. Appropriation and the Ancient World, London / New York 2020.

Loddo, Laura (Hg.), Political Refugees in the Ancient Greek World. Literary, Historical and Philosophical Essays, Toulouse 2020.

Mac Sweeney, Naoíse (Hg.), Foundation Myths in Ancient Societies. Dialogues and Discourses, Philadelphia, PA 2015.

Marco Simón, Francisco (Hg.), Viver en tierra extraña. Emigracion e integracion cultural en el mundo antiguo, Barcelona 2004.

Meller, Harald / Daim, Falko / Krause, Johannes (Hgg.), Migration und Integration von der Urgeschichte bis zum Mittelalter, Halle (Saale) 2017.

Moatti, Claudia (Hg.), La mobilité des personnes en Méditerranée de l'antiquité à l'époque moderne. Procédures de contrôle et documents d'identification, Rom 2004.

Olshausen, Eckart / Sauer, Vera (Hgg.), Mobilität in den Kulturen der antiken Mittelmeerwelt, Stuttgart 2014.

Olshausen, Eckart / Sonnabend, Holger (Hgg.), „Troianer sind wir gewesen". Migrationen in der antiken Welt, Stuttgart 2006.

Rollinger, Robert / Schnegg, Kordula (Hgg.), Kulturkontakte in antiken Welten. Vom Denkmodell zum Fallbeispiel. Aus Anlass des 60. Geburtstages von Christoph Ulf, Innsbruck, 26. bis 30. Januar 2009, Leuven 2014.

Rollinger, Robert / Stadler, Harald (Hgg.), 7 Millionen Jahre Migrationsgeschichte. Annäherungen zwischen Archäologie, Geschichte und Philologie, Innsbruck 2019.

Sänger, Patrick (Hg.), Minderheiten und Migration in der griechisch-römischen Welt. Politische, rechtliche, religiöse und kulturelle Aspekte, Paderborn 2016.

Schattner, Thomas G. / Vieweger, Dieter / Wigg-Wolf, David (Hgg.), Kontinuität und Diskontinuität, Prozesse der Romanisierung. Fallstudien zwischen Iberischer Halbinsel und Vorderem Orient, Rahden 2019.

Sordi, Marta (Hg.), Coercizione e mobilità umana nel mondo antico, Mailand 1995.

Tsetskhladze, Goča R. (Hg.), Greek Colonisation. An Account of Greek Colonies and Other Settlements Overseas. 2 Bde., Leiden 2006.

1.1.6 Vormoderne Migration allgemein

Borgolte, Michael (Hg.), Migrationen im Mittelalter. Ein Handbuch, Berlin / Boston 2014.

Donecker, Stefan / Olesen, Jens E. (Hgg.), Abstammungsmythen und Völkergenealogien im frühneuzeitlichen Ostseeraum, Greifswald 2020.

Ertl, Thomas (Hg.), Erzwungene Exile. Umsiedlung und Vertreibung in der Vormoderne (500 bis 1850), Frankfurt / New York 2017.

Fata, Márta, Mobilität und Migration in der Frühen Neuzeit, Göttingen 2020.

Hoerder, Dirk, Rez. Manning: Wanderung, Flucht, Vertreibung, in: Connections. A Journal for Historians and Area Specialists 25.05.2008 (http://www.connections.clio-online.net/publicationreview/id/reb-9789, abgerufen am 20.3.25).

Hoerder, Dirk, Cultures in Contact. World Migrations in the Second Millennium, Durham 2002.

Kiernan, Ben / Lemos, T. M. / Taylor, Tristan (Hgg.), Cambridge World History of Genocide 1. Genocide in the Ancient, Medieval and Premodern Worlds, Cambridge 2023.

König, Daniel (Hg.), Geschichte der Welt 600–1350. Geteilte Welten, München 2023.

Manning, Patrick, Wanderung, Flucht, Vertreibung. Geschichte der Migration, Essen 2007.
Manning, Patrick / Trimmer, Tiffany, Migration in World History, 3. Aufl. London 2020.
Morris, Ian / Scheidel, Walter (Hgg.), The Dynamics of Ancient Empires. State Power from Assyria to Byzantium, Oxford 2009.

1.2 Historische Modellbildung von Lazius bis zur Chicago-School

Bömelburg, Hans-Jürgen, Frühneuzeitliche Nationen im östlichen Europa. Das polnische Geschichtsdenken und die Reichweite einer humanistischen Nationalgeschichte (1500–1700), Wiesbaden 2006.
Donecker, Stefan, Wolfgang Lazius als „Erfinder" der Völkerwanderung. *De gentium aliquot migrationibus libri XII* (1557), in: Ders. / Svatek, Petra / Klecker, Elisabeth (Hgg.), Wolfgang Lazius (1514–1565). Geschichtsschreibung, Kartographie und Altertumswissenschaft im Wien des 16. Jahrhunderts, Wien 2021, 167–200
Ferrara, Antonio, Eugene Kulischer, Joseph Schechtman and the Historiography of European Forced Migrations, in: Journal of Contemporary History 46, 2011, 715–740.
Grigg, David B., E. G. Ravenstein and the „Laws of Migration", in: Journal of Historical Geography 3, 1977, 41–54.
Kulischer, Alexander / Kulischer, Eugen, Kriegs- und Wanderzüge. Weltgeschichte als Völkerbewegung, Berlin 1932.
Philelphus, Franciscus (Filelfo), On Exile. Edited by J. de Keyser, transl. W. Scott Blanchard, Cambridge, MA 2013.
Ravenstein, Ernst G., The Laws of Migration, in: Journal of the Royal Statistical Society 48 u. 52, 1885 u. 1889, 167–235 u. 214–305.
Reuter, Julia / Mecheril, Paul (Hgg.), Schlüsselwerke der Migrationsforschung. Pionierstudien und Referenztheorien, Wiesbaden 2015.
Schlögel, Karl, Verschiebebahnhof Europa. Joseph B. Schechtmans und Eugene M. Kulischers Pionierarbeiten, in: Zeithistorische Forschungen 2, 2005, 468–472.
Schmidt-Voges, Inken, De antiqua claritate et clara antiquitate Gothorum. Gotizismus als Identitätsmodell im frühneuzeitlichen Schweden, Frankfurt 2004.
Simmel, Georg, Soziologie, Berlin 1902.

1.3 Aktuelle Modelle

Aubele, Edeltraud / Pieri, Gabriele (Hgg.), Femina migrans. Frauen in Migrationsprozessen (18. – 20. Jahrhundert), Sulzbach 2011.
Brettell, Caroline B. / Hollifield, James F. (Hgg.), Migration Theory. Talking across Disciplines, 3. Aufl. New York 2015.
Haas, Hein D., Migration. 22 populäre Mythen und was wirklich hinter ihnen steckt, Frankfurt 2023.

HOERDER, DIRK, Migration, in: MCNEILL, JOHN R. / POMMERANZ, KENNETH (Hgg.), Cambridge World History 7. Production, Destruction and Connection, 1750–Present. Part 2: Shared Transformations?, Cambridge 2015, 3–33.
HOERDER, DIRK / LUCASSEN, JAN / LUCASSEN, LEO, Terminologien und Konzepte in der Migrationsforschung, in: BADE u. a., Enzyklopädie Migration in Europa [1.1.3], 28–53.
HOLLERAN, CLAIRE / PUDSEY, APRIL (Hgg.), Demography and the Graeco-Roman World. New Insights and Approaches, Cambridge / New York 2011.
KRAUSS, MARITA / SONNABEND, HOLGER (Hgg.), Frauen und Migration, Stuttgart 2001.
LEE, EVERETT S., A Theory of Migration, in: Demography 3, 1966, 47–57.
LINDEMANN, ARNE, Vom Germanenerbe zum Urkommunismus. Urgeschichtsbilder in Museen der SBZ und DDR, Berlin / Boston 2022.
OLTMER, JOCHEN, Migration vom 19. bis zum 21. Jahrhundert, 3. Aufl. Berlin / Boston 2016.
SCHMITT, TASSILO, Migration, DNP 8, 2000, 159–161.
ULF, CHRISTOPH, Ethnogenese versus Wanderungen von Stämmen und Stammstaaten, in: ULF, Wege zur Genese griechischer Identität [3.2], 240–280.
WAGNER-HASEL, BEATE, Wanderweidewirtschaft und Migration von Frauen in der Antike. Einige vorläufige Überlegungen, in: KRAUSS / SONNABEND, Frauen und Migration, 94–116.
WIEDEMANN, FELIX / HOFMANN, KERSTIN P. / GEHRKE, HANS-JOACHIM (Hgg.), Vom Wandern der Völker. Migrationserzählungen in den Altertumswissenschaften, Berlin 2017.

1.3.1 Regimeforschung und Kulturen der Migration

ALLEN, WILLIAM / VARGAS-SILVA, CARLOS (Hgg.), Handbook of Research Methods in Migration, 2. Aufl. Cheltenham / Northampton, MA 2024.
COHEN, JEFFREY H. / SIRKECI, IBRAHIM, Cultures of Migration. The Global Nature of Contemporary Mobility, Austin 2011.
KRASNER, STEPHEN D. (Hg.), International Regimes, 2. Aufl. Ithaca, NY / Cambridge, MA / London 1984.
POTT, ANDREAS / RASS, CHRISTOPH / WOLFF, FRANK (Hgg.), Was ist ein Migrationsregime? What Is a Migration Regime?, Wiesbaden 2018.
SCIORTINO, GIUSEPPE, Between Phantoms and Necessary Evils. Some Critical Points in the Study of Irregular Migrations to Western Europe, in: BÖCKER, ANITA / HART, BETTY de / MICHALOWSKI, INES (Hgg.), Migration and the Regulation of Social Integration, Osnabrück 2004, 17–44.

1.3.2 Raum, Kartographie, Atlanten, Visualisierung

BABY-COLLIN, VIRGINIE / BOUFFIER, SOPHIE / MOURLANE, STÉPHANE, Atlas des migrations en Méditerranée. De l'Antiquité à nos jours, Arles 2021.
CONSTANTAKOPOULOU, CHRISTY, The Dance of the Islands. Insularity, Networks, the Athenian Empire, and the Aegean World, Oxford 2010.
DUECK, DANIELA, Geographie in der antiken Welt. Mit einem Kapitel von KAI BRODERSEN. Darmstadt 2013.
GAMERITH, WERNER / SCHARFENORT, NADINE / VOGL, ERWIN (Hgg.), Menschen, Migration und Mobilität, Passau 2019.
GRATALOUP, CHRISTIAN, Die Geschichte der Welt. Ein Atlas, 8. Aufl. München 2023.

Grataloup, Christian, Géohistoire. Une autre histoire des humains sur la Terre, Paris 2023.
Grunwald, Susanne, Bedenkliche Karten. Zur Frage der ‚Westausbreitung der Slawen' in der deutschsprachigen archäologischen Kartographie zwischen 1850 und 1950, in: Grunwald u. a., Mapping Ancient Identities, 217–244.
Grunwald, Susanne u. a. (Hgg.), Mapping Ancient Identities, Berlin 2018.
Hardwick, Susan W., Place, Space, and Pattern, in: Brettell / Hollifield, Migration Theory [1.3], 161–182.
Hestler, Carolin, Von „Völkerzügen" zur „indogermanischen Landnahme". Der Darstellungswandel der Völkerwanderung auf historischen Geschichtskarten in Schulbüchern für die Mittelschule zwischen 1919 und 1945, in: Geiss / Vössing, Die Völkerwanderung [3.6], 251–272.
Hillmann, Felicitas, Migration. Eine Einführung aus sozialgeographischer Perspektive, Stuttgart 2016.
Hofmann, Kerstin P., (Post)Moderne Raumkonzepte und die Erforschung des Altertums, in: Gehrke, Hans-Joachim / Prontera, Francesco (Hgg.), Geografia e storia: antico e moderno, Florenz 2014–2015, 25–41.
Knaut, Matthias / Quast, Dieter (Hgg.), Die Völkerwanderung. Europa zwischen Antike und Mittelalter, Stuttgart 2005.
Rau, Susanne, Räume. Konzepte, Wahrnehmungen, Nutzungen, 2. Aufl. Frankfurt / New York 2017.
Schlögel, Karl, Im Raume lesen wir die Zeit. Über Zivilisationsgeschichte und Geopolitik, Frankfurt 2006.
Schnurbein, Siegmar v. (Hg.), Atlas der Vorgeschichte. Europa von den ersten Menschen bis Christi Geburt, 3. Aufl. Darmstadt 2014.
Schroer, Markus, Räume, Orte, Grenzen. Auf dem Weg zu einer Soziologie des Raums, 6. Aufl. Frankfurt 2018.
Schulz, Raimund, Abenteurer der Ferne. Die großen Entdeckungsfahrten und das Weltwissen der Antike, Stuttgart 2016.
Talbert, Richard J. A. (Hg.), Barrington Atlas of the Greek and Roman World, Princeton, NJ / Oxford 2000.
White, Paul / Woods, Robert (Hgg.), The Geographical Impact of Migration, London 1980.
Wiedemann, Felix, Zuglinien und Wellen auf Papier. Zur Kartographie von Migrationen in den Altertumswissenschaften, in: Grunwald u. a., Mapping Ancient Identities, 195–213.
Wittke, Anne-Maria / Olshausen, Eckart / Szydiak, Richard, Historischer Atlas der antiken Welt. DNP Suppl. 3, Stuttgart 2007.
Zündorf, Irmgard / Lücke, Martin, Einführung in die Public History, Stuttgart 2018.

1.3.3 Anthropologie und „Big History"

Agamben, Giorgio, Homo sacer. Die souveräne Macht und das nackte Leben, Frankfurt 2002.
Bauman, Zygmunt, Die Angst vor den anderen. Ein Essay über Migration und Panikmache, 5. Aufl. Berlin 2018.
Brettell, Caroline B., Theorizing Migration in Anthropology, in: Brettell / Hollifield, Migration Theory [1.3], 113–159.

Certeau, Michel de, Arts de faire. L'invention du quotidien 1, Paris 1980.
Christian, David, Big History. Die Geschichte der Welt, München 2018.
Christian, David, Maps of Time. An Introduction to Big History, 2. Aufl. Berkeley 2011.
Daniels, Megan J. (Hg.), Homo migrans. Modeling Mobility and Migration in Human History, Albany 2022.
Di Cesare, Donatella, Philosophie der Migration, Berlin 2021.
Dunbar, Robin I. M., The Human Story. A New History of Mankind's Evolution, London 2004.
Neck, Reinhard / Schmidinger, Heinrich (Hgg.), Migration, Wien / Köln / Weimar 2013.
Pohl, Walter, Von der Ethnogenese zur Identitätsforschung, in: Pohl u. a., Neue Wege der Frühmittelalterforschung [3.6], 9–34.
Schwenken, Helen, Globale Migration zur Einführung, Hamburg 2019.

1.3.4 Historische Migrationsforschung

Bade, Klaus J. (Hg.), Historische Migrationsforschung. Eine autobiographische Perspektive, Köln 2018.
Baker, Brenda J. / Tsuda, Takeyuki (Hgg.), Migration and Disruptions. Toward a Unifying Theory of Ancient and Contemporary Migrations, Gainesville 2015.
Gestrich, Andreas (Hg.), Historische Wanderungsbewegungen. Migration in Antike, Mittelalter und Neuzeit, Münster / Hamburg 1991.
Hahn, Sylvia, Historische Migrationsforschung, 2. Aufl. Frankfurt / New York 2023.
Harzig, Christiane / Hoerder, Dirk, What is Migration History? Cambridge / Malden, MA 2009.
Hirschhausen, Ulrike von / Leonhard, Jörn, Empires. Eine globale Geschichte 1780–1920, München 2023.
Hoerder, Dirk, Migrationen und Zugehörigkeiten, in: Rosenberg, Emily S. / Iriye, Akira / Osterhammel, Jürgen (Hgg.), Geschichte der Welt Band 5. 1870–1945. Weltmärkte und Weltkriege, 2. Aufl. München 2018, 432–588.
Lucassen, Jan / Lucassen, Leo / Manning, Patrick (Hgg.), Migration History in World History. Multidisciplinary Approaches, Leiden 2010.
Münkler, Herfried, Imperien. Die Logik der Weltherrschaft – vom Alten Rom bis zu den Vereinigten Staaten, 3. Aufl. Reinbek 2014.
Niggemann, Ulrich, ‚Peuplierung' als merkantilistisches Instrument. Privilegierung von Einwanderern und staatlich gelenkte Ansiedlungen, in: Oltmer, Handbuch Staat und Migration [1.3.5], 171–218.
Noiriel, Gérard, Le Creuset français. Histoire de l'immigration XIXe-XXe siècle (zuerst 1988), 2. Aufl. Paris 2006.
Rubel, Alexander, Migrationsgeschichte als Weltgeschichte. Ein Plädoyer für neue Akzente in der historischen Migrationsforschung unter Einbeziehung der Vor- und Frühgeschichte, in: Cușco, Andrei / Solomon, Flavius / Clewing, Konrad (Hgg.), Migration and Population Politics during War(time) and Peace(time), Cluj-Napoca 2021, 25–63.

1.3.5 Soziologie und Politologie

Blätte, Andreas, Migrationspolitik in der Vergleichenden Politikwissenschaft, in: Lauth, Hans-Joachim u. a., Handbuch Vergleichende Politikwissenschaft, Wiesbaden 2015, 1–12.

CARMEL, EMMA / LENNER, KATHARINA / PAUL, REGINE (Hgg.), Handbook on the Governance and Politics of Migration, Cheltenham / Northampton, MA 2021.
FAIST, THOMAS (Hg.), Soziologie der Migration. Eine Systematische Einführung, Berlin / Boston 2020.
HAN, PETRUS, Soziologie der Migration. Erklärungsmodelle, 4. Aufl. Konstanz 2016.
MERTINS, GÜNTER, Migration, in: NOHLEN, DIETER u. a. (Hgg.), Lexikon der Politik, Band 4: Die östlichen und südlichen Länder, München 1997, 356–361.
OLTMER, JOCHEN (Hg.), Handbuch Staat und Migration in Deutschland seit dem 17. Jahrhundert, Berlin / Boston 2016.
SCIORTINO, GIUSEPPE / CVAJNER, MARTINA / KIVISTO, PETER (Hgg.), Research Handbook on the Sociology of Migration, Cheltenham / Northampton, MA 2024.

1.4 Forschungsansätze aus den Naturwissenschaften

BARNARD, HANS, Homo mobilis. Interactions, Consciousness, and the Anthropocene, in: DANIELS, Homo migrans [1.3.3], 317–344.
BOBROWSKY, PETER T. (Hg.), Encyclopedia of Natural Hazards. Includes Case Studies, Dordrecht / Heidelberg 2013.
BORSCH, JONAS / CARRARA, LAURA (Hgg.), Erdbeben in der Antike. Deutungen – Folgen – Repräsentationen, Tübingen 2016.
BURMEISTER, STEFAN, Archaeological Research on Migration as a Multidisciplinary Challenge, in: medieval worlds 4, 2016, 42–64.
CHRISTIAN, DAVID, World Environmental History, in: BENTLEY, JERRY H. (Hg.), The Oxford Handbook of World History, Oxford 2012, 125–142.
FRANKOPAN, PETER, Zwischen Erde und Himmel. Klima – eine Menschheitsgeschichte, Berlin 2023.
FRIEDRICH, WALTER L. u. a., Santorini Eruption Radiocarbon Dated to 1627–1600 B.C, in: Science 312, 2006, 548.
HAAS, JOCHEN, Die Umweltkrise des 3. Jahrhunderts n. Chr. im Nordwesten des Imperium Romanum, Stuttgart 2006.
HALDON, JOHN u. a., Plagues, Climate Change, and the End of an Empire (1): Climate. A Response to Kyle Harper's The Fate of Rome, in: History Compass 16, 2018, 1–13 (https://compass.onlinelibrary.wiley.com/doi/epdf/10.1111/hic3.12508, abgerufen am 20.3.25).
HARPER, KYLE, The Fate of Rome. Climate, Disease, and the End of an Empire, Princeton, NJ / Oxford 2017 (dt. 2020).
HARRIS, WILLIAM V. (Hg.), The Ancient Mediterranean Environment Between Science and History, Leiden 2013.
IZDEBSKI, ADAM / MULRYAN, MICHAEL (Hgg.), Environment and Society in the Long Late Antiquity, Leiden / Boston 2019.
KNIPPER, CORINA, Die Strontiumisotopenanalyse. Eine naturwissenschaftliche Methode zur Erfassung von Mobilität in der Ur- und Frühgeschichte, in: Jahrbuch des Römisch-Germanischen Zentralmuseums Mainz 51, 2004, 589–686.
KNIPPER, CORINA u. a., Female Exogamy and Gene Pool Diversification at the Transition from the Final Neolithic to the Early Bronze Age in Central Europe, in: Procee-

dings of the National Academy of Sciences of the United States of America 114, 2017, 10083–10088.

Krause, Johannes / Trappe, Thomas, Die Reise unserer Gene. Eine Geschichte über uns und unsere Vorfahren, Berlin 2019.

Lazaridis, Iosif u. a., Genetic Origins of the Minoans and Mycenaeans, in: Nature 548, 2017, 214–218 (https://www.nature.com/articles/nature23310, abgerufen am 20.3.25).

Mauelshagen, Franz, Migration and Climate in World History, in: White, Sam / Pfister, Christian / Mauelshagen, Franz (Hgg.), The Palgrave Handbook of Climate History, London 2018, 413–444.

Meier, Mischa, Roman Emperors and ‚Natural Disasters' in the First Century A. D., in: Janku u. a., Historical Disasters in Context [2.1], 15–30.

Meier, Mischa / Patzold, Steffen, Gene und Geschichte. Was die Archäogenetik zur Geschichtsforschung beitragen kann, Stuttgart 2021.

Meller, Harald / Alt, Kurt W. (Hgg.), Anthropologie, Isotopie und DNA. Biografische Annäherung an namenlose vorgeschichtliche Skelette? Halle (Saale) 2010.

Meller, Harald / Schefzik, Michael (Hgg.), Die Welt der Himmelsscheibe von Nebra. Neue Horizonte, Halle (Saale) 2021.

Pędziszewska, Anna u. a., Pollen Evidence of Change in Environment and Settlement during the 1st Millennium AD, in: Bursche u. a., The Migration Period between the Oder and the Vistula [1.5], 137–198.

Schraven, Benjamin, „Klimamigration". Wie die globale Erwärmung Flucht und Migration verursacht, Bielefeld 2023.

Stahle, D. W. u. a., The Lost Colony and Jamestown Droughts, in: Science 280, 1998, 564–567.

Stockhammer, Philipp / Mittnik, Alissa / Massy, Ken / Knipper, Corina, Die wissenden Frauen vom Lechtal, in: N. N., Die Geschichte der Migration, Spektrum der Wissenschaft Spezial. Archäologie Heft 4, Heidelberg 2018, 38–41.

Trachsel, Martin, Ur- und Frühgeschichte. Quellen, Methoden, Ziele, Zürich 2008.

Wada, Hiroshi, ΣHPINΔA. Ein Abschnitt aus der byzantinischen Seidenkultur, in: Orient 14, 1978, 53–69.

Winkler, Gerhard, Der Vesuvausbruch vom August 79 n.Chr. in der antiken Überlieferung, in: Olshausen / Sonnabend, Naturkatastrophen [2.1], 376–395.

Wunsch, Melanie / Weniger, Gerd-Christian (Hgg.), 2 Millionen Jahre Migration. Wie(so) wir darüber forschen und reden, Mettmann 2017.

Zeller, Peter, Klimageschichte der griechisch-römischen Antike, Berlin / Boston 2025.

Ziółkowski, Adam, Pollen, Brooches, Solidi and Restgermanen, or Today's Poland in the Migration Period. Review of Bursche u. a. (eds), The Migration Period between the Oder and the Vistula (2020), in: Millennium 19, 2022, 173–196.

1.5 Antike historische Materialien und heuristische Herausforderungen

AMELING, WALTER (Hg.), Inscriptiones Judaicae Orientis II. Kleinasien, Tübingen 2004.
ANTHONY, DAVID W., Migration in Archeology. The Baby and the Bathwater, in: American Anthropologist 92, 1990, 895–914.
ASHERI, DAVID / LLOYD, ALAN B. / CORCELLA, ALDO (Hgg.), A Commentary on Herodotus. Books I–IV, Oxford 2007.
BELLWOOD, PETER S., First Migrants. Ancient Migration in Global Perspectives, Chichester 2013.
BENDALL, LISA / WEST, MARTIN, Evidence from Written Sources, in: LEMOS / KOTSONAS, A Companion to the Archaeology of Early Greece and the Mediterranean [3.1], 55–74.
BERGER, JEAN-DENIS / FONTAINE, JACQUES / SCHMIDT, PETER L. (Hgg.), Handbuch der lateinischen Literatur der Antike 6. Die Literatur im Zeitalter des Theodosius (374–430 n. Chr.). Zwei Bände. München 2020.
BERGER, KLAUS / NORD, CHRISTIANE (Hgg.), Das Neue Testament und frühchristliche Schriften, Frankfurt / Leipzig 1999.
BLANTON, RICHARD E. / FARGHER, LANE, Collective Action in the Formation of Pre-Modern States, New York / Berlin 2008.
BOUZEK, JAN, Archaeology and History. Between Literary and Archaeological Sources on Celtic Migrations, in: Acta Universitatis Carolinae. Philologica. Graecolatina Pragensia 21, 2006, 153–164.
BURSCHE, ALEKSANDER / HINGLEY, RICHARD / ZAPOLSKA, ANNA (Hgg.), The Migration Period between the Oder and the Vistula, Leiden / Boston 2020.
EVANS, JANE D., The Art of Persuasion. Political Propaganda from Aeneas to Brutus, Ann Arbor, MI 1992.
FERNÁNDEZ-GÖTZ, MANUEL / ROYMANS, NICO (Hgg.), Conflict Archaeology. Materialities of Collective Violence from Prehistory to Late Antiquity, London / New York 2018.
FLETCHER, KRISTOPHER F. B., Finding Italy. Travel, Nation and Colonization in Vergil's Aeneid, Ann Arbor, MI 2014.
FUGMANN, JOACHIM, De viris illustribus urbis Romae. Hrsg., übers. und kommentiert von J. F., Darmstadt 2016.
GAERTNER, JAN F. (Hg.), Writing Exile. The Discourse of Displacement in Greco-Roman Antiquity and Beyond, Leiden / Boston 2007.
GEHRKE, HANS-JOACHIM, Geschichte als Element antiker Kultur. Die Griechen und ihre Geschichte(n), Berlin / Boston 2014.
GERSTACKER, ANDREAS u.a. (Hgg.), Skythen in der lateinischen Literatur. Eine Quellensammlung, Berlin 2015.
HENNIG, RICHARD, Terrae incognitae. Bd. 1: Altertum bis Ptolemäus, 2. Aufl. Leiden 1944.
HEYWORTH, STEPHEN J. / MORWOOD, JAMES, A Commentary on Vergil, Aeneid 3, Oxford 2017.
HOFENEDER, ANDREAS, Appians Keltiké. Einleitung, Text, Übersetzung und Kommentar, Wien 2018.
HORNBLOWER, SIMON, A Commentary on Thucydides I. Books 1–3, Oxford 1997.

Hornblower, Simon, A Commentary on Thucydides III. Books 5.25 – 8.109, Oxford 2008.
Hornblower, Simon (Hg.), Herodotus. Histories Book V, Cambridge 2013.
Jung, Matthias, Wanderungsnarrative in der Ur- und Frühgeschichtsforschung, in: Wiedemann u. a., Vom Wandern der Völker [1.3], 161–187.
Kaelble, Hartmut, Historischer Vergleich, in: Zeitgeschichte digital, 2024 (https://zeit-geschichte-digital.de/doks/frontdoor/index/index/docId/2760, abgerufen am 20.3.25).
Kohnke, Friedrich W., Gesandtschaft an Caligula, in: Cohn, Leopold u. a., (Hgg.), Die Werke Philos von Alexandria VII, Berlin 1964, 166–266.
Kunst, Christiane, Die Herkunft von Soldatenfrauen in römischen Militärdiplomen, in: Rass, Christoph / Adam, Mirjam (Hgg.), Konfliktlandschaften interdisziplinär lesen, Göttingen 2022, 131–150.
Lintott, Andrew W., Cicero as evidence. A historian's Companion, Oxford 2008.
Maas, Michael (Hg.), Readings in Late Antiquity. A Sourcebook, London 2000.
Mączyńska, Magdalena, The Southern Baltic Region, in: Bursche u. a., The Migration Period between the Oder and the Vistula, 434–450.
McKeown, Adam, Global Migration 1846–1940, in: Journal of World History 15, 2004, 155–189.
Meinel, Peter, Seneca über seine Verbannung, Bonn 1971.
Meller, Harald (Hg.), Schlachtfeldarchäologie, Halle (Saale) 2009.
Meulder, Marcel, Horace, archégète de la poésie éolienne à Rome?, in: Latomus: Revue d'Études Latines 70, 2011, 67–79.
Parzinger, Hermann, Die Kinder des Prometheus. Eine Geschichte der Menschheit vor der Erfindung der Schrift, 5. Aufl. München 2016.
Pelling, Christopher, Plutarch, Caesar. Commentary, Oxford 2011.
Petrakos, Basileios C., Oi epigraphes, ta charagmata, ta stathmia, oi martyries (Rhamnous 6), Athēnai 2020.
Prien, Roland, Archäologie und Migration. Vergleichende Studien zur archäologischen Nachweisbarkeit von Wanderungsbewegungen, Bonn 2005.
Rengakos, Antōnios / Zimmermann, Bernhard (Hgg.), Homer-Handbuch. Leben–Werk–Wirkung, Stuttgart / Weimar 2011.
Roller, Duane W., A Historical and Topographical Guide to the Geography of Strabo, Cambridge 2018.
Rosen, Klaus, Die Völkerwanderung, 5. Aufl. München 2020.
Rücker, Michaela / Taube, Christine / Schubert, Charlotte (Hgg.), Wandern, weiden, Welt erkunden. Nomaden in der griechischen Literatur; ein Quellenbuch, Darmstadt 2013.
Ruffing, Kai, Die regionale Mobilität von Händlern und Handwerkern nach den griechischen Inschriften, in: Olshausen / Sonnabend, „Troianer sind wir gewesen" [1.1.5], 133–149.
Schauer, Markus, Der Gallische Krieg. Geschichte und Täuschung in Caesars Meisterwerk, München 2016.
Shipley, Graham (Hg.), Ps.-Skylax's Periplous. The Circumnavigation of the Inhabited World, 2. Aufl. Liverpool 2019.
Steuer, Heiko (Hg.), Germanen aus der Sicht der Archäologie. Neue Thesen zu einem alten Thema, Berlin 2021.

STICHTENOTH, DIETRICH (Hg.), Avienus, Ora maritima, Darmstadt 1968.
TACOMA, LAURENS E. / LO CASCIO, ELIO, Writing Migration, in: LO CASCIO u. a., The Impact of Mobility and Migration in the Roman Empire [3.5], 1–24.
TSANGARI, DIMITRA, Images of the Sea on the Coins of Ancient Greek Colonies, in: ADAM-VELENI / TSANGARI, Greek Colonisation [3.2], 183–191.
WEST, MARTIN L. (Hg.), Hesiod. Works & Days, Oxford 1978.
WIEDEMANN, FELIX / HOFMANN, KERSTIN P. / GEHRKE, HANS-JOACHIM, Wanderungsnarrative. Zur Verknüpfung von Raum und Identität in Migrationserzählungen, in: WIEDEMANN u. a., Vom Wandern der Völker [1.3], 9–37.
WIERSCHOWSKI, LOTHAR, Die regionale Mobilität in Gallien nach den Inschriften des 1. bis 3. Jahrhunderts n. Chr. Quantitative Studien zur Sozial- und Wirtschaftsgeschichte der westlichen Provinzen des Römischen Reiches, Stuttgart 1995.
WIERSCHOWSKI, LOTHAR, Fremde in Gallien – „Gallier" in der Fremde. Die epigraphisch bezeugte Mobilität in, von und nach Gallien vom 1. bis 3. Jh. n. Chr., Stuttgart 2001.
ZIMMERMANN, BERNHARD (Hg.), Handbuch der griechischen Literatur der Antike 1. Die Literatur der archaischen und klassischen Zeit (HGL 1), München 2011.
ZIMMERMANN, BERNHARD / RENGAKOS, ANTÔNIOS (Hgg.), Handbuch der griechischen Literatur der Antike 2. Die Literatur der klassischen und hellenistischen Zeit (HGL 2), München 2014.
ZIMMERMANN, BERNHARD/ RENGAKOS, ANTÔNIOS (Hgg.), Handbuch der griechischen Literatur der Antike 3/1. Die pagane Literatur der Kaiserzeit und Spätantike (HGL 3/1), München 2022.

2 Typologie antiker Migrationen

GARLAND, ROBERT, Wandering Greeks. The Ancient Greek Diaspora from the Age of Homer to the Death of Alexander the Great, Princeton, NJ 2014.
ISAYEV, ELENA / BAROUD, GEORGE, Migration and Mobility, in: GOLDBERG / WHITMARSH, Oxford Classical Dictionary (Oxford Research Encyclopedia) [1.1.3].
PETERSEN, WILLIAM, A General Typology of Migration, in: American Sociological Review 23, 1958, 256–266 (https://www.jstor.org/stable/2089239, abgerufen am 20.3.25; wiederabgedruckt in: DERS., Population, 3. Aufl. New York 1975, 317–326).
WALTER, UWE, Paradigmen für fast alle Typen. Migration in der Antike, in: Geschichte, Politik und ihre Didaktik 32, 2004, 62–74.

2.1 Ökologisch bedingte Migrationen: Nomadismus und Reaktion auf Katastrophen

BEARD, MARY, Pompeji. Das Leben in einer römischen Stadt, Frankfurt 2017.
BRATA, ALOYSIUS G. / RIETVELD, PIET / GROOT, HENRI L. de / ZANT, WOUTER, The Krakatau Eruption in 1883. Its Implications for the Spatial Distribution of Population in Java, in: Economic History of Developing Regions 28, 2013, 27–55.

Cataudella, Michele R., Polibio (5,88–90) e il terremoto di Rodi, in: Olshausen / Sonnabend, Naturkatastrophen, 190–197.

Cline, Eric H., 1177 BC. The Year Civilization Collapsed, 2. Aufl. Princeton, NJ 2021.

Cunliffe, Barry, The Scythians. Nomad Warriors of the Steppe, Oxford / New York 2019.

Hartmann, Andreas, Atlantis. Wissen, was stimmt, Freiburg, Br. / Basel / Wien 2010.

Janku, Andrea / Mauelshagen, Franz / Schenk, Gerrit J. (Hgg.), Historical Disasters in Context. Science, Religion, and Politics, New York 2012.

Katsonopoulou, Dora, Natural Catastrophes in the Gulf of Corinth. From Prehistory to Late Antiquity: the Example of Helike, in: Borsch / Carrara, Erdbeben in der Antike [1.4], 135–152.

Manning, Sturt W., Eruption of Thera/Santorini, in: Cline, The Oxford Handbook of the Bronze Age Aegean (ca. 3000–1000 BC) [3.1], 457–474.

Martin, Stéphanie, Abandoning Akrotiri (Thera). A Comparative Model Approach to Relocation Strategies After Volcanic Eruptions, in: Angliker, Erica / Tully, John (Hgg.), Cycladic Archaeology and Research, Oxford 2018, 27–41.

Martin, Stéphanie, Forced Migration after Natural Desasters. The Late Bronze Age Eruption of Thera, in: Driessen, An Archaeology of Forced Migration [3.1], 107–116.

Mauelshagen, Franz, Geschichte des Klimas. Von der Steinzeit bis zur Gegenwart (Beck Wissen), München 2023.

McGuire, Bill, Krakatoa (Krakatau), in: Bobrowsky, Encyclopedia of Natural Hazards [1.4], 576–578.

McGuire, Bill, Vesuvius, in: ebd., 1073 f.

Meier, Mischa, Eine fast verschlafene Katastrophe. Der Ausbruch des Vesuv im Jahre 79, in: Schenk, Katastrophen, 20–36; 227–229.

Meller, Harald (Hg.), 1600. Kultureller Umbruch im Schatten des Thera-Ausbruchs?, Halle (Saale) 2013.

Michailidou, Anna, The Final Settlement at Akrotiri on Thera. The Buildings, the People, and the Eruption, in: Meller, 1600, 137–148.

Olshausen, Eckart / Sonnabend, Holger (Hgg.), Naturkatastrophen in der Antiken Welt. Stuttgarter Kolloquium zur Historischen Geographie des Altertums 6, Stuttgart 1998.

Oltmer, Jochen u. a. (Hgg.), Report globale Flucht 2023, Frankfurt 2023.

Pappalardo, Umberto, Vesuvius. Große Ausbrüche und Wiederbesiedlungen, in: Olshausen / Sonnabend, Naturkatastrophen, 263–274.

Razumov, Gennadij A. / Chasin, Michail F., Versinkende Städte, 3. Aufl. Moskau / Leipzig 1989.

Şahoğlu, Vasif u. a., Volcanic Ash, Victims, and Tsunami Debris from the Late Bronze Age Thera Eruption Discovered at Çeşme-Bağlararası (Turkey), in: Proceedings of the National Academy of Sciences of the United States of America 119, 2022 (https://www.pnas.org/doi/10.1073/pnas.2114213118, abgerufen am 20.3.25).

Schenk, Gerrit J. (Hg.), Katastrophen. Vom Untergang Pompejis bis zum Klimawandel, Ostfildern 2009.

Scholz, Fred, Nomadismus. Theorie und Wandel einer sozio-ökologischen Kulturweise, Stuttgart 1995.

Schubert, Charlotte, Quellen zur Antike im Zeitalter der Digitalität: Kookkurrenzen, Graphen und Netzwerke, in: Huber, Martin / Krämer, Sybille (Hgg.), Wie Digitalität die Geisteswissenschaften verändert. Neue Forschungsgegenstände und Methoden, Wolfenbüttel 2018, ohne Paginierung (https://zfdg.de/sb003_008, abgerufen am 20.3.25).

Skydsgaard, Jens E., Transhumance in Ancient Greek, in: Whittaker, Charles R. (Hg.), Pastoral Economies in Classical Antiquity, Cambridge 1988, 75–86.

Ventresca Miller, Alicia R. u. a., Re-evaluating Scythian Lifeways. Isotopic Analysis of Diet and Mobility in Iron Age Ukraine, in: PLOS ONE 16, 2021, e0245996 (https://journals.plos.org/plosone/article?id=10.1371/journal.pone.0245996, abgerufen am 20.3.25).

Winchester, Simon, Krakatoa. The Day the World Exploded – 27 August 1883, London 2004.

2.2 Gewaltinduzierte Migration: Vertreibung, Deportation und Flucht

Baltrusch, Ernst, Herodes. König im Heiligen Land, München 2012.
Beer, Daniel, Das Totenhaus. Sibirisches Exil unter den Zaren, Frankfurt 2018.
Boatwright, Mary T., Acceptance and Approval. Romans' Non-Roman Population Transfers, 180 b. c. e.–ca. 70 c. e., in: Phoenix 69, 2015, 122–146.
Botermann, Helga, Das Judenedikt des Kaisers Claudius. Römischer Staat und „Christiani" im 1. Jahrhundert, Stuttgart 1996.
Cartledge, Paul / Bradley, Keith R. (Hgg.), The Cambridge World History of Slavery 1, Cambridge 2011.
Coşkun, Altay, Bürgerrechtsentzug oder Fremdenausweisung? Studien zu den Rechten von Latinern und weiteren Fremden sowie zum Bürgerrechtswechsel in der Römischen Republik (5. bis frühes 1. Jh. v. Chr.), Stuttgart 2009.
Defoe, Daniel, Kurze Geschichte der pfälzischen Flüchtlinge (1709), München 2017.
Demand, Nancy H., Urban Relocation in Archaic and Classical Greece. Flight and Consolidation, Norman 1990.
Eltis, David (Hg.), Coerced and Free Migration. Global Perspectives, Stanford 2002.
Etzold, Benjamin, Gewaltmigration, in: Scharrer u. a., Flucht- und Flüchtlingsforschung, 309–314.
Fachard, Sylvian / Harris, Edward (Hgg.), The Destruction of Cities in the Ancient Greek World. Integrating the Archaeological and Literary Evidence, Cambridge / New York / Port Melbourne 2021.
Fischer, Josef (Hg.), Sklaverei in der Antike (Geschichte kompakt), Darmstadt 2021.
Flaig, Egon, Weltgeschichte der Sklaverei, München 2009.
Genova, Nicholas de / Peutz, Nathalie M. (Hgg.), The Deportation Regime. Sovereignty, Space, and the Freedom of Movement, Durham / London 2010.
Gestrich, Andreas / Hirschfeld, Gerhard / Sonnabend, Holger (Hgg.), Ausweisung und Deportation. Formen der Zwangsmigration in der Geschichte, Stuttgart 1995.
Grethlein, Jonas, Asyl und Athen. Die Konstruktion kollektiver Identität in der griechischen Tragödie, Stuttgart 2003.

Hosfeld, Rolf, Tod in der Wüste. Der Völkermord an den Armeniern, München 2015.

Jacobsen, Karen / Majidi, Nassim (Hgg.), Handbook on Forced Migration, Cheltenham / Northampton, MA 2023.

Kasher, Aryeh, Josephus on Herod's Spring from the Shadows of the Parthian Invasion, in: Pastor, Jack / Stern, Pnina / Mor, Menahem (Hgg.), Flavius Josephus. Interpretation and History, Leiden 2011, 227–245.

Kehne, Peter, Überlegungen zur generellen Klassifizierung völkerrechtlich einschlägiger Deportationsfälle der griechischen und römischen Geschichte (Überlegungen), in: Matusik, Przemysław / Kehne, Peter (Hgg.), Migrationsprozesse und gesellschaftlicher Wandel in der Geschichte, Posen 2011, 33–71.

Lemkin, Raphael, Axis Rule in Occupied Europe. Laws of Occupation – Analysis of Government – Proposals for Redress, Washington 1944.

Naimark, Norman M., Genozid. Menschheitsverbrechen in der Geschichte, Darmstadt 2018.

Oltmer, Jochen, ‚Flüchtling'– historische Perspektive, in: Scharrer u. a., Flucht- und Flüchtlingsforschung, 277–282.

Pfeilschifter, Rene, Die Römer auf der Flucht. Republikanische Feste und Sinnstiftung durch aitiologischen Mythos, in: Beck, Hans / Wiemer, Hans-Ulrich (Hgg.), Feiern und Erinnern. Geschichtsbilder im Spiegel antiker Feste, Berlin 2009, 109–139.

Pina Polo, Francisco, Deportaciones como castigo e instrumento de colonización durante la República romana. El caso de Hispania, in: Marco Simón, Viver en tierra extraña [1.1.5], 211–246.

Scharrer, Tabea / Glorius, Birgit / Kleist, J. Olaf / Berlinghoff, Marcel (Hgg.), Flucht- und Flüchtlingsforschung. Handbuch für Wissenschaft und Studium, Baden-Baden 2023.

Sehlmeyer, Markus, Die apuanischen Ligurer bei Livius. Geschichte einer (fast) vergessenen Deportation, in: Hermes 146, 2018, 470–483.

Seibert, Jakob, Die politischen Flüchtlinge und Verbannten in der griechischen Geschichte. Von den Anfängen bis zur Unterwerfung durch die Römer, Darmstadt 1979.

Steiner, Stephan, Rückkehr unerwünscht. Deportationen in der Habsburgermonarchie der Frühen Neuzeit und ihr europäischer Kontext, Wien / Köln / Weimar 2014.

Stini, Frank, Plenum exiliis mare. Untersuchungen zum Exil in der römischen Kaiserzeit, Stuttgart 2011.

Suerbaum, Werner, Die Aeneis als Flüchtlings-Epos. Der Dichter Vergil behandelt politische Fragen, in: Antike und Abendland 63, 2017, 78–104.

Thijs, Simon, Obsidibus imperatis. Formen der Geiselstellung und ihre Anwendung in der Römischen Republik, Wiesbaden 2019.

United Nations, Convention on the Prevention and Punishment of the Crime of Genocide, in: The International Law Quarterly 2, no. 4 (1948) 722–726 (http://www.jstor.org/stable/762837, abgerufen am 20.3.25)

Volkmann, Hans, Die Massenversklavungen der Einwohner eroberter Städte in der hellenistisch-römischen Zeit, 2. Aufl. Stuttgart 1990.

Walser, Gerold, Bellum Helveticum. Studien zum Beginn der Caesarischen Eroberung von Gallien, Stuttgart 1998.

Woolf, Greg, Moving Peoples in the Early Roman Empire, in: Lo Cascio u. a., The Impact of Mobility and Migration in the Roman Empire [3.5], 25–41.

WRENHAVEN, KELLY L., Reconstructing the Slave. The Image of the Slave in Ancient Greece, London 2013.
ZAHRNT, MICHAEL, Versöhnen oder Spalten? Überlegungen zu Alexanders Verbanntendekret, in: Hermes 131, 2003, 407–432.
ZEUSKE, MICHAEL, Handbuch Geschichte der Sklaverei. Eine Globalgeschichte von den Anfängen bis zur Gegenwart, Berlin 2019.
ZIMMERER, JÜRGEN / ZELLER, JOACHIM (Hgg.), Völkermord in Deutsch-Südwestafrika. Der Kolonialkrieg (1904–1908) in Namibia und seine Folgen, 3. Aufl. Berlin 2016.
ZOLBERG, ARISTIDE R. / SUHRKE, ASTRI / AGUAYO, SERGIO, Escape from Violence. Conflict and the Refugee Crisis in the Developing World, New York 1992.

2.3 Freie Migration: individuelles Streben nach Höherem

BRESSON, ALAIN, The Making of the Ancient Greek Economy. Institutions, Markets, and Growth in the City-states, Princeton, NJ / Oxford 2016.
CUNLIFFE, BARRY, The Extraordinary Voyage of Pytheas the Greek, New York 2002.
DAUBNER, FRANK, Zur Rolle der geographischen Schilderungen bei Polybios, in: KOEHN, CLEMENS / GRIEB, VOLKER (Hgg.), Polybios und seine Historien, Stuttgart 2013, 113–126.
DELLING, GERHARD, Die Bewältigung der Diasporasituation durch das hellenistische Judentum, Göttingen 1987.
DOONAN, OWEN, Colony and Conjuncture. The Early Greek Colony at Sinope, in: COBET u. a., Frühes Ionien [3.1], 613–620.
GRASSL, HERBERT, Arbeitsmigration in den römischen Grenzprovinzen, in: OLSHAUSEN / SAUER, Mobilität in den Kulturen der antiken Mittelmeerwelt [1.1.5], 261–266.
HANSEN, MOGENS H., Emporion. A Study of the Use and Meaning of the Term in the Archaic and Classical Periods, in: TSETSKHLADZE, Greek Colonisation [1.1.5], 1–39.
HARL, ORTOLF, Polybios bereist um 150 v. Chr. die östliche Cisalpina und besucht die norischen Taurisker, in: Tyche 26, 2011, 91–139.
HAYNE, JEREMY M., The Italian Peninsula, in: DOAK / LÓPEZ-RUIZ, The Oxford Handbook of the Phoenician and Punic Mediterranean [1.1.4], 505–519.
HEMELRIJK, EMILY A. / WOOLF, GREG (Hgg.), Women and the Roman City in the Latin West, Leiden / Boston 2013.
HORNIG, KARIN, Wandernde Künstler und ihre Rolle in Migrationsprozessen, in: OLSHAUSEN / SONNABEND, „Troianer sind wir gewesen" [1.1.5], 200–210.
LANE FOX, ROBIN, Reisende Helden. Die Anfänge der griechischen Kultur im homerischen Zeitalter, Stuttgart 2011.
LEMSER, MARIE, Neue Ethnien am Südmeer. Die Sicht des Agatharchides von Knidos, in: SCHULZ, Maritime Entdeckung und Expansion [3.5], 283–305.
LINDBERG, JOHN S., The Background of Swedish Emigration to the United States, Minneapolis 1930 (ND New York 1971).
MAIXNER, BIRGIT, Haithabu. Fernhandelszentrum zwischen den Welten, 2. Aufl. Schleswig 2012.
MANNING, PATRICK, Slavery, Colonialism, and Economic Growth in Dahomey, 1640–1960, Cambridge 1982.

McNeese, Tim, Jamestown, New York 2007.
Michetti, Laura M., Ports. Trade, Cultural Connections, Sanctuaries, and Emporia, in: Pieraccini, Lisa / Grummond, Nancy T. de (Hgg.), Caere, Austin 2021, 73–86.
Mielke, Andreas, Harrsch, Josua, in: Biographisch-Bibliographisches Kirchenlexikon 29, 2008, 580–589.
Möller, Astrid, Naukratis. Trade in Archaic Greece, Oxford 2000.
Paul, Roland / Scherer, Karl (Hgg.), Pfälzer in Amerika. Palatines in America, Kaiserslautern 1995.
Pécoud, Antoine / Guchteneire, Paul de (Hgg.), Migration without Borders. Essays on the Free Movement of People, Paris 2007.
Pfiffig, Ambros J., Uni – Hera – Astarte. Studien zu den Goldblechen von S. Severa/Pyrgi mit etruskischer und punischer Inschrift, Wien / Graz / Köln 1965.
Polanyi, Karl, Ports of Trade in Early Societies, in: The Journal of Economic History 23, 1963, 30–45.
Rutgers, Leonard V., Roman Policy towards the Jews. Expulsions from the City of Rome during the First Century C.E, in: Classical Antiquity 13, 1994, 56–74.
Rutgers, Leonard V., Neue Recherchen in den jüdischen und frühchristlichen Katakomben Roms. Methode, Deutungsprobleme und historische Implikationen einer Datierung mittels Radiokarbon, in: Mitteilungen zur Christlichen Archäologie 15, 2009, 6–24.
Schulz, Raimund, Die Antike und das Meer, 2. Aufl. Darmstadt 2024.
Sciortino, Giuseppe, Borders and boundaries, in: Sciortino u. a., Research Handbook on the Sociology of Migration [1.3.5], 23–33.
Suárez-Padilla, José / Jiménez-Jáimez, Víctor / Caro, José L., The Phoenician Diaspora in the Westernmost Mediterranean. Recent Discoveries, in: Antiquity 95, 2021, 1495–1510.
Woolf, Greg, Female Mobility in the Roman West, in: Hemelrijk / Woolf, Women and the Roman City in the Latin West, 351–368.

2.4 Massenmigration: kollektive Maßnahmen

Donnellan, Lieve / Nizzo, Valentino / Burgers, Gert-Jan L. M. (Hgg.), Conceptualising Early Colonisation, Brüssel 2016.
Freitag, Klaus, Überlegungen zur Konstruktion von Grenzen im antiken Griechenland, in: Albertz, Rainer (Hg.), Räume und Grenzen. Topologische Konzepte in den antiken Kulturen des östlichen Mittelmeerraums, München 2007, 49–70.
Karstens, Simon, Gescheiterte Kolonien – erträumte Imperien. Eine andere Geschichte der europäischen Expansion 1492–1615, Wien 2021.
Momrak, Kristoffer, The Myth of the Metropolis. Colonisation, Cosmopolitanism, and its Consequences, in: Electronic Antiquity 11, 2007, 22 (https://scholar.lib.vt.edu/ejournals/ElAnt/V11N1/pdf/momrak.pdf, abgerufen am 20.3.25).
Pelgrom, Jeremia, Classical and Hellenistic Colonisation in a Comparative Perspective, in: Pharos 25, 2021–2023, 265–268.

Schuol, Monika, Die Griechen von außen. Die ägäische Welt im kulturellen Kontext des Vorderen Orients, in: Geschichte in Wissenschaft und Unterricht 71, 2020, 134–152.

Seibert, Jakob, Metropolis und Apoikie. Historische Beiträge zur Geschichte ihrer gegenseitigen Beziehungen, Würzburg 1963.

Steinacher, Roland, Wanderung der Barbaren? Zur Entstehung und Bedeutung des Epochenbegriffs ‚Völkerwanderung' bis ins 19. Jahrhundert, in: Wiedemann u. a., Vom Wandern der Völker [1.3], 67–95.

Weber, Gregor, Dichtung und höfische Gesellschaft. Die Rezeption von Zeitgeschichte am Hof der ersten drei Ptolemäer, Stuttgart 1993.

3 Antike Migrationsgeschichte

Garcia, Dominique / Le Bras, Hervé (Hgg.), Archéologie des migrations, Paris 2017.

Rubel, Alexander, Migration in der Antike. Von der Odyssee bis Mohammed (Geschichte kompakt), Freiburg 2024.

Sonnabend, Holger, Fremde und Fremdsein in der Antike. Über Migration, Bürgerrecht, Gastfreundschaft und Asyl bei Griechen und Römern, Wiesbaden 2021.

3.1 Einwanderungen der frühen Griechen?

Asche, Matthias / Niggemann, Ulrich (Hgg.), Das leere Land. Historische Narrative von Einwanderergesellschaften, Stuttgart 2015.

Aslan, Carolyn C., Troy and the Northeastern Aegean, in: Lemos / Kotsonas, A Companion to the Archaeology of Early Greece and the Mediterranean, 939–959.

Aslan, Carolyn C. / Kealhofer, Lisa / Grave, Peter, The Early Iron Age at Troy Reconsidered, in: Oxford Journal of Archaeology 33, 2014, 275–312.

Bernstein, Frank, „Ionische Migration" vs. „Große Kolonisation der Griechen". Kategorien und Konsequenzen, in: Historia 68, 2019, 258–284.

Birchall, Ann / Crossland, Ronald A. (Hgg.), Bronze Age Migrations in the Aegean. Archaeological and Linguistic Problems in Greek Prehistory, London 1973.

Broodbank, Cyprian, Die Geburt der mediterranen Welt. Von den Anfängen bis zum klassischen Zeitalter, München 2018.

Buchholz, Hans G. (Hg.), Ägäische Bronzezeit, Darmstadt 1987.

Cline, Eric H. (Hg.), The Oxford Handbook of the Bronze Age Aegean (ca. 3000–1000 BC), Oxford / New York 2010.

Cobet, Justus / Graeve, Volkmar v. / Niemeier, Wolf-Dietrich (Hgg.), Frühes Ionien. Eine Bestandsaufnahme, Mainz 2007.

Driessen, Jan (Hg.), An Archaeology of Forced Migration. Crisis-induced Mobility and the Collapse of the 13th c. BCE Eastern Mediterranean, Louvain 2018.

Duerr, Hans P., Rungholt. Die Suche nach einer versunkenen Stadt, Frankfurt 2005.

Fragkopoulou, Florentia, Ionian Migration. Certainties and Underlying Uncertainties, in: Stampolidis, Nicholas C. / Maner, Çiğdem / Kopanias, Konstantinos (Hgg.), Nostoi.

Indigenous Culture, Migration and Integration in the Aegean Islands and Western Anatolia during the Late Bronze and Early Iron Age, Istanbul 2015, 227–238.

Gehrke, Hans-Joachim, Griechische Wanderungsnarrative und ihre Wirkung, in: Wiedemann u. a., Vom Wandern der Völker [1.3], 41–65.

Heggarty, Paul u. a., Language Trees with Sampled Ancestors Support a Hybrid Model for the Origin of Indo-European Languages, in: Science 381, 2023, 1–12.

Herda, Alexander, Karkiša-Karien und die sogenannte Ionische Migration, in: Cobet u. a., Frühes Ionien, 27–108.

Hertel, Dieter, Die Mauern von Troia. Mythos und Geschichte im antiken Ilion, München 2003.

Hertel, Dieter, Der aiolische Siedlungsraum (Aiolis) am Übergang von der Bronze- zur Eisenzeit, in: Cobet u. a., Frühes Ionien, 97–122.

Hertel, Dieter, Das frühe Ilion. Die Besiedlung Trojas durch die Griechen (1020–650/25 v. Chr.), München 2008.

Hölscher, Tonio, Öffentliche Räume in frühen griechischen Städten, 2. Aufl. Heidelberg 1999.

Kerschner, Michael, Die Ionische Wanderung im Lichte neuer archäologischer Forschungen in Ephesos, in: Olshausen / Sonnabend, „Troianer sind wir gewesen" [1.1.5], 364–382.

Kolb, Frank, Tatort „Troia". Geschichte–Mythen–Politik, Paderborn u. a. 2010.

Kotsonas, Antonis / Mokrišová, Jana, Mobility, Migration, and Colonization, in: Lemos / Kotsonas, A Companion to the Archaeology of Early Greece and the Mediterranean, 217–246.

Lemos, I. S. / Kotsonas, Antonis (Hgg.), A Companion to the Archaeology of Early Greece and the Mediterranean, Hoboken, NJ 2020.

Mac Sweeney, Naoíse, Separating fact from fiction in the Ionian Migration, in: Hesperia 86, 2017, 379–421.

Mariaud, Olivier, Ionia, in: Lemos / Kotsonas, A Companion to the Archaeology of Early Greece and the Mediterranean, 961–983.

Middleton, Guy D., Understanding Collapse. Ancient History and Modern Myths, Cambridge 2017.

Montiglio, Silvia, Wandering in Ancient Greek Culture, Chicago 2005.

Niemeier, Wolf-Dietrich, Milet von den Anfängen menschlicher Besiedlung bis zur Ionischen Wanderung, in: Cobet u. a., Frühes Ionien, 3–20.

Niemeier, Wolf-Dietrich, Westkleinasien und Ägäis von den Anfängen bis zur Ionischen Wanderung, in: Cobet u. a., Frühes Ionien, 37–96.

Panagiotopoulos, Diamantis, Das minoische Kreta. Abriss einer bronzezeitlichen Inselkultur, Stuttgart 2021.

Prinz, Friedrich, Gründungsmythen und Sagenchronologie, München 1979.

Rexroth, Frank, Meistererzählungen und die Praxis der Geschichtsschreibung, in: Ders. (Hg.), Meistererzählungen vom Mittelalter. Epochenimaginationen und Verlaufsmuster in der Praxis mediävistischer Disziplinen, München 2007, 1–22.

Roebuck, Carl, Ionian Trade and Colonization, New York 1959.

Schulz, Matthias, Göttertränen im Watt, in: Der Spiegel, 49/2006 (https://www.spiegel.de/wissenschaft/goettertraenen-im-watt-a-ae5c4031-0002-0001-0000-000049767441, abgerufen am 20.3.25).

Sehlmeyer, Markus, Die Bedeutung Trojas in der späten Bronzezeit (Tübingen, 14.–15.02.2002), in: H-Soz-u-Kult, 02.03.2002 (https://www.hsozkult.de/searching/id/fdkn-118710, abgerufen am 20.3.25).
Sherratt, Susan, From the Near East to the Far West, in: Lemos / Kotsonas, A Companion to the Archaeology of Early Greece and the Mediterranean, 187–215.
Sternberg-el Hotabi, Heike, Der Kampf der Seevölker gegen Pharao Ramses III., Rahden 2012.
Ulf, Christoph, Deukalion und (k)ein leeres Land – Wanderungen der Ioner und Dorier. Hellenengenealogie, oder: Die Hellenen kommen aus Hellas, in: Asche / Niggemann, Das leere Land, 31–45.
Ulf, Christoph / Kistler, Erich, Die Entstehung Griechenlands, München / Wien 2020.
Walter, Uwe, Hellas und das große Ganze. Die alten Griechen in „Weltgeschichten" zwischen Geschichtswissenschaft, Buchverlagen und historischer Bildung, Göttingen 2023.
Woudhuizen, Fred, The Ethnicity of the Sea Peoples. De etniciteit van de zeevolken, Rotterdam 2006.

3.2 Die archaische Zeit – eine Epoche der Massenmigrationen?

Adam-Veleni, Polyxeni / Tsangari, Dimitra (Hgg.), Greek Colonisation. New Data, Current Approaches, Athen 2015.
Angelis, Franco de, Megara Hyblaia and Selinous. The Development of Two Greek City-states in Archaic Sicily, Oxford 2003.
Avram, Alexandru, Some Thoughts About the Black Sea and the Slave Trade Before the Roman Domination." In: Gabrielsen, V./ Lund, J. (Hgg.), The Black Sea in Antiquity: Regional and Interregional Economic Exchanges, Lancaster 2007, 239–252.
Barbour, Philip L. (Hg.), The Jamestown Voyages under the First Charter 1606–1609. 2 Volumes, Cambridge 1969.
Bellelli, Vincenzo, Northern Campania, in: Naso, Etruscology, 1395–1434.
Bernhardt, Rainer, Luxuskritik und Aufwandsbeschränkungen in der griechischen Welt, Stuttgart 2003.
Bernstein, Frank, Konflikt und Migration. Studien zu griechischen Fluchtbewegungen im Zeitalter der sogenannten Großen Kolonisation, Sankt Katharinen 2004.
Bernstein, Frank, Apoikie und Metropolis. Voraussetzungen und Bedingungen ihrer Beziehungen, in: Geschichte in Wissenschaft und Unterricht 71, 2020, 153–173.
Bernstein, Frank, Von der ‚Großen Kolonisation' zu einer Migrationsgeschichte der Griechen. Bemerkungen zur jüngeren Forschung und zum Wert der *ktiseis* als ‚Auswanderungsgeschichten', in: Fornasier / Bujs'kych, An den Ufern des Bug, 9–28.
Bonnet, Corinne, Appréhender les Phéniciens en Sicile. Pour une relecture de l'„Archéologie sicilienne" de Thucydide (VI, 1, 1–2), in: Pallas: Revue d'Études Antiques 79, 2009, 27–40.
Bowie, Ewen L., Early Expatriates. Displacement and Exile in Archaic Poetry, in: Gaertner, Writing Exile [1.5], 21–49.

Buchner, Giorgio / Ridgway, David, Pithekoussai 1. La Necropoli, Rom 1993.
Cerchiai, Luca / Jannelli, Lorena / Longo, Fausto / Smith, Mark E., Die Griechen in Süditalien. Auf Spurensuche zwischen Neapel und Syrakus, Stuttgart 2004.
Coldstream, J., Pithekoussai, Kyme and Central Italy, in: Tsetskhladze / Angelis, The Archaeology of Greek Colonisation, 47–59.
Delp, Dominik, Zwischen Ansässigkeit und Mobilität. Die sogenannte Große Kolonisation der Griechen aus migrationstheoretischer Perspektive, Göttingen 2022.
Demetriou, Denise, What is an Emporion? A Reassessment, in: Historia 60, 2011, 255–272.
Dougherty, Carol, The Poetics of Colonization. From City to Text in Archaic Greece, New York / Oxford 1993.
Dover, Kenneth, Die Kolonisierung Siziliens bei Thukydides (1953), in: Herter, Hans (Hg.), Thukydides, Darmstadt 1968, 344–368.
Drews, Robert, The Earliest Greek Settlements on the Black Sea, in: The Journal of Hellenic Studies 96, 1976, 18–31.
Edwards, Anthony T., Hesiod's Ascra, Berkeley, CA 2004.
Fornasier, Jochen, Die griechische Kolonisation im Nordschwarzmeerraum. Vom 7. bis 5. Jahrhundert v. Chr., Bonn 2016.
Fornasier, Jochen / Bujs'kych, Alla V. (Hgg.), An den Ufern des Bug. Deutsch-ukrainische Ausgrabungen in Olbia Pontike im Kontext internationaler Forschungen zu antiken Migrationsprozessen, Bonn 2021.
Giebel, Marion, Das Orakel von Delphi. Geschichte und Texte, Stuttgart 2001.
Golinski, Peter, Kollektive Identitäten in der antiken Kyrenaika, Göttingen 2016.
Gorman, Vanessa B., Miletos, the Ornament of Ionia. A History of the City to 400 B. C. E, 4. Aufl. Ann Arbor 2004.
Grammenos, Dimitrios V. / Petropoulos, Elias K. (Hgg.), Ancient Greek Colonies in the Black Sea. 2 Bde., Thessaloniki 2003.
Gschnitzer, Fritz, Abhängige Orte im griechischen Altertum, München 1958.
Hermary, Antoine / Hesnard, Antoinette / Tréziny, Henri, Marseille grecque. 600–49 av. J.-C. La Cité phocéenne, Paris 1999.
Hurst, Henry / Owen, Sara (Hgg.), Ancient Colonisations. Analogy, Similarity and Difference, London 2005.
Hutchinson, Gregory O., Greek lyric poetry. A commentary on selected larger pieces: Alcman, Stesichorus, Sappho, Alcaeus, Ibycus, Anacreon, Simonides, Bacchylides, Pindar, Sophocles, Euripides, Oxford 2001.
Itgenshorst, Tanja, Denker und Gemeinschaft. Polis und politisches Denken im archaischen Griechenland, Paderborn 2014.
Ivantchik, Askold I., Am Vorabend der Kolonisation. Das nördliche Schwarzmeergebiet und die Steppennomaden des 8.–7. Jhs. v. Chr. in der klassischen Literaturtradition, Berlin / Moskau 2005.
Kellner, Angelika, Die griechische Archaik. Konstruktion einer Chronologie im Wechselspiel schriftlicher und archäologischer Quellen, Wiesbaden 2022.
Kelso, William M., Jamestown. The Buried Truth, Charlottesville 2006.
Kelso, William M., Jamestown, the Truth Revealed, Charlottesville 2017.
Kourtzellis, Yannis, The sanctuaries on the island of Lesbos from an architectural and topographical perspective, in: Partida / Schmidt-Dounas, Listening to the Stones, 162–181.

LATTE, KURT, Zu den neuen Alkaiosbruchstücken (P. Ox. 18, 2165), in: Museum Helveticum 4, 1947, 141–146.
LIBERO, LORETANA de, Die archaische Tyrannis, Stuttgart 1996.
MALKIN, IRAD, Religion and colonization in ancient Greece, Leiden 1987.
MALKIN, IRAD, The Returns of Odysseus. Colonization and Ethnicity, Berkeley 1998.
MALKIN, IRAD, A Small Greek World. Networks in the Ancient Mediterranean, Oxford 2011.
MANOLEDAKIS, MANOLIS, Greek Colonisation in the Southern Black Sea from the Viewpoint of the Local Populations, in: ADAM-VELENI / TSANGARI, Greek Colonisation, 59–71.
MAUERSBERG, MARTIN, Die komplexe Welt der Kolonisation. Mediterrane Beziehungsgeflechte am Beispiel Massalias, in: ROLLINGER / SCHNEGG, Kulturkontakte in antiken Welten [1.1.5], 109–134.
MAUERSBERG, MARTIN, The Ktisis of Massalia Revisited. What to do with Contradictory Ancient Sources?, in: Ancient West & East 14, 2015, 145–168.
MAUERSBERG, MARTIN, Die „griechische Kolonisation". Ihr Bild in der Antike und der modernen altertumswissenschaftlichen Forschung, Bielefeld 2019.
MEIER, MISCHA, Aristokraten und Damoden, Stuttgart 1998.
MERTENS, DIETER, Städte und Bauten der Westgriechen. Von der Kolonisation bis zur Krise am Ende des 5. Jh. v. Chr, München 2005.
MORGAN, CATHERINE, Corinth, the Corinthian Gulf and Western Greece during the Eighth Century BC, in: The Annual of the British School at Athens 83, 1988, 313–338.
MORRIS, IAN / POWELL, BARRY (Hgg.), A New Companion to Homer, Leiden 1997.
MORRIS, SARAH, Homer and the Near East, in: MORRIS / POWELL, A New Companion to Homer, 599–623.
NASO, ALESSANDRO (Hg.), Etruscology, Boston / Berlin 2017.
OWEN, SARA, Of Dogs and Men. Archilochos, Archaeology and the Greek Settlement of Thasos, in: Proceedings of the Cambridge Philological Society 49, 2003, 1–18.
OWEN, SARA, Analogy, Archaeology and Archaic Greek Colonization, in: HURST / OWEN, Ancient Colonisations, 5–22.
PARTIDA, ELENA C. / SCHMIDT-DOUNAS, BARBARA (Hgg.), Listening to the Stones. Essays on Architecture and Function in Ancient Greek Sanctuaries in Honour of Richard A. Tomlinson, New York 2019.
PARZINGER, HERMANN, Die Skythen, München 2004.
PÖTSCHER, WALTER, Die Strukturen der Hikesie, in: Wiener Studien 107/108, 1994, 51–75.
POVALAHEV, NIKOLAI, Die Griechen am Nordpontos. Die nordpontische Kolonisation im Kontext der Großen Griechischen Kolonisationsbewegung vom 8. bis 6. Jahrhundert v. Chr, München 2008.
PURCELL, NICHOLAS, Mobility and the Polis, in: MURRAY, OSWYN / PRICE, SIMON R. F. (Hgg.), The Greek City. From Homer to Alexander, Oxford / New York 1990, 29–58.
QUINN, JEROME D., Cape Phokas, Lesbos. Site of an Archaic Sanctuary for Zeus, Hera and Dionysus?, in: American Journal of Archaeology 65, 1961, 391–393.
REINARD, PATRICK, Dorieus und Kleomenes I. Überlegungen zu Hdt. 5,39–48, in: FeRA: Frankfurter elektronische Rundschau zur Altertumskunde 18, 2012, 29–41 (http://publikationen.ub.uni-frankfurt.de/frontdoor/index/index/docId/26864, abgerufen am 20.3.25).

Ridgway, David, The First Western Greeks, Cambridge / New York 1992.

Riehle, Kai, Im Westen was Neues!? Ressourcen und die griechischen Wanderungsbewegungen nach Sizilien und Unteritalien (8.-6. Jh. v.Chr.), Rahden 2017.

Robert, Louis, Recherches épigraphiques V. Inscriptions de Lesbos, in: Revue des Études Anciennes 62, 1960, 285-315.

Schmitz, Winfried, Leges Draconis et Solonis (LegDrSol). Eine neue Edition der Gesetze Drakons und Solons mit Übersetzung und historischer Einordnung, Stuttgart 2023.

Schulz, Raimund, Als Odysseus staunte. Die griechische Sicht des Fremden und das ethnographische Vergleichen von Homer bis Herodot, Göttingen 2020.

Schulz, Raimund, Innovationsraum, Impulsgeber und imperiale Vorreiter. Der Einfluss der „kolonialen" Randgebiete auf die gesamtgriechische Entwicklung, in: Geschichte in Wissenschaft und Unterricht 71, 2020, 117-133.

Shepherd, Gillian, The Advance of the Greek. Greece, Great Britain and Archaeological Empires, in: Hurst / Owen, Ancient Colonisations, 23-44.

Stein-Hölkeskamp, Elke, Das archaische Griechenland. Die Stadt und das Meer, München 2015.

Strasburger, Hermann, Der soziologische Aspekt der Homerischen Epen (1953), in: ders., Studien zur Alten Geschichte, Hildesheim / New York 1982, Bd. 1, 491-518.

Tandy, David W., Warriors into Traders. The Power of the Market in Early Greece, Berkeley 1997.

Tausend, Sabine, Die Verlockung der Fremde? Mobilitätsmotivation im archaischen Griechenland zwischen Abenteuerlust und Notwendigkeit, in: Olshausen / Sauer, Mobilität in den Kulturen der antiken Mittelmeerwelt [1.1.5], 479-488.

Trahman, C. R., Odysseus' Lies. Odyssey, Books 13-19, in: Phoenix 6, 1952, 31-43.

Tsetskhladze, Goča R. / Angelis, Franco de (Hgg.), The Archaeology of Greek Colonisation, Oxford 1994.

Ulf, Christoph (Hg.), Wege zur Genese griechischer Identität. Die Bedeutung der früharchaischen Zeit, Berlin 1996.

van Wees, Hans, Megara's Mafiosi. Timocracy and Violence in Theognis, in: Brock, Roger / Hodkinson, Stephen (Hgg.), Alternatives to Athens. Varieties of Political Organization and Community in Ancient Greece, Oxford 2002, 52-67.

van Wees, Hans, The Mafia of Early Greece. Violent Exploitation in the Seventh and Sixth Centuries BC, in: Hopwood, Keith (Hg.), Organised Crime in Antiquity, Swansea 2009, 1-51.

Vinogradov, Jurij G. / Kryzickij, Sergei D., Olbia. Eine altgriechische Stadt im nordwestlichen Schwarzmeerraum, Leiden 1995.

Walcot, P., Odysseus and the Art of Lying, in: Ancient Society 8, 1977, 1-19.

Walter, Uwe, An der Polis teilhaben. Bürgerstaat und Zugehörigkeit im archaischen Griechenland, Stuttgart 1993.

Walter, Uwe, Ares-Söhne oder brave Siedler? Migrationen im frühen Griechenland, in: Geschichte in Wissenschaft und Unterricht 71, 2020, 174-189.

Warnecke, Heinz, Die homerische Hafenstadt der Phaiaken. Das Idealbild einer ionischen Kolonie?, in: Olshausen / Sonnabend, „Troianer sind wir gewesen" [1.1.5], 54-69.

Zeller, Peter, Basileis und Goden. Gesellschaftliche Ordnung im früharchaischen Griechenland und der isländischen Freistaatzeit, Göttingen 2020.

3.3 Vertreibung, Flucht und Kolonisation in klassischer Zeit

Arnoldt, Johann F. J., Timoleon. Eine biographische Darstellung, Gumbinnen / Königsberg 1850.
Balogh, Elemér, Political Refugees in Ancient Greece. From the Period of the Tyrants to Alexander the Great, Johannesburg 1943.
Berger, Shlomo, Revolution and Society in Greek Sicily and Southern Italy, Stuttgart 1992.
Bleicken, Jochen, Die athenische Demokratie, 4. Aufl. Paderborn u. a. 1995 (UTB).
Braund, David / Kryzickij, Sergei D. (Hgg.), Classical Olbia and the Scythian World. From the Sixth Century BC to the Second Century AD, Oxford 2007.
Brenne, Stefan, Die Ostraka vom Kerameikos, Wiesbaden 2018.
Bruni, Stefano, External Relationships, 450–250 BCE, in: Naso, Etruscology [3.2], 1139–1156.
Cargill, Jack, Athenian Settlements of the Fourth Century B. C., Leiden 1995.
Cartledge, Paul, Sparta and Lakonia. A regional history, 1300–362 BC, 2. Aufl. London 2002.
Cartledge, Paul, Urbicide in the Ancient Greek World, 480–330 BCE, in: Kiernan u. a., Cambridge World History of Genocide 1 [2.2], 235–256.
Chandezon, Christophe, L'élevage en Grèce (fin V^e–fin Ier S. a. C.). L'apport des sources épigraphiques, Paris 2003.
Freitag, Klaus, Der Golf von Korinth. Historisch-topographische Untersuchungen von der Archaik bis in das 1. Jh. v. Chr, München 2001.
Garland, Robert, The Piraeus. From the Fifth to the First Century BC, 2. Aufl. Bristol 2001.
Gehrke, Hans-Joachim, Zur Geschichte Milets in der Mitte des 5. Jahrhunderts v. Chr., in: Historia 29, 1980, 17–31.
Gehrke, Hans-Joachim, Stasis, München 1985.
Gray, Benjamin, Stasis and Stability. Exile, the Polis, and Political Thought, c. 404–146 BC, Oxford 2015.
Green, Peter, Diodorus Siculus. Books 11–12.37.1. Greek History 480–431 B. C., Austin 2006.
Grieb, Volker, Bürger für die Große Stadt. Megalopolis, die „oliganthropia" und die „megale eremia", in: Günther, Migration und Bürgerrecht in der hellenistischen Welt [3.4], 107–126.
Heftner, Herbert, Überlegungen zum athenischen Ostrakismos, in: Dike: Rivista di Storia del Diritto Greco ed Ellenistico 11, 2008, 75–109 (www.ledonline.it/Dike).
Hoepfner, Wolfram / Schwandner, Ernst-Ludwig, Haus und Stadt im klassischen Griechenland, 2. Aufl. München 1994.
Hofstetter, Josef, Die Griechen in Persien. Prosopographie der Griechen im Persischen Reich vor Alexander, Berlin 1978.

IGELBRINK, CHRISTIAN, Die athenischen Kleruchien und Apoikien im 6. und 5. Jh. v. Chr. Rechtsformen und politische Funktionen der Gründungen Athens und ihre Entwicklung bis zum Ende des Peloponnesischen Krieges, Berlin 2015.

JOHANSSON, MIKAEL, The inscription from Troizen. A decree of Themistocles?, in: Zeitschrift für Papyrologie und Epigraphik, 2001, 69–92.

LURAGHI, NINO, The Ancient Messenians. Constructions of Ethnicity and Memory, Cambridge 2008.

MARR, J. L., Plutarch, Life of Themistocles, Warminster 1998.

MATTHIESSEN, KJELD (Hg.), Euripides, Hekabe, Berlin / New York 2011.

MORENO, ALFONSO, Feeding the Democracy. The Athenian Grain Supply in the Fifth and Fourth Centuries BC, Oxford 2012.

OSBORNE, ROBIN / RHODES, P. J. (Hgg.), Greek Historical Inscriptions 478–404 BC (O&R), Oxford 2017.

PETRUZZELLA, MICHELANGELO, L' istituzione del „petalismos" a Siracusa nel 454 a.C, in: Rivista di Cultura Classica e Medioevale 52, 2010, 279–288.

PRILLWITZ, SUSANNE, Siedlergepäck? Zu Charakter, Verteilung und Stellenwert der ältesten Funde aus Priene, in: RAECK, WULF / FILGES, AXEL / MERT, IBRAHIM H. (Hgg.), Priene von der Spätklassik bis zum Mittelalter. Ergebnisse und Perspektiven der Forschungen seit 1998, Bonn 2020, 35–74.

RHODES, P. J. / OSBORNE, ROBIN, Greek Historical Inscriptions 404–323 BC (R&O), Oxford 2007.

RUMSCHEID, FRANK, Priene. Führer durch das „Pompeji Kleinasiens", Istanbul 1998.

SALMON, JOHN B., Wealthy Corinth. A History of the City to 338 BC, Oxford 1997.

SCHAEFER, HANS, Πόλις μυρίανδρος, in: Historia 10, 1961, 292–317.

SCHMITZ, WINFRIED, Athen – eine wehrhafte Demokratie? Überlegungen zum Stasisgesetz Solons und zum Ostrakismos, in: Klio 93, 2011, 23–51.

SCHULLER, WOLFGANG (Hg.), Demokratie und Architektur. Der hippodamische Städtebau und die Entstehung der Demokratie, München 1989.

SCHULZ, RAIMUND, Die Perserkriege, Berlin / Boston 2017.

SCOTT, LIONEL, Pytheas of Massalia. Texts, translation, and commentary, London / New York 2022.

SIEWERT, PETER (Hg.), Ostrakismos-Testimonien I. Die Zeugnisse antiker Autoren, der Inschriften und Ostraka über das athenische Scherbengericht aus vorhellenistischer Zeit (487–322 v. Chr.), Stuttgart 2002.

SMARCZYK, BERNHARD, Timoleon und die Neugründung von Syrakus, Göttingen 2003.

SOTER, STEVEN / KATSONOPOULOU, DORA, Submergence and Uplift of Settlements in the Area of Helike, Greece. From the Early Bronze Age to Late Antiquity, in: Geoarchaeology 26, 2011, 584–610.

STICHTENOTH, DIETRICH (Hg.), Pytheas: Die Fragmente. Über das Weltmeer, Köln / Graz 1959.

STICKLER, TIMO, Korinth und seine Kolonien. Die Stadt am Isthmus im Mächtegefüge des klassischen Griechenland, Berlin 2010.

TAYLOR, CLAIRE, Migration and the Demes of Attica, in: HOLLERAN / PUDSEY, Demography and the Graeco-Roman World [1.3], 117–134.

TELSCHOW, KURT, Die griechischen Flüchtlinge und Verbannten. Von der archaischen Zeit bis zum Restitutionsedikt Alexanders des Großen (324), Diss. phil. Kiel 1953 (nicht in der Fernleihe verfügbar).

Walter, Uwe, An der Stasis teilhaben, in: Buddensiek, Friedemann / Odzuck, Sebastian (Hgg.), Praxis. Handeln und Handelnde in antiker Philosophie, Berlin / Boston 2023, 307–328.

Wierschowski, Lothar, Die demographisch-politischen Auswirkungen des Erdbebens von 464 v. Chr. für Sparta, in: Olshausen / Sonnabend, Naturkatastrophen [2.1], 291–306.

3.4 Kolonisation und Deportation in der römischen Republik und im Hellenismus

Alt, Kurt W. / Schönfelder, Martin, Keltenwanderungen und Ausbreitung der Latènekultur. Fakt oder Fiktion? Historische und naturwissenschaftliche Konzepte auf dem Prüfstand, in: Meller u. a., Migration und Integration [1.1.5], 169–182.

Arena, Valentina / Prag, Jonathan R. W. (Hgg.), A Companion to the Political Culture of the Roman Republic, Hoboken, NJ 2022.

Armanini, Michele, Ligures Apuani. Lunigiana storica, Garfagnana e Versilia prima dei Romani, Padova 2015.

Badian, Ernst, Foreign clientelae 264–70 BC, 2. Aufl. Oxford 1958.

Beck, Hans, Karriere und Hierarchie. Die römische Aristokratie und die Anfänge des cursus honorum in der mittleren Republik, Berlin 2005.

Beltrán Lloris, Francisco, Galos en Hispania, in: Acta Archaeologica Academiae Scientiarum Hungaricae 57, 2006, 183–199.

Belvedere, Oscar / Bergemann, Johannes (Hgg.), Imperium Romanum. Romanization between Colonization and Globalization, Palermo 2021.

Bentz, Martin / Reusser, Christoph, Marzabotto. Planstadt der Etrusker, Mainz 2008.

Billows, Richard A., Kings and Colonists. Aspects of Macedonian imperialism, Leiden 1995.

Bleicken, Jochen, Geschichte der Römischen Republik, 6. Aufl. München 2004.

Börm, Henning, Mordende Mitbürger. Stasis und Bürgerkrieg in griechischen Poleis des Hellenismus, Stuttgart 2019.

Bräckel, Oliver, Flucht auswärtiger Eliten ins Römische Reich. Asyl und Exil, Stuttgart 2021.

Braunert, Horst, Die Binnenwanderung. Studien zur Sozialgeschichte Ägyptens in der Ptolemäer- und Kaiserzeit, Bonn 1964.

Briscoe, John, A Commentary on Livy. Books 41–45, Oxford 2012.

Brodersen, Kai, Appians Abriss der Seleukidengeschichte (Syriake 45,232–70,369). Text und Kommentar, München 1989.

Brunt, Peter A., Italian manpower. 225 B. C. – A. D. 14, Oxford 1971.

Chaniotis, Angelos, Die Öffnung der Welt. Eine Globalgeschichte des Hellenismus, Darmstadt 2019.

Cohen, Getzel M., The Hellenistic Settlements in Europe, the Islands and Asia Minor (Cohen 1), Berkeley 1995.

Cohen, Getzel M., The Hellenistic Settlements in Syria, the Red Sea Basin, and North Africa (Cohen 2), Berkeley 2006.

Cohen, Getzel M., The Hellenistic Settlements in the East from Armenia and Mesopotamia to Bactria and India (Cohen 3), Berkeley 2013.
Coles, Amanda J., Roman Colonies in Republic and Empire, Leiden 2020.
Cornell, Tim, The Beginnings of Rome. Italy and Rome from the Bronze Age to the Punic Wars (c. 1000–264 BC), London 1995.
Cowey, James M. S. / Maresch, Klaus, Urkunden des *Politeuma* der Juden von Herakleopolis (144/3–133/2 v. Chr.), Wiesbaden 2001.
Crawford, Michael H. / Nicolet, Claude, Tabula Heracleensis, in: Crawford, Michael H. (Hg.), Roman Statutes, London 1996, 355–392.
Delbrück, Hans, Geschichte der Kriegskunst im Rahmen der politischen Geschichte 1. Altertum, 3. Aufl. Berlin 1920.
Dobesch, Gerhard, Der panhellenische Gedanke im 4. Jh. v. Chr. und der „Philippos" des Isokrates. Untersuchungen zum Korinthischen Bund, Wien 1968.
Dobesch, Gerhard, Zur Einwanderung der Kelten in Oberitalien. Aus der Geschichte der keltischen Wanderungen im 6. und 5. Jh. v. Chr, in: Tyche 4, 1990, 35–85.
Elster, Marianne, Die Gesetze der mittleren römischen Republik. Text und Kommentar, Darmstadt 2003.
Elster, Marianne, Die Gesetze der späten römischen Republik. Von den Gracchen bis Sulla (133–80 v. Chr.), Göttingen 2020.
Erdkamp, Paul, Hunger and the Sword. Warfare and Food Supply in Roman Republican Wars (264–30 BC), Leiden / Boston 1998.
Farney, Gary D. / Bradley, Guy J. (Hgg.), The Peoples of Ancient Italy, Berlin / Boston 2017.
Fischer-Bovet, Christelle / Reden, Sitta von (Hgg.), Comparing the Ptolemaic and Seleucid Empires. Integration, Communication, and Resistance, Cambridge 2021.
Flach, Dieter, Die sogenannte Laudatio Turiae. Einleitung, Text, Übersetzung und Kommentar, Darmstadt 1991.
Foubert, L., Migrant Women in P.Oxy. and the Port Cities of Roman Egypt. Tracing Women's Travel Behaviour in Papyrological Sources, in: Ligt / Tacoma, Migration and Mobility in the Early Roman Empire [3.5], 285–304.
Fraser, Peter M., Ptolemaic Alexandria 1–3, Oxford 1972.
Fraser, Peter M., Cities of Alexander the Great, Oxford 1996.
Gabrielsen, Vincent, The Synoikized Polis of Rhodes, in: Flensted-Jensen, Pernille (Hg.), Polis & Politics. Studies in Ancient Greek History, Kopenhagen 2000, 177–196.
Galsterer, Hartmut, Die Kolonisation der hohen Republik und die römische Feldmesskunst, in: Behrends, Okko / Capogrossi Colognesi, Luigi (Hgg.), Die römische Feldmesskunst, Göttingen 1992, 412–428.
Gauger, Jörg-Dieter, Beiträge zur jüdischen Apologetik. Untersuchungen zur Authentizität von Urkunden bei Flavius Josephus und im 1. Makkabäerbuch, Köln / Bonn 1977.
Gauger, Jörg-Dieter, Formalien und Authentizitätsfrage. Noch einmal zum Schreiben Antiochos' III. an Zeuxis (Jos. Ant. Jud. 12, 148–153) und zu den Antiochos-Urkunden bei Josephus, in: Hermes 121, 1993, 63–69.
Gieseke, Julian, Vom äußersten Westen der Welt. Die Griechische Ethnographie und die Völker Iberiens und der Keltiké im Schatten der römischen Expansion (2. Jahrhundert v. Chr. – 1. Jahrhundert n. Chr.), Stuttgart 2023.

GIULIANI, ALESSANDRO, Le migrazioni forzate in Sicilia e in Magna Grecia sotto Dionigi I di Siracusa, in: SORDI, Coercizione e mobilità umana nel mondo antico [1.1.5], 107–124.

GRAINGER, JOHN D., The cities of Seleukid Syria, Oxford 1990.

GÜNTHER, LINDA-MARIE, Caesar und die Seeräuber. Eine Quellenanalyse, in: Chiron 29, 1999, 321–338.

GÜNTHER, LINDA-MARIE (Hg.), Migration und Bürgerrecht in der hellenistischen Welt, Wiesbaden 2012.

GÜNTHER, LINDA-MARIE, Timoleons „Kolonisationsprogramm" und die massenhaften Einbürgerungen im spätklassischen Sizilien, in: GÜNTHER, Migration und Bürgerrecht in der hellenistischen Welt, 9–19.

HAEUSSLER, RALPH, The Galli, in: FARNEY / BRADLEY, The Peoples of Ancient Italy, 719–754.

HEFTNER, HERBERT, Plutarch und der Aufstieg des Pompeius. Ein historischer Kommentar zu Plutarchs Pompeiusvita, Frankfurt / Berlin 1995.

HEFTNER, HERBERT, Von den Gracchen bis Sulla. Die römische Republik am Scheidewege 133–78 v. Chr., 2. Aufl. Regensburg 2006.

HEINEN, HEINZ, Der κτίστης Boethos und die Einrichtung einer neuen Stadt. Teil II, in: Archiv für Papyrusforschung 43, 1997, 340–363.

HIN, SASKIA, The Demography of Roman Italy. Population Dynamics in an Ancient Conquest Society, 201 BCE–14 CE, Cambridge / New York 2013.

HORNBLOWER, SIMON, Mausolus, Oxford 1982.

HORSFALL, NICHOLAS, Some Problems in the „Laudatio Turiae", in: Bulletin of the Institute of Classical Studies, 1983, 85–98.

HUSS, WERNER, Ägypten in hellenistischer Zeit. 332–30 v. Chr, München 2001.

ISAYEV, ELENA, Polybius's Global Moment and Human Mobility through Ancient Italy, in: PITTS / VERSLUYS, Globalisation and the Roman World, 123–140.

ISAYEV, ELENA, Emerging Diasporas? Oscan-speaking Mamertines, Romans, and Italia, in: MELLER u. a., Migration und Integration [1.1.5], 183–196.

ISAYEV, ELENA, Migration, Mobility and Place in Ancient Italy, Cambridge 2017.

JEHNE, MARTIN / PFEILSCHIFTER, RENE (Hgg.), Herrschaft ohne Integration? Rom und Italien in republikanischer Zeit, Frankfurt 2006.

JEWELL, EVAN, (Re)moving the Masses. Colonisation as Domestic Displacement in the Roman Republic, in: Humanities 8, 2019, 1–41 (https://www.academia.edu/38679602, abgerufen am 20.3.25).

JÖRDENS, ANDREA, Griechische Texte aus Ägypten, in: JANOWSKI, BERND u. a. (Hgg.), Texte zur Wissenskultur, Gütersloh 2020, 527–596.

JÖRDENS, ANDREA / QUACK, JOACHIM F. (Hgg.), Ägypten zwischen innerem Zwist und äußerem Druck. Die Zeit Ptolemaios' VI. bis VIII., Wiesbaden 2011.

KAH, DANIEL, „Paroikoi" und Neubürger in Priene, in: GÜNTHER, Migration und Bürgerrecht in der hellenistischen Welt, 51–71.

KAYE, NOAH, The Attalids of Pergamon and Anatolia. Money, Culture, and State Power, Cambridge 2022.

KEPPIE, LAWRENCE J. F., Colonisation and veteran settlement in Italy 47–14 B.C, London 1983.

KRAMER, BÄRBEL, Der κτίστης Boethos und die Einrichtung einer neuen Stadt. Teil I, in: Archiv für Papyrusforschung 43, 1997, 315–339.

KUNKEL, WOLFGANG, Staatsordnung und Staatspraxis der Römischen Republik. Die Magistratur, München 1995.

LEHMANN, GUSTAV A., Elateia, Aitolien und Rom nach der Entscheidung des 2. makedonischen Krieges, in: Zeitschrift für Papyrologie und Epigraphik 127, 1999, 69–83.

LIBERTINI, GIACINTO / LORENZ, WAYNE, Liber Coloniarum. The Book of the Colonies, Neapel 2019.

LIGT, LUUK de, Peasants, citizens and soldiers. Studies in the demographic history of Roman Italy 225 BC – AD 100, Cambridge 2012.

LIU, XINRU, Exchanges within the Silk Roads world system, in: BENJAMIN, The Cambridge World History. Vol. 4 [1.1.1], 457–479.

LOMAS, KATHRYN, Der Aufstieg Roms. Von Romulus bis Pyrrhus, 3. Aufl. Stuttgart 2021.

LUISI, ALDO, La presenza dei ‚Ligures Baebiani' nel Sannio, in: SORDI, Coercizione e mobilità umana nel mondo antico [1.1.5], 203–214.

MAIER, BERNHARD, Geschichte und Kultur der Kelten, München 2012.

MAIER, BERNHARD, Die Kelten. Ihre Geschichte von den Anfängen bis zur Gegenwart, 4. Aufl. München 2023.

MAIRS, RACHEL, The Founder's Shrine and the Foundation of Ai Khanoum, in: MAC SWEENEY, Foundation Myths in Ancient Societies [1.1.5], 103–128.

MAIRS, RACHEL / FISCHER-BOVET, CHRISTELLE, Reassessing Hellenistic Settlement Policies. The Seleucid Far East, Ptolemaic Red Sea Basin and Egypt, in: FISCHER-BOVET / REDEN, Comparing the Ptolemaic and Seleucid Empires, 48–85.

MARTINEZ-SÈVE, LAURIANNE, The Spatial Organization of Ai Khanoum. A Greek City in Afghanistan, in: American Journal of Archaeology 118, 2014, 267.

MASCHEK, DOMINIK, Die römischen Bürgerkriege. Archäologie und Geschichte einer Krisenzeit, Darmstadt 2018.

MAYOR, ADRIENNE, The Poison King. The Life and Legend of Mithradates, Rome's Deadliest Enemy, Princeton, NJ 2010.

MEHL, ANDREAS, Hellenistische Kolonisation, in: Ancient West & East 10, 2011, 209–226.

MEIGGS, RUSSELL, Roman Ostia, 2. Aufl. Oxford 1997.

MENOZZI, OLIVA / CIARICO, ALESSANDRA, The Picentes / Piceni, in: FARNEY / BRADLEY, The Peoples of Ancient Italy, 579–602.

MERKELBACH, REINHOLD / STAUBER, JOSEF (Hgg.), Jenseits des Euphrat. Griechische Inschriften. Ein epigraphisches Lesebuch, München / Leipzig 2005.

MEYER, HANS-CASPAR, Greco-Scythian Art and the Birth of Eurasia. From Classical Antiquity to Russian Modernity, Oxford 2013.

MICHELS, CHRISTOPH, Kulturtransfer und monarchischer „Philhellenismus". Bithynien, Pontos und Kappadokien in hellenistischer Zeit, Göttingen 2009.

MUELLER, KATJA, Settlements of the Ptolemies. City Foundations and New Settlement in the Hellenistic world, Leuven 2006.

OEBEL, LOTHAR, Flaminius und die Anfänge der römischen Kolonisation im Ager Gallicus, Bern / Frankfurt 1993.

OETJEN, ROLAND, Athen im dritten Jahrhundert v. Chr. Politik und Gesellschaft in den Garnisonsdemen auf der Grundlage der inschriftlichen Überlieferung, Duisburg 2014.

Oetjen, Roland, Preface, in: Ders. (Hg.), New Perspectives in Seleucid History, Archaeology and Numismatics. Studies in honor of Getzel M. Cohen, Berlin / Boston 2020, XIII–XV.

Oetjen, Roland, Δύο χρόνια στη ζωή ενός δήμου της Αττικής τον τρίτο αιώνα π.Χ., in: Athens Review of Books, June 2024, 34 f.

Osgood, Josiah, Turia. A Roman Woman's Civil War, Oxford 2014.

Peyras, Jean, Les „Libri coloniarum" et l'œuvre gracchienne, in: Gonzalès / Guillaumin, Autour des „Libri coloniarum" [3.5], 47–63.

Pfeiffer, Stefan, Die Politik Ptolemaios' VI. und VIII. im Kataraktgebiet. Die „ruhigen" Jahre von 163 bis 132 v. Chr, in: Jördens / Quack, Ägypten zwischen innerem Zwist und äußerem Druck, 235–254.

Pfeiffer, Stefan, Griechische und lateinische Inschriften zum Ptolemäerreich und zur römischen Provinz Aegyptus, 2. Aufl. Berlin 2020.

Pina Polo, Francisco, Deportation, Kolonisation, Migration. Bevölkerungsverschiebungen im republikanischen Italien und Formen der Identitätsbildung, in: Jehne / Pfeilschifter, Herrschaft ohne Integration? 171–206.

Pitts, Martin / Versluys, Miguel J. (Hgg.), Globalisation and the Roman World. World History, Connectivity and Material Culture, Cambridge 2015.

Privitera, Santo, „Poleis Massalias". Da Artemidoro di Efeso a Eustazio di Tessalonica, in: Mélanges de l'École Française de Rome. Antiquité 119, 2007, 41–49.

Radt, Wolfgang, Siedlungen und Bauten auf der Halbinsel von Halikarnassos. Unter bes. Berücks. d. archaischen Epoche, Tübingen 1970.

Radt, Wolfgang, Pergamon. Geschichte und Bauten einer antiken Metropole, Darmstadt 1999.

Reden, Sitta (Hg.), Handbook of Ancient Afro-Eurasian Economies 1. Contexts, Berlin / Boston 2020.

Richlin, Amy, Rome and the Mysterious Orient. Three Plays by Plautus, Berkeley 2005.

Roselaar, Saskia T. (Hg.), Colonization in the Roman Republic, Oxford 2017 (https://www.oxfordbibliographies.com/display/document/obo-9780195389661/obo-9780195389661-0238.xml, geprüft am 8.5.25).

Rostovtzeff, Michael I., Gesellschafts- und Wirtschaftsgeschichte der hellenistischen Welt, Sonderausg. des um eine Einl. von Heinz Heinen erweiterten reprograph. Nachdr. in zwei Bdn. Darmstadt 1955 [ND 2013].

Rotondi, Giovanni, Leges publicae populi Romani. Elenco cronologico con una introduzione sull' attività legislativa dei comizi romani, Mailand 1912.

Roymans, Nico, A Roman Massacre in the Far North. Caesar's Annihilation of the Tencteri and Usipetes in the Dutch River Area, in: Fernández-Götz / Roymans, Conflict Archaeology [1.5], 167–181.

Roymans, Nico, Caesar's Conquest and the Archaeology of Mass Violence in the Germanic Frontier Zone, in: Fitzpatrick / Haselgrove, Julius Caesar's Battle for Gaul [3.5], 113–134.

Rumscheid, Frank, Die Leleger: Karer oder Andere? in: Ders. (Hg.), Die Karer und die Anderen, Bonn 2009, 173–193.

Salmon, Edward T., Roman colonization under the republic, Ithaca, NY 1970.

Sänger, Patrick, Das *politeuma* in der hellenistischen Staatenwelt. Eine Organisationsform zur Systemintegration von Minderheiten, in: Sänger, Minderheiten und Migration in der griechisch-römischen Welt [1.1.5], 25–45.

Sänger, Patrick, Die ptolemäische Organisationsform *politeuma*. Ein Herrschaftsinstrument zugunsten jüdischer und anderer hellenischer Gemeinschaften, Tübingen 2019.

Schalit, Abraham, The Letter of Antiochus III to Zeuxis regarding the Establishment of Jewish Military Colonies in Phrygia and Lydia, in: The Jewish Quarterly Review 50, 1960, 289–304.

Scheuble-Reiter, Sandra, Die Katökenreiter im ptolemäischen Ägypten, München 2012.

Schneider, Hans C., Das Problem der Veteranenversorgung in der späteren römischen Republik, Bonn 1977.

Schönbauer, Ernst, Ein früher Fall der Landflucht, in: Zeitschrift der Savigny-Stiftung für Rechtsgeschichte. Romanistische Abteilung 59, 1939, 554–560.

Schönfelder, Martin (Hg.), Kelten! Kelten? Keltische Spuren in Italien. Begleitbuch zur Ausstellung im Römisch-Germanischen Zentralmuseum, Mainz 2010.

Schönfelder, Martin, Keltische Wanderungen – welche Modelle bleiben bestehen?, in: Schönfelder, Kelten! Kelten? Keltische Spuren in Italien, 46–48.

Seager, Robin, Pompey the Great. A political biography, 2. Aufl. Oxford 2002.

Sehlmeyer, Markus, Stadtrömische Ehrenstatuen der republikanischen Zeit. Historizität und Kontext von Symbolen nobilitären Standesbewusstseins, Stuttgart 1999.

Sehlmeyer, Markus (Hg.), Origo Gentis Romanae. Die Ursprünge des römischen Volkes, Darmstadt 2004.

Shaya, Josephine, The Public Life of Monuments. The Summi Viri of the Forum of Augustus, in: American Journal of Archaeology 117, 2013, 83–110.

Silva Reneses, Luis, „Deducti, traducti". Les déplacements de communautés organisés par Rome en Italie et dans la péninsule ibérique (268–13 av. n. è.), Stuttgart 2022.

Sokolicek, Alexander, Diateichismata. Zu dem Phänomen innerer Befestigungsmauern im griechischen Städtebau, Wien 2009.

Stek, Tesse D. / Pelgrom, Jeremia (Hgg.), Roman Republican Colonization. New perspectives from Archaeology and Ancient History, Rom 2014.

Taylor, Tristan, Caesar's Gallic Genocide, in: Kiernan u. a., Cambridge World History of Genocide 1 [2.2], 309–329.

Tomaschitz, Kurt, Die Wanderungen der Kelten in der antiken literarischen Überlieferung, Wien 1994.

Trümper-Ritter, Monika, Graeco-Roman Slave Markets. Fact or Fiction?, Oxford 2009.

Tscherikower, Victor, Die hellenistischen Städtegründungen. Von Alexander dem Großen bis auf die Römerzeit, Leipzig 1927 ND 1973.

Uebel, Fritz, Die Kleruchen Ägyptens unter den ersten sechs Ptolemäern, Berlin 1968.

Ungern-Sternberg, Jürgen von, Capua im Zweiten Punischen Krieg. Untersuchungen zur römischen Annalistik, München 1975.

Vacanti, Claudio, Guerra per la Sicilia e guerra della Sicilia. Il ruolo delle città siciliane nel primo conflitto romano-punico, Napoli 2012.

Walbank, Frank, A Historical Commentary on Polybius, Oxford 1970–1979.

Walter, Uwe, Politische Ordnung in der römischen Republik, Berlin / Boston 2017.

WEEDA, LEENDERT, Vergil's Political Commentary. In the Eclogues, Georgics and Aeneid, Berlin 2015.
WHEATLEY, PAT / HECKEL, WALDEMAR (Hgg.), Justin. Epitome of the Philippic History of Pompeius Trogus II. Books 13–15, Oxford 2016.
WIEMER, HANS-ULRICH, Alexander der Große, 2. Aufl. München 2015.
ZECCHINI, GIUSEPPE, Migrazioni e invasioni in Polibio. Il caso dei Celti, in: ANGELI BERTINELLI / DONATI, Le vie della storia [1.1.5], 165–173.

3.5 Migrationsregime der Kaiserzeit

ARNIM, HANS von, Leben und Werke des Dio von Prusa. Mit einer Einleitung, Berlin 1898.
BÄBLER, BALBINA, Der Schauplatz des Borysthenitikos. Das antike Olbia, in: NESSELRATH, HEINZ-GÜNTHER (Hg.), Menschliche Gemeinschaft und göttliche Ordnung: Die Borysthenes-Rede, Darmstadt 2003, 95–112.
BAGNALL, ROGER S. / FRIER, BRUCE W., The Demography of Roman Egypt, Cambridge 1994.
BALTRUSCH, ERNST, Romanos mores inficere. Zu den Problemen der jüdischen Gemeinde in Rom in der späten Republik und frühen Kaiserzeit, in: SÄNGER, Minderheiten und Migration in der griechisch-römischen Welt [1.1.5], 47–58.
BARBERO, ALESSANDRO, Barbari. Immigrati, profughi, deportati nell'Impero romano, Rom 2006.
BECHERT, TILMANN (Hg.), Die römische Reichsgrenze von der Mosel bis zur Nordseeküste, Stuttgart 1995.
BECKER, ARMIN, Lahnau-Waldgirmes. Eine augusteische Stadtgründung in Hessen, in: Historia 52, 2003, 337–350.
BECKER, ARMIN, Exercitus Germanicus inferior. Geschichte, Struktur und Identität eines römischen Grenzheeres am Rhein, in: CLASSEN u. a., Roms fließende Grenzen, 156–163.
BECKER, ARMIN / RASBACH, GABRIELE, Waldgirmes I, Darmstadt 2015.
BEKKER-NIELSEN, TØNNES / HINGE, GEORGE, Dio Chrysostom in Exile. Or. 36.1 and the Date of the Scythian Journey, in: Classical Quarterly 65, 2015, 747–755.
BENDEMANN, REINHARD von, Frühes Christentum und Migrationssoziologie. Ausgewählte methodische Fragen und Probleme, in: BENDEMANN / TIWALD, Migrationsprozesse, 9–49.
BENDEMANN, REINHARD VON / TIWALD, MARKUS (Hgg.), Migrationsprozesse im ältesten Christentum, Stuttgart 2018.
BERGER, LISA / BÖDECKER, STEVE, Castra, canabae und campus, in: CLASSEN u. a., Roms fließende Grenzen, 212–215.
BLEICKEN, JOCHEN, Augustus. Eine Biographie, Berlin 1998.
BLOIS, LUKAS DE, Invasions, Deportations, and Repopulation. Mobility and Migration in Thrace, Moesia Inferior, and Dacia in the Third Quarter of the Third Century AD, in: LO CASCIO u. a., The Impact of Mobility and Migration in the Roman Empire, 42–54.
BOATWRIGHT, MARY T., Hadrian and the Cities of the Roman Empire, Princeton, NJ 2000.

Botermann, Helga, Wie aus Galliern Römer wurden. Leben im Römischen Reich, Stuttgart 2005.

Breeze, David J. / Jilek, Sonja (Hgg.), Frontiers of the Roman Empire. Grenzen des Römischen Reiches. Frontières de l'Empire Romain, Edinburgh 2013.

Cellarosi, Pier L. (Hg.), The Amber Roads. The Ancient Cultural and Commercial Communication between the Peoples, Florenz 2017.

Classen, Erich u. a. (Hgg.), Roms fließende Grenzen. Archäologische Landesausstellung Nordrhein-Westfalen, Darmstadt 2021.

Claussen, Johann H., Das Buch der Flucht. Die Bibel in 40 Stationen, München 2018.

Cooley, Alison (Hg.), Res gestae divi Augusti. Text, Translation, and Commentary, Cambridge 2009.

Cooley, Alison E. / Cooley, M. G. L. (Hgg.), Pompeii and Herculaneum. A Sourcebook, 2. Aufl. London / New York 2014.

de Jonge, Casper C., Greek Migrant Literature in the Early Roman Empire, in: Mnemosyne 75, 2022, 10–36.

Derks, Ton, Ethnic Identity in the Roman Frontier. The Epigraphy of Batavi and Other Lower Rhine Tribes, in: Roymans / Derks, Ethnic constructs in antiquity, 239–276.

Desanges, Jehan, De la Marmarique à la Maurétanie. Nouvelles données en matière de mouvements de population, in: Antiquités africaines 37, 2001, 81–91.

Drexhage, Hans-Joachim / Konen, Heinrich / Ruffing, Kai, Die Wirtschaft des Römischen Reiches (1.–3. Jh.). Eine Einführung, Berlin 2002.

Ducrey, Pierre, Vorzeit, Kelten und Römer (bis 401 n.Chr.), in: Mesmer / Im Hof, Geschichte der Schweiz – und der Schweizer. Band 1 [1.1.2], 19–104.

Duggan, Maria / McIntosh, Frances / Rohl, Darrell J. (Hgg.), TRAC 2011. Proceedings of the Twenty-First Annual Theoretical Roman Archaeology Conference, Havertown 2012.

Eck, Werner, Augustus und die Großprovinz Germanien, in: Kölner Jahrbuch 37, 2004, 11–22.

Eck, Werner / Wolff, Hartmut (Hgg.), Heer und Integrationspolitik. Die römischen Militärdiplome als historische Quelle, Köln / Wien 1986.

Eckardt, Hella / Müldner, Gundula, Mobility, Migration, and Diasporas in Roman Britain, in: Millett u. a., The Oxford Handbook of Roman Britain [1.1.2], 203–223.

Eggenstein, Georg (Hg.), Vom Gold der Germanen zum Salz der Hanse. Früher Fernhandel am Hellweg und in Nordwestdeutschland, Bönen 2008.

Eich, Armin, Warum Germanien? Überlegungen zu den Motiven der augusteischen Expansionspolitik, in: HZ 306, 2018, 31–70.

Fehrle, Rudolf, Cato Uticensis, Darmstadt 1983.

Fernández-Götz, Manuel u. a. (Hgg.), Rethinking Migrations in Late Prehistoric Eurasia, Oxford 2023.

Fitzpatrick, Andrew P. / Haselgrove, Colin (Hgg.), Julius Caesar's Battle for Gaul. New Archaeological Perspectives, Oxford 2019.

Frier, Bruce W., Demography, in: Bowman u. a., The High Empire, A. D. 70–192 (CAH XI) [1.1.1], 787–816.

Furger, Andres, Die Helvetier. Kulturgeschichte eines Keltenvolkes, Zürich 1984.

Gaertner, Jan F., Ovid and the ‚Poetics of Exile'. How Exilic is Ovid's Exile Poetry, in: Gaertner, Writing Exile [1.5], 155–172.

Gelzer, Matthias, Caesar. Der Politiker und Staatsmann, 6. Aufl. Wiesbaden 1960.

GESTRICH, ANDREAS / KRAUSS, MARITA (Hgg.), Migration und Grenze, Stuttgart 1998.
GONZALÈS, ANTONIO / GUILLAUMIN, JEAN-YVES (Hgg.), Autour des „Libri coloniarum". Colonisation et colonies dans le monde romain, Besançon 2006.
GREATREX, GEOFFREY / DODGEON, MICHAEL H. / LIEU, SAMUEL N. C., The Roman Eastern Frontier and the Persian Wars. A Documentary History, London / New York 2002.
GRIEBEL, JOHANNES, Der Kaiser im Krieg. Die Bilder der Säule des Marc Aurel, Berlin / Boston 2013.
GROSS, RAPHAEL u. a. (Hgg.), Im Licht der Menora. Jüdisches Leben in der römischen Provinz, Frankfurt / New York 2014.
GUTSFELD, ANDREAS, Römische Herrschaft und einheimischer Widerstand in Nordafrika. Militärische Auseinandersetzungen Roms mit den Nomaden, Stuttgart 1989.
HENNING, DIRK, Die antike Seehandelsroute um Kap Malea, in: Münstersche Beiträge zur Antiken Handelsgeschichte 20, 2001, 23–37.
HESSING, WILFRIED, Das niederländische Küstengebiet, in: BECHERT, Die römische Reichsgrenze von der Mosel bis zur Nordseeküste, 89–101.
JOHNE, KLAUS-PETER, Die Römer an der Elbe. Das Stromgebiet der Elbe im geographischen Weltbild und im politischen Bewusstsein der griechisch-römischen Antike, Berlin 2006.
KAENEL, GILBERT, 58 BC. The Helvetii, from the Swiss Plateau to Bibracte... and back, in: FITZPATRICK / HASELGROVE, Julius Caesar's Battle for Gaul, 73–90.
KASDI, ZHEIRA, P. Aelius Peregrinus Rogatus et le gouvernement de la province de Maurétanie césarienne, in: Cahiers du Centre Gustave Glotz 27, 2016, 325–360.
KEHNE, PETER, Zur althistorischen Erforschung der Markomannenkriege. Eine Annäherung mit aktualisierter Chronik der Jahre 166 bis 180 n. Chr., in: Slovenská Archeológia 64, 2016, 193–260.
KRANER, FRIEDRICH / DITTENBERGER, WILHELM / MEUSEL, HEINRICH, Caesaris Commentarii De bello Gallico. 3 Bde., 17. Aufl. Zürich 1913–1920.
LAVAN, MYLES, The Spread of Roman Citizenship, 14–212 CE. Quantification in the Face of High Uncertainty, in: Past & Present 230, 2016, 3–46.
LEPELLEY, CLAUDE (Hg.), Rom und das Reich in der Hohem Kaiserzeit 44 v.Chr. – 260 n. Chr. Bd. 2: Die Regionen des Reiches, München / Leipzig 2001.
LIGT, LUUK de / TACOMA, LAURENS E. (Hgg.), Migration and Mobility in the Early Roman Empire, Leiden / Boston 2016.
LINK, STEFAN, Anachoresis. Steuerflucht im Ägypten der frühen Kaiserzeit, in: Klio 75, 1993, 306–320.
LO CASCIO, ELIO / TACOMA, LAURENS E. / GROEN-VALLINGA, MIRIAM J. (Hgg.), The Impact of Mobility and Migration in the Roman Empire, Leiden / Boston 2017.
MATTINGLY, D. J., Between Sahara and Sea. Africa in the Roman Empire, Ann Arbor, MI 2023.
MEIER, CHRISTIAN, Caesar, Berlin 1982.
MELLER, HARALD / DICKMANN, JENS-ARNE (Hgg.), Pompeji – Nola – Herculaneum. Katastrophen am Vesuv, München 2011.
MORSCHEISER-NIEBERGALL, JENNIFER, Die Anfänge Triers im Kontext augusteischer Urbanisierungspolitik nördlich der Alpen, Wiesbaden 2009.
MÜLLER-FIEBERG, RITA, Missionierende Migranten? Migrierende Missionare? Ein perspektivischer Blick auf die Apostelgeschichte und ihre Figuren (Priszilla und Aquila), in: BENDEMANN / TIWALD, Migrationsprozesse, 187–206.

Osgood, Josiah, Caesar's Legacy. Civil War and the Emergence of the Roman Empire, Cambridge 2006.

Penhallurick, Roger D., Tin in Antiquity. Its Mining and Trade throughout the Ancient World with Particular Reference to Cornwall, London 1986.

Raaflaub, Kurt A. (Hg.), The Landmark Julius Caesar. The Complete Works, New York 2019.

Rebuffat, René, Mobilité des personnes dans l'Afrique romaine, in: Moatti, La mobilité des personnes [1.1.5], 155–203.

Reitzenstein-Ronning, Christian, Exil und Raum im antiken Rom, München 2023.

Roymans, Nico, Ethnic Identity and Imperial Power. The Batavians in the Early Roman Empire, Amsterdam 2004.

Roymans, Nico / Derks, Ton (Hgg.), Ethnic Constructs in Antiquity. The Role of Power and Tradition, Amsterdam 2009.

Roymans, Nico / Derks, Ton / Heeren, Stijn, Roman Imperialism and the Transformation of Rural Society in a Frontier Province. Diversifying the Narrative, in: Britannia 51, 2020, 265–294.

Roymans, Nico / Habermehl, Diederick, Migration and Ethnic Dynamics in the Lower Rhine Frontier Zone of the Expanding Roman Empire (60 BC–AD 20). A Historical-Anthropological Perspective, in: Fernández-Götz u. a., Rethinking Migrations in Late Prehistoric Eurasia, 292–312.

Russell, D. A., Dio Chrysostom, Orations VII, XII and XXXVI, Cambridge 1992.

Schmitzer, Ulrich, Ovid, 2. Aufl. Hildesheim / Zürich 2011.

Schulz, Raimund, Caesars Statthalterschaft in Spanien. Ein vergessenes Kapitel römischer Herrschaftspolitik in der späten Republik, in: J. Spielvogel (Hg.), Res publica reperta. Zur Verfassung und Gesellschaft der römischen Republik und des frühen Prinzipats, Stuttgart 2002, 263–278.

Schulz, Raimund (Hg.), Maritime Entdeckung und Expansion. Kontinuitäten, Parallelen und Brüche von der Antike bis in die Neuzeit, Berlin / Boston 2019.

Schulz, Raimund, Ozeanische Seewege nach Indien. Der große Traum des Westens in der Antike, in: Ders., Maritime Entdeckung und Expansion, 81–108.

Schwendemann, Joseph, Der historische Wert der Vita Marci bei den Scriptores historiae Augustae, Heidelberg 1923.

Smallwood, E. M., The Jews under Roman Rule. From Pompey to Diocletian, 2. Aufl. Leiden 1981.

Soennecken, Katja, „Was haben die Römer uns gegeben?". Der Einfluss der Apokalyptik auf Assimilation und Widerstand jüdischer Gruppen gegen Rom, in: Schattner u. a., Kontinuität und Diskontinuität, Prozesse der Romanisierung [1.1.5], 127–140.

Sommer, Michael, Palmyra. Biographie einer verlorenen Stadt, Darmstadt 2017.

Sommer, Michael, Roms orientalische Steppengrenze. Palmyra – Edessa – Dura-Europos – Hatra. Eine Kulturgeschichte von Pompeius bis Diocletian, 2. Aufl. Stuttgart 2018.

Stahl, Michael, Zwischen Abgrenzung und Integration. Die Verträge der Kaiser Mark Aurel und Commodus mit den Völkern jenseits der Donau, in: Chiron 19, 1989, 289–318.

Strasburger, Hermann, Caesar im Urteil der Zeitgenossen (1953, mit einem Nachwort von 1967), Darmstadt 1967.

STROBEL, KARL, Vom Illyrienkrieg Caesars des Sohnes bis zum Tode Neros, in: MITTHOF u. a., Herrschaft und Politik in Südosteuropa [1.1.2], 243–266.
TIMPE, DIETER (Hg.), Römisch-germanische Begegnung in der späten Republik und frühen Kaiserzeit. Voraussetzungen – Konfrontationen – Wirkungen, München 2006.
TUCK, STEVEN L., Harbors of Refuge. Post-Vesuvian Population Shifts in Italian Harbor Communities, in: BARGFELDT, NIELS / PETERSEN, JANE H. (Hgg.), Reflections: Harbour city deathscapes in Roman Italy and beyond, Rom 2020, 63–77.
WARNKING, PASCAL, Der römische Seehandel in seiner Blütezeit, Rahden 2015.
WELLS, C. M., The German Policy of Augustus. An Examination of Archaeology Evidence, Oxford 1972.
WILL, WOLFGANG, Römische ‚Klientel-Randstaaten' am Rhein? in: Bonner Jahrbücher 187, 1987, 1–61.
WILL, WOLFGANG, Julius Caesar. Eine Bilanz, Stuttgart 1992.
WINTER, ENGELBERT, Strukturelle Mechanismen kaiserlicher Hilfsmaßnahmen nach Naturkatastrophen, in: OLSHAUSEN / SONNABEND, Naturkatastrophen [2.1], 147–155.

3.6 Germanische und asiatische Migrationen in das späte Römische Reich

ALEMANY, AGUSTÍ, Sources on the Alans. A Critical Compilation, Leiden / Boston 2000.
AUGUSTINUS, AURELIUS, Confessions with a Commentary by J. O'Donnell, Oxford 2012.
BAKKER, LOTHAR, Raetien unter Postumus. Das Siegesdenkmal einer Juthungenschlacht im Jahre 260 n.Chr. aus Augsburg, in: Germania 71, 1993, 369–386.
BALTRUSCH, DAGMAR, Die Juden im Frankenreich, in: GROSS u. a., Im Licht der Menora [3.5], 275–288.
BARNARD, HANS u. a., The Fourth-century AD Expansion of the Graeco-Roman Settlement of Karanis (Kom Aushim) in the Northern Fayum, in: The Journal of Egyptian Archaeology 101, 2015, 51–67.
BARNISH, SAM J. B. / MARAZZI, FEDERICO (Hgg.), The Ostrogoths. From the Migration Period to the Sixth Century, Woodbridge 2007.
BARRY, JENNIFER, Bishops in Flight. Exile and Displacement in Late Antiquity, Berkeley 2019.
BARTHET, LAURE / JACQUET, CLAUDINE (Hgg.), Wisigoths. Rois de Toulouse, Toulouse 2020.
BECHER, MATTHIAS, Die Bewältigung der Kontingenzerfahrung. Die Suche Gregors von Tours nach den ersten Frankenkönigen, in: BECHER, Kontingenzerfahrungen und ihre Bewältigung [4], 289–308.
BECHER, MATTHIAS, Chlodwig I. Der Aufstieg der Merowinger und das Ende der antiken Welt, 2. Aufl. München 2024.
BERGER, LUTZ, Muslimische Welt, in: BORGOLTE, Migrationen im Mittelalter [1.1.6], 129–140.
BERNDT, GUIDO M., Konflikt und Anpassung. Studien zu Migration und Ethnogenese der Vandalen, Husum 2007.
BERNDT, GUIDO M. / STEINACHER, ROLAND (Hgg.), Das Reich der Vandalen und seine (Vor-)Geschichten, Wien 2008.

BLOCKLEY, ROGER C., The Fragmentary Classicising Historians of the Later Roman Empire 2. Text, Translation, Notes (Eunapius, Olympiodorus, Priscus and Malchus), Cambridge 1983.

BÖHME, HORST W., Migrantenschicksale. Die Integration der Germanen im spätantiken Gallien, in: KÖLZER / SCHIEFFER, Von der Spätantike zum frühen Mittelalter [4], 35–60.

BÖRM, HENNING, Der Perserkönig im Imperium Romanum. Chosroes I. und der sasanidische Einfall in das Oströmische Reich 540 n. Chr, in: Chiron 36, 2006, 299–328.

BÖRM, HENNING, Westrom. Von Honorius bis Justinian, 2. Aufl. Stuttgart 2018.

BROWN, PETER R. L., The World of Late Antiquity AD 150–750. From Marcus Aurelius to Muhammad, London 1971 (dt. 1980).

BRZOZOWSKA, ZOFIA A., Captives and Refugees. The Forced Migration of the Inhabitants of the Byzantine Eastern Frontier during the 5th–7th Centuries in Light of Byzantine-Slavic Hagiographical Texts, in: Studia Ceranea 11, 2021, 515–530.

BÜSING-KOLBE, ANDREA / BÜSING, HERRMANN, Die Dame von Ficarolo, in: Kölner Jahrbuch 31, 1998, 253–276.

CLARYSSE, WILLY, Ethnic Identity. Egyptians, Greeks, and Romans, in: VANDORPE, A Companion to Greco-Roman and Late Antique Egypt, 299–313.

CURTA, FLORIN (Hg.), The Long Sixth Century in Eastern Europe, Leiden 2021.

DANNENBERG, HANS-ECKHARD (Hg.), Geschichte des Landes zwischen Elbe und Weser 1. Vor- und Frühgeschichte, Stade 1995.

DELAPLACE, CHRISTINE, Les relations entre les Wisigoths et le pouvoir romain de 411 à 439. Comment faut-il interpréter la politique des foedus et la logique de ses acteurs dans la Gaule de la première moitié du Ve siècle ap. J.-C.?, in: MÜLLER / DIEFENBACH, Gallien in der Spätantike, 25–43.

DREWS, WOLFGANG, Migrants and Minorities in Merovingian Gaul, in: EFFROS / MOREIRA, The Oxford Handbook of the Merovingian World, 117–138.

DRINKWATER, J. F., The Alamanni and Rome 213–496 (Caracalla to Clovis), Oxford / New York 2007.

ECK, WERNER / HEINRICHS, JOHANNES (Hgg.), Sklaven und Freigelassene in der Gesellschaft der römischen Kaiserzeit, Darmstadt 1993.

EFFROS, BONNIE / MOREIRA, ISABEL (Hgg.), The Oxford Handbook of the Merovingian World, New York 2020.

EGETENMEYR, VERONIKA, Die Konstruktion der ‚Anderen'. Barbarenbilder in den Briefen des Sidonius Apollinaris, Wiesbaden 2022.

EGETENMEYR, VERONIKA, Eucherius of Lyon and the Educational Communities of Lérins, in: MEURER / EGETENMEYR, Gallia docta? 39–68.

FISCHER, JOSEPH A., Die Völkerwanderung im Urteil der zeitgenössischen kirchlichen Schriftsteller Galliens unter Einbeziehung des heiligen Augustinus (VWG), Heidelberg / Walstadt 1948.

FLEMING, ROBIN, Britain after Rome. The Fall and Rise 400–1070, London 2010.

FREEDEN, UTA VON / WINGER, DANIEL, A langobardok „vándorlása": a szóládi temető tanulságai. Die „Wanderung" der Langobarden: Erkenntnisse aus dem Gräberfeld von Szólád, in: HEINRICH-TAMÁSKA / WINGER, 7000 Jahre Geschichte: Einblicke in die Archäologie Ungarns, 211–220.

Freeman, Philip / Kennedy, D. L. (Hgg.), The Defence of the Roman and Byzantine East. Proceedings of a colloquium held at the University of Sheffield in April 1986, Oxford 1986.
Fuchs, Karlheinz / u. a. (Hgg.), Die Alamannen, Stuttgart 1997.
Fuhrer, Therese, Augustinus, 2. Aufl. Darmstadt 2023.
Garsoïan, Nina, Persien: Die Kirche des Ostens, in: Pietri, Die Geschichte des Christentums 3, 1161–1186.
Geiger, Michael, Gallienus, 2. Aufl. Frankfurt 2015.
Geiss, Peter / Vössing, Konrad (Hgg.), Die Völkerwanderung. Mythos–Forschung–Vermittlung, Göttingen 2021.
Geuenich, Dieter / Steuer, Heiko, Alemannen (Neubearbeitung 2023), Germanische Altertumskunde Online (https://www.degruyter.com/database/GAO/entry/RGA_109_v2/html, abgerufen am 20.3.25).
Goetz, Hans-Werner / Patzold, Steffen / Welwei, Karl-Wilhelm (Hgg.), Die Germanen in der Völkerwanderungszeit. Auszüge aus den antiken Quellen über die Germanen von der Mitte des 3. Jahrhunderts bis zum Jahre 453 n. Chr, 2. Aufl. Darmstadt 2013.
Goffart, Walter A., Barbarian Tides. The Migration Age and the Later Roman Empire, Philadelphia 2006.
Goffart, Walter A., Administrative Methods of Barbarian Settlement in the Fifth Century. The Definitive Account, in: Müller / Diefenbach, Gallien in der Spätantike, 45–56.
Hächler, Nikolas / Näf, Beat / Schwarz, Peter A., Mauern gegen Migration? Spätrömische Strategie, der Hochrhein-Limes und die Fortifikationen der Provinz Maxima Sequanorum – eine Auswertung der Quellenzeugnisse, Regensburg 2020.
Halsall, Guy, Barbarian Migrations and the Roman West, 376–568 AD, 5. Aufl. Cambridge 2014.
Hardt, Matthias, Slawen, in: Borgolte, Migrationen im Mittelalter [1.1.6], 171–180.
Heather, Peter J., Empires and Barbarians. Migration, Development and the Birth of Europe, Oxford / New York 2010 (dt. 2011).
Heather, Peter J., Migration and the Roman Empire, in: Meller u. a., Migration und Integration [1.1.5], 197–205.
Heather, Peter J. / Matthews, John, The Goths in the Fourth Century (TTH 11), Liverpool 1991.
Heil, Uta, Avitus von Vienne und die homöische Kirche der Burgunder, Berlin / Boston 2011.
Heinrich-Tamáska, Orsolya / Winger, Daniel (Hgg.), 7000 Jahre Geschichte: Einblicke in die Archäologie Ungarns. 7000 év története: Fejezetek Magyarország régészetéből, Remshalden 2018.
Hills, Catherine, The Anglo-Saxon Migration, in: Baker / Tsuda, Migration and Disruptions [1.3.4], 33–51.
Horden, Peregrine, Mediterranean Plague in the Age of Justinian, in: Maas, The Cambridge Companion to the Age of Justinian, 134–160.
Howe, Tankred, Vandalen, Barbaren und Arianer bei Victor von Vita, Frankfurt 2007.
Johne, Klaus-Peter (Hg.), Die Zeit der Soldatenkaiser. Krise und Transformation des Römischen Reiches im 3. Jahrhundert n. Chr. (235–284), Berlin 2008.
Kaiser, Reinhold, Die Burgunder, Stuttgart 2004.

KAISER, REINHOLD / SCHOLZ, SEBASTIAN (Hgg.), Quellen zur Geschichte der Franken und der Merowinger. Vom 3. Jahrhundert bis 751, Stuttgart 2012.

KAMPERS, GERD, Geschichte der Westgoten, Paderborn u. a. 2008.

KAZANSKI, MICHEL / MASTYKOVA, ANNA, Les peuples du Caucase du Nord. Le début de l'histoire (Ier – VIIe s. apr. J.-C.), Paris 2003.

KELLER, MARCEL u. a., Ancient Yersinia Pestis Genomes from across Western Europe Reveal Early Diversification during the First Pandemic (541–750), in: Proceedings of the National Academy of Sciences of the United States of America 116, 2019, 12363–12372.

KETTENHOFEN, ERICH, Deportations II. Parthian and Sasanian periods, in: Encyclopaedia Iranica 7, 1994, 297–308 (https://www.iranicaonline.org/articles/deportations#pt2, abgerufen am 20.3.25).

KÖTTER, JAN-MARKUS / SCARDINO, CARLO (Hgg.), Gallische Chroniken, Paderborn 2017.

KÜNZL, ERNST, Die Alamannenbeute aus dem Rhein bei Neupotz. Plünderungsgut aus dem römischen Gallien, 4 Bde., Mainz 2008.

LEPPIN, HARTMUT, Justinian. Das christliche Experiment, Stuttgart 2011.

LIEU, SAMUEL N. C., Captives, Refugees and Exiles. A Study of Cross-Frontier Civilian Movements and Contacts Between Rome and Persia from Valerian to Jovian, in: FREEMAN / KENNEDY, The Defence of the Roman and Byzantine East, 475–505.

LIMMER, JOSEF, Konzilien und Synoden im spätantiken Gallien von 314 bis 696 nach Christi Geburt, Frankfurt u. a. 2004.

LITTLE, LESTER K. (Hg.), Plague and the End of Antiquity. The Pandemic of 541–750, Cambridge 2007.

LOTTER, FRIEDRICH, Völkerverschiebungen im Ostalpen-Mitteldonau-Raum zwischen Antike und Mittelalter (375–600), Berlin 2003.

LOTTER, FRIEDRICH, Die Stellung der Juden im Merowingerreich nach dem Zeugnis der Synodalakten, in: Aschkenas 28, 2019, 175–216.

MAAS, MICHAEL (Hg.), The Cambridge Companion to the Age of Justinian, Cambridge 2007.

MADDICOTT, JOHN, Plague in Seventh-Century England, in: LITTLE, Plague and the end of antiquity, 171–214.

MAJOR, PÉTER / GULYÁS, BENCE, Mehr als nur Körperschutz. Lamellen- und Rüstungsfunde im Karpatenbecken während der Awarenzeit, in: VALK u. a., Das Leben des BODI, 202–209.

MARCONE, ARNALDO, A Long Late Antiquity? Considerations on a Controversial Periodization, in: Journal of Late Antiquity 1, 2008, 4–19.

MAREVAL, PIERRE, Das Konzil von Chalkedon, in: PIETRI, Die Geschichte des Christentums 3, 90–119.

MEIER, MISCHA, Das andere Zeitalter Justinians, Göttingen 2003.

MEIER, MISCHA, Geschichte der Völkerwanderung. Europa, Asien und Afrika vom 3. bis zum 8. Jahrhundert n.Chr. (VW), München 2019.

MEIER, MISCHA, Die Hunnen. Geschichte der geheimnisvollen Reiterkrieger, München 2025.

MEURER, TABEA L. / EGETENMEYR, VERONIKA (Hgg.), Gallia docta? Education and in-/exclusion in late antique Gaul, Tübingen 2023.

MÜLLER, GERNOT M. / DIEFENBACH, STEFFEN (Hgg.), Gallien in der Spätantike, Berlin / Boston 2012.

Nixon, Charles E. V. / Rodgers, Barbara S. (Hgg.), In Praise of Later Roman Emperors. The „Panegyrici Latini", Berkeley 1994.
Pietri, Luce (Hg.), Die Geschichte des Christentums 3. Der lateinische Westen und der byzantinische Osten 431–642, Freiburg u. a. 2001.
Pietri, Luce, Gallien, in: Pietri, Die Geschichte des Christentums 3, 222–263.
Planck, Dieter, Ein junges Volk macht Geschichte. Herkunft und ‚Landnahme' der Alamannen, in: Fuchs / u. a., Die Alamannen, 73–78.
Pohl, Walter, Die Völkerwanderung. Eroberung und Integration, 2. Aufl. Stuttgart 2005.
Pohl, Walter, Die Awaren. Ein Steppenvolk in Mitteleuropa 567–822 n. Chr, 3. Aufl. München 2015.
Pohl, Walter / Diesenberger, Maximilian / Zeller, Bernhard (Hgg.), Neue Wege der Frühmittelalterforschung. Bilanz und Perspektiven, Wien 2018.
Pohl, Walter / Erhart, Peter (Hgg.), Die Langobarden. Herrschaft und Identität, Wien 2005.
Possenti, Elisa, Ein byzantinischer Panzerreiter. Die Silberschale von Isola Rizza, in: Valk u. a., Das Leben des BODI, 192 f.
Rapp, Claudia, Zwangsmigration in Byzanz. Kurzer Überblick mit einer Fallstudie aus dem 11. Jahrhundert, in: Ertl, Erzwungene Exile [1.1.6], 59–79.
Rohmann, Dirk / Ulrich, Jörg / Vallejo Girvés, Margarita (Hgg.), Mobility and Exile at the End of Antiquity, Berlin u. a. 2018.
Rummel, Philipp von, Where have all the Vandals gone? Migration, Ansiedlung und Identität der Vandalen im Spiegel archäologischer Quellen aus Nordafrika, in: Berndt / Steinacher, Das Reich der Vandalen und seine (Vor-)Geschichten, 151–182.
Rutgers, Leonard V., The Jews in Late Ancient Rome. Evidence of Cultural Interaction in the Roman Diaspora, Leiden / New York / Köln 1995.
Schneider, Ilse / Schneider, Johannes (Hgg.), Von Chlodwig zu Karl dem Großen. Historische Erzählungen und Novellen aus dem frühen Mittelalter, Wien / Köln / Graz 1976.
Scholz, Sebastian, Die Merowinger, Stuttgart 2015.
Shanzer, Danuta / Wood, Ian N. (Hgg.), Avitus of Vienne: Letters and selected prose, Liverpool 2011.
Sicherl, Bernhard, Das merowingerzeitliche Gräberfeld von Dortmund-Asseln, Darmstadt 2011.
Slusser, Michael (Hg.), Works of St. Gregory Thaumaturgus. A New Translation, Washington 1998.
Springer, Matthias, Die Sachsen, Stuttgart 2004.
Stadermann, Christian, *uno fumavit Gallia tota rogo*. Kontingenzbewältigung im Gallien des 5. Jahrhunderts, in: Becher, Kontingenzerfahrungen und ihre Bewältigung [4], 75–120.
Stadermann, Christian, Die Merowinger und Italien. Zu den politischen Beziehungen zwischen Franken- und Langobardenreich im 6. und 7. Jahrhundert, in: Valk u. a., Das Leben des BODI, 48–55.
Stein, Ernst, Geschichte des spätrömischen Reiches Bd. 1. Vom römischen zum byzantinischen Staate (284–476 n.Chr.), Wien 1928, ND 2022.

STEINACHER, ROLAND, Die Vandalen. Aufstieg und Fall eines Barbarenreichs, Stuttgart 2016.

STICKLER, TIMO, Aëtius. Gestaltungsspielräume eines Heermeisters im ausgehenden Weströmischen Reich, München 2002.

STÜBER, TILL, Der inkriminierte Bischof. Könige im Konflikt mit Kirchenleitern im westgotischen und fränkischen Gallien (466–614), Berlin 2020.

SZIDAT, JOACHIM, Zum Sklavenhandel in der Spätantike (Aug. epist. 10*), in: Historia 34, 1985, 360–371.

TACOMA, LAURENS E., Moving Romans. Migration to Rome in the Principate, Oxford 2016.

UELSBERG, GABRIELE / WEMHOFF, MATTHIAS (Hgg.), Germanen. Eine archäologische Bestandsaufnahme, Darmstadt 2020.

VALK, THORSTEN / NIEVELER, ELKE / SCHMAUDER, MICHAEL (Hgg.), Das Leben des BODI. Eine Forschungsreise ins frühe Mittelalter, Darmstadt 2023.

VANDORPE, KATELIJN (Hg.), A Companion to Greco-Roman and Late Antique Egypt, Chichester 2019.

VOGT, JOSEPH, Der Lebensbericht des Paulinus von Pella, in: ECK, WERNER (Hg.), Studien zur antiken Sozialgeschichte. Festschrift für Friedrich Vittinghoff, Köln 1980, 527–572.

VÖSSING, KONRAD (Hg.), Viktor von Vita: Kirchenkampf und Verfolgung unter den Vandalen in Africa. Eingeleitet und übersetzt von K. V., Darmstadt 2011.

VÖSSING, KONRAD, Hippo Regius, die Vandalen und das Schicksal des toten Augustinus. Datierungen und Hypothesen, in: Hermes 140, 2012, 202–229.

VÖSSING, KONRAD, Völkerwanderung überall? Die spätantiken gentes und die Spezifika einer Umbruchszeit, in: GEISS / VÖSSING, Die Völkerwanderung, 109–150.

WENSKUS, REINHARD, Stammesbildung und Verfassung. Das Werden der frühmittelalterlichen *gentes*, 2. Aufl. Köln 1977.

WIECZOREK, ALFRIED (Hg.), Die Franken, Wegbereiter Europas. Vor 1500 Jahren: König Chlodwig und seine Erben, 2. Aufl. Mainz 1997.

WIEMER, HANS-ULRICH, Theoderich der Große. König der Goten – Herrscher der Römer, München 2018.

WIRTH, GERHARD, Severin und die Germanen. Eine Begegnung an der Grenze des Imperiums, in: SCHNEIDER, JÜRGEN / WENDEHORST, ALFRED (Hgg.), Begegnungsräume von Kulturen, Neustadt an d. Aisch 1982, 15–48.

WITSCHEL, CHRISTIAN, Die spätantiken Städte Galliens. Transformationen von Stadtbildern als Ausdruck einer gewandelten Identität?, in: MÜLLER / DIEFENBACH, Gallien in der Spätantike, 153–200.

WOLFRAM, HERWIG, Grenzen und Räume. Geschichte Österreichs vor seiner Entstehung (378–907), Wien 1995.

WOLFRAM, HERWIG, Die Goten. Von den Anfängen bis zur Mitte des sechsten Jahrhunderts; Entwurf einer historischen Ethnographie, 5. Aufl. München 2009.

ZÖLLNER, ERICH, Geschichte der Franken bis zur Mitte des sechsten Jahrhunderts, München 1970.

4 Zwischen Assimilation und postmigrantischen Perspektiven

ALFÖLDY, GÉZA, Das Imperium Romanum. Ein Vorbild für das vereinte Europa? Basel 1999.
BAHLCKE, JOACHIM / LENG, RAINER / SCHOLZ, PETER (Hgg.), Migration als soziale Herausforderung. Historische Formen solidarischen Handelns von der Antike bis zum 20. Jahrhundert, Stuttgart 2011.
BAUDY, GERHARD J., Die Brände Roms. Ein apokalyptisches Motiv in der antiken Historiographie, Hildesheim u. a. 1991.
BAUDY, GERHARD J., The Role of the Rising Sirius in Ancient Apocalyptic Tradition Concerning the Terrorist Background of the ‚Neronian Fire' on 19 July AD 64, in: DILLON, MATTHEW / MATTHEW, CHRISTOPHER A. (Hgg.), Religion and Classical Warfare. The Roman Empire, Barnsley 2022, 186–226.
BECHER, MATTHIAS (Hg.), Kontingenzerfahrungen und ihre Bewältigung zwischen imperium und regna. Beispiele aus Gallien und angrenzenden Gebieten vom 5. bis zum 8. Jahrhundert, Göttingen 2021.
BERLINGHOFF, MARCEL, Bootsflüchtlinge, in: SCHARRER u. a., Flucht- und Flüchtlingsforschung [2.2], 247–252.
BERNSTEIN, FRANK, Immigranten und Indigene. Eine Kontakttypologie am Beispiel der „Großen Kolonisation der Griechen", in: MARZOLI u. a., Kontaktmodi, 33–49.
BLASIUS, ANDREAS / SCHIPPER, BERND U. (Hgg.), Apokalyptik und Ägypten. Eine kritische Analyse der relevanten Texte aus dem griechisch-römischen Ägypten, Leuven u. a. 2002.
BORGOLTE, MICHAEL, Das Langobardenreich in Italien aus migrationsgeschichtlicher Perspektive. Eine Pilotstudie, in: DERS. / TISCHLER, MATTHIAS M. (Hgg.), Transkulturelle Verflechtungen im mittelalterlichen Jahrtausend, Darmstadt 2014, 80–119.
COŞKUN, ALTAY / RAPHAEL, LUTZ (Hgg.), Fremd und rechtlos? Zugehörigkeitsrechte Fremder von der Antike bis zur Gegenwart. Ein Handbuch, Göttingen 2014.
DEMETRIOU, DENISE, Negotiating Identity in the Ancient Mediterranean. The Archaic and Classical Greek Multiethnic Emporia, Cambridge 2012.
DEMETRIOU, DENISE, Phoenicians among Others. Why Migrants Mattered in the Ancient Mediterranean, Oxford 2022.
EDWARDS, CATHARINE / WOOLF, GREG (Hgg.), Rome the Cosmopolis, Cambridge / New York u. a. 2003.
FILONIK, JAKUB / PLASTOW, CHRISTINE / ZELNICK-ABRAMOVITZ, RACHEL (Hgg.), Citizenship in Antiquity. Civic Communities in the Ancient Mediterranean, London 2023.
FOROUTAN, NAIKA / KARAKAYALI, JULIANE / SPIELHAUS, RIEM (Hgg.), Postmigrantische Perspektiven. Ordnungssysteme, Repräsentationen, Kritik, Frankfurt / New York 2018.
GALLÉ, VOLKER (Hg.), Die Burgunder. Ethnogenese und Assimilation eines Volkes, Worms 2008.
GLAZER, NATHAN / MOYNIHAN, DANIEL P. (Hgg.), Beyond the Melting Pot. The Negroes, Puerto Ricans, Jews, Italians, and Irish of New York City, 2. Aufl. Cambridge, MA 1970.
GLEASON, PHILIP, The Melting Pot. Symbol of Fusion or Confusion?, in: American Quarterly 16, 1964, 20–46.

Hines, John, Die Perspektive der archäologischen Überlieferung, in: Ludowici, Saxones, 146–153.
Kölzer, Theo / Schieffer, Rudolf (Hgg.), Von der Spätantike zum frühen Mittelalter. Kontinuitäten und Brüche, Konzeptionen und Befunde, Ostfildern 2009.
Konrad, Michaela / Witschel, Christian (Hgg.), Römische Legionslager in den Rhein- und Donauprovinzen. Nuclei spätantik-frühmittelalterlichen Lebens? München 2011.
Krause, Jens-Uwe / Witschel, Christian (Hgg.), Die Stadt in der Spätantike – Niedergang oder Wandel? Stuttgart 2006.
Krautheimer, Richard, Rom. Schicksal einer Stadt, 312–1308, 3. Aufl. München 2004.
Kulikowski, Michael, Barbarische Identität, in: Konrad / Witschel, Römische Legionslager in den Rhein- und Donauprovinzen, 103–111.
Ludowici, Babette (Hg.), Saxones. Niedersächsische Landesausstellung 2019, Darmstadt 2019.
Luttwak, Edward, The Grand Strategy of the Byzantine Empire, Cambridge, MA 2009.
Lyons, Claire L. / Papadopoulos, John K. (Hgg.), The Archaeology of Colonialism. A Symposium, Los Angeles 2002.
Mairs, Rachel, The Hellenistic Far East. Archaeology, Language, and Identity in Greek Central Asia, Berkeley 2014.
Malkin, Irad, A colonial middle ground. Greek, Etruscan, and local elites in the Bay of Naples, in: Lyons / Papadopoulos, The Archaeology of Colonialism, 151–181.
Marzoli, Dirce / Reinhold, Sabine / Schlotzhauer, Udo / Vogt, Burkhard / Schnorbusch, Hannah (Hgg.), Kontaktmodi. Ergebnisse der gemeinsamen Treffen der Arbeitsgruppen „Mobilität und Migration" und „Zonen der Interaktion" (2013–2018), Wiesbaden 2021.
Meyer-Zwiffelhoffer, Eckhard, Barbaren, Asiaten, Sklaven, Juden. Rassismus in der Antike? in: HZ 317, 2023, 1–62.
Moatti, Claudia, Immigration and Cosmopolitanization, in: Erdkamp, Paul (Hg.), The Cambridge Companion to Ancient Rome, Cambridge 2013, 77–92.
Rapp, Claudia (Hg.), Mobility and Migration in Byzantium. A Sourcebook, Göttingen 2023.
Reuter, Julia / Warrach, Nora, Die Fremdheit der Migrant_innen. Migrationssoziologische Perspektiven im Anschluss an G. Simmels und A. Schütz' Analysen des Fremdseins, in: Reuter / Mecheril, Schlüsselwerke der Migrationsforschung [1.2], 169–189.
Riese, Berthold, Rez. H. Parzinger, Die Kinder des Prometheus. Eine Geschichte der Menschheit vor der Erfindung der Schrift (3. Aufl. 2015), in: Anthropos 112, 2017, 696–699.
Sarti, Laury, Westeuropa zwischen Antike und Mittelalter, Darmstadt 2023.
Schiffauer, Werner, Parallelgesellschaften. Wie viel Wertekonsens braucht unsere Gesellschaft? Für eine kluge Politik der Differenz, Bielefeld 2011.
Schipp, Oliver, Römer und Barbaren. Fremde in der Spätantike und im Frühmittelalter, in: Coşkun / Raphael, Fremd und rechtlos? 121–151.
Schmauder, Michael, Der Raum zwischen Rhein, Donau und Oder vom 5. bis zum Ende des 7. Jahrhunderts, in: Bonner Jahrbücher 208, 2018, 193–248.

SCHOLZ, PETER, Wohltaten zugunsten von Migranten und Nichtbürgern. Möglichkeiten und Grenzen der Integration von Fremden in griechischen Städten, in: BAHLCKE u. a., Migration als soziale Herausforderung, 1–18.
SCHUNKA, ALEXANDER / OLSHAUSEN, ECKART (Hgg.), Migrationserfahrungen – Migrationsstrukturen, Stuttgart 2010.
SEHLMEYER, MARKUS, Models of Roman citizenship from Augustus to Boris Johnson, in: FILONIK u. a., Citizenship in Antiquity, 64–77.
ULBRICHT, CHRISTIAN, Assimilation. Von klassischen zu neueren Modellen, in: FAIST, Soziologie der Migration [1.3.5], 209–236.
WHITE, RICHARD, The Middle Ground. Indians, Empires, and Republics in the Great Lakes Region, 1650–1815, 2. Aufl. Cambridge 2011.
WICKHAM, CHRIS, Framing the Early Middle Ages. Europe and the Mediterranean 400–800, Oxford 2005.
WOOD, IAN N., Assimilation von Romanen und Burgundern im Rhone-Raum, in: GALLÉ, Die Burgunder, 215–236.

Anhang

Bibliographische Abkürzungen

Die vollen bibliographischen Angaben sind dem Literaturverzeichnis in der angegebenen Rubrik zu entnehmen. Lateinische Autoren werden nach den Vorgaben des Thesaurus Linguae Latinae abgekürzt (https://thesaurus.badw.de/tll-digital/index.html, abgerufen am 20.3.25), griechische nach Liddell, Scott, Jones, A Greek-English Lexicon (https://logeion.uchicago.edu/abbreviations/lsj, abgerufen am 20.3.25).

Bade, Enzyklopädie	Bade, Klaus [1.1.3: Enzyklopädie Migration in Europa].
Barbero	Barbero, Alessandro [3.5: Barbari].
CAH	The Cambridge Ancient History; Einzelbände s. Lit.verz. unter Astin [1.1.1: Rome and the Mediterranean to 133 B. C., CAH VIII]; Bowman [1.1.1 The High Empire, CAH XI]; Walbank [1.1.1 The Rise of Rome to 220 B. C., CAH VII 2].
Cohen 1/2/3	Cohen, Getzel M. [3.4: The Hellenistic Settlements in Europe, the Islands and Asia Minor (1) in Syria, the Red Sea Basin, and North Africa (2) in the East from Armenia and Mesopotamia to Bactria and India (3)].
DNP	Cancik, Hubert / Schneider, Helmuth (Hgg.) [1.1.3: Der Neue Pauly, 12 Bde. in 13].
EAH	Bagnall, Roger et al. [1.1.3: The Encyclopedia of Ancient History, 12 Bde.].
EGHM	Ness, Immanuel [1.1.3: The Encyclopedia of Global Human Migration, 5 Bde.].
EnzNeuzeit	Jaeger, Friedrich (Hg.) [1.1.3: Enzyklopädie Neuzeit].
Fischer, VWG	Fischer, Joseph A. [3.6: Die Völkerwanderung im Urteil der zeitgenössischen kirchlichen Schriftsteller Galliens unter Einbeziehung des heiligen Augustinus].
Garland	Garland, Robert [2.0: Wandering Greeks].
HGL	Handbuch der Griechischen Literatur Bde. 1–3/1: Zimmermann [1.5]; Zimmermann / Rengakos [1.5].
HLL	Berger, Jean Denis et al. (Hgg.) [1.5: Handbuch der Lateinischen Literatur 6].
HZ	Historische Zeitschrift (https://www.degruyter.com/journal/key/hzhz/html).
IACP	Hansen, Mogens H. / Nielsen, Thomas H. (Hgg.) [1.1.3: An Inventory of Archaic and Classical Poleis].
Kehne, Überlegungen	Kehne, Peter [2.2: Überlegungen zur generellen Klassifizierung völkerrechtlich einschlägiger Deportationsfälle].
Meier, VW	Meier, Mischa [3.6: Geschichte der Völkerwanderung].

O & R	OSBORNE, ROBIN; RHODES, P. J. (Hg.) [3.3: Greek historical inscriptions. 478–404 BC].
PETERSEN	PETERSEN, WILLIAM [2.0: A General Typology of Migration].
RAC	DÖLGER, FRANZ J. (Hg.) [1.1.3: Reallexikon für Antike und Christentum, bisher 32 Bde. und 1 Suppl.-Bd.].
RE	WISSOWA, GEORG / KROLL, WILHELM / ZIEGLER, KONRAT (Hgg.) [1.1.3: Realencyclopädie der classischen Altertumswissenschaft, 83 Bde.].
R & O	RHODES, PETER J.; OSBORNE, ROBIN [3.3: Greek historical inscriptions, 404–323 BC].
RGA	BECK, HEINRICH et al. (Hgg.) [1.1.3: Reallexikon der Germanischen Altertumskunde, 35 Bde.].
RGG[4]	BETZ, HANS DIETER u.a. (Hgg.), Religion in Geschichte und Gegenwart. Handwörterbuch für Theologie und Religionswissenschaft, 8 Bde., 4. Aufl. Tübingen 1998–2005.
SCHULZ / WALTER, GG	SCHULZ, RAIMUND; WALTER, UWE [1.1.1: Griechische Geschichte. 2 Bde.].
SILVA RENESES	SILVA RENESES, LUIS [3.4: „Deducti, traducti". Les déplacements de communautés ... (268–13 av. n. è.)].

Abbildungen

Abb. 1: Matrix der Migrations- und Mobilitätsformen nach PETERSEN © Markus Sehlmeyer (S. 14)
Abb. 2: Migration der Helvetier und Gegenmaßnahmen Caesars 58 v. Chr. (Karte) © Markus Sehlmeyer (S. 76)
Abb. 3: Kartographie: Sparsamer Umgang mit Pfeilen illustriert an der Mobilität der Sachsen vom 4.–7. Jh. n. Chr. © Peter Palm (S. 104)

Sachregister

Das Register dient der Nennung wichtiger, weiterführender Seitenverweise, Vollständigkeit ist nicht beabsichtigt, aber durch Recherche in der online-Fassung des Buches möglich. Schwerpunktseiten, die z.B. Definitionen enthalten, werden *kursiv* hervorgehoben.

Abhängige Orte 57, 137
aDNA (Ancient DNA) *siehe* DNA
ager publicus 65, 67, 71, 180
Akteur-Prozess-Modelle 99, 110, 113, 146
Anachoresis (Stadtflucht, aufs Land) 134, 137, 163
Anpassung *siehe* Assimilation
Anthropologie (als Methode) 1, 4, 7, 99 f., 105, 111 *siehe* Frühmenschen
Apoikisation 6 f., 32, 94, 144 f., 149, 153
– der archaischen Zeit 27–29, 32–34, 42, 45–50
– der klassischen Zeit 55–57
– im Hellenismus? 60–63
Arbeitsmigration 30, 35, 48, 134, 138
Archaische Zeit 7, 26, 38, *42–50*, 134, 138, *145–156*
Armee und Migration *siehe* Garnison, Reiterei, Söldner, Veteranen
Assimilation 7 f., 94–98, 209–213.
Asyl 23 f., 128, 154 f.

Barbaren 86 ff., 182, 199, 205
Begriffsgeschichte *siehe* Terminologische Fragen
Bergbau 76, 183, 193
Big History 99, 106
Bildungsmobilität 114, 145
Binnenmigration 5, 42, 63, 66 f., 70, 78, 137, 180
‚Boat people' 25, 102
Bronzezeit 8 f., 18, 142
Bürger(recht) 65, 74, 94, 181, 212

C14-Datierung 116, 120
Chicago-School 5, 107 f.
Chora 33, 51, 133, 136 f.
Christentum
– Institutionalisierung 83 f., 92, 96, 195, 203
– Verfolgung 83, 195
Circumcellionen 90, 203
Collective action theory 117, 137

Dark Ages 29, 41–45, 140, 145
Demokratie und Migration 51, 157,
Deportatio (antike Strafe) 14 f. *siehe* Zwangsmigration
Diaspora 30, 134 f., 158 f., 195
Dioikismos 162
DNA 8, 64, 111, 142
Donatismus 90
„Dorische Wanderung" 31, 40 f., 143 f.
DP (Displaced Person) 12, 21

Einsickern von Bevölkerung *siehe* Migration, Freie
Empire(forschung) 3, 7, 95, 102, 117
Emporion 28, 42, 132 f.
Enteignung 74 f., 80, 188
Erdbeben 50 f., 156 f.
Ethnische Säuberung? *siehe* Genozid?
Ethnographie *siehe* Quellen, literarische
Ethnogenese 31, 81 f., 86, 139 f., 191, 198
Ethnos 3, 28, 36, 40 f., 69, 139, 184, 186
Exil *siehe* Zwangsmigration

EU (Europäische Union) 7, 21, 36, 213
Evakuierung 53, 159

Familie *siehe* Frauen
Flucht *siehe* Zwangsmigration
Forced migration *siehe* Zwangsmigration
Föderaten 88 f., 203, 205, 211
Frauen 8, 11, 24, 43, 50, 53–55, 73–77, 89, 102, 106, 111 f., 116 f., 125, 146 f., 152, 156, 159, 162, 180, 182, 202, 205
Fremde 8 f. *siehe* Indigene
– in Grld. (Metöken) 26, 130, 152
– in Rom (Peregrini) 83, 97, 130, 195
Freie Migration *26–31*, 55 f., 64, 81, *130–135*, 163, 180, 206, 208
– Einsickern 29, 64, 82, 96, 136, 171, 192, 199, 206
– Pioniere/ Entdecker 26 f., 130–132
Frontier 80–83, 19, 191–194, 196, 200
Frühes Griechenland 37–42, 140–142
Frühmenschen 99 f.

Garnison 61–63, 82, 129, 166, 189
Gastarbeiter *siehe* Arbeitsmigration
Geiselhaft 25 f., 71, 89, 130, 202
Genderforschung 4, 106 *siehe* Frauen, Männer
Genetik *siehe* DNA
Genozid? 19, 53, 61, 78, 123, 183–186
Geographie 4–6, 58, 103, 115, 118
Geschichte der Migrationsforschung 5, 106
Getreide 13, 16, 47, 57, 78, 116, 185
Gewaltindzierte Migration *siehe* Zwangsmigration
Gewaltgemeinschaften 86, 198
Ghetto (NZ) 8, 95, 209
Globalisierung/ Globalgeschichte 59, 103 f., 109 f., 165
Governance 110

Grenze 36, 81, 103, 130, 139, 191, 199
Griechischsprecher 31, 37 f., 140

Handel 28–30, 35 f., 43, 45, 59, 85, 95, 108, 131–136, 143, 197
Heermeister / *Magistri militum* 88–91, 202 (Aëtius), 204 (Theoderich)
Hellenismus 6, 59–75, 94–98, 165
Heloten (unfreie Landarbeiter) 52, 156–159
Hikesie *siehe* Asyl
Historische Migrationsforschung 100 f., 107–109
Historischer Vergleich 13, 117
Homo mobilis *siehe* Anthropologie, Mentalität
Homo sapiens *siehe* Frühmenschen
Hospitalitas 97, 212

Identität 41 f., 81, 90 f., *94–98*, 107, 116, 120, 140, 143, 198, *206–214*
Impelled migration *siehe* Migration, Umsiedlung; Remigration
Indigene 28 f., 33, 42 f., 60–62, 94 f., 136, 148, 151, 209 f.
Indoeuropäische Sprachen 31, 38, 141
Infrastruktur *siehe* Migration, technische Ressourcen
Inschriften 13, 20, 46, 53, 63, 68, 74 f., 84 f., 116, 134, 137, 159, 163, 188, 197, 210
Invasion vs. Immigration 10, 18, 24, 32, 39, 64, 86 f., 96, 117, 134, 187, 192, 198
„Ionische Wanderung" 31, 40 f., 140, 143 f.
Isotopenanalyse 8 f., 111, 157, 170

Kaiser *siehe* Prinzipat und Migration
Katoikien 61, 65, 167
Karten (Verweis und Links) 76, 99, 103 f., 109, 111, 116, 119, 149,

151, 156, 163, 174–180, 182 f., 192, 201, 207
Kartographie 4, 103–105
Keramik *siehe* Quellen, archäologische
Klassische Zeit 50–58, 136–164
„Kleine Eiszeit" 84, 87, 112
Kleruchien 34, 56, 137, 163
Klima 16, 84, 112
– Dürre, Hungersnöte 17, 112, 121, 138
Kolonialismus (NZ) 27 f., 32, 126, 135 f., 151
Kolonisation 117, 135, 147, 188
– Griechische (klassische Zeit) 32, 56 f., 163
– Honorat- oder Titularkolonien 83, 194
– Latinische Kolonien der Römer 65–67, 74, 83
– Römische Bürgerkolonien 65–67, 80, 83, 171, 173, 190, 194
– Umgründungen (Hellenismus) 61–64, 140, 166 f.
Konnektivität 47, 151, 165
Kontingenzen 37, 48, 50, 91, 96, 140, 202, 207
Ktisis (Gründungssage) 45, 87, 107, 148 f.
Ktistes (Gründer) 33, 35, 44, 64, 146, 168
Kulturentstehung (antike Theorie) 15, 118
Kulturkontakte *siehe* Indigene
Kulturen der Migration 7, 102, 111

Landflucht *siehe* Zwangsmigration
Landvermessung 51, 63–65, 67, 157, 170
Landwirtschaft 16, 43, 119, 138, 151 f., 185
Latinisches Recht 66 f.
Laudatio Turiae (Grabinschrift) 74, 182
Laws of Migration (Ravenstein) 5, 107, 110

Legierung (von Metallen) *siehe* Metallurgische Untersuchungen

Männer (v.a. junge) 4, 9, 15, 43, 147
magistri militum siehe Heermeister
Malaria 16, 119
Massenmigration *31–36*, 56, 61–65, 75–78, *135–139*, 145–153, 163, 179–190, 197–207
Meistererzählung 37 f., 141
Melting pot 102, 108, 209
Mentalität 1, 7, 10, 26, 44, 52, 55, 60, 84, 91, 111, 113, 116, 120, 130, 148, 159, 209–214
Metallurgische Untersuchungen 193–195
Metoikēsis (eine Art von Umsiedlung) 58, 163
Mētropolis 33, 57, 136, 138
Middle Ground 60, 94 f., 209 f.
Migration
– Aktuelle Bezüge 1, 4, 7, 19–21, 83, 94–98, 101–103, 107, 109–112, 118, 126 f., 130, 139, 189, 213
– aufgrund von Bevölkerungsüberschuss? 10, 66
– Dauer 13, 22, 91, 157, 175
– Entfernungen 13, 53, 69, 110, 120, 178, 185, 206
– Lebensweise der Migranten 17, 24 f., 89, 91, 96, 99 f., 127
– Migrationsregime *siehe* Regime
– Migrationspolitik? 3, 62, 66–70, 82, 102, 126, 168, 193
– Migrationssysteme 6, 109
– Mythen 2, 40 f., 45, 102, 160
– Narrative 10, 37 ff., 68 f., 79 f., 113–116, 143, 146, 165
– Quantitäten 1, 12, 20 f., 50, 62, 125 f., 146 f., 152, 164, 184, 201, 203
– Ressourcen, technische 12, 25, 43, 70, 77, 127–147, 178, 184 f., 201, 204 f.
– Römische Frühzeit 85 f., 114, 165

- Römische Republik 64–67, 69–75, 171–174, 177–182
- Römische Kaiserzeit 75–85, 182–197
- Typologie 2, 14 (Schaubild) – 36, 118–138
- von Wissen 4, 94
- zyklische 15, 52, 118
((*siehe* Freie Migration, Massenmigration, ökologisch bedingte Migration, Zwangsmigration))
Militärgeschichte (Methode) 11 f.
Mobilität 1–4, 44, 53, 72 f., 101, 106, 140–146
- von Waren *siehe* Handel
Münzen 13, 116 f.

Nationalsozialismus, völkisches Denken 12, 19, 105, 111
Naturkatastrophen *siehe* Seuchen, Tsunami, Vulkanismus
Neolithikum 38, 100
Nexum *siehe* Schuldknechtschaft
NGO (Non-Governmental Organisation) 7, 21
Nomadismus 15, 51 f., 84, 88, 113, 118 f., 158, 196
Nómos (Gesetz) 161, 175
Nomós (ägyptische Region) 64

Ökologisch bedingte Migration 15–19, 91, *118–122*, 192, 196
- Ursachen 10 f., 16 f., 18, 50, 112, 120–122, 204
Orakel *siehe* religiöse Rahmenbedingungen
Ostrakismos 53, 161

Paläogenetik *siehe* DNA
Papyri, Papyrologie 13, 63 f., 116, 137, 169 f., 176, 208
Paroikoi (ansässige Fremde) 62 f., 119 *siehe* Metöken
Pastoralismus 18 f.
Peregrine (Fremde in Rom) *siehe* Fremde

Periöken (Nichtbürger in Grld.) *siehe* Fremde
Pest *siehe* Seuchen
Petersens Migrationstypologie 5, *14 ff.*, 17, 36, 94, 101, *118 ff.*, 122, 132, 208
Peuplierung 35, 59, 138
Pioniere *siehe* Freie Migration
Piraterie 11, 72 f., 88, 179, 199, 210
Polis 42, 50, 63, 133, 146
Politeuma 69, 176
Pollen(analyse) 9, 13, 18, 116
Politologie 3, 22, 102, 110, 126, 161, 212 f.
Postkoloniale Forschungsansätze *siehe* Kolonialismus
Postmigrantische Situation 3, 94–98, 210 f.
Port of Trade 29, 134
Primitive migration siehe Ökologisch bedingte Migration
Prinzipat und Migration 82–84, 193 f.
Proskription *siehe* Enteignung
Protohellenismus 59–61, 165 f.
Protokolonisation 27, 42, 131, 144
Push-und Pull (Kritik am Begriff) 5
- Pull-Faktoren 36, 62, 66, 134
- Push-Faktoren 7, 9, 25

Quellen, literarische 2, 106 f., 113 f.
- Briefe 68 f., 90, 152
- christliche 195, 202 f., 205
- Drama 54 f., 73, 162 f.
- Epik und Dichtung 11, 27 f., 43 f., 48 f., 79 f., 84, 89, 144, 147 f., 155, 188
- Exilliteratur 10 f., 79 f.
- Ethnographie 11, 15, 54, 114, 131 f., 143, 170
- Historiographie 11, 15 f., 46–49, 58, 60, 76–78, 89, 128 f., 149, 162, 207
- Periplus-Literatur (Routenbeschreibungen) 27, 131, 163
- Reden 62, 73, 80, 158, 168

- römische Gesetze 65 f., 71, 130, 171 f., 181, 212
Quellen, archäologische 2, 12, 39, 115, 194 f.
- Gräber 8, 12, 15, 29, 93, 115, 170 f., 193, 205 f., 211
- Keramik 29, 45, 115, 141, 143 f., 157
- Siedlungen 12, 28, 32, 64, 151, 157, 170, 183, 205

Rassismus? 78, 211
Raub (zu Lande) 24, 86 f., 199
Raum 6, 103 *siehe* Kartographie
- regionale Räume 6, 34, 109 f., 149–151
- theoretische Konzepte 103
Regime
- Definition 3, 110
- Deportationsregime 21, 72, 124
- Migrationsregime 3, 6 f., 58, 65, 70, 83, 85, 110, 164, 176
Reisen 2, 27, 55, 131 f.
Reiterei 82, 191 f.
Religiöse Rahmenbedingungen
- Heterodoxie 8, 20, 86, 90, 92, 114, 125, 195, 199, 211
- Orakel 46, 138, 150
- Polytheismus 95, 195
Remigration? 78, 83, 89, 91, 108, 153, 173 f.
Repatriierung? 52, 66, 68, 158
Romanisierung 81 f., 91, 171, 200

Schifffahrt 26, 39 f., 43 f., 57, 79 f., 141–147, 159, 175, 193, 197
Schlachtfeldarchäologie 185 f.
Schuldknechtschaft 25, 129
Sekundärkolonie (Begriffskritik) 34, 134, 137
Sesshaftigkeit 119, 158, 198
Seuchen 8, 10, 16, 91, 112, 204 *siehe* Malaria
Siedler *siehe* Apoikie, Kleruchen, Kolonie

Sklaverei und Migration 25, 54 f., 69, 72, 94, 129, 178, 203
Söldner 7, 29 f., 44, 60, 69 f., 88, 96, 130, 166–171, 176
Soziologie 3, 5, 7, 36, 94, 101 f., 107 f., 110, 195
Spätantike (Epoche) 3, 6, 36, 86–93, 197–214
Stadtflucht (z.B. anachorēsis) 30, 134, 137 f.
Stasis 23, 53 f., 160 f.
Steinzeit, späte *siehe* Neolithikum
Synoikismos 20, 52 f., 57 f., 60, 137

Terminologische Fragen V, 14 f., 21, 32, 103, 107 f., 126, 133 *siehe* Remigration, Völkerwanderung (Begriff)
Todesmarsch *siehe* Genozid
Transhumanz 15, 18, 52, 84, 158
Tribale Formationen 29, 36, 64, 71, 76 f., 84–87, 91, 93, 104, 191, 197 *siehe* Ethnos
Tyrannis und Migration 45, 48 f., 53, 56, 58, 123, 127, 146, 153–155, 163 f.

Umgründung *siehe* Kolonie
Umsiedlung *siehe* Zwangsmigration
Ur- und Frühgeschichte 12, 109, 111, 115
Urbanisierung 59 f., 62, 98, 166–175, 177, 204 f.

Verlandung 16, 51, 119
Verschleppung 20, 25 f., 63, 90, 126, 200, 205
Vertreibung *siehe* Zwangsmigration
Veteranenversorgung 35 f., 65, 67, 73 f., 79–81, 96, 167, 173, 180–182, 188–190, 212
Völkermord *siehe* Genozid
Völkerrecht 21, 23, 71, 97, 123, 127
Völkerwanderung (Begriff) 4 f., 36, 86 f., 107, 139

Völkisches Denken *siehe* Nationalsozialismus
Vormoderne 12 f., 100
Vulkanismus 16 f., 73, 84, 112, 120–122, 196

Wanderkonglomerate 86, 88, 198, 201, 203
Wirtschaft und Migration *siehe* Handel
Wissensmigration *siehe* Migration, von Wissen

Zwangsarbeit(er) 19 f., 52, 138
Zwangsmigration 19–26, 122–130
– Deportation 19–22, 67–73, 153, 159–161, 177–179. 183–191, 207
– Exil 9–11, 23 f., 12 f., 155 f., 182, 188, 190, 205
– Flucht (aus religiösen oder inneren Gründen) 22 f., 48, 58, 127 f., 153 f., 159, 176, 182, 195, 208
– Flucht (vor militärischer Bedrohung) 22, 24 f., 49, 127 f., 156, 187–189, 207
– Landflucht 17 f., 30, 121, 128, 137
– Umsiedlung 20, 68–70, 124 f., 137, 157, 175 f., 183, 207
– Ursachen/ Motive 19, 125
– Vertreibung 21, 79 f., 90, 108, 123, 128, 173 f., 200, 207

Register der Ethnien und politischen Formationen

Vollständigkeit der Stichworte ist nicht beabsichtigt; es werden solche Seiten angegeben, die Erkenntnisse zur Migrationsgeschichte erlauben; besonders wichtige Passagen werden durch *kursive* Seitenangaben hervorgehoben. Die Abkürzung NZ verweist auf die Neuzeit, MA auf das Mittelalter.

Achaiischer Bund 25 f., 51
Achämeniden 19 f., 49, 53 f., 123, 134 f., 140, 159, 161
Aeoler (Dialektgruppe) 143 f.
Ägypter, Alte 39, 123
Aitoler (Bund) 68, 174
Alamannen 87, 93, *199–201*, 206, 211
Alanen 88 f., 96, 198
Alarichgoten 88–90, 202
Altsachsen 91, 96, 104 f. (Karte), 199
Angelsachsen 91, 204
Antigoniden (makedonische Dynastie) 23, 61, 68, 135, 174
Araber 88, 109
Argeaden (makedonische Dynastie) 23, 55, 60, 68, 135, 166–168, 173 f.
Arkader 52 f.
Armenier (NZ) 124, 126
Asiaten (als Hilfsbegriff) 86, 96, 198
Assyrer 19 f., 29, 123, 140
Athener 53 f., 159
Attaliden (von Pergamon) 61, 167
Attisch-Delischer Seebund (477–404 v.Chr.) 34, 40, 56, 137
Attischer Seebund (377–338 v.Chr.) 60, 166
Aunjetitzer Kultur 9, 112
Awaren 206–208

Babylonier 19 f., 123, 134
Baiuwaren (Altbayern) 206
Bantu 109
Bataver 81 f., 191 f.

Bosporanisches Reich 47, 57, 59, 165, 209
Brandenburg-Preußen (NZ) 34, 132
Bundesgenossen, römische 17 f., 66, 121, 172
Burgunder 88, 92, 201, 205, 211 f.
Byzantiner 91, 98, 195, 200, 204, 206, 211, 213

Capuaner 22, 72, 178
Černjachov-Kultur 203
Chatten 81

Dorer (Dialektgruppe) 40, 140–145

Etrusker 34, 57, 155
Euböer (als „reisende Helden") 27, 46 f., 131, 133

Franken in der Spätantike *siehe* Merowinger
Franken, frühe (Kaiserzeit) 87, 96, 199, 206, 211
Friesen 82, 192

Germanen (als Hilfsbegriff) 36, 86 ff., 107, 197 ff.
Goten *s.a.* Greutungen, Terwingen, Alarichgoten, Ostrogoten, Visigoten 4, 87–90, 93, 96, 105, 116, 203
Greutungen (Teil der Goten) 90
Griechen (Kultur der Migration) 26, 36, 44 f., 94 f., 101, 103, 117, 128, 143, 145–148, 188

Register der Ethnien und politischen Formationen — 269

Habsburgerreich (NZ) 5, 34, 127, 138
Hallstatt-Kelten (bis ca. 450 v. Chr.) 29, 64, 132
Helvetier 11 f., 32, *76–78*, 127, *183–185*
Hugenotten (NZ) 132
Hunnen 88 f., 96, *198–200*, 204

Iberer 34, 75, 114
Imperium Romanum 35, 65–67, 69 ff., 96–98, 123–126, 171–173, 176 ff.
Ioner (Dialektgruppe) 40 f., 140–145
Ionier (Westanatolien) 41, 143 f., 148, 151
Islam 213
Italiker (Latiner, Pikener etc.) 72, 87, 187 f.
Juden/Judäer 20, 30, 69, 83, 93, 95, 126, *134 f.*, 174 f., 194, 208, 211
Juthungen 87, 199

Karer 59 f., 165 f.
Karthager 48, 69, 133–135, 149, 155, 162
Kelten *siehe* Hallstatt, Latène
Keltiberer 170, 178
Kimbern (und Teutonen) 78, 186
Korinther 47, 57, 145, 150, 163

Langobarden 96 f., 206 f.
Latène-Kelten (ab ca. 450 v.Chr.) 32, 64, 115, 132, 134, 170, 187
Latiner 18, 65 f., 172
Leleger 60, 165
Ligurer, apuanische 20, 22, 71 f., 74, *177 f.*, 182

Makai (afrikanische Nomaden) 48
Makedonen *siehe* Argeaden, Antigoniden
Markomannen 83, 194 f.
Merowinger 92 f., 205–208, 211–213
Minoer 31, 39 f., 141–143
Morisken (NZ) 126
Mykener 31, 141–142

Nabatäer 129
Nervier (Stamm am linken Niederrhein) 125

Osmanen 126
Ostrogoten 90–92, 196, 198, 204, 211

Parther 23, 87, 123, 176, 197
Pergamener *siehe* Attaliden
Perser *siehe* Achämeniden, Parther, Sassaniden
Pfälzer (NZ) 9, 25, 28
Phönizier 26, 95, 133, 149, 210
Pikenter 66, 177
Pontos (Reich des Mithradates) 73, 177
Przeworsk (Kultur) 13
Ptolemäer 34, 61, 63, 137, *167–170*

Rhodier (Staatenbund auf Rhodos) 121, 166, 179
Rohingya (NZ) 21
Rom (Kultur der Migration) 36, 58 f., 71 f., 82 f., 97, 117, 130, 149, 165, 188
Romanen 92, 211
Römer *siehe* Imperium Romanum
Rugier 208
Russisches Reich (NZ) 9, 132, 138

Santonen 32, 77, 184
Sassaniden 20, 86 f., 123, 198, 200, 204, 207
Saxones *siehe* Altsachsen
Schwaben (19. Jh.) 146
Schweden (NZ) 28, 132
Seevölker 18, 39, 122, 142
Seleukiden 34, 61 f., 68 f., 168–170, 174–177
Senonen 66
Sikeler 33
Sinder (vom Asowschen Meer) 51
Sizilische Tyrannen 57 f., 64, 164, 166, 173, 176
Skythen 15 f., 51, 119, 158, 165

Slawen 5f., 93, *206f.*
Spartaner 52f., 154, 162
Steppenvölker 6, 86, 88 *siehe auch*
    Awaren, Hunnen
Stymphaliten (Ostarkadier) 68, 174
Sueben 88, 201f.
Sugambrer 81

Tenkterer (und Usipeter) 82, 125, 185f.
Terwingen (Teil der Goten) 90,
Teutonen *siehe* Kimbern
Thebaner 52, 137, 161f.
Thüringer 206

Tiguriner 78, 186
Türken 109,

Ubier 81, 193
Usipeter *siehe* Tenkterer

Vandalen 88, 96f., 116, 201, 203
Venedig (MA, FNZ) 95
Visigoten 88, 90, 92, 96f., 213

Westrom 6, 86–89, 97, 112, 199
Wielbark (Kultur) 13

Ortsregister (Naturräume und Siedlungen)

Achaia 68, 179
Adria 27, 42, 44 f., 57, 163
Adrianopel 90, 203
Afghanistan 63, 168 f.,
Afrika (Kontinent) 59, 98 f., 112 f., 130, 165 *s.a.* Nordafrika
Ägäis 26, 31, 39–42, 52, 120, 122, 131, 141–144
Agde 34
Ägina 53
Ägypten (Naturraum) 44, 46, 69, 79, 116, 137, 168 f., 208, 210
Ai Khanoum 61, 63, 168
Akarnanien 47
Alalia (Korsika) 49
Alesia 78, 191
Alexandria (Eschate) 61
Alexandria (westlich des Nildeltas) 30, 60, 62, 68 f., 92, 119 f., *168 f.*, 174, 176, 205
Alexandria in Aria (heute Herat in NW-Afghanistan) 61
Al-Mina 42, 133 f.
Alpen(raum) 64, 91, 109, 132, 204, 207 f.
Ambrakia 150
Amerika *siehe* Atlantik
Anachorion 48, 153
Anatha (Babylonien) 207
Anatolien 26, 31 f., 38, 49, 69 f., 122, 135, 143, 154, 169, *175–177*, 181, 189
Antinoupolis 194
Antiochia (am Orontes) 87
Antiochia (Pisidien) 189
Apennin 66
Apollonia 150, 152
Aquitanien 88, 202
Arderikka (Iran) 54
Aremorica (Bretagne) 88
Argos 53
Arles 92

Ärmelkanal 85, 105, 199
Asien (NZ) 98, 136, 165
Asseln (bei Dortmund) 94, 205
Athen (Stadt) 25, 30, 48, 53–55, 72, 83, 129 f., 153, 160 f.
Atlantik (NZ) 6, 28, 32, 121, 132, 136, 147
Atlantis (mythisch) 120
Attika 52, 118, 137
Augsburg 87, 199
Augusta Raurica *siehe* Kaiseraugst
Augusta Treverorum *siehe* Trier

Babylon(ien) 20, 69, 175, 209
Baden-Württemberg 88
Baktrien 63, 167, 169
Barkhausen (Sommerlager) 193
Bazas *siehe* Vasatis
Bernsteinstraßen 85, 163, 197
Berytus (Beirut) 189
Betuwe (Flussinsel der Bataver) 186
Bibracte 78, 127, 185
Bielefeld-Sennestadt (Sommerlager) 193
Bislich 205
Bonn(a) 80, 189
Böotien 48, 153
Bordeaux 79, 89
Bosporus (kimmerisch) 47, 51, 57, 59, 158, 166
Bosporus (thrakisch) 98
Britannien 91, 96, 131, 204, 211
Bukephala 61
Byzanz (Byzantion, Konstantinopel) 90, 98, 204

Cadiz 28, 133
Caere (Cerveteri) 28, 133
Caesarobriga 183
Campania *siehe* Kampanien
Carnuntum 189
Castellum Flevum 82, 192

Chalkis (Euböa) 33, 45 f., 55
Chios 11
Chosroeantiocheia 87, 208
Clermont 92, 205, 208
Colonia Claudia Ara Agrippinensium
    siehe Köln

Dakien 64 siehe auch Südosteuropa
Damaskus 85
Delos 25, 72, 178 f., 181
Delphi 46, 138, 150
Donau 6, 83, 90, 109, 189, 191,
    193 f., 197, 200, 207 f., 213
Dünsberg (Hessen) 81
Dyme (Achaia) 73

Elateia (Phokis) 68, 174
Elbe 91, 112, 193, 207
Elea (Velia) 150, 155
Emporion (Ampurias, Katalonien) 34,
    57, 151, 210
England (NZ) 28, 95, 132
Ephesos 41, 143
Epidamnos 57
Epirus 72, 178
Eretria (Euböa) 54, 133
Etrurien 66
Euergetis (Fayum) 63 f., 169 f.
Euphrat 69, 85, 139, 168 f., 175, 197
Eurasien 15, 31, 38, 89, 158

Fabrateria 67, 172
Falerii 70, 177
Fayum 170, 208
Ficarolo (Venetien) 93, 205
Frankreich (NZ) 93, 132, 147
Fregellae 66 f., 121, 172
Friesland 81, 192

Galatien 32, 80
Gallien 6, 76–78, 81, 87–90, 92, 96,
    114, 116, 127, 138, 170, 183–
    188, 201 ff.
Gela 58
Gelduba (Krefeld) 197

Germania (freies Germanien) 82,
    191–194
Golf von Korinth 51, 174, 188 f.
Golf von Lyon 34, 151
Gravisca 210

Haithabu (MA) 29, 134
Halikarnassos 60, 166
Haltern (an der Lippe) 193
Hannover-Wilkenburg (Sommer-
    lager) 193
Hedemünden 82
Helike 51, 156 f.
Hellweg 85, 197
Herakleia am Eryx 49
Herakleopolis (Fayum) 69, 176
Herculaneum 17, 84, 196
Hierapolis (Pamukkale) 85
Hippo 90, 203
Huelva 28, 133
Hybla 33

Ilion (Nachfolgeort „Trojas") 56, 144
Imbros 56
Indien (im antiken Sinn) 63, 85, 124,
    131 f., 169, 198
Ionien 143–145
Ionisches Meer 26, 131, 150
Iran 61, 130, 200
Irland (NZ) 17, 65, 121
Italica (Spanien) 83
Italien 17 f., 64–67, 70,73 f., 79, 88,
    90, 142, 170 f., 173, 181, 187–
    190, 204
Ithome siehe Messene (Peloponnes)

Jamestown (FNZ) 43, 94, 146 f.
Jerusalem 174, 194
Judäa 23 f., 195

Kaiseraugst 80, 189
Kalabrien 179
Kalkriese 82, 193
Kamarina 58
Kamen-Westick (germanischer
    Fundort) 197

Ortsregister (Naturräume und Siedlungen) — 273

Kampanien 22, 28 f., 84, 150, 177, 196
Kanada (NZ) 147
Kandahar 63, 169
Karanis (Fayum) 208
Kardia 68, 174
Karien 59
Karrhai (Harran) 176
Karthago 24, 28, 133, 135, 162, 172
Katane 45
Kaukasus (östlich des Schwarzen Meeres) 88
Kertsch, Straße von *siehe* Bosporus (kimmerischer)
Kilikien 73, 179
Kinyps 48, 154
Kleinasien *siehe* Anatolien
Köln 80, 189
Korinth 32, 45, 83, 162
Korkyra 47, 53, 57, 150, 160
Korsika 10 f., 114, 155
Krakatao (Vulkan, NZ) 16 f., 120
Kreta 17, 39 f., 141–143
Krim 16, 25, 87, 129
Kroton 154
Kubanhalbinsel 51, 158
Kyme (Äolien) 153
Kyme (Kampanien) 29, 133
Kyrene 34 f., 45 f., 138, 149 f.
Kytoros 29, 134
Kyzikos 151

Lauriacum (Lorch) 208
Lech(tal) 8 f., 111 f., 115
Lemnos 56
Leontinoi 33, 45
Leptis Magna 194
Lerinum 89, 202
Lesbos 49, 155
Leukas 48, 150, 152 f.
Levante 26, 91, 142
Ligurien 71 f.
Lixus 28, 133
Lokris 129
Lugudunon (keltische Siedlung) 76 (Karte)

Lydien 49, 68 f., 174
Lyon 208
Lysimacheia 174

Maas 125
Makedonien 52, 80
Mantineia 162
Marzabotto 64, 170 f.
Massalia (Massilia, Marseille) 34, 47, 57, 89, 148 f., 151, 208
Mauretanien 84, 191
Megalopolis 20, 52, 137, 159
Megara (Hyblia, Sizilien) 33 f., 45 f., 136,
Megara (Nysaia, Mittelgriechenland) 33, 45, 136,
Melos 17, 55, 162
Messene (Peloponnes) 159 f.
Messene (Zankle, Sizilien) 52
Messenien (Peloponnes) 50–52
Milet 40 f., 53, 144, 151, 160,
Mittelmeer (als Raum der Seefahrt) 11, 26–28, 73, 114, 131, 134–139, 142, 165
Mittelmeerraum (politisch) 6–8, 59, 73, 172 f., 180
Mons Herminius (Lusitanien) 75, 183
Monte Bibele (südlich von Bologna) 170
Mykenische Welt 18, 39–42, 141 f.
Mylasa (Karien) 60
Mytilene (auf Lesbos) 56
Myus 16, 119, 157

Naher Osten 15, 59–63, 95
Naukratis 29, 133, 166, 169, 210
Naxos (Sizilien) 45
Neapel 84, 196, 209
Nebra 9, 112
Neptunia (colonia in Tarent) 173
Niederrheingebiet 125, 135, 199, 205
Nikomedia 20
Nil 18, 30
Nisibis 196
Nordafrika 15, 18 f., 90, 196, 202, 206 *siehe auch* Mauretanien

Nordamerika (NZ) 94 f., 209
Norden, der 40, 131, 141
Nordsee 27, 104 f., 142, 163
Numidia (Nordafrika) 90

Olbia (am Golf von Lyon) 57
Olbia (Borysthenes) 16, 80, 131, 190
Olynth 68, 174
Orikos (Sklavenmarkt) 72
Ostia 65, 170 f.

Palästina 30, 134
Palmyra 85, 197
Pannonien 96, 198 siehe auch Südosteuropa
Pantikapaion 47, 57, 59
Patras 188
Pella 55
Peloponnes 40, 50, 52, 158
Pergamon 70, 167
Persien siehe Iran 35
Persische Reichsstraße 85
Pfalz, Pfälzer (NZ) 25, 28, 132
Phaleron (älterer Hafen Athens) 53
Phanagoreia 158
Philippi 188
Phokaia 47, 49, 151, 154 f.
Phrygien 64, 69, 174 f.
Piräus 133, 210
Pistiros 210
Pithekoussai 27–29, 46 f., 133
Pompeji 17, 73, 84, 196
Poseidonia/ Paestum 177
Potideia (Chalkidike) 150
Priene 51, 119, 157
Pyrgi (Hafen von Caere) 28, 133

Rambakia 61
Rhamnous (Attika) 63, 137, 169
Rhein 81, 83, 88, 94, 139, 194, 201, 207
Rhodos (Insel und Stadt) 59, 121, 166
Rhone 83

Rom (Stadt) 25, 30, 58 f., 64, 74, 83, 88, 95, 121, 127 f., 135, 170, 195, 203, 212
Rotes Meer 63, 85, 132
Rungholt (MA) 142

Salamis 56
Samnium 74, 182
Sauerland 193, 197
Schwarzes Meer 6, 11, 26, 47, 51, 80, 131, 134, 151 f., 158
Seidenstraßen 9, 59, 112, 165, 197
Selinous (Apoikie auf Sizilien) 137
Selinous (Fluss auf der Peloponnes) 157
Sigeion (Troas) 56
Sinope 29, 132
Sizilien 33, 57 f., 69 f., 149, 164, 176
Spanien 72, 75 f., 81, 88, 90, 126, 170, 178, 183, 190, 194, 202
Sparta 48, 50, 96, 154, 156
Südosteuropa 6, 90, 132, 207
Susa 54
Syagron 85
Sybaris 154, 162
Syrakus 53, 59, 161, 164, 176
Syrien 42, 80, 169, 213

Tegea (Nordpeloponnes) 52, 159
Thapsos (Ostsizilien) 33, 45
Thasos (vor der Küste Thrakiens) 48, 113, 153
Thera (Santorin) 16, 34, 120, 138
Thesprotien (Teil von Epirus) 44, 148
Thrakien 47 f., 54, 144, 154, 204
Tolosa (Toulouse) 88, 202
Tomi(s) 79, 190
Trier 80, 189
Troizen 53, 159
Troja (Mythos) 41, 44, 54, 124, 144, 162, 165, 188
Trotilos 45

Ukraine 20 (heute), 158 (als Lebensraum der Skythen)

Ullastret (Katalonien) 151
Usinaza (Algerien) 84, 196

Vasatis (Bazas) 89, 202
Velia *siehe* Elea
Vienne 92, 205
Volsinii 70, 177

Waldgirmes 80, 82, 189
Weichsel (Wisła) 13, 116 f.

Weserbergland 81
Westeuropa 59, 64
Whydah (MA/NZ) 29, 134

Xanten 197

Zankle s. Messene
Zeugma 175
Zinnstraße 85, 197
Zypern 39

www.ingramcontent.com/pod-product-compliance
Lightning Source LLC
Chambersburg PA
CBHW071814230426
43670CB00013B/2455